结晶人生——

# 闵乃本传

闵乃本传编委会 编著

南京大学出版社

### 图书在版编目（CIP）数据

结晶人生：闵乃本传 / 闵乃本传编委会编著．
南京：南京大学出版社，2025.1. -- ISBN 978-7-305
-28316-1

Ⅰ．K826.11

中国国家版本馆 CIP 数据核字第 2024F3B907 号

| 出版发行 | 南京大学出版社 | | |
|---|---|---|---|
| 社　　址 | 南京市汉口路 22 号 | 邮编 | 210093 |

| 书　　名 | 结晶人生——闵乃本传 |
| --- | --- |
| | JIEJING RENSHENG——MINNAIBEN ZHUAN |
| 编　　著 | 闵乃本传编委会 |
| 责任编辑 | 王南雁　　　　编辑热线　025-83595840 |
| 印　　刷 | 南京爱德印刷有限公司 |
| 开　　本 | 718mm×1000mm 1/16　印张　31.75　字数　435 千 |
| 版　　次 | 2025 年 1 月第 1 版　2025 年 1 月第 1 次印刷 |
| ISBN | 978 - 7 - 305 - 28316 - 1 |
| 定　　价 | 98.00 元 |

网　址：http://www.njupco.com
官方微博：http://weibo.com/njupco
官方微信号：njupress
销售咨询热线：（025）83594756

\* 版权所有，侵权必究
\* 凡购买南大版图书，如有印装质量问题，请与所购图书销售部门联系调换

> 2023年11月，南京艺术学院前院长、著名油画家冯健亲先生为闵乃本作的油画

## 编委会

（按姓氏笔画）

王振林　朱庆华　吴　迪
陆延青　陈延峰　祝世宁
葛传珍

# 序言

闵乃本先生是一位卓有建树、蜚声国际的著名物理学家，是一位教书育人、滋兰树蕙的杰出教育家，是一位"胸中有丘壑，腹内有乾坤"的战略科学家，还是一位"先天下之忧而忧，后天下之乐而乐"的社会活动家。

闵乃本先生是一位著名的科学家。在物理学领域造诣精深，建树颇多，先后当选为中国科学院院士、第三世界科学院（发展中国家科学院）院士，曾任中国晶体学会理事长。作为国内晶体物理研究领域"三剑客"之一，也是世界著名的晶体物理学家，他提出了"介电体超晶格"概念，并与团队将准晶结构引入介电体超晶格，建立了"多重准相位匹配理论"，预言并实验证实了准周期介电体超晶格可以同时实现多种波长的激光倍频和直接实现激光三倍频。闵先生和他的合作者经深入研究，发现了介电体超晶格中准相位匹配弹性散射和非弹性散射的增强效应；发现了微波与超晶格振动强烈耦合所引起的微波吸收新机制；揭示了超声波在介电体超晶格中的传播规律，研制成若干超声原型器件，填补了超声工程中体波器件从几百到几千兆的空白频段。在经典晶体生长动力学方面，闵先生将Frank螺位错机制与理论推广为更为普遍的缺陷机制与理论，这是当时经典晶体生长理论最重要的发展之一。经过他20多年的努力，介电体超晶格从冷门变成国际热门，催生了"畴工程学"新学科。他和他的团队完成的"介电体超晶格材料的设计、制备、性能和应用"重大研究成果荣获国家自然科学奖一等奖。

闵乃本先生是一位杰出的教育家。桃李不言，下自成蹊。闵乃本先生几十年如一日教书育人、甘当人梯，以身作则、率先垂范，致力于教书育人和科研团队建设。他以人格魅力引导学生心灵，以学术造诣开启学生智慧，探索了"大师+团队"的科研组织和人才培养模式。他所领导的南京大学固体微结构国家重点实验室20多年来在国家发改委、国家科技部、国家自然科学基金委所组织的历次评估中均名列前茅，他为国家培养了一大批杰出人才和科技工作者，无愧于教育工作者的崇高使命与责任担当，他所培养的学生已经成为各领域的领军人物和骨干力量。闵乃本先生堪称是立德树人的大先生。

闵乃本先生是一位优秀的战略科学家。在2021年召开的中央人才工作会议上，习近平总书记这样定义"战略科学家"：具有深厚科学素养、长期奋战在科研第一线，视野开阔，前瞻性判断力、跨学科理解能力、大兵团作战组织领导能力强。由是观之，闵先生是一位名副其实的战略科学家。他既能深入专业探幽微，又能把握国家战略需求，而且善于组织大规模科研攻关，称得上是"致广大而尽精微"（《礼记·中庸》）。终其一生，闵先生都把得住方向、做得了科研、带得了队伍，是科学家里的"帅才"。闵先生曾参与国家中长期科学和技术发展规划纲要的制定，对促进我国科技发展做出了重要贡献，推动了量子调控等重大研究计划的设立和实施。同时，他还就目前人类面临的巨大挑战以及南京大学的改革发展问题，提出了许多真知灼见。

闵乃本先生是一位积极的社会活动家。他在担任省政协领导主持省九三学社工作、担任九三学社中央副主席职务期间，紧紧围绕党和政府的中心工作，发挥自己科研工作的特长与优势，参政议政，建言献策，为江苏乃至全国经济社会发展贡献了力量，更彰显了一位中国共产党领导的多党合作制度的坚定拥护者和积极践行者的优秀党外知识分子形象。

　　清华大学校长梅贻琦曾言："所谓大学者，非谓有大楼之谓也，有大师之谓也。"大师对于大学的重要性，在闵乃本先生身上亦可得到充分印证。在半个多世纪的治学和从教生涯中，闵乃本院士始终兢兢业业、淡泊名利、严谨治学、开拓创新，为南京大学广大师生树立了楷模与典范，是南京大学众多大家大师中的代表。2013年，国际小行星中心和国际小行星命名委员会批准将中国科学院紫金山天文台发现的、国际编号为199953号小行星命名为"闵乃本星"。我在命名仪式上说过，闵乃本星的命名"是对闵乃本院士数十年来所取得的卓越成就和重大贡献，以及体现在他身上的伟大精神和人格的褒奖和肯定"。愿"闵乃本星"永远闪耀在浩瀚的宇宙，激励着我们锐意进取，坚持改革创新，不断迎来事业跨越发展的新高峰。

　　是为序。

陈骏

2024年4月28日

# 出版说明

《结晶人生——闵乃本传》经全体编委、作者和编辑的共同努力终于完成了。为了方便读者阅读与检索,我们将全书分成上编、中编、下编和附录四个部分:

上编取名"传记篇",是在南京大学朱庆华教授主持的中国科协"老科学家学术成长资料采集工程"项目——闵乃本项目组提交的结项报告基础上完成的。该编通过对闵乃本先生的成长经历、学术贡献、国际合作、教书育人、社会影响等多方面的记录、梳理和再现,书写了闵乃本先生从一个懵懂少年成长为我国晶体物理一代巨擘的诚朴雄伟的学术人生。

中编取名"述怀篇",其中收录了五篇文章。第一篇是时任南京大学物理系党委书记张序余和九三学社纵光为《携手》(江苏人民出版社)一书撰写的"晶体世界的攀越者"一文;第二篇、三篇则是闵先生自己发表于《人民日报》的两篇文章;第四篇摘录于祝世宁为闵先生《晶体生长的物理基础》一书再版所写的序言;第五篇摘录于朱永元和祝世宁为《介电体超晶格》一书撰写的第九章"总结与展望"。从这组文章中,读者可以了解到闵乃本先生的主要学术经历、学术成就及其影响,以及闵乃本先生自己对科学精神的理解。

下编取名"追思篇",由闵乃本先生生前的同事、好友、学生、亲属撰写的回忆文章组成,每位撰稿人从各自与闵先生交往的点点滴滴的深情回忆落笔,展现了闵乃本先生崇高的科学精神、深厚的家国情怀和真诚的人格魅力。

  附录由闵乃本先生代表论著目录、发明专利目录、获奖目录、参加国际学术交流目录、他首次出国时以书信与家人交流方式书写的游记，以及他自己整理的英文简历（简历的最后几年因病没有收录完整）等部分组成。附录是闵先生学术成长过程中相关史料的系统汇集，便于读者需要时查阅。

  本书的"传记篇"勾画了闵先生一生的生活变迁和人生轨迹，"述怀篇"、"追思篇"和附录则是对"传记篇"内容的进一步丰富与补充，书的最后还附有闵乃本先生的生平年表。希望通过这几个篇幅的集成，全书能反映闵乃本先生科研活动的全貌，帮助读者了解他波澜壮阔、精彩纷呈的一生。

  由于闵乃本先生科研成就卓越、社会影响巨大、朋友与弟子众多，尽管在本书编撰过程中已尽量注明每位撰写者各自的贡献，但仍然无法做到面面俱到，难免有疏漏之处，敬请原谅和指正。

闵乃本传编委会<br>
2024 年 3 月 17 日

# 目录

## 上编
### 传记篇

**第一章　民族危亡，俊才生儒乡** / 002
千年古镇，硕儒故里 / 002
时局动荡，艰苦少年 / 005

**第二章　孜孜以求，开启求知路** / 009
信义勤爱，思学志远 / 009
穷究物理，学海初探 / 012
良师益友，合作求索 / 014

**第三章　筚路蓝缕，开创新学科** / 019
国内首创电子束浮区区熔仪 / 019
国际首版《晶体生长的物理基础》 / 021
固体微结构物理国家重点实验室的创建 / 023
力促成立现代工学院 / 023

**第四章　不忘初心，坚守成正果** / 029
晶体研究结硕果 / 029
团队建设构和谐 / 035

**第五章　合作研究，国际显声望** / 038
初访美国犹他大学 / 038
再访日本东北大学 / 044

领跑前沿的国际视野 / 045

**第六章　言传身教，大师立风范 / 050**
一间陋室 / 050
一个信箱 / 052
一支铅笔 / 052
一瓶美酒 / 053
四万路费 / 054
三个印象 / 054

**第七章　修身齐家，风德昭后人 / 061**
志同道合的伴侣 / 061
学有专长的子女 / 063

**第八章　肝胆相照，建言献国家 / 067**
学者型的社会活动家 / 067
专家型的政策建言者 / 070

上编参考文献 / 076

# 中编
## 述怀篇

晶体世界的攀越者
　　——记闵乃本教授（张序余　纵光）/ 078
把知识献给祖国与人民（闵乃本）/ 097
体会科学精神（闵乃本）/ 108
晶体生长的研究（祝世宁）/ 110
介电体超晶格的研究（祝世宁　朱永元）/ 114

## 下编 ——追思篇

缅怀闵乃本院士（沈学础） / 122

闵乃本与超硬材料国家重点实验室（邹广田） / 129

回顾闵乃本先生二三事（董锦明　邢定钰） / 136

回忆和先生在一起的日子（祝世宁） / 142

心中的思念
　　——缅怀闵乃本老师（邹志刚） / 161

追忆闵乃本先生（刘治国） / 165

缅怀闵乃本先生（孙政民） / 175

乃本星下忆宗师（王继扬） / 188

空自倚，清香未减，风流不在人知
　　——忆闵乃本先生（资剑） / 203

追忆与先生在一起的点点滴滴（何京良） / 214

追忆闵先生（刘冰冰） / 220

缘（王慧田） / 225

初识先生　拜师恨晚（朱永元） / 228

我的导师闵乃本教授（王牧） / 230

追忆恩师闵乃本先生（陆亚林） / 239

忆闵老师往事（蒋国忠） / 244

回忆闵先生（杭寅） / 249

回忆闵乃本先生二三事（秦亦强） / 257

一段修行之旅
　　——纪念恩师闵乃本（韦齐和） / 260

追忆恩师闵乃本院士（王振林） / 267

诚朴雄伟，厚德载物（陈向飞） / 277

望之俨然　即之也温

　　——忆恩师闵乃本先生（陆延青）／ 283

三生有幸　程门立雪（李爱东）／ 306

纪念我的导师闵乃本先生（吴迪）／ 315

鼓楼听物雨　明目鉴微观（刘俊明）／ 318

回忆追随闵先生的岁月（陈延峰）／ 323

追忆恩师闵乃本院士（祝名伟）／ 337

我的回忆（葛传珍）／ 341

"八十功名尘与土"

　　——记父亲的二三事（闵泰）／ 387

我记忆中的父亲（闵华）／ 393

回忆我的外公（周琮洁）／ 397

我的阿公（周凯瑞）／ 405

# 附录

附录一　闵乃本代表性论著 ／ 410

附录二　闵乃本发明专利 ／ 416

附录三　闵乃本获奖目录 ／ 422

附录四　国际学术交流目录 ／ 428

附录五　闵乃本游记（1983 年）／ 437

附录六　闵乃本英文简历 ／ 457

闵乃本年表 ／ 471

后记 ／ 488

———上编—传记篇

# 第一章

# 民族危亡，俊才生儒乡

## 千年古镇，硕儒故里

### 石庄闵氏

1935 年 8 月 9 日，闵乃本生于江苏省南通市如皋石庄镇。

石庄镇位于如皋西南部，南依长江，与苏州张家港市隔江相望，西南与靖江市相邻，地处长江中下游江海平原，交通发达、物产丰饶，人杰地灵、文蕴深厚，是如皋市西南部政治、经济、文化的中心城镇，具有 1600 多年的历史。

古石庄在摩诃山北 20 里，以今天而论，此地当在长江主航道南侧的大江中。今张家港市大新镇内尚有段山港这一名称，段山即摩诃山。明永乐三年（1405 年）长江北岸大面积坍塌，古石庄坍入长江，新石庄移今址重建。

这里浸染了江左清绮和维扬灵秀，终使古镇文风昌炽，文蕴深厚。石庄走出过众多杰出人才，如林乃燊、周可仁、朱杰、戴顺祖、朱鸿云、沙仁礼、赵剑畏、石高玉、朱美芳等等，他们在政界、军界、学界、科技界成为领军式人物。更令石庄引以为豪的是，此地出了两位世界级大师：计算机网络科学家闵乃大、晶体物理学家闵乃本。"古邑一硕儒，名镇两院士"，始终是石庄引人瞩目的两张文化名片。

石庄有四个大姓，闵、汤、石、张。在这四大家族里，闵家乃书香门第、教育世家，家底殷实且愿意将钱投入子女的教育，所以闵家出了不少有学问、有志向的名人。

闵承泰，字开三，是闵乃本祖父之兄弟。清末民初，闵开三携带家眷，追随张謇兄弟迁至唐家山发展，也就是现在的南通市港闸区唐闸镇。在唐闸，闵开三与"状元实业家"张謇合作，创办了赫赫有名的大生纱厂，成为中国近代民族工业曲折发展的缩影。后来他也与张謇兄弟一同投身教育事业，共同创办了唐闸实业公立艺徒预教学校，即现在的南通市港闸区实验小学。

闵氏家族第二代之字辈有：闵之完，擅长书画，是通州女子师范第一届毕业生，南通第一代中国水墨国画名家，也是唐闸红楼的女主人。闵之宜，饱读诗书，学识渊博，在平潮创办凤尾桥小学并担任校长。闵之安，字伯定，于张謇创办的"纺织染传习所"第二期毕业，才华横溢。闵之实，字仲辉，北京大学数学系毕业，后在美国芝加哥大学学习，于1925年与1929年先后创办和丰油坊和汇通银行，还在解放以后担任南通市副市长、政协委员。闵之寅，字叔敬，北京大学经济系毕业，留学美国芝加哥大学与哥伦比亚大学，获美术史系硕士学位，回国先在南通学院纺织科担任劳工经济学教授，后任职南通私立实业敬孺中学副校长（现为南通市第二中学）。闵之笃，字健辉，是一位医学领域的杰出人才，曾两次出席全国医学代表大会，且与徐悲鸿先生是莫逆之交。1942年，徐悲鸿先生写了一幅书法作品赠予闵之笃，上书"遗世独立，御风而行。健辉吾兄教之，壬午寒日新晴。悲鸿"，亦于1943年绘竹鸡图，所赠上款也是"健辉先生吾兄"。

闵氏家族第三代乃字辈有：闵开三的孙子闵乃世是中国天文科普奇才，他于1975年8月31日以目视观测独立发现了天鹅座新星，并为紫金山天文台所确认。他独特的天文科普教育理论引起了国内外同行的注意与重视。有人评价，"闵乃世的研究已经进入了一个更高的境界，达到了科学和艺术的双重结合"。

乃字辈还有一位著名的科学家——闵乃大。闵乃大是中国计算机科学的先驱。1952年秋，中国科学院数学研究所建立了中国第一个电子计算机科研小组，次年1月，闵乃大任组长，参与中国计算机研制奠基工作。

而晶体物理学家闵乃本作为中国科学院院士，第三世界科学院院士，全国政协第九、十、十一届常委，可以说在科研、教育和社会工作领域都做出了很多贡献，是闵氏家族的骄傲和荣耀。

时光走过百年，闵氏家族始终遵循着读书为起家之本的家训，诗礼传家，良好的家风和家教从来不因战乱、环境变迁而有所改变、间断。

### 家庭背景

闵乃本的父亲一辈有四个兄弟，大伯父闵伯循，二伯父闵仲良，三伯父闵叔孚，以及闵乃本的父亲闵之道，字季庸。闵季庸共育有三子二女，长女闵乃慈，长子闵乃同，次子闵乃本，三子闵乃则，小女闵乃式。

新中国成立前，闵乃本家里经营了一家名为"亚美号"的百货商店，并拥有土地几十亩，在当地算是生活富足的大户人家。闵季庸从政法大学法律专业毕业，在宜兴市法院做录事员，两年之后，他没有继续从事相关专业。

抗日战争期间，南通在建立抗日根据地之后，普遍实行了减租减息（"二五减租、分半减息"）的土地政策。在减租减息运动期间，闵家卖掉了大部分土地，主要靠百货商店的收入为生。但由于战争期间经营困难，百货商店在解放前夕倒闭。

新中国成立后，闵乃本的大哥闵乃同进入上海国营绢纺厂二厂做技术员，大嫂顾国华在上海铁路医院做助产士，闵家举家搬迁至上海，靠大哥大嫂的工资生活。

后来，姐姐闵乃慈成了南京铁路医院的医生，大哥闵乃同支援广西成为南宁绢纺厂总工程师，弟弟闵乃则成为安徽滁县中学数学教师。

## 时局动荡，艰苦少年

1935 年的中国，正处于内忧外患的危险境地。内有国民党"围剿"中央苏区，苏区第五次反"围剿"失败，红军开始长征，国民党围追堵截；外有日寇虎视眈眈，侵犯蚕食华北地区。

就是在这样风雨飘摇的社会背景下，闵乃本于 8 月 9 日出生在石庄镇。

之后不到两年的时间，1937 年 7 月 7 日发生卢沟桥事变，日本帝国主义发动全面侵华战争，中国陷入水深火热之中。石庄也不能幸免，1938 年 4 月 8 日，日本人占领石庄，拉锯战开始。同年 7 月 21 日，日本人重新占领石庄，直至 1945 年 8 月 15 日，日本宣布无条件投降，日本人才从石庄撤离。

战争带给人们的伤害与恐惧是难以磨灭的，石庄、闵家都笼罩在这样的阴影下，这给年幼的闵乃本留下了深远的影响。2008 年，闵乃本在接受采访时这么说道："我童年时代，正值日寇侵略我国，山河破碎，民不聊生，心里即萌生了振兴中华的理念。现在国泰民安，中国知识分子迎来了振兴中华、实现理想的最佳年代。我和我的团队对处于这样的时代，感到十分幸福。"

南通地区得益于"状元实业家"张謇的推动,在清末民初兴办了很多学校,当地老百姓的观念受其影响,也很重视教育。但是在闵乃本该上小学的时间,正值日本人占领石庄时期,原来公办的石庄小学便停办了。闵氏家族不得不想其他办法,让闵家的子女和附近的小孩能够继续学习。闵乃本回忆道:"就是在混乱时期连小学都不行,我们的老人在家里还请一个老师到这个地方去给我们讲课。讲的都是当时新的话题的东西,反正不是按照传统的四书五经来讲。当局势比较稳定的时候,我们就转到公立学校去。"

在当时,镇江师范和通州师范很有名气,闵家便找了两位师范生,一位是镇江师范毕业的刘伯良,另一位是通州师范毕业的闵乃新,他也是闵乃本的堂哥。由他们两个人办了一个学塾,也就是过去人们说的私塾,从他们俩的名字中各取一个字,将学塾命名为伯新学塾。闵乃本从六岁启蒙开始,之后的四年一直都在伯新学塾学习。与其他传统的私塾不同,伯新学塾教的并不是《三字经》《百家姓》《千字文》之类,而是国文和算术,是新式教育,这种先进的教育思想使得闵乃本获得了良好的启蒙。

成长在闵家这样一个尚学的家庭,闵乃本在上小学时,便展现出了超越常人的天赋。除了一定的天赋,他学习也十分刻苦。据刘伯良曾经的学生回忆,20世纪50年代中期,刘伯良老师就对班上的学生说:"闵乃本上学时很用功,你们也应该像他一样用心学习"。当然,闵乃本的优秀成绩,与两位老师的悉心教导、循循善诱也分不开。

1945年8月抗战胜利,社会逐渐稳定,石庄小学复校,全名为石庄中心国民小学,闵乃本在那里读完了五年级和六年级。由于当时的石庄没有初中,闵乃本在1947年7月到1948年8月实际上处于失学状态,1948年9月,在他小学毕业后一年,在家人的支持下,闵乃本考取了南通的敬孺中学，也就是现在的南通市二中。十三岁的少年，在父母的殷殷期盼与不舍中，踏上了独自求学之路。

敬孺中学始建于1919年，由张謇的胞兄张詧举资创立，敬孺中学的"敬孺"二字，取自创办人张詧的儿子张敬孺，尊敬的敬，孺子可教的孺，饱含着对学子的期盼与教诲。校址位于当时的南通唐闸镇，距离石庄有四十千米，这个距离对于当时只身一人带着行囊前去求学的闵乃本来说，实在太过遥远了。家里面就雇了一个工人，用独轮车送他去上学。独轮车的一边坐着闵乃本，一边放着行李。四万米的路，得走上一天，才能

> 敬孺中学旧址

到达学校。

当时的住宿条件也很不好，十几个房间一排，面积不大的上下铺，一个寝室里面住很多人。学生都是十二三岁，晚上睡得迷迷糊糊，房间布局都一样，出去上厕所回来经常走错寝室。闵乃本笑着回忆道："当时出去上厕所，回来的时候门都是一样的，哪个都搞不清楚，有一些就找不着，有些孩子稀里糊涂跑到相应的位置就睡着了。"

虽然条件很艰苦，但是闵乃本依然刻苦学习，敬孺中学的授课方式是按照西方的教育系统进行的，给学生讲授国文、数学、代数、几何、物理、化学、历史、地理、英语等。正是在敬孺中学，闵乃本遇到了他的物理启蒙老师，毕业于中央大学物理系的柳久山老师。柳老师在讲物理课时经常会联系在日常生活中可以观察到的现象，比如他给学生们讲水的液化，就会讲"础润而雨"，础润而雨的意思就是础石湿润就代表要下雨了，础润即地面反潮，大雨来临之前，空气湿度大，地面温度低，靠近地面的水汽遇冷液化为小水珠。柳老师通过"天上为什么会有彩虹""为什么河水表面结冰了，河底却没有"等引发同学们去思考，这培养了闵乃本从小观察自然现象的习惯和了解自然奥秘的浓厚兴趣，加强了对周围事物的观察和思考。也正是受到了柳老师的影响，闵乃本最终选择了物理学作为终身的专业追求。

在敬孺中学的学习经历，成了闵乃本成长的基础。到了初中，要自己安排独立生活学习，这让闵乃本养成了合理规划时间的好习惯。闵乃本在采访中说道："到了初中我忽然懂事了，要自己安排独立生活，包括学习，这点对于我后来再困难、时间再紧的安排来说还是有点好处的。最大的好处是，知道哪些重要，哪些不重要，不会搅乱。这件事情我觉得很重要。"刚入学的时候，学生之间开始流行武侠小说，这些小说往往篇幅长，故事情节性强，十二三岁的小孩看了容易上瘾，控制不住自己，成绩也就变差了。闵乃本刚开始也看，后来发现对自己成绩影响很大，就开始控制自己，减少武侠小说对自己的不良影响，用闵乃本自己的话讲就是"理性控制情感"。

正是因为这样的自制力和努力，闵乃本的成绩一直很好。当时毕业的时候，毕业证背后第几号就是第几名，闵乃本的毕业证书是第一号。

# 第二章

## 孜孜以求，开启求知路

### 信义勤爱，思学志远

1951年9月，闵乃本在南通敬孺中学初中毕业后，奔赴上海考学，并同时收到了两个学校的录取通知书，分别是上海中学及上海高级机械学校。由于上海高级机械学校能减免学费，闵乃本考虑到家庭的经济状况，最终选择了这所学校就读机械制造专业。

进入学校之后，少年闵乃本仿佛打开了一扇新的知识大门，在校期间，除了在课堂上学习有关工程技术的基本知识和基本技能，他还经常到图书馆里阅读各式各样的工程科学与技术的书籍。那时的闵乃本不是在课堂里，就是端坐在图书馆里孜孜不倦地汲取知识。通过三年的苦读，闵乃本大大拓宽了知识面，为日后从事科学研究打下了坚实的基础，同时培养了自己良好的动手能力。尽管当时国家与社会变化巨大，但是上海高级机械学校一直保持着严格的校风，教师坚守着严谨的教风，这使得闵乃本养成了良好的学风，形成了严谨的处世准则。

在学校求学奋进氛围的熏陶下，闵乃本不仅学习刻苦，而且在思想上要求进步，立志报效祖国。入学的第一年，经同学蒋鹏飞介绍，1952年9

月，闵乃本加入中国共产主义青年团，成为一名共青团员。在校期间，闵乃本还结识了许多同学，其中查赓忠（毕业分配至哈尔滨锅炉厂）、朱湧（毕业分配至旅顺某海军造船厂）一直是闵乃本终生的好友，他们还在闵乃本考上南京大学后给予经济资助，为此闵乃本始终记得在经济困难时期两位好友的热情帮助和大力支持。

三年充实而忙碌的学习生活虽然很短暂，却影响了闵乃本的一生，让青年闵乃本收获颇多，让他对母校满怀留恋与感激。当1959年7月闵乃本毕业于南京大学物理系时，在其填写的"高等学校毕业生统一分配工作登记表"中，他在"有何特长"一栏中写道"曾学过机械制造，实验技术较易掌握"，且表达了将来从事实验物理的工作志愿。可以说，上海高级机械学校的学习经历为闵乃本未来从事晶体物理的研究打下了坚实的实验基础。

1954年8月，闵乃本从上海高级机械学校毕业。时值新中国成立不久，百废待兴，国家急需各种各样的建设人才。学校鼓励学生们将自身成长同国家需要统一起来，响应国家号召，投身到祖国建设第一线，成为国家建设的骨干。

> 1954年9月，闵乃本单人照

闵乃本积极响应祖国的号召，从上海高级机械学校毕业之后，便来到了位于上海杨树浦路的国营上海锅炉厂，在装配车间当技术员。锅炉是火力发电的主要设备，火力发电通过煤的燃烧将水变成高压水蒸气，然后推动蒸汽机，带动发动机，这就是火力发电厂发电的原理。这在当时叫工程热力学，基础原理就是热力学。闵乃本刚刚参加工作，学生时代也没有系统地学习过锅炉生产方面的知识，所以对锅炉制造行业并不精通。于是对自己严格要求的闵乃本，开始一边工作，一边系统地学习热力学。在学习过程中，由于数学和物理知识的欠缺，闵乃本遇到了一些阻碍，对有些专业的书籍并不能深刻理解。他就下定决心，如果有机会上大学，一定要上物理系，去系统地学习物理方面的知识。就此，闵乃本有了上大学读物理系的期盼。

多年之后，闵乃本回忆起当年刚参加工作时的情景，这样说道："其实我考上大学是非常偶然的。当时我并没有思考选择什么大学，我想只要能够有机会上大学，我一定要读物理。因为我在工作中碰到好多问题，这个锅炉制造工程上面好多问题，我看不深入，不能理解，主要是缺少物理和数学，就这一点我深深感到自己的不足。所以我当时就想如果能有机会考上大学，那么我一定读物理系，因为当时我根本就不知道有没有机会考大学，不像现在，青年人有很多机会可以进入自己心仪的大学。所以你问我为什么选南京大学物理系，主要我不管是不是南京大学，只要有机会上大学，我就读物理系。"

机会总是留给有准备的人，上天似乎也特别眷顾那些有理想、勤奋刻苦的人。1955年，正值国家第一个五年计划实施之际，教育部决定扩大招生。6月9日，《文汇报》刊登了教育部和高等教育部发布的全国高等学校招生决定。同年，《人民日报》刊登文章，鼓励有志青年通过自学参加高考。看到文章的闵乃本眼前一亮，心潮澎湃，于是就和厂里面人事处处长讲了想考大学这件事。处长不仅支持他参加高考的想法，还给了他一个月的复习时间。有了前期长时间自学的基础以及后期短时间的突击复习，加上超越常人的勤奋刻苦，闵乃本以优异的成绩考取了南京大学，于9月进入南大物理系学习。

就这样，闵乃本开始了在物理世界的执着探索，踏上了他新的人生征程。

## 穷究物理，学海初探

能够进入南京大学读书，对于当时的闵乃本来说，是一个非常难得的机会。他不是高中毕业后考大学的，是在工作之后再次考入大学的，因此格外珍惜这来之不易的大学学习机会，所以闵乃本比别人更用功。他曾经笑道："我不是从学校进学校的人。"一般的学生就是听老师讲课、记笔记，课后再看课本复习，但是闵乃本在这个基础上，还翻阅研究了大量的参考书。南大的图书馆对闵乃本来说就是一个浩瀚的知识海洋，他遨游在这海洋里，如饥似渴。当教科书上某一个问题没有弄明白的时候，他就去翻其他类似的参考书。类似的参考书上面同样的问题，会因为不同作者的研究角度不同，而有不同的看法和解法。每一本参考书都有自己的独特见解，尤其是作者曾经钻研过或者做过工作的这一章，作者写得特别好，理论联系实践，深入浅出，便于理解。因此，闵乃本看参考书，也不是一本书从头看到尾，他只看自己不懂的那部分。常常因为一个没有弄懂的问题，他要翻阅好多本参考书，揣摩学习不同的解法，直到弄懂弄透，把别人的多种观点加以融合，变成自己的知识。

在大学期间，闵乃本阅读了大量的书籍，除了教科书、教学参考书，他对哲学、文学、艺术、历史书籍也广泛涉猎，扩展了知识面，培养了不同的思维能力。大量的阅读对他后来的学术研究起到了积极的推动作用。

1954年之前，南京大学物理系侧重于基础性知识的学习，不区分专业。1955年，闵乃本进入南大物理系，所选专业是X射线金属物理。之后，开始专业分化，增加了声学这个专业，之后又增加了核物理专业。这个时候的南大物理系虽然分了许多专业，但在实际教学中还是很重视基础知识方面的学习，因此闵乃本在大学期间，不仅学到了自己专业方面的知识，还学到了物理方面的许多基础知识。正是这些基础知识的掌握，对闵乃本后来研究晶体生长产生了积极且深远的影响。

1959年8月，经过四年的刻苦学习，闵乃本留校担任助教。留校工作给他的科研之路带来了广阔的前景。在当助教期间,闵乃本带了许多实验课程,包括普通物理实验、中级物理实验等,虽然是十八十九世纪的传统实验,但这些基础实验都是代表性的经典实验,通过这些具体的实验操作,闵乃本对许多物理学的基础理论又有了更深层次的理解,对后期的科研也提供了极大的帮助。

比如用于测重力加速度的阿特伍德机实验,这个实验的操作就对闵乃本后来的研究工作起到了推进作用。当一个物体掉落时,开始速度很慢,之后速度会变快,

> 1959年8月,闵乃本毕业于南京大学物理系

如果能知道每秒钟速度增加多少,就可以得到重力加速度,但是这个时间非常短暂,直接测量有困难,通常利用音叉的振动进行测量。音叉有固定的振动频率,也就是每秒钟振动的次数是固定的。在音叉上装一个小针,玻璃板上涂一薄层石灰,音叉下落时不断振动,小针在石灰上留下运动的轨迹,数出振动的次数就可以计算出时间,从而测得重力加速度。

闵乃本后来做"晶体生长"这一课题的研究,需要测量微观速度。当晶体生长环境达到一千多度,需要测量它的生长速度、单位时长等物理量,那怎么测量呢?闵乃本一下子就想起了阿特伍德机实验。于是他就让晶体在生长过程中均匀旋转,每转一次,时间相等,就像音叉的振动一样,等晶体冷却时,会因为旋转留下一个个条纹,从而可以测量微观速度。

经过一次次的实验和探索,闵乃本越来越清楚地认识到:只有在平时的实验过程中注重积累,将学习到的知识灵活运用,才能在机遇到来的时

候，抓住机遇。当别人问他成功的原因时，闵乃本说道："人就是这样，你要做什么事情之前你并不知道，你知道的事情只是眼前的事情。当你的事情做到一定程度的时候，有些问题没有办法解决，你就想好多其他的办法，这时候就需要平时的积累，需要有丰富的经验。所以成功没有捷径可走，只有靠平时脚踏实地的实践和探索。有了实战经验后，遇到问题，才能迎刃而解。"

## 良师益友，合作求索

毕业留校后，闵乃本遇到了他的良师，冯端先生。

1942年，冯端考入中央大学，因自幼喜爱自然科学，但对化学不感兴趣，数学又太抽象，便最终选择物理学。1946年，冯端以优异的成绩从中央大学毕业，并有幸留校任助教，从此开始了他在南京大学长达60余年的执教生涯。

几十年来，冯先生在做好教学工作的同时，还培养出一批很优秀的科研人才。1959年，闵乃本大学毕业，那个时候，冯端先生才36岁，担任物理系的助教。这位始终将目光瞄准世界科技发展前沿的学术泰斗，强调前沿与需求联系，科研与实际结合，这对闵乃本产生了深远的影响。

在冯端先生的指导下，闵乃本进入当时国内尚属空白的晶体缺陷领域，与冯端先生招收的第一位研究生李齐合作开展体心立方难熔金属（钼、钨、铌、钽）中位错研究，两人被称为冯端先生的左右手，取得了一系列成果，这是我国高校中较早进行的系列科学研究。为此，"金属缺陷研究"与"分子筛""内蒙草原综合考察""大米草引种与利用""华南花岗岩"等5项研究成果并称为南京大学科研成果的"五朵金花"，入选了1965年高教部直属高校科研成果展览会。

"文革"时期,冯端先生经过文献调研、实地走访,加上深思熟虑、缜密思考后,高瞻远瞩地提出将金属物理教研室更名为晶体物理教研室,研究对象也由金属材料的研究转变为对激光和非线性光学应用的晶体材料的研究。这次研究方向的战略调整,不仅扩大了原有金属物理的研究领域,而且与当时国际上新兴的激光、光电子、微电子等学科紧密相关,顺应当代科学与技术的发展,符合国家战略需求。为此南京大学领导接受了冯端先生的建议。冯端先生将全教研室力量整合为三个团队——晶体缺陷、晶体生长、晶体物理性能,冯端先生领导晶体缺陷方面的教学与研究,王业宁领导晶体物理性能方面的教学与研究,闵乃本则负责晶体生长方面的教学与研究。他们既有分工又有合作,互相配合和支持,各自负责相关的教材编写、讲课、实验室建设与科研,很快在该领域取得一系列的丰硕成果,在国内外产生了重要影响,充分体现了当时提出的"任务带动学科"教学科研原则的正确性。

> 1961年,冯端与闵乃本在金相实验室讨论位错观察

闵乃本负责晶体生长,从事非线性光学晶体铌酸锂($LiNbO_3$,缩写为LN)晶体的生长,并钻研晶体生长的理论,开设晶体生长的课程。冯端先生不仅教他专业知识,还经常和他探讨前沿问题,冯端先生待人处事的风格、严谨的学术态度,使得闵乃本在一个良好的学术环境中不断进步。

1982年,闵乃本撰写的《晶体生长的物理基础》获得国际学术界的一致好评。光环背后，也凝聚着恩师冯端先生的点滴心血。冯端先生就该书的写作多次与闵乃本讨论，并亲自审定。冯端先生在审稿意见中称其为"这是国内第一本全面论述晶体生长理论的专著和高级教科书"，"同类型的著作不仅国内没有，国际亦属罕见"。

1980年，冯端先生在闵乃本由讲师升副教授的《高等学校确定与提升教师职务名称呈报表》的有关学科专家的评审意见中写道："在1961—1966年闵乃本同志在体心立方难熔金属中的位错研究中起了骨干作用，取得良好的成果。从1973年以来进行了有关晶体生长机制的研究。"1984年，冯端先生在闵乃本由副教授升教授的《高等学校确定与提升教授、副教授职务名称呈报表》的同行专家教授的鉴定意见中对闵乃本的学术成就给予了充分的肯定与赞扬，他在鉴定意见中写道："在提升副教授后发表的五篇论文中，有对于聚片多畴形成规律性进行较深入的探讨；有对于聚片多畴铌酸锂的倍频增强效应细微的研究，都是水平较高的工作。"

正是由于深得冯端先生这样的大家的真传，闵乃本在几十年的教学科研道路上也一直以提携后辈为己任，热心指导，不图回报，彼此之间形成了"亦师亦友"的关系。

关于闵乃本同志"晶体生长的物理基础"的审稿意见：

这是国内第一本全面论述晶体生长理论的专著高级教科书。作者在这个领域进行过深入的研究工作，全面查阅并通研读了大量的文献资料，并具有多年讲课的丰富经验。本书取材新颖，论述详尽；物理图象鲜明，数学推导仔细；问题分析深透，理论联系实际。不论在作者的安排或问题的处理上，均多自创痕迹，因而别具匠心，富于独创性。是一本学术水平较高的著作。同类型的著作不仅国内没有，国际上亦属罕见。可资比较的，据我所知，只有 F. Rosenberger 作者的 "Fundamentals of Crystal Growth Ⅰ" 一书（Springer 1979）。此书最近方始启用，而且尚未出齐（原计划为三卷）。迄今仅出版了第一卷，即宏观平衡与运输理论部分。在本书撰写过程中，著者曾就本书的写作不断与著作进行多次讨论。在完稿之后，进行对全稿进行了审阅。在审阅过程中发现了一些问题，也经作者予以改正。本书作为教材，在庞

> 1980年，冯端对于《晶体生长的物理基础》的审稿意见

枝节过于丰盛，抓不住主流的缺点，何况念经的学者抓不住重点。对于较难的章节（初学者不一定需要掌握的）宜用星号标出，以便教学时进行取舍。本书文字亦有生涩冗长之处，审阅过程中虽在有些地方也已略加润色，但恐尚有未及之处，请转告出版社编辑加工时，予以注意。

总之，对于本书科学性方面讲来，在审阅之后，没有什么重大问题了。审阅者必须尽到担负这方面的责任。希望出版社从投稿快予以出版，以满足国内学术界的迫切需要；在国际上可以争先出版第一本比较主张的有晶体能带理论的专著。

南京大学物理系

冯端

1980 6.20

# 第三章

## 筚路蓝缕，开创新学科

### 国内首创电子束浮区区熔仪

闵乃本1959年毕业并留校工作，在冯端先生的指导下开始研究位错。当时，一些比较常见材料的位错都已经研究清楚了，面心立方晶体的位错也已经研究得很清楚了，必须有一个新的值得研究的方向。因此，体心立方晶体的位错就成为一个值得研究的选择方向。当时国内这个方向研究的人很少，同时，中国丰产的钼、钨、钽、铌等材料都是体心立方，这些材料都是高熔点，熔点高达2000多摄氏度甚至3000多摄氏度。所以，为了教学研究的需要，闵乃本确定了自己的研究方向，那就是高熔点体心立方晶体中的位错。

他说干就干，面对研究过程中出现的种种困难，闵乃本充分展示了他作为一个优秀科学工作者的智慧。闵乃本回忆道："这方面研究的起步是需要先得到单晶体，因为如果是多晶，那么位错就看不清，因此得到单晶体的必要条件是设计制备高熔的单晶炉。但是问题在于钼、钨的熔点一般都是2000摄氏度以上，让其熔化再凝固就可以得到单晶体。一般的炉子根本烧不到2000摄氏度，因此就牵扯到一系列的问题。第一，怎么加热

> 1962年,"电子束浮区区熔仪"获工业新产品二等奖

到钨、钼的熔点。当时我们采取了一个新的办法叫电子束加热,就是将电子发射出来聚焦打在多晶上,可以加热达到其最高温度。第二,想要将一块金属、一块铁熔化,需要用到陶瓷做的铁水包。铁水包材料熔点温度必须高于铁。想要制备钨的单晶体,就必须要找到比钨更高熔点的材料做坩埚。但是要找到这样符合条件的材料就太难了,于是针对坩埚问题我们想了一个办法叫浮区。什么叫浮区?用一条多晶的棒,上面夹住,下面夹住,用电子束加热当中的区域,熔化掉它,它就不要坩埚了,它上面也是钨,下面也是钨,叫浮区。区熔就是将这块熔化的区域从下给它慢慢地向上跑,它一面跑一面将上面的化掉,下面凝固下来,就是单晶了。这个步骤解决了起步的单晶研究的样品,也就解决了晶体缺陷研究这个问题。"

当时国内没有这样的技术,沈阳金属所和上海冶金所都派人来开展合作研究。闵乃本带领年轻人(大多为大四毕业班学生),不畏艰难困苦,克服了种种挑战,从1959年开始,埋头苦干,到1962年终于取得了成功。有了这项成果,其他研究工作可以在这个基础上进一步进行了。在

1964年5月国家开办的展览会上,这项浮区法技术获得了"工业新产品二等奖"。

## 国际首版《晶体生长的物理基础》

20世纪70年代,半导体和激光技术的发展,使中国科学家敏锐地觉察到人工晶体的重要性。自1973年金属物理教研室调整后,闵乃本接受了单晶生长的任务,从此开始了自己在晶体生长方向的研究生涯。

当时不仅国内没有晶体生长的系统理论,国际上也没有建立,这完全是一片尚未开发的处女地。为此,闵乃本建立了晶体生长实验室,生长出用于制作激光Q开关的$LiNbO_3$单晶,还对$LiNbO_3$单晶生长工艺、生长机制进行了系统研究。同时,他广泛、深入地阅读晶体生长领域中的文献,对晶体生长领域现状与发展有了较以前更为透彻的理解,结合自己在晶体生长方面的实践经验,完成了专著《晶体生长的物理基础》,并于1982年由上海科技出版社出版,1983年获得全国优秀科技图书一等奖。该书成为当时国际上系统论述晶体生长基本过程的唯一的专著,影响了好几代中国材料物理和晶体生长领域的科研工作者。《晶体生长的物理基础》是闵乃本耗费多年心血撰写的学术著作,是国际上第一本全面论述晶体生长的理论著作。《晶体生长的物理基础》一书着重总结晶体生长的基本规律和解释生长过程中的基本现象。该书论述翔实,物理图像鲜明、数学推导详尽,便于学习;而且理论联系实际,讨论问题深入而透彻,立论很高,思路完整。

2019年,《晶体生长的物理基础》由南京大学出版社再版发行。在再版发行仪式上,祝世宁院士说:"闵先生正是靠着自己扎实的物理功底、超人的悟性以及多年的实践经验,系统地总结了不同条件下晶体生长规律，发展和完善了完整晶体、缺陷晶体的生长理论。这本书其实已不是一般意义上的教科书，而是闵先生自己对晶体生长的理解和十多年研究成果的系统总结。"祝世宁表示，这本书不仅在当时成为国际上第一本全面论述晶体生长的理论专著，直到今天，仍是世界上阐述晶体生长物理和技术的几本有特色的专著之一。该书的再版发行方、南京大学出版社负责人介绍："闵先生生前一直着力将学界最新的成果和进展收录进这本书，不断对内容进行完善，即使在病重入院期间，心中惦记的依然是该书的出版工作，希望能为莘莘学子留下一本可以学习参考的宝贵资料。"

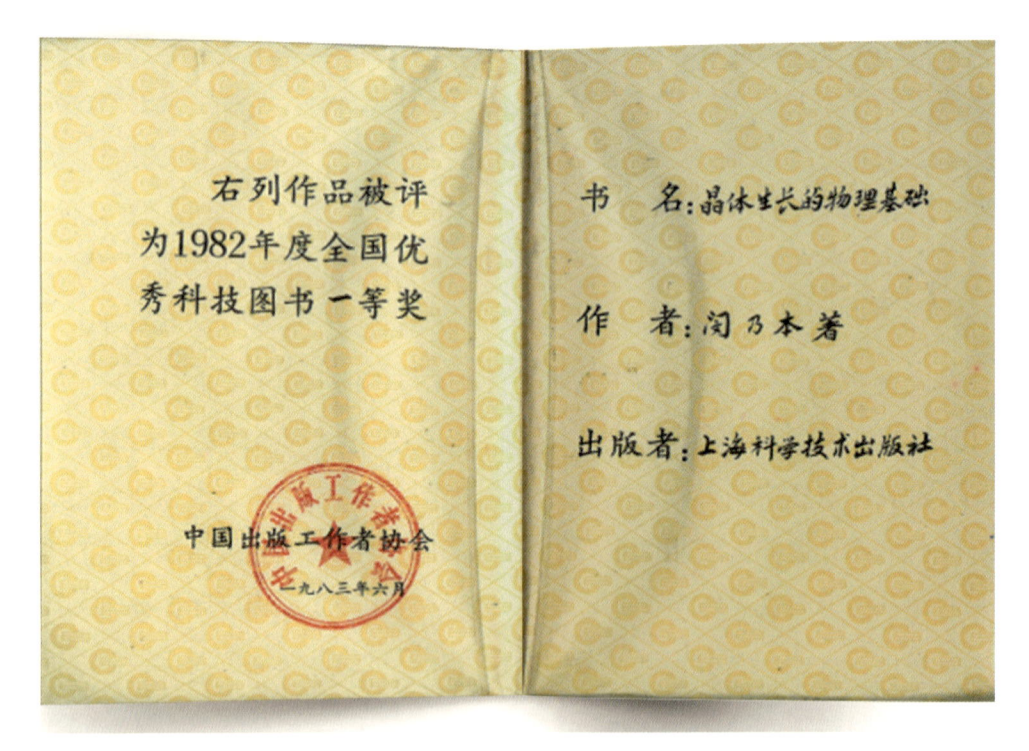

> 1983年，《晶体生长的物理基础》获全国优秀科技图书一等奖

## 固体微结构物理国家重点实验室的创建

1982年，教育部批准南京大学成立以晶体物理教研室为核心的固体物理研究所。1984年，国家重点实验室建设计划实施，1986年，国家自然科学基金委员会建立。在冯端先生带领下南京大学固体微结构物理国家重点实验室，于1984年获得科技部批准、开始创建，并于1987年通过国家验收，1995年被批准开放，这是科技部第一批组建的10个国家重点实验室之一。冯端为首任实验室主任，闵乃本为第二任实验室主任。在他们担任主任的20多年里，固体微结构国家重点实验室在国家发改委、国家科技部、国家自然科学基金委所组织的历次评估中均名列前茅。固体微结构物理国家重点实验室经过几代人的努力，为我国微结构科学的发展做出了重要贡献。实验室的建立对南京大学物理学及相关学科的发展乃至后来新工科的建设也都起到奠基性的关键作用。

## 力促成立现代工学院

在完成晶体生长教材建设和实验室建设后，闵乃本开始关注学科发展，早在1993年闵乃本就创建了材料科学与工程系。

南京大学在20世纪80年代中期便萌生了发展材料学科的想法。最初想采用当时理科大学办材料系通行的模式，将化学系的高分子、物理系的晶体和半导体剥离出来组成材料系。1987年，刚从日本东北大学作为访问教授归来的闵乃本，在鼓楼校园遇到时任校长曲钦岳，曲校长说南大希望发展工学，特别是材料科学。闵乃本当即表示，经济社会发展和材料有很大的关系，甚至人类发展的历史阶段都是以材料来命名的，从旧石器时代、新石器时代、青铜器时代、铁器时代到如今的硅时代，

> 南京大学固体微结构物理国家重点实验室配置的球差矫正电镜 Titan G2

所以南大的工学，特别是材料学，一定要抓。材料学科的定位一定要考虑清楚。

与曲校长简单交流后不久，当时负责教学的冯致光副校长与闵乃本就建立材料系事宜专门进行了一次深谈，具体涉及材料系的定位、架构、是否分阶段进程等。在定位问题上，闵乃本再次强调，南大材料系的定位是功能材料而非结构材料。功能材料中也不能研究微电子材料，这一领域在国内外已经集中了非常多的优秀人才，我们短期内无法和他人竞争。而迅速发展起来的光电子产业，为光电功能材料的发展提供了广阔空间。闵乃本认为，"激光60年代出现，光纤70年代解决了传输信号的衰减问题，我们虽然与世界有差距，但落后并不多，容易在较短时间赶上"。

材料系建系伊始就定位于光电功能材料，离不开闵乃本的深思熟虑和远见卓识。在具体的操作上，闵乃本指出，一定要发挥南大的特色，南大的物理、化学具有悠久的历史，在全国都是名列前茅的优势学科，材料系应当强调理学基础，尤其是物理基础。物理与化学的基础研究可以为材料的基础和应用研究提供强大的支持。建系的时候，专业设置应从材料物理、材料化学两方面考虑。闵乃本提出的另一点就是组建材料系的必须是年轻人，45岁是年龄的上限，年纪大的人科研上已经成型，不利于新学科建设。所以从建系至今，材料系及至后来现代工学院的教师都是南大最年轻、最有活力的。当时这项规定很严格，材料系首届系主任闵乃本院士和系副主任刘治国、孙祥祯教授都是兼职的。为了解决材料系成立初期的困难，闵乃本借鉴固体微结构物理国家重点实验室的建设经验，提出材料系和国家重点实验室一样，由物理系党委统一领导。合作研究成果既属于材料系、重点实验室，也属于物理系，因此材料系的创立与发展得到了物理系和国家重点实验室的全力支持。

进入 21 世纪后，南京大学材料学科建设进入了新的阶段，一个重要的标志就是 2011 年 12 月 30 日现代工程与应用科学学院、物理学院和电子科学与工程学院同时揭牌成立，为南大的学科发展和突破带来了新的梦想与希望。

早在 2009 年 3 月 29 日，中共南京大学第九次代表大会上提出了新的学科发展战略，重点扶持和支持现代医学和现代工程技术学科的建设与发展，使这些学科取得突破性进展。为了进一步落实党代会精神，2009 年 10 月 10 日，南京大学召开党政联席会议，明确提出分别在电子系、物理系和材料系的基础上要组建电子科学与工程学院、物理学院和现代工程与应用科学学院。现代工程与应用科学学院 (College of Engineering and Applied Sciences)，其英文名与哈佛大学、耶鲁大学、普林斯顿大学的工学院一致，蕴含着南大打造国际化一流工学院的立意与决心。

现代工学院的诞生不是一蹴而就的，而是在新一轮产业革命浪潮的大背景下，南大校领导以及老一辈科学家审时度势的英明决策。2002 年百年校庆后，便不断听到南大要建工学院的传闻，真正开始谋划这件事，却是到了 2009 年 6 月，学校成立了现代工学院筹建工作小组，时任物理系主任的祝世宁院士担任组长，材料系主任陈延峰教授担任副组长。闵乃本回忆道："2008 年春节前，陈骏校长约我进行了一次长谈，当时只有我们俩人，谈到对人类产业、社会发展的认识和理解。我说'：人类经历了两次产业革命。第一次产业革命以蒸汽机的发明为标志，由农业社会进入了工业社会；第二次产业革命以晶体管和集成电路发明为标志，由工业社会进入了信息社会。现在正处于新一轮产业革命的前夜：(1) 作为当代信息技术基础的集成电路将于 2020 年左右到达技术极限，逼近物理极限，必须发展新一代"信息载体"、发展新一代信息技术以及"后摩尔时代"的信息产业；(2) 人类生产和生活所依赖的化石能源，已面临枯竭，生存环境急速恶化，必须发展为生产、生活提供廉价电力的新能源；(3) 为应对人口增长和工业化带来的环境污染、疾病传播，必须发展生物技术与产业，以确保人类的温饱、健康。新一轮产业革命为中华民族伟大复兴带来了机遇，也给南大发展指明了方向。我建议成立面向新一轮产业革命的"现代工学院"，培养在2030—2050年能引领新一代产业发展的人才。'"

2012年，现代工学院新增的3个专业"光电信息科学与工程""生物医学工程""新能源科学与工程"开始进行本科招生。此时现代工学院本科生招生规模已经达到140人左右，为学校中等规模的院系。

2013年12月20日，"闵乃本星"命名仪式暨材料科学与工程系建系20周年庆典在南京大学中美中心匡亚明报告厅举行。南京大学校长陈骏院士、副校长吕建院士、材料系首任系主任闵乃本院士、首任系副主任刘治国、孙祥祯教授，以及物理系兼首任材料系党委书记杨明生等出席。吕建副校长代表学校向材料系和闵乃本本人表示祝贺，物理学院院长李建新和电子学院党委书记闵建洪致贺词，希望材料系和现代工学院能够再接再厉，凝聚力量，再创佳绩。会上大家向材料系4位建系元老献上了盛开的鲜花，表达了南大材料人长久以来的感激之情。

目前，现代工学院已经拥有材料科学与工程、光学工程两个一级学科博士点，生物医学工程一级学科硕士点，拥有了一支以院士、长江学者、杰青、海外优青、973计划首席科学家等为骨干和充满活力的教师队伍。拥有了一支国家基金委创新群体、两支省部级创新团队及多个与地方政府共建的成果转化研究院和研究中心，针对国家在信息、能源、材料、环境和人类健康等领域的重大需求，开展人才培养和科研攻关，希望能够抢占新一代产业发展的制高点。

材料学科从20世纪80年代中期萌芽到21世纪的今天，已经走过了30多年的时光。为此，闵乃本深情致辞："在材料系的婴幼期，物理系是母系，没有深厚的物理基础去赶超，只能越赶越远；材料系到了青少年时期，一方面要独立长大，另一方面还要继续坚持'理工融合''两院一室、三位一体、协同发展'的方针。一花独放不是春，百花齐放春满园。祝愿物理学科，百年华诞，再铸辉煌！也祝愿在双力驱动下前行的现代工学院和材料系，明天会更美好！"

> 2013年12月20日，闵乃本星命名仪式后闵乃本与陈骏校长留影

# 第四章

# 不忘初心，坚守成正果

## 晶体研究结硕果

自 1959 年来，在冯端指导下，闵乃本与李齐等进行了体心立方难熔金属（钼、钨、铌、钽）中位错及缺陷研究，用浸湿法揭示其位错的类型和在材料中的组态，发表论文 10 篇，取得了系列成果。1980 年，闵乃本与合作者研制出聚片多畴晶体，在国际上首次通过实验验证了诺贝尔奖得主 N. 布隆伯根（N. Bloembergen）1962 年提出的准相位匹配（Quasi Phase Matching，QPM）理论设想，该成果发表在 1980 年的美国《应用物理快报》上。这些成果与王业宁的晶体内耗成果一起于 1982 年入选国家自然科学奖二等奖（"晶体缺陷的研究"）。

20 世纪 80 年代中期，中央决定建立国家自然科学基金委员会以及建设国家重点实验室，这为在高校的科技工作者提供了从事科学研究的基本条件，极大地激励了高校师生。闵乃本所在的南京大学固体微结构物理实验室成为国家计委决定建设的首批 4 个国家重点实验室之一，并相继购置了激光器、电子显微镜、核磁共振仪等现代化仪器和设备，科研条件大幅改善，这使他意识到自己的学术设想有了实现的客观条件。为了"将失去

# 国家自然科学奖
## 证 书

为表彰国家自然科学奖获得者,特颁发此证书。

项目名称:介电体超晶格材料的设计、制备、性能和应用

奖励等级:一等

获 奖 者:闵乃本(南京大学)

2007 年 2 月 11 日

证书号:2006-Z-108-1-01-R01

> 2006 年,闵乃本团队"介电体超晶格材料的设计、制备、性能和应用"获国家自然科学一等奖

的时间抢回来"，1987年，闵乃本从日本访问回来后决定组建自己的团队，招收研究生，一边培养人才、一边推进研究计划。同时，在三个不同的研究方向同时开展了系统的研究，这就是"铁电薄膜、多层膜的研究""介电体超晶格的研究""晶体生长机制与动力学研究"。经过二三十年的努力，取得了丰硕的成果。"介电体超晶格的研究"获得了2006年度国家自然科学一等奖，"铁电薄膜、多层膜的研究""晶体生长机制与动力学研究"和"声子晶体等人工带隙材料的设计、制备和若干新效应的研究"分别获得2005年度、2007年度和2015年度国家自然科学二等奖。

作为我国自然科学研究奖励中的桂冠——自然科学奖一等奖，是众多科学家梦寐以求的最高荣誉。闵乃本带领团队不畏艰难困苦、甘坐"冷板凳"最终于2006年以完全原创性成果"介电体超晶格材料的设计、制备、性能和应用"获得国家自然科学一等奖。团队制备的这个以"介电体超晶格"来命名的新型功能材料，在一般人眼中只是个长不过几厘米，厚为2毫米的晶体薄片，也没什么特别，就好像安装玻璃时裁掉的一条玻璃片，但它在未来所产生的价值，难以用金钱去衡量。

闵乃本团队对该项目的研究起始于对N.布隆伯根的准相位匹配理论的实验验证。该理论从1962年提出到20世纪70年代末，一直没有找到有说服力的实验方法。闵乃本等利用他们发展的晶体生长技术，生长出具有周期畴结构的铌酸锂晶体并在此基础上，成功地验证了准相位匹配理论，并将所产生的倍频光的强度提高了19倍。闵乃本由此意识到，这类人工微结构材料具有丰富的物理内涵和潜在的应用前景，于是萌生了发展和建立一套有关该类材料的系统理论并探索其应用前景的设想。1984年，准晶的发现又成为另一个被继承和发展的成果。当时，这种新物质形态刚刚被发现不到2年，学界正在掀起研究热潮。闵乃本就思考可否将准晶概念引入介电体超晶格中，构建准周期超晶格？能否将准相位匹配理论从周

> 1982年、2005年、2007年、2015年国家自然科学二等奖

期超晶格推广到准周期超晶格？到了1990年，闵乃本和他的学生朱永元等建立了多重准相位匹配理论，并预言一块准周期介电体超晶格有可能将一种颜色激光同时转换成三四种颜色的激光。这一理论和预言让闵乃本很兴奋，也下定决心要制备出准周期介电体超晶格用来验证理论和预言，却无论如何找不到新工艺的突破口。

但没想到的是，这项研究成果在国际学术刊物《物理评论》发表后并未引起学术界的重视，一些科学家认为，他们的理论只能发发论文，不可能取得应用的突破。当时，闵乃本决心要找到一种工艺方法来制备准周期超晶格，却总是屡试屡败，找不到突破口。

1992年，闵乃本到香港中文大学访问，他从最新一期杂志上看到一篇报道，日本科学家利用半导体平面工艺制成了周期结构光波导，实现了激光倍频。"半导体平面工艺任何图样都能做，既然周期结构能行，那准周期也应该能实现！"这个想法一下触发了闵乃本的灵感。

他把文章传真到祝世宁的实验室，让他考虑一下这种方法。看完文章，祝世宁很快反应过来，开始探索制备超晶格的新技术。大家一起研制极化设备、设计图案、光刻、做电极，将常见的半导体工艺借用到介电体超晶格研制，终于用两年多的时间发展出一种室温图案极化制备介电体超晶格的新技术，实现了"室温图案极化制备新技术"的突破，给闵乃本团队带来了很大的喜悦。这对该项目进展至关重要，还为新生学科"畴工程学"的诞生奠定了技术基础。当然它的诞生过程是异常艰苦的。

1995年，闵乃本团队在半导体平面工艺的基础上加以改进，成功制备出准周期超晶格。同年夏天，他去日本参加一个学术会议，报告研究进展。斯坦福大学的拜尔（R. Byer）和费耶尔（M. M. Fejer）教授对此很感兴趣，特地邀请他共进午餐，闵乃本向他们解释了什么是准周期介电体超晶格及其发展前景。后来，因担心研究成果被两位斯坦福的教授抢了先，闵乃本马上找到祝世宁，跟他说："只能给你两年时间了！"为了实现同时产生多种颜色激光的预言，团队又开始了全新原型器件的研制。不久，团队已能用这种新技术制备出周期和准周期超晶格，又制备出能同时产生两种颜色激光的准周期介电体超晶格。此后闵乃本团队围绕准周期光学超晶格多重准相位匹配的理论建设和实验验证、二维光学超晶格与光子晶体、声学超晶格与声子晶体、离子型声子晶体的理论模型和实验验证、室温电极化技术和畴工程学、介电体超晶格的应用研究和器件研制等方面获得系统的研究成果，在国内外产生了重要影响，并于 2006 年以"介电体超晶格材料的设计、制备、性能和应用研究"项目获得国家自然科学一等奖，这是自 1999 年国家奖励制度改革以来内地高校独立完成的第一个国家自然科学一等奖。此外，关于介电体超晶格的研究成果分别入选国家科技部 1998 年度和 1999 年度中国基础研究十大新闻、国家教育部 1999 年度和 2001 年度中国高校十大科技进展。

自 1986 年开始，围绕介电体超晶格 19 年的刻苦钻研，结出了丰硕的果实。面对这样的成果，人们不禁要问：是什么力量在支持闵乃本及其团队坚持不懈地实践与探索？闵乃本如是回答："一切成功均来自勤奋踏实的劳动，不脚踏实地，一切都是空谈。从事科学研究是艰苦的，既然选择了这条道路，就应该做好为之奋斗、吃苦的准备。科研不是一蹴而就的事情，需要脚踏实地、孜孜不倦的探索。要想工作有所突破和创新，还需有一种大无畏的精神，要敢于挑战困难，锲而不舍，才能克服一个又一个的困难。在不断挑战自我、攻克堡垒的过程中，不以功利为目的，只是为了揭示自然界的奥秘，寻求自然界的规律，就能把为之付出的艰辛置之脑后。我想这应是科学工作者探索未知世界的动力。"

## 团队建设构和谐

闵乃本在科研道路上的孜孜追求,在科研成果上的屡屡获奖,与其培养造就的一支特别能吃苦、特别能战斗的科研团队是分不开的。他曾说:"1984年,我已经49岁了,意识到自己最富创造的年华已经流逝,不可能一个人单枪匹马地完成全部的学术设想。1986年,当我决心实现自己的科学设想时,就决定通过建设团队来完成,通过招收研究生,边培养人才边推进研究工作。"现在,在聚光灯下,在领奖台上,闵乃本最喜欢说的还是他们的"团队"。

闵乃本在总结建设创新团队经验时说:"建设一个勇于创新、团结和谐的团队,不是招收一些有潜质的人、添一批先进设备就能成就的,而是一个科学知识、实验技能、研究成果等不断积累的过程,一个学术传统、学术氛围、科学精神不断传承的过程。"

闵乃本团队中有来自南京大学本校物理专业的,也有来自外校物理专业的,当然还有来自外校工学背景的。就这样,一支理工相结合、知识与年龄结构合理的梯队开始了漫长而艰辛的攀登之路。

闵乃本认为:"建设团队,要让大家尝到合作的甜头。人类科学技术的积累,使得一个人只能熟练掌握某几方面的理论知识和实验技能,不可能样样都精。但在科研实践中往往需要用自己还没有掌握的理论方法和实验技术来解决问题。这就有两种途径,一是通过自己钻研,一是开展合作。要提倡合作,在合作者的帮助下能更快地学会自己不熟悉的理论与技术,通过合作者的专长能更深刻地解决自己的问题。但是,研究者往往习惯于自己钻研。只有通过提倡和在合作中尝到甜头后,在团队内强强合作才会成为自然过程。"

同样，"建设团队，要提倡学会正确估计合作者的贡献。一个人对自己的成果重要性总是理解得比较深刻，对自己取得成果付出的艰辛总是更有体会。因此在团队中对自己的贡献的估计总是放大些，对合作者的贡献总是缩小些，这不合乎实际。在团队中，要提倡将自己贡献的估计缩小些、将合作者贡献的估计放大些，这样才更接近真实，才有利于构建一个和谐的团队"。

具体到团队带头人的重要性和团队成员的协作性，闵乃本认为"建设创新团队，在工程科学领域很重要。一个重大工程，个人单枪匹马是绝对完成不了的。可是在基础科学领域，个人也能做出很有意义的工作。因此在基础科学领域，对学术领导人有着更高的要求。学术领导人提出的研究方向对学科发展要有重大意义，或是对经济社会发展要有重大贡献，否则就不能吸引有才华的人参加你的团队。学术领导人对团队成员贡献的评价要科学、客观、公正，绝不能偏爱，否则就会破坏团队的和谐。学术领导人更不可自私自利，绝不可将别人的成果据为己有，否则人家就会拂袖而去。在我们的团队里，主要贡献者即使是研究生，在发表论文时也总是排名第一，他们感到所取得的成果是他们自己的，同时又是团队的。这样就能增强团队的凝聚力"。

因此，"建设创新团队，要提倡平等精神。学术领导人不专横、不武断，青年人不迷信、不盲从，一切以事实为依据，只服从真理，在科学面前人人平等。这样，学术思想就会活跃，学术气氛就会民主而宽松。在这种自由的学术气氛中，通过经常的交流、讨论乃至争论，往往会撞击出创新的火花"。

闵乃本认为，一个团结和谐的创新团队和宽松民主的学术环境，是他们的研究走向深入直到开花结果的基本点，也是他们能够始终站在科学前沿从事创新性研究的根本保证。

如今，闵乃本所带的团队已是硕果累累。祝世宁 2007 年成为当时南大最年轻的中国科学院院士。团队中的 60 后、70 后也已挑起了大梁，成为博导、教授，涌现出一批杰青、长江学者等国家级人才。还有人成为国家"973"项目首席科学家、量子调控国家重大科学研究计划负责人、"863"计划课题负责人，也有人获得中国青年五四奖章。

# 第五章

# 合作研究，国际显声望

改革开放后，国家鼓励学者去学习西方的先进技术，享用国际优质资源，积极提高国际交流与合作水平。

南京大学物理系的学术交流特别是国际学术交流非常活跃。闵乃本广泛参与国际合作与研究，先后赴美国犹他大学（The University of Utah）、日本东北大学（Tohoku University）、等学校进行合作交流。这些国际学术交流，为南京大学物理系的科学研究和国际接轨以及赶超国际先进水平，起到了积极的推动作用。

## 初访美国犹他大学

1982 年，闵乃本应美国晶体生长协会副主席罗森伯格（Franz Rosenberger）教授的邀请，以访问副教授的身份去美国犹他大学进行合作研究。在此之前，闵乃本从未踏出国门，对学术界国际前沿问题的认识多来源于文献的阅读，正是在美国犹他大学物理系开启了闵乃本国际学术交流的第一站。这是他首次接触到国际知名学者，刚开始存有自卑思想，但在和罗森伯格教授多次讨论后，才感觉到自己对晶体生长领域理解的广度和深度并不差，由此增强了在国际学术领域拼搏的自信心。随后，他很快在热致晶面粗糙化的研究中取得了进展。

### 启程访学

1982年9月，闵乃本启程前往美国犹他大学。那时的国际交流渠道远不如今天频繁和成熟。闵乃本首先前往上海参加出国留学培训班，学习所需遵守的相关规则；接着，从上海乘坐国际航班飞往美国旧金山，驻旧金山的中国领事馆接待了他，并安排其飞往犹他州盐湖城。

抵达学校后，一切就只能依靠自己了。闵乃本请原来在犹他大学生活的国人帮助他租房，那时的通信还不发达，信件一来一回，就耗去了数月的时间。这次的访学是自费公派，费用由犹他大学一方承担。闵乃本所能获得的补助并不多，生活并不富裕。

### 犹他大学与罗森伯格教授

犹他大学位于美国犹他州的盐湖城，坐落在盐湖城的沃萨奇岭山脉脚下。学校建立于1850年，是一所被美国国家公园环绕的国家级大学。犹他大学简称U of U，是美国犹他州高等教育的旗舰型学校，也是一所享誉世界的公立研究型大学，属于北美大学联盟AAU。作为美国西部最著名且最古老的公立大学之一，犹他大学被卡耐基教育基金会归为特高研究型大学（Top-tier Research University），当时在美国所有的约3632所被美国教育部认证的大学中，只有107所大学获此殊荣。

罗森伯格教授1933年出生于奥地利，1964年于德国斯图加特大学（University of Stuttgart）获得物理学学士学位，1966年前往美国，并于1970年在美国犹他大学获得物理学博士学位。毕业后，罗森伯格选择了留校任教，成为一名助理教授；1977年，成为犹他大学物理系副教授；1981年，成为犹他大学物理系教授。次年，他邀请闵乃本前往犹他大学，

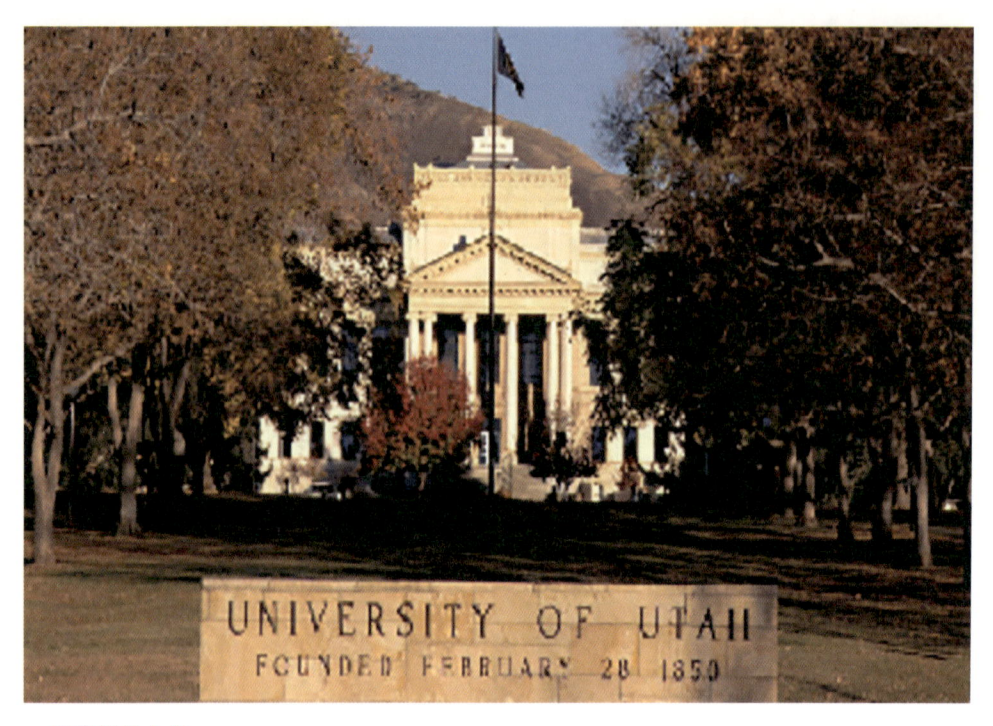

> 美国犹他大学

二人展开了学术合作。1986年，罗森伯格教授前往美国阿拉巴马大学（University of Alabama）担任物理系教授，兼任微重力与材料研究中心主任，并邀请闵乃本在1990、1991年的上半年，连续两年开展三个月的合作科研。

在前往犹他大学访学时，闵乃本已经年逾四十，对自己的学术路线有成熟的规划，同时，他也是带着"任务"前去的。在选题方面，罗森伯格与闵乃本进行了深入的探讨，但他并没有限制闵乃本的选择空间。每星期，二人都要讨论一至两次。在犹他大学，闵乃本与罗森伯格合作设计了一个用于间接观察的仪器，因为二人都有工科基础，所以过程很顺利。

跨文化交流，既是处于不同文化背景的社会成员之间的人际交往与信息传播活动，也涉及各种文化要素在全球社会中迁移、扩散、变动的过程，及其对不同群体、文化、国家乃至人类共同体的影响。二人来自不同的文化背景，文化的差异也时常体现在二人的交流之中。谦虚是中华文化流传下来的美德之一，在与罗森伯格的沟通中闵乃本发现，当他对问题有着深入的理解但是由于谦虚，只是说"懂得一点"时，对方就认为他真的只懂得一点，或者完全不懂。而在西方文化中，懂得多少便表达多少。随着合作的推进，二人也逐渐了解了彼此之间的文化差异，沟通逐渐变得更加顺畅。

　　归国后，闵乃本和罗森伯格的联系并未中断，而是建立了持久的友谊。罗森伯格曾多次邀请闵乃本参加其主持或参与的国际学术会议，二人之间的互访也并未停止。

### "大力神"奖

　　在犹他大学访学期间，闵乃本修正了晶体生长的"杰克逊"理论，成功地解释了晶面热致粗糙化的难题。闵乃本与罗森伯格一起设计了一套实验仪器，进行艰难的理论推导和枯燥的公式运算。在经历了一次又一次失败后，闵乃本不断调换攻坚的突破口，选择新的突破口。在浩如烟海的资料中，他找到了"紫外线可能会引起晶体表面的溶解"线索。根据这一提示，闵乃本将紫外线过滤后进行了一次新的实验，结果晶体表面的干扰荡然无存。他以自己实验结果和理论分析无可辩驳地证明：晶体表面的确存在着粗糙现象，这种现象是由于晶体表面原子相互作用的"松弛"而形成的。闵乃本与合作者提出了各向异性变键模型，系统地研究了原子的多体交互作用在晶面对表面能、台阶能、表面粗糙化以及晶体生长动力学的影响。对于这一成果，闵乃本的自评并不突出，他认为这只是他做了一点

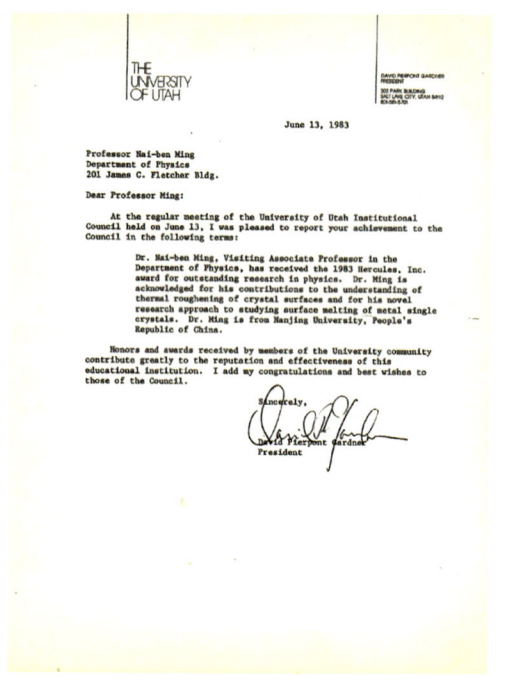

> 犹他大学校长戴维·加德纳致闵乃本的贺信　　> 犹他大学物理系主任尤金致闵乃本的贺信

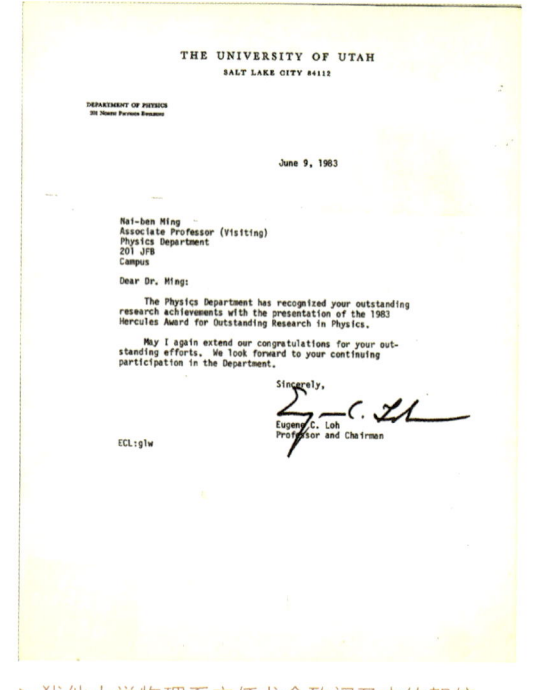

工作和贡献,但是这一研究在第七届国际晶体生长会议上被誉为"近十年来晶体生长领域最好的研究成果",他也因此获得美国犹他大学的"大力神"奖。该奖项专门奖励本年度在物理学领域有杰出贡献的物理学家,每年受奖者仅一名。作为外籍学者,闵乃本凭着仅用四个月时间研究出的成果能够获奖,实属不易。

此后,罗森伯格教授曾提出要与闵乃本签订十年的工作合同,劝他留在美国继续研究。在那个时代,美国的收入是我国的几十倍甚至上百倍,美国的生活、工作条件也远远超过中国,面对这个许多人梦寐以求的机会,闵乃本没有心动,而是毅然决然地踏上了回国之路。

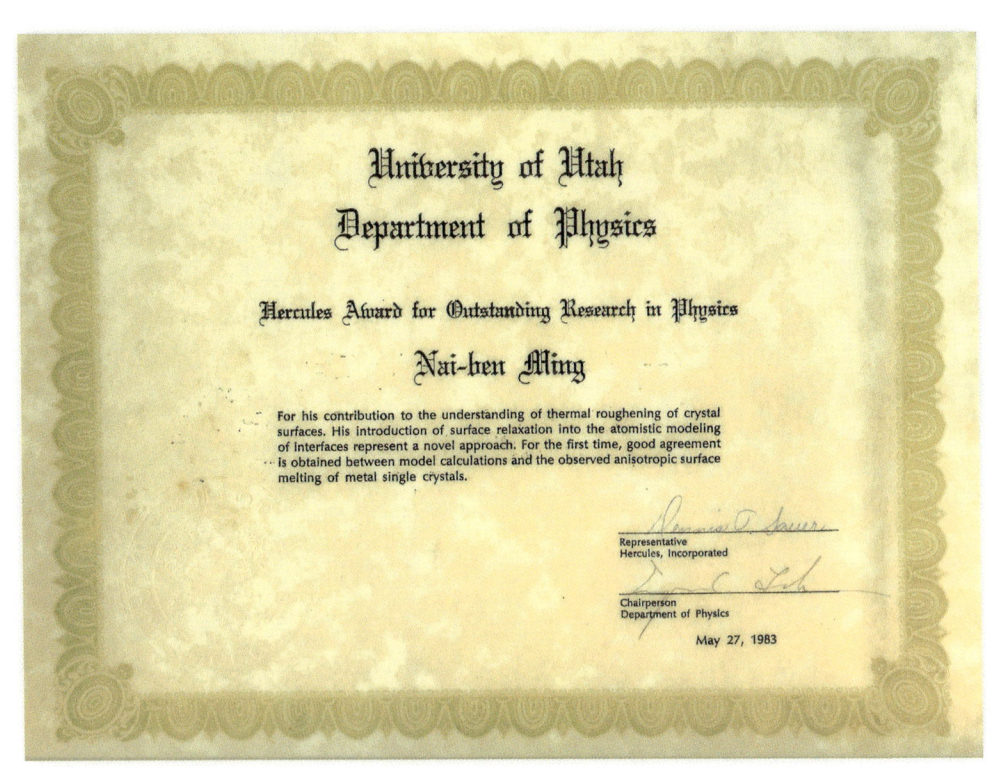

> "大力神"奖奖状

"1984年,中国发生的两件大事鼓舞了我,使我感到自己的学术设想有了实现的客观条件:一是中央决定建立国家自然科学基金会,二是南京大学固体微结构物理国家重点实验室成为国家计委确立建设的首批4个国家重点实验室之一。自古以来,中国知识分子毕生最大的追求,就是能将自己的知识贡献给祖国和人民。我的童年时代,正值日寇侵略我国,山河破碎,生灵涂炭,幼小的心灵萌生了振兴中华的理念。如今,中国知识分子迎来了振兴中华、实现理想的大好机遇,我当然应该选择回来。"闵乃本就是这样表明自己心迹的。

## 再访日本东北大学

日本东北大学，简称东北大，位于日本宫城县仙台市，是日本顶尖的国立大学之一，有着"尊重研究"的传统，并且代代相传，如金属材料研究所，在创造 KS 合金钢的本多光太郎博士的带领下，坚持不懈数十年，全所很多人获得文化勋章、文化奖、日本科学院奖、本多纪念奖等各种奖励。

1986 年 10 月—1987 年 6 月，闵乃本应日本学术振兴会邀请再次出国，以访问教授的名义前往日本东北大学，到仙台与日本东北大学砂川一郎（Sanagawa）教授进行合作研究。砂川教授是国际矿物晶体生长委员会主席、晶体生长界的权威。与他同期到仙台访问的有法国、荷兰、苏联的知名学者，这是晶体生长领域顶尖学者的会聚，创造了极好的学术氛围。

在日本作为访问教授的近 8 个月时间里，闵乃本完成了两篇奠基性论文，发展了晶体生长的缺陷机制，建立了非完整晶体生长的理论体系。他发展了晶体生长的位错机制（包括刃位错、混合型位错）、层错机制、孪晶机制、重入角机制以及重入角生长与粗糙界面生长的协同机制；论证了在晶体生长表面提供台阶源的晶体缺陷都能克服晶体生长的二维成核位垒，对晶体生长作出贡献。这些台阶包括完全台阶和不完全台阶（亚台阶）。该理论体系的提出受到砂川一郎教授的高度称赞，并在 1995—2000 年间得到了荷兰贝内玛（Bennema）研究组系统的实验验证。实验证明该理论不仅适用于溶液生长，也适用于汽相生长；不仅用于理论分析，也用于卤化银和金属银的工业生产中寻找最佳生产条件的指导；证明该理论是晶体生长的普适理论，在国际上被称为"闵氏亚台阶理论"。

> 1986 年，闵乃本访问仙台东北大学时与砂川一郎合影

## 领跑前沿的国际视野

此后，闵乃本曾多次参加国际学术会议，积极展开学术合作。据不完全统计，20 世纪 90 年代闵乃本几乎每年都出国参加国际学术交流活动，不是商谈合作，就是访问讲学，或者参加会议。

在自己积极参与国际学术交流活动的同时，闵乃本也创造条件鼓励学生走出国门开展合作研究，培养学生和团队的国际视野。

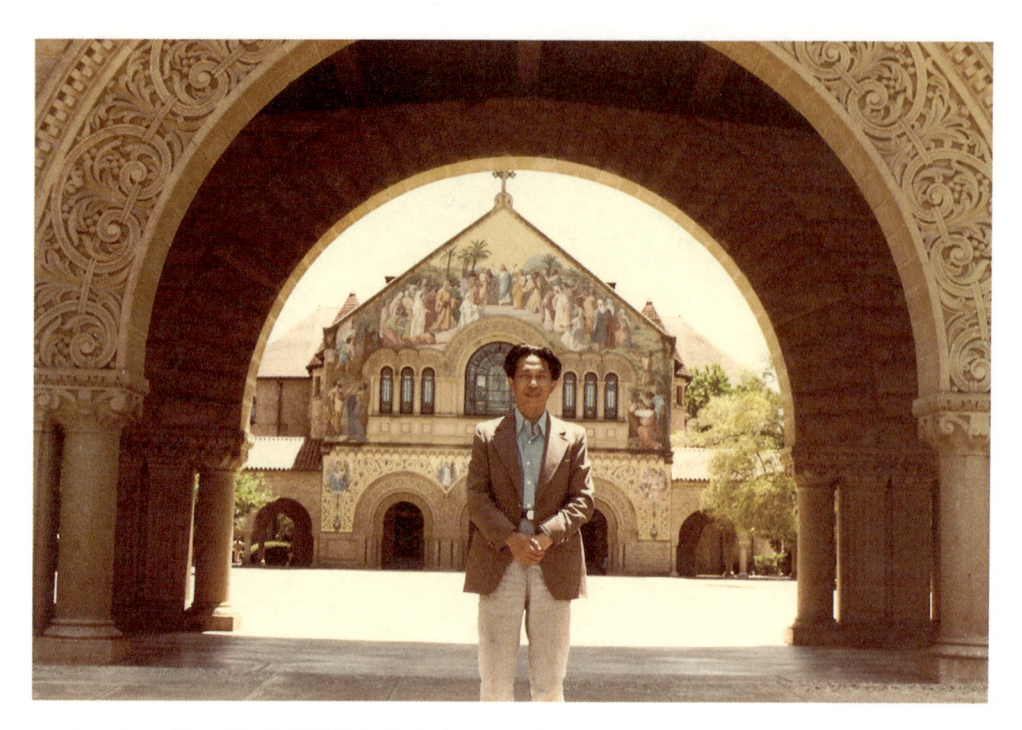

> 1983年，闵乃本访问美国斯坦福大学R.S.费格尔松（R.S.Feigelson）教授

  闵乃本对弟子的要求很高，当时国内一般的科研论文都是用中文撰写的，朱永元在闵乃本手下读研究生时，他发表的第一篇论文就被要求用英文写作，闵乃本这样告诫他："我们的工作应该拿到国际上去竞争！"当自己的学生留下来成了合作者之后，闵乃本更是不遗余力地帮助他们走出国门，拓宽知识面。

  闵乃本团队的每一位成员都在工作两三年取得一些成就后，以专家的身份赴欧美等国最有名的研究组从事合作研究。陆延青理论和实验能力兼备，在导师的支持下，毕业后到美国的大学工作了一段时间，而后进入美国高技术公司从事实际的研究开发，因而取得了丰富的光电子产业的经验。在美国的五六年阅历让他有了更多的收获，最终还是回到母校南京大

> 1992年，闵乃本与曲钦岳校长访问欧洲时合影于德国科隆双塔教堂

学效力。通过这种出国访学和交流，团队成员增强了参与国际合作与竞争的意识和能力，眼界也更加开阔，促使课题的发展呈良性循环。

闵乃本常对学生们说："我们国家和世界发达国家存在差距，要实现跨越式发展，我们这些科学工作者要立足于前沿，要付出更多的艰辛，这是中国科学家的历史责任。" 1995年，他的团队终于花了两年时间用一种室温图案极化制备介电体超晶格的新技术制备出周期超晶格。闵乃本团队经过近二十年的努力，为准相位匹配材料的研发奠定了基础，使国际上同行科学家逐渐关注介体电超晶格的应用前景。终于，团队于1996年制备出了同时能出两种颜色激光的准周期介电体超晶格，这项工作发表在了世界级学术刊物《科学》上，还引起了美国斯坦福大学一批科学家纷纷介入，使这一冷门领域逐渐走向热门，而此前，闵乃本带着研究组坐了十多年的冷板凳。一组清晰的数据佐证了这段历史：据不完全统计，1980年至1990年这十年艰苦积累时期，国际上相关论文总数约有20余篇，闵乃本研究组就贡献了9篇。

闵乃本坦言："和发达国家不同的是，我们的基础研究成果如果不再花一点时间将它演示出来，就不能吸引工业界或应用界的关注。我们处在发展中国家之列，要付出更多的努力再往前走几步，这样才能被产业界认识，使这些成果早日对人类、对我们的国家有所贡献。"

基于这一认识，团队将已经取得的基础研究成果与全固体激光技术相结合，齐心协力，终于在2005年利用自己研制的介电体超晶格，研制成功全固态超晶格红、绿、蓝三基色和白光激光器。对一个以基础研究为主的团队而言，要完成一台技术复杂的原型器件其难度可想而知，更何况他们不但制出了样机，还取得了4项国内发明专利和1项美国发明专利。据统计，近年来国际上从事该领域研究的研究组越来越多，在1997—2005年间，国际上相关论文总数达2000余篇，团队在此期间贡献了46篇，约占总数的2%。这8年中，相关论文开始陆续出现在《自然》《科学》和物理学的顶级学术期刊《物理评论快报》上。团队先后在《科学》上发表论文3篇，在《物理评论快报》上发表论文7篇，约占这三种学术期刊上该类论文总数的一半。团队的研究结果被美国、英国、法国、俄罗斯、日本等20余个国家的著名大学和实验室的研究组所引用。闵乃本、朱永元、祝世宁在国际会议上作邀请报告20余次，应国际学术刊物之邀撰写了4篇综述性文章。

与国际同行保持密切的交流与合作，在整体环境和设备相对欠缺的状态下依然可以领跑国际前沿，闵乃本的国际视野可见一斑。

> 2007 年，闵乃本在实验室（左起：朱永元、闵乃本、徐平、赵刚）

# 第六章

# 言传身教，大师立风范

闵乃本一生致力于教书育人和科研团队建设，他对年轻人总是很关怀，特别注重培养年轻人，挖掘他们的优点，鼓励他们。所培养的学生很多已在科技教育界崭露头角，成为各自领域的骨干力量。

## 一间陋室

曾经有段时间在南大物理楼的后面，有个小门，推开那个小门，里面是石棉瓦、红砖墙搭的一个小屋，外面涂了一层石灰，房子很小，最多二十平方米。这个小屋，是闵乃本和学生一起亲手搭建起来的，是研究晶体生长较早开始的地方。在这个小屋里，诞生了不少世界前沿的科研成果。

陆亚林教授是闵乃本培养的首批博士生之一，1991年在南京大学获得博士学位。小屋的搭建他是主要完成人。当时要做晶体研究，他便买了一台单晶炉放在棚子里，但是那个单晶炉质量不太好，天天坏、天天修，经常这边弄一半，那边就突然停了。而长一块晶体可能要三到七天，单晶炉经常坏，晶体基本就长不出来，导致研究无法进行。这让陆亚林很是恼火。

那时候闵乃本已经是大教授了，为了鼓励陆亚林，经常跟他一起趴在那儿分析单晶炉到底是怎么坏的，身体力行地告诉学生什么是做科研的正确态度。陆亚林说道："我后来很自豪，我现在跟我的学生说我就是从实验堆里埋头苦干出来的，你现在要想骗我是骗不了的，因为我自己就是一个螺丝一个螺丝敲出来的，这一点就是从闵乃本老师那儿学来的，我那时候想骗他也是骗不了的。"

科研经费不充裕，仪器设备不完善，晶体就长不出来，材料都没有，科研就很难进行下去。当时，做其他研究的同学论文都发了很多了，陆亚林当时一篇都没有，不免有些丧气烦躁。正是闵乃本的人格魅力感染激励他，让他坚持下去。1986年3月，闵乃本向王大珩（当时的科技部863项目负责人）等人提出一个863项目，这是南京大学历史上第一批的两个863项目之一，另一个是化学系孙祥祯老师的金属有机源项目。项目1987年正式实施，原始的激光存储器用的是红外半导体激光器，而红外光的波长比较长，将红外光变成蓝光，波长可以降低二分之一，聚焦的斑点能够减小到四分之一。这样，在同样的光盘上面，原来的红外光存储可以写一千个点，现在就可以写四千个点，是一个很简单的几何方法。那时候的半导体红外激光器有而且很便宜，但是没有半导体的蓝光激光器，闵乃本就抓住了这个当时世界前沿的问题，想办法把红外激光器倍频到蓝光。闵乃本很放心地把这个项目交给了陆亚林，正是有了闵乃本的信任和鼓励，加上自己的不懈努力，最终做出了蓝光激光器。1991年，陆亚林在《应用物理快报》上发表了自己的第一篇论文，也是世界上第二篇关于蓝光激光器产生的论文。

第一篇关于蓝光激光产生的论文是由当时斯坦福大学教务长拜尔（R.L.Byer）率先发表的，拜尔是位著名的世界一流教授，他也在研究蓝光激光器问题但还没有实现。闵乃本就鼓励当时还是一个普通学生的陆亚林大胆地跟这位拜尔教授直接联系。在陆亚林博士毕业前，拜尔教授有机会来到南京大学现场观摩了陆亚林蓝光倍频实验，对这个竞争对手给予了相当的尊重与肯定。

## 一个信箱

闵乃本对每个学生的研究方向和研究进展都很关注。对于研究领域的国际前沿热点，闵乃本也有着敏锐的嗅觉和洞察力。每当他在《自然》《科学》上看到有兴趣的文章的时候，他总是会想这篇文章和哪个学生相关，可能对哪个学生有启发。闵乃本将文章复印下来，装在信封里，放到学生的信箱里。哪怕学生研究的东西不是他的主流方向，他觉得有价值的，学生都可以去尝试的，他也定期给学生文献。他的学生李爱东教授回忆道："我做的东西不是他的主流方向，我留校以后，曾经有很长一段时间，他不具体指导我，但是他定期（一个月或半个月）会给我一篇文献，就是装在信封里面，放在我的信箱里头，或直接塞给我。我一看这些好多都是《自然》《科学》上的文章，他觉得非常有价值的方向我可能去尝试，比方说有机半导体或者有机晶体管，实际上这些现在都非常热门。"

## 一支铅笔

闵乃本十分严谨，对学生的要求也十分严格，学生的论文他都会从头到尾用铅笔一一修改。比如学生在论文里面写 X 光，他觉得这个表述不对，应该叫 X 射线，X 射线才是比较专业的表达，有一些细节学生不会注意到，闵乃本也会和学生提出来，哪怕是标点符号，他也会挨个严格修改。

比如，闵乃本当时的学生李爱东描述 XRD 表征时用到了"杂质相"这个词，闵乃本就说："如果是杂质的话，它是没有办法形成相的，它只不过是掺杂了什么东西，或者在晶界处堆积，但是如果形成相了，就不能再说杂质相，要叫副相。"因为李爱东是化学系转过来的，所以好多物理名词术语用的不是那么严谨，写博士论文很多表述比较口语化，闵乃本拿铅笔一一改正过来了。李爱东感叹道："我知道现在有一些老师的学生多，学生的论文，他们可能就改改前面的摘要，里面章节内容就草草地看几眼或者是改改大标题，不太关注细节。我的博士论文确实是闵老师从头到尾全部改过的包括标点符号，对此我也是蛮感动的。"

在闵乃本的指导下，多位学生的论文被评为南京大学优秀论文。

## 一瓶美酒

1995 年冬天，何京良正在中国科学院物理所读博士，导师许祖彦院士和闵乃本同在一个"863"的新材料专题领域，要开一个专题总结研讨会，多所高校、研究所共计大概 34 位专家来开会。何京良带了一个硕士生一起筹办这个研讨会，但是那个硕士事情多，所以几乎是何京良从头到尾地负责这个会，包括接送站和食宿等，工作做得都非常完美，大家都觉得会议办得非常好。虽然是个不大的会，但是这件事情给闵乃本留下了深刻的印象。再加上何京良是学光学的，南大物理系又一直缺研究光学的人，所以在会议快结束的时候，闵乃本就找人请来何京良要和他谈谈，并邀请他去南大工作。

闵乃本生活当中喜欢喝一点酒，当时一个四川大学的老师送给他一瓶四川的酒，他把这瓶酒拿出来送给何京良。何京良后来回忆道："我当时有点诚惶诚恐，我觉得我只是一个学生，一个博士生。先生那么高的威望，那么高的学术地位，怎么那么平易近人，然后我们两个就一直聊，觉得心里挺高兴也很温暖。"

但是，当时何京良是委托培养的博士生，毕业后要回原单位，不能去南大工作。闵乃本表示理解，觉得他很讲信用，并且提出要参加何京良的毕业答辩。1998年6月，何京良博士毕业论文答辩，闵乃本履行诺言，真的提前一天从南京过来参加了他的答辩，担任答辩委员会主席并在过程中提了许多问题，这些问题让何京良终身受益。

## 四万路费

何京良博士毕业后，回到山东师范大学当老师。那一年他没有做出什么工作，闵乃本一直很关注他，知道他的近况后，有些为他着急，亲笔写了一封信给他，信中说道："你把你们单位的工作安排好，有时间我还是希望你到南大实验室来工作"。信中还提到从项目经费中给他寄了四万块钱做车马费。何京良后来才知道，项目经费一共只有五十多万，很是感动。就这样，1999年6月，何京良正式来到闵乃本的实验室，加入团队开始科研。

## 三个印象

### 高瞻远瞩

闵乃本是一位学术大师，他看问题非常敏锐，高瞻远瞩，而且非常独特，他有自己的想法，很少会跟风，所以研究的成果都有很强的原创性。他不仅看中了介电体超晶格这个方向，还看中了晶体生长这个方向。他在软物质方面也非常有见地，复杂材料的结构的演变现在也是很活跃的分支。闵乃本曾提出一个很重要、很有趣的课题，就是人体内的结石，包括胆结石、肾结石，结石演变和晶体生长动力学的关系，这就把晶体研究深入到了生物医学领域。闵乃本在很早的时候就在想这些事情，现在看起来都是很活跃的领域。

提到闵乃本在学术上的前瞻性，陈延峰说道："当然他做得最成功的是介电体超晶格，做得风生水起。所以说他站得高看得远，对科学方向的把握是非常敏锐的。当然包括我个人，我自己的成长，我一开始的方向全是他告诉我的，我那时候真的什么都不懂，对这些问题根本就看不清。但是我的运气好，越做越清楚，我就这么做出来了。"

复旦大学教授资剑是这样评价闵乃本的："先生这一生大概做了这三方面事情。第一，在科研上，先生在非线性材料领域有着深远的国际影响；第二，先生培养了那么多优秀的学生，而且这些学生对先生都很好；第三，量子调控的研究计划是先生推动的，我们国家有这样的计划，其实把量子调控和量子计算提高到了一个新的台阶。这三样，普通人能做到其中一个就已经了不起了，何况是三件呢？"

### 博大胸怀

闵乃本很有胸怀。他放手把经费管理还有学术进度等都让学生自己做，很少出来干涉。所以闵乃本的管理方法是目标管理，就是给学生指个方向，到时候检查学生交上来的结果。闵乃本在这种情况下，特别有胸怀，可以容忍学生各种各样的缺点。他注重主要问题，关注学生是不是专注做学问、做研究，因此学生跟着他，总是能迅速成长，独当一面，能得到很好的锻炼。

"和而不同，是闵先生经常提到的一个观点"，南京大学物理学院长江特聘教授王牧难忘师恩，因为他的成功与闵乃本开明的学术态度以及大力支持是分不开的。最初，在闵乃本的指导下，王牧的工作是一个比较传统的课题，可在一个非常偶然的机会下，他接触到了国际上一个热门的研究领域，如果深入从事这方面研究，就要放弃导师原来为他制订的研究内容。闵乃本并没有以学术权威的架势，左右王牧的研究方向，相反地，他还主动为王牧进入这一全新领域研究进行指导，并鼓励王牧赶紧设计新的实验装置，这让王牧感激万分。正是闵乃本的

> 1988年，闵乃本与王牧实时观察晶体生长

这个开明之举，让王牧在这条新的科研道路上继续走下去，并先后在《自然》《物理评论快报》这样重量级的学术刊物上发表了6篇论文。

1998年左右，国家长江学者奖励计划开始实施，没几年闵乃本下面就聚集了一批长江学者，他们的工资都比闵乃本高，像当时有王牧，后来有从国外引进的邹志刚，闵乃本做了很大的贡献，引进了团队，年轻人就成长起来了。陈延峰教授回忆道："其实当时我申请博士后从西安到南大来的时候，有独立的两室一厅的住房，我跟我们物理系的那些大教授都住在一栋楼，当时有陈坤基、刘治国、邵慧敏他们，说起来都不好意思。他们这一辈科学家对人才的重视，这种风格、这种胸怀，真的很了不起。"

有一年，资剑和闵乃本一起在山西太原晋祠，因为天降大雨，两人便在室内散步。闵乃本是对自己非常严格而又谦虚的一个人，他感叹道："这一生好像也没有做什么事情。"资剑劝慰闵乃本说："我们作为知识分子，都知道范仲淹的'不以物喜，不以己悲'是最高境界。而你做了这

么多事情，都不觉得高兴，都没觉得自己做了什么事情，真的是到了人生的极高远的境界。我假如能做到你做的事情的一部分，也就不枉此生了。"

陈延峰这样评价闵乃本："我觉得他拥有中国传统知识分子士大夫的精神。一方面他对人特别善良，他看所有的问题，都是检讨自己，很少看到他指责别人，他要碰到什么问题他总是想自己。如果我去申请一个项目，或者申请一个头衔，他总是会先跟我讲，他说谋事在人，成事在天，你要百分之百的努力，如果不成的话，你也不能放弃，你还得再来，做好思想准备。另外他很强调自省，他很少批评别人，很容忍。比如说他帮助过别人，他往往就告诉你他忘掉了，很多人都是他提携的，可他从来没有记住，结果人家记住了，后来看到他会跟他讲，他说我都忘掉。所以说，他总是与人为善，帮助别人，另外也是一直检讨自己。这点我在工作中也学到了不少，但是我有时候也熬不住，有时候发发牢骚，然后有一次我在学校里的会上讲，我说我们材料系成长起来，学校根本也没什么支持。闵先生会后就批评我了，你不能抱怨，你不能发牢骚。虽然都是非常细节的东西，我们的修养比他差很远。"

### 惜才爱才

20世纪90年代初期，院士的工资才几百块钱。闵乃本在南京开往北京的火车上遇到了一位企业家吴思伟先生，素昧平生的两人聊得很投机。闵乃本就和他说到年轻人现在做研究经济上很困难，吴先生表示愿意无偿为改善青年研究人员的生活条件提供一笔资助，设立了克立奖学金，专门设置给年轻人，每位获奖者每个月可以获得一千元的补贴，这在当时比闵乃本自己的工资还要高。因为工作出色，陈延峰有幸成了第一批拿资助的人之一。包括后来到麻省理工去学习，也是依靠华英基金会捐的大概一千万美金利息的资助。当时陈延峰也是第一批获得资助的人之一，一

> 1998 年 5 月 26 日，闵乃本与陈延峰在香港科技大学

年拿了三万美金到国外去学习。陈延峰说道："这也是给了我们很好的机会，这些都是我们亲身经历的，而且也是我们受益的。"从这些地方，都能看到闵乃本对人才的重视和关心，以及他的胸怀。

闵乃本对待学生也非常严格。有一次，陈延峰在办公室里面给教育部科技司打电话，请他们做件事情，闵乃本正好去办公室安排一个会议。陈延峰打完电话，闵乃本就把他叫过去，指出他在与人沟通的时候出现的问题，并且教他怎么打电话和别人交流。

1992 年，闵乃本开始承担我国的攀登计划项目，攀登计划是当时国家为了加强基础性研究而制订的一项国家基础性研究重大项目，到了 1995 年的时候，就转成了 "973" 计划。陈延峰当时跟着闵乃本做秘书，但不会写通知，闵乃本便批评他，教他怎么写，通知都是闵乃本一点点改过来的。闵乃本就从这些点点滴滴的小事情教导他，带他成长起来。还有一次，闵乃本的团队承担了一个 "863" 计划，当时也是很大的项目，要年度考核，闵乃本带着陈延峰去武汉开会，陈延峰要在会议上向专家同行做报告。因为闵乃本平时工作十分繁忙，就在飞机上让陈延峰跟他讲准备怎么汇报。闵乃本听完陈延峰的汇报对他提出了批评，并告诉他应该怎么讲。当时是写透明胶片，没有PPT，就教他怎么写透明胶片。陈延峰说道："他对待这些点点滴滴的事情就是非常严格，非常严厉，但是在大的方向上，他就不会那么细的。"

2002年，邹志刚回国，回来以后就跟闵乃本说，想做一个光催化方向，通过太阳能和纳米材料相互作用，能够让水分解成氧和氢，形成燃料，还可以把污染物降解掉，使得一些有毒物矿化，成为无毒物。当时的南京大学也没什么基础，国内这方面也不活跃，但是闵乃本就感觉这个方向很重要，所以一直鼓励邹志刚，还让相关的院系支持他。那时候，闵乃本是"973"咨询委员会材料方面的主任，他就跟专家们谈这个事情，他认为这个事情很重要。邹志刚大概申请了三次后，这个"973"项目就立项了。从那以后，直到现在，在光催化这个领域，邹志刚是国内领军人物之一，我国是在这个领域里面发表论文最多的国家。而且因为近几年来环境能源的问题特别突出，大家非常重视这个方向，邹志刚的方向就提供了一个解决方案。

闵乃本鼓励年轻人："要开创自己的事业。就是说在工作中学习，过去毛主席讲的在战争中学习战争，就是边学边做这样成长的。"

闵乃本几十年如一日，教书育人、甘为人梯，以身作则、率先垂范，以人格魅力引导学生心灵，以学术造诣开启学生智慧，探索了"大师＋团队"的科研组织和人才培养模式，自始至终都以一个教育工作者和科研工作者的崇高使命与责任担当来引领、指导年轻人，为国家培养了一大批杰出人才，在教书育人的道路上树立了标杆、成为了典范，实践了教育工作者的崇高使命与责任担当。

> 1997年，闵乃本与冯端、龚昌德、王业宁、李正中获国家教学成果一等奖

# 第七章

## 修身齐家，风德昭后人

### 志同道合的伴侣

个人的发展离不开家庭的支持，闵乃本与妻子葛传珍细水长流般的爱情也是一段值得传唱的佳话。

> 1959年1月，闵乃本与夫人葛传珍于北京合影

葛传珍祖籍安徽合肥，1954年考取南京大学物理系。1958年毕业分配至中国科学院物理所。葛传珍到物理所后也是从事晶体生长方向的研究，1958年夏俩人相识，1961年11月正式结婚。1963年5月，葛传珍调动到南京大学物理系工作。

成家以后，两个人都要做研究，也不能说哪个人的工作重要、哪个不重要，所以家中的家务是分工的。两人的儿子闵泰回忆道："因为我妈妈也是学物理的，而且是同一个系、同一个教研室，所以家务事是共同分担的。我爸爸做饭烧菜，我妈妈打理其他的家务。"

1973年前后，金属物理教研室改名为晶体物理教研室，闵乃本负责晶体生长研究组，葛传珍在冯端先生领导的晶体缺陷研究组做研究。1978年改革开放之后，随着时代的发展，闵乃本的教学、科研任务越来越繁重。这一阶段，闵乃本在家里没有太多时间。原来闵乃本早上还起来锻炼，后来锻炼也取消了，因为早上这段时间找他的人最少，六点多

> 闵乃本全家于南京长江大桥拍摄全家福

钟到八点半九点钟，这段时间比较安静，正是读书、思考的时间。面对闵乃本的忙碌，葛传珍表现出了充分的理解和包容，一人承担了所有的家务事，成了闵乃本坚实的后盾。正如闵泰所言："我妈妈既是他的秘书，又是他的护理，他没有后顾之忧，所以他可以为国家做点事，做点真的有意义的事。"

## 学有专长的子女

闵乃本和夫人育有一子一女，儿子闵泰、女儿闵华，如今都成家立业、各有所长。这与闵乃本夫妻二人的悉心培养与教育是分不开的。

闵泰现任西安交通大学材料科学与工程学院教授，是国家级人才计划入选者。1985年，本科毕业于中国科学技术大学晶体物理专业，美国明尼苏达大学电机系博士，师从朱健刚教授研究磁存储技术。多次成功研发出国际领先新型磁存储产品：世界第一款自旋阀磁记录头产品，IBM外业界第一款AMR磁记录头产品；2002年组建、领导TDK（Headway）MRAM研发团队，发明了按摩尔定律定标（Scaling）的磁场驱动MRAM，首次发现STT翻转过程中的后跳（backhopping）及分叉（bifurcation）过程，完成平面式STT-MRAM工艺可行性研究，该研究成果是TDK转让给台积电STT-MRAM产品的核心技术；2013年为欧洲微电子研究中心（IMEC）STT-MRAM/Spintronics项目总监，成功开发了CoNi基垂直式STT-MRAM，首次在IMEC300毫米中试线上完成存储器阵列芯片工艺，研究成果转让给Globalfoundries公司。他拥有72项美国专利，其中多项专利为公司核心专利，奠定了公司磁记录产品的基础。

闵泰出生的时候，闵乃本的工作还没有后来那么繁重，对儿子的教育也格外上心，对他期望很大。在学习上，闵乃本以身作则，为孩子树立榜样。闵乃本的生活非常有规律，每天早晨五点半就要起来，不但他要起来，也抓着闵泰起来读英语。闵泰小时候，有一位同学就住在他家对面，那位同学学习十分努力，总和闵泰比谁学习更努力，因此晚上的时候看闵家的灯，闵家的灯熄灭了，那位同学才睡觉，所以每天晚上都会熬到深夜，导致晚上睡不好白天没精神。后来他和闵泰谈起这件事的时候，才知道其实闵乃本让闵泰早早睡觉了，自己工作到深夜。

闵乃本经常用"陶侃运甓"的故事教导子女生活要持之以恒，做事不能五分钟热度。东晋时，陶侃官至太尉，闲时总是在早上把一百块砖运到书房的外边，傍晚又把它们运回书房里。因此后人常常用"陶侃运甓"来表示勤奋不懈，不惧往返重复。正是在这样的教育下，闵泰养成了早起学习的好习惯，始终奋战在科研第一线。

闵乃本在教育子女方面十分用心，与孩子们讨论问题都是启发式的，哪怕是初高中的时候，他也不是直接告诉孩子问题的结论，而是教他们怎么得到正确的结论，引导孩子的思想，换不同的方向考虑问题。在闵乃本的思维习惯、学习习惯的教育下，加上自己持之以恒的努力，闵泰成了1980年的南京市高考理科状元，进入中国科技大学物理系。

当时的中科大让做科研最优秀的老师去教学，这一点闵乃本十分欣赏。这些老师不但教会学生知识，还教学生怎么把知识用在最前沿的科学研究中，这和闵乃本教育学生的指导思想不谋而合，也影响了闵泰后期指导学生的做法。闵泰回忆道："选择去中科大是一个正确的决策，我一直受益很大，因为只有做科研做得非常好的人才会知道知识怎么去用，怎么用它解决现实未知的问题。"

闵乃本一直希望闵泰能从事科研工作，所以闵泰博士毕业去了公司，闵乃本其实还是耿耿于怀的。当时，闵泰在国外的公司里做工程师，掌握了一项在国际上也算是顶级的芯片技术，犹豫要不要回国。

闵泰对于自己回国能不能找到一个平台，把以前在国外学到的一些技术在中国开花结果，存在很多疑虑，觉得条件不够，担心回国做不出成绩。闵乃本就对他说了一句话："如果基础好了还要你回国来干吗？"闵乃本说的这句话很有道理的，任何事情都是有两面性的，人生就是得搏一下，能做成固然好，做不成自己努力了也就好了。闵乃本又对他说："一个人，如果掌握了一个技术，是他的国家和民族所需要的，这是他的福气。"就是这样一句话，使得闵泰下定决心回国。

女儿闵华出生的时候，闵乃本的工作已经逐渐繁忙起来，因此基本都是夫人葛传珍指导女儿学习，闵乃本闲暇的时候更愿意和女儿做做菜，弄一些创意料理，所以闵华的口味和闵乃本非常相像。在女儿的记忆里，父亲爱看书，不仅仅是专业方面的书籍，其他的杂书他也涉猎颇广，经常在书摊上看书买书，尤其喜欢金庸先生的小说。金庸先生创作的十四部长篇武侠小说"飞雪连天射白鹿，笑书神侠倚碧鸳"，家里都有收藏。闵华回忆道："父亲爱摄影，去美国的时候，带回了一整套的摄影装备，自己去暗房里面洗照片，只是后来工作繁忙，便逐渐放弃了这个爱好。父亲爱下厨，会让我在厨房念书上的菜谱，然后按照菜谱做菜。"

在女儿成长的过程中，闵乃本从来没有给过她压力，如果说闵乃本对儿子还有一定期望的话，对女儿就属于让她自由成长。高考的时候要填专业，闵乃本也只是提供了一些参考意见，将专业之间的利弊分析给她听而不是替她选择。"自己选择的路要自己走"闵乃本这样说。

闵华大学的专业是医学，毕业后出国读计算机研究生，正好当时的导师需要一个有医学背景的学生，闵华就这样念了下去，一直念到博士。对于女儿的选择，闵乃本总是非常支持，遇到问题时去向他请教，哪怕不太懂这一行，闵乃本也会根据自己的经验耐心分析，给出参考建议。

无论是工作、生活还是待人接物，闵华都对父亲很是崇拜。她认为，在工作上，他十分勤奋严谨，最重要的是坚持，他总是坚定地一步一步走下去；在待人接物上，他和善可亲，与人为善，看到一些很有想法或者是很有前途的年轻人，不管是自己的学生还是其他单位的，他都尽全力支持。

# 第八章

## 肝胆相照，建言献国家

### 学者型的社会活动家

闵乃本并非"两耳不闻窗外事，一心只读圣贤书"的读书人，除了"物理学家""材料学家""中国科学院院士"，他还有着更多的身份："全国政协常委""江苏省政协副主席""九三学社中央副主席""九三学社江苏省委会主委"。闵乃本以高度的政治责任感和历史使命感，认真履行参政议政职责。无论是作为学者还是作为社会活动家，他的表现都十分出色。

2007年，九三学社举行了闵乃本同志先进事迹报告会。时任九三学社中央主席的韩启德在会上指出："闵乃本同志是中国科技工作者、九三学社社员的杰出代表和先进楷模。闵乃本同志与王选同志传承了前辈的光荣传统与科学精神，在各自岗位上为国家建设与发展做出了不可磨灭的贡献。学习闵乃本同志，就是要学习他矢志不渝、求实创新、勇攀科学高峰的拼搏精神，就是要学习他热爱祖国、甘于奉献、认真履职的思想风范，就是要学习他淡泊名利、谦虚谨慎、质朴亲和的高尚风格。"

"科学家应该脱离社会，致力于科学研究，还是应该更紧密地与社会发生联系？"在《东方之子》的采访中，主持人向闵乃本提问道。

闵乃本回答道："科学家本人希望能在很好的环境中从事科学研究，一门心思、不加分心，年轻一代科学家应该经历这样的过程。当科学家慢慢成长为学术领导人，有了更多更大的目标后，就需要组织一个优秀的、团结的、科学民主的科研团队。这时，学术领导人从这个最美好、最理想的境界中走出，关心社会并取得社会的支持。"

## 九三学社

1995 年 8 月，闵乃本加入九三学社，开始了他学者之外的另一个身份。

九三学社是以科学技术界高、中级知识分子为主的具有政治联盟特点的政党，是接受中国共产党领导、同中国共产党通力合作的亲密友党，是中国特色社会主义参政党。

闵乃本是一名优秀党外知识分子，更是九三学社的优秀领导者之一。1997—2005 年期间，闵乃本作为九三学社第十届、十一届中央委员会副主席，主持九三学社工作。在此期间，闵乃本紧紧围绕党和政府的中心工作，发挥自己科研工作的特长与优势，彰显了一位中国共产党领导的多党合作制度的坚定拥护者和积极践行者的形象。1997—2007 年，闵乃本任九三学社第四届、五届江苏省委员会主任委员。毫无疑问的是，闵乃本是中国科技工作者和九三学社社员的杰出代表与先进楷模。为此，2007 年 4 月 18 日，九三学社中央正式下发了《关于在全社开展向闵乃本同志学习活动的决定》。

## 参政议政

1998—2013 年，闵乃本担任全国政协第九届、十届、十一届委员会常委。作为一名优秀的社会活动家，闵乃本充分运用自己的学术知识，发表深刻洞见。坚持科学发展观，从科技发展的战略高度，对国家"十一五"规划纲要、国家中长期科技发展规划的制定提出真知灼见，受到党和国家领导的高度重视。

闵乃本参加制定的《国家中长期科学和技术发展规划纲要（2006—2020年）》是国务院于2006年开始制定的，是我国2006年到2020年科技发展的规划和蓝图。该纲要旨在促进我国科学技术创新发展，旨在国防事业、环境保护事业创新发展。纲要的实施，关系到提高科技创新能力，关系到我国十五年的科技研究、攻关方向，关系到全面建成小康社会目标的实现，关系到社会主义现代化建设的成功，关系到中华民族的伟大复兴。

时任第14专题基础学科战略研究小组常务副组长的闵乃本对于《纲要》制定起到了关键性的作用。初时，有人认为基础学科的发展应该顺其自然，不必刻意规划，闵乃本却提出基础科学分两种类型，第一种是以探讨自然界的客观规律为目的，不以功利为驱动的；第二种是以经济、政治发展的重大需求为目的的，这部分研究可以规划而且必须规划。闵乃本在科技发展规划方面的思想既高屋建瓴又深入浅出，既有对科学史重大问题的宏观把握和整体驾驭，又有对现阶段发展的具体见解和建议，充分体现出一位战略科学家的风采和特点，也充分体现了一位科学家的家国情怀。

与此同时，闵乃本亦是心系家乡发展。1997—2007年间，他曾担任江苏省政协第七届委员会常委，第八届、九届委员会副主席。在这十年里，闵乃本建言献策，参政议政，为江苏地方经济社会发展提供了智力支持。他担任江苏省自然科学基金主席之职时，当时的基金每年只有700万元。于是他给时任江苏省省长的季允石写信，希望政府加大对科技的投入，建议当天就得到了省长的批示，江苏的自然科学基金也变成了1500万元。之后闵乃本又向时任省长的梁保华建言，江苏的科技基金应该增加到2500万元，并跟着GDP一起增长。他带领九三学社江苏省委针对江苏省经济社会发展的许多问题深入调研，积极建言献策，得到中共江苏省委、省政府有关领导的高度评价。

> 2012 年，闵乃本在江苏省科技协会主办会议上讲话

## 专家型的政策建言者

### 惜才爱才，培养人才

闵乃本说，对科学的追求最终目标是对国家、对民族、对人类有所贡献，这是他秉持的信仰，是他终生也不愿偏离的轨道。闵乃本爱才惜才，在以身作则积极培养人才的同时，他也希望国家能够创建良好的科研环境、建设人才梯队，用更加强大的力量提高国家的科研实力。

二十世纪九十年代初，闵乃本在美国遇到一些由于内乱而被迫流离失所的罗马尼亚和苏联的科学家。看到他们的遭遇，闵乃本深感痛心。作为一个从事科学研究的人，他深知国家培养一个科学家的不易，也深知一个有才华的科学家不能从事自己的科学研究的痛楚。科研人员无法安心工作，不仅是个人的损失，更是民族的损失。闵乃本曾举例，当年以钱学森等为代表的一批高级人才回国报效祖国,他们不仅培养了一批人才,更造就了一个充满活力的团队。闵乃本期待着引进的人才能像当年的两弹一星功臣那样为我国培养出新一批的本土人才。

他在多次会议中不断提及这一点,充分发挥其自身政治身份地位的优势,使人才培养、人才引进的问题进入党和国家领导人的视野当中。

1999年3月,全国政协九届二次会议期间,闵乃本代表九三学社中央作了题为《加强创新人才建设,迎接知识经济挑战》的发言,就科技、教育和生态环境建设等有关国计民生重大问题发表意见。

闵乃本在会议中说道,即将到来的21世纪是一个以知识经济为基础,以高技术产业为主导的综合国力激烈竞争的时代。新中国成立50年来,我国的科学技术事业取得了举世瞩目的成绩。但是,我国企业的技术进步主要还是建立在引进的基础之上,与发达国家相比,我国的自主创新能力还有一定差距。我国创新能力薄弱的原因是多方面的,从人才建设方面分析,主要有:我国科技队伍数量不足;长期形成的应试教育模式,使受教育者往往缺乏创新意识和能力;科技、经济领域总体上尚未形成一种适应社会主义市场经济的人才优胜劣汰、自由流动、合理配置的社会化机制等。

为培养和造就一支高素质的跨世纪创新人才队伍,闵乃本在发言中建议,在全社会大力弘扬民族知识、英雄精神;制定并实施创新人才发展战略;深化教育改革,加强人才创新素质的培养;以"公开、公平、公正"为原则,建立鼓励创新的人才优胜劣汰机制,鼓励科技人员创业的风险投资机制,鼓励人才资源优化配置的流动机制;营造有利于人才创新的政策和法律环境。

闵乃本的见解与时任教育部部长陈至立的观点不谋而合。陈至立在听完大会发言后说:"我对闵乃本委员《加强创新人才建设,迎接知识经济挑战》的发言印象很深。闵乃本委员所讲的和我们想的很一致,有些我们正在实施，有些正在研究。"

2010年两会期间，闵乃本作为全国政协常委、九三学社中央顾问再次呼吁："人类经历了两次产业革命，目前正处在新一轮产业革命的前夜，建议加紧实施并完善高层次人才计划，关注正在形成的新的前沿科学，以应对新一轮产业革命的挑战。"他认为要关注正在形成的新的前沿学科，建议国家学位委员会增订现有的学科目录。要健全高层次人才计划的评审制度，保证质量，宁缺毋滥，严防成为单位攀比的指标。同时建议中组部建立"国家特聘专家"联合会，对应于4个引进"平台"，设立4个学部，高层次人才计划引进的人才为学部的基本成员。

闵乃本作为江苏省自然科学基金会主任，也致力于江苏省的人才培养与建设。他在一次采访中说："江苏是人才的高地，也是人才成长的沃土。江苏省委、省政府高度重视人才培养。我是江苏省自然科学基金会主任，20世纪90年代这个基金只有700多万，现在已有1个亿了。""江苏要引领未来，保持可持续发展，实现'两个率先'，一方面要自己培养人才，另一方面也要积极引进国际优秀人才。"

> 闵乃本在实验室（左起：刘辉、闵乃本、李涛、胡小鹏）

人才的重要意义不仅仅体现在科研的开拓创新、克难攻坚中，更在于师生间思想与智慧的不断传承，生生不息。关于这一点，闵乃本在2007年的全国优秀教师代表座谈会中曾有提及："我们国家正处在大发展时期，尤其是2020年到2050年之间会对人才有更加迫切的需求，这就对教育的发展、对教师队伍的建设提出了更高的要求。教师人才的培养需要一定的周期，如果等需要大量人才的时候才去抱佛脚就来不及了。加强教师队伍建设要从现在抓起，当前我国经济社会发展形势很好，国家实力迅速提升，可以拿出更多的条件来加强教师队伍建设。所以，我说现在是加强教师队伍建设的大好时机。"

作为一名学者，闵乃本践行着1+1>2的不等式。他传道授业，诲人不倦，力求科研力量叠加的优势最大化。作为一名社会活动家，闵乃本积极推动国家海外高层次人才引进的进程，为中国人才队伍的壮大添砖加瓦。

### 清洁能源，持续发展

能源问题是21世纪的重点问题，是高悬在每个国家、个人头上的达摩克利斯之剑。未来，中国的能源需求将长期持续增长，闵乃本一直关注着能源的可持续发展。

1998年3月3日至3月14日，全国政协九届一次会议在京举行。闵乃本代表九三学社中央作了《实施可持续发展战略，加快我国水电开发步伐》的大会书面发言。2007年，闵乃本在第七次江苏科技论坛上对能源问题做出新的展望："未来人类的能源主要有两项：一是定点需求，如工厂、家庭等，主要通过可控核聚变提供；一是动点需求，如车辆，飞行器等，当前是用石油，将来可望改成氢。" 2008年4月15日，闵乃本应江苏省华夏文化经济促进会邀，作了题为《和平崛起与能源问题》的报告，再次提及能源问题的重要性。

## 量子调控，瞄准世界科技前沿[①]

闵乃本认为，人类有两次和平发展的机遇。第一次机遇是欧洲工业革命，其本质是从农业社会过渡到工业社会。它的约束条件是原料和市场。因此，从瓦特改良蒸汽机到第一次世界大战爆发的这 140 多年的和平发展机遇期里，新的生产力快速发展，世界有足够的原料和市场。美国、英国、德国都抓住了这次机遇，先后完成了工业化。由于不重视先进生产力的发展，中国丧失了第一次的和平发展机遇期。第二次发展机遇期是从晶体管和激光发明开始，由工业社会向信息社会过渡，处于时代之中的闵乃本特别关注新兴的科技萌芽方向尤其是量子科技。

2003 年，闵乃本参加了由时任国务院总理温家宝主持的《国家中长期科学与技术发展规划纲要（2006—2020 年）》（以下简称《纲要》）起草。《纲要》中有关基础研究部分归第 14 组，由陈佳洱任组长、闵乃本任副组长。他们根据基础研究和未来国家转型发展的需求在纲要中设立了四个重大科学研究计划，即蛋白质研究、量子调控研究、纳米研究和发育与生殖研究。这其中闵乃本最为用心的就是"量子调控"计划的设立。为了使人们认识到该计划的重要性与必要性，他和起草小组巧妙地将当时公众还不甚了解的"量子"两字与流行的"调控"一词组合成"量子调控"这个新词，得到了学界和管理部门的认可。这四个重大科学研究计划从 2006 年开始实施，坚持了十五年，对我国科技与社会发展起到了非常重大的作用。2020 年前后，量子科技成为国家战略，"量子调控"计划又被体量更大的"量子专项"计划承接，我国量子科技发展步入了快车道。

---

[①] 量子调控部分由祝世宁撰写。

现在我国在量子信息领域的量子通信、量子计算和量子精密测量三个方向中，部分工作已进入了世界第一方阵，有些已经进入应用探索阶段。这种状况得益于我国在量子科技领域的提前布局，其中"量子调控"计划发挥了关键作用。

闵乃本一生热爱祖国、忠于党的教育事业，崇尚科学、追求真理、立德树人，始终关心着我国科教事业发展和南大"双一流"建设，甚至在住院病重时也不例外。从当年在自家的那间斗室撰写《晶体生长的物理基础》，到他在犹他大学修正"杰克逊理论"时的孤军奋战；从带领整个团队为国家的发展和荣誉而战，到作为民主党派参政议政，以科学家的智慧履行参政议政的职责，积极为国家事务建言献策。闵乃本奋斗终身，始终牢记作为一个科学家所应承担的国家使命。他的高尚品德和献身精神永远值得后辈学习。

# 上编参考文献

［1］钱伟长.20世纪中国知名科学家学术成就概览[M].北京：科学出版社,2014.

［2］科技兴邦：中国著名科学家访谈录[M].北京：中国大百科全书出版社,2008.

［3］南京大学材料系.问渠哪得清如许，为有源头活水来：记理工融合中发展的南京大学材料系和现代工学院[J].物理,2015,44（9）：612-618.

［4］王德滋.南京大学史：1902-1992[M].南京：南京大学出版社,1992.

［5］王德滋.南京大学百年史[M].南京：南京大学出版社,2002.

［6］吴玫.影像南大：南京大学百年图传[M].南京：南京大学出版社,2014.

［7］闵乃本.晶体生长的物理基础[M].南京：南京大学出版社,2019.

［8］都有为.茫茫科海领航人：冯端先生[J].物理,2023,52(5):312-314.

［9］朱劲松,陈坤基,邢定钰.冯端先生对南京大学物理学科发展和人才培养的巨大贡献[J].物理,2023,52(5):315-319.

中编—述怀篇

# 晶体世界的攀越者
## ——记闵乃本教授

**张序余（南京大学物理学院）纵光（九三学社）**

闵乃本，著名晶体物理学家，1935年8月9日出生，原籍江苏如皋。现任南京大学物理系教授、博士研究生导师、南京大学材料科学研究所所长、固体微结构物理国家重点实验室学术委员会主任，国家重点基础研究发展规划（973计划）《光电功能晶体结构性能、分子设计、微结构设计与制备过程的研究》项目首席科学家，教育部科技委副主任，教育部材料科学教学指导委员会主任，中国科学院数理学部副主任，中国晶体学会理事长，江苏省自然科学基金会主任，以及全国政协常委，九三学社中央副主席，江苏省政协副主席，九三学社江苏省委主委。1991年，当选为中国科学院院士。

2000年10月23日，第三世界科学院（TWAS）在伊朗首都德黑兰的伊斯兰国家会议中心举行隆重仪式，颁发1999年度基础科学奖。一位中等身材，宽阔的额头，浓眉下一双热情的眼睛，闪烁着睿智光芒的学者，登上领奖台，从第三世界科学院院长奥巴西和伊朗总统卡塔米手中接过了 1999 年度第三世界科学院基础科学物理奖证书。他就是著名的晶体物理学家——闵乃本教授。这是自 1983 年第三世界科学院在意大利的里雅斯特成立以来中国大陆第 10 位获奖的科学家，标志着闵乃本先生的工作得到国际科学界的公认和肯定。

40 多年来，闵乃本在晶体缺陷、晶体生长、晶体性能，特别是微结构光电功能材料领域潜心研究、辛勤耕耘，一次次选择了难度最大的课题，又一次次地获得突破，也就创下了"首次发现""首次提出""首次实现"的累累纪录，创立了系统化的理论构建。基于黄土地上、从学术思想到具体实验工作均来源于中国科学工作者的具有国际领先水平的原始创新性研究成果，一件件从实验室冒出来。

### 师缘与书缘

科学家的最可贵的品质是什么？是对事物的好奇心、探索的勇气、向传统挑战的创新精神和一往无前的拼搏精神。闵乃本出身于书香世家，童年时代就是一个好动、调皮的孩子。他喜欢爬树、打弹子和各种游戏。12 岁的他，由于当地没有初中，那年小学毕业后不得不离开家园，离开父母，到南通去继续求学，来到敬孺中学（今南通二中）读书。身处异地，使闵乃本小小年纪就不得不开始要学会生活自理，凡事自己拿主意。当时家里很贫穷，虽然学校离家有 4 万余米，他只能安步当车，步行回家。这样的成长经历，磨炼了他坚毅的性格，锻炼了他处事的能力，锻造了他勇敢的精神，对日后从事科研工作，独立自主解决问题奠定了很好的基础。在读初中时，闵乃本遇到了毕业于中央大学物理系的柳久山老师，他经常用日常生活中的物理现象来提问，如"天上为什么会出现彩虹""摩擦为什么会生电""冬天的鱼儿为什么冻不死"等引发同学们的思考，闵乃本由此培养了观察自然的兴趣，并立志要从事科学奥秘的探索。初中毕业后，闵乃本选择了进入上海国立高级机械学校（上海理工大学前身）。在那里他阅读了许多自己感兴趣的科学书籍，除了教科书，闵乃本还经常到图书馆里去阅读《工程热力学》《蒸汽动力学》等大学教材。3年的中专生活，闵乃本学会了机械设计、制图，以及车、钳、铣、刨、磨等加工技术。学校的课堂教育加上这种课外学习，大大扩充了闵乃本的知识面，为他日后从事科研工作打下了良好的工科基础。1955年，正值国家第一个五年计划实施，《人民日报》发表社论，号召职工投考大学，闵乃本怀着欣喜的心情，经过几周昼夜不舍的努力，拿到了南京大学的录取通知书，考取了南京大学物理学系。从此，闵乃本的生活道路发生了根本性的变化。在大学里，他不仅认真学习专业知识，也研读哲学、艺术、历史、文学等，磨炼着不同的思维方式。知识的广泛涉猎，多视角、多方位思维方式的磨砺，对他在几十年的科研中解放思想、不断开拓创新，无疑具有深刻的影响。1959年，闵乃本毕业并留校任教，这是他人生的又一个起点。闵乃本很是幸运，在刚刚步入科学的殿堂之际，就遇到了一位良师益友——冯端老师，他不仅传授给闵乃本理论知识，经常把一些探索性的研究课题交给闵乃本，而且他的待人处世风格，严谨的学术态度，深深地影响了闵乃本，使闵乃本能在一个民主宽松的科研群体中逐步发展、不断成长。冯端老师对学生因材施教，全面培养了闵乃本从事科学研究的思维素质和获取新知识的技能。

### 首战告捷、初露锋芒

刚毕业留校时，闵乃本就跟着冯端老师，进入了当时国内尚处空白的晶体缺陷研究领域。冯端老师计划从体心立方结构入手，以钼、钨、铌、钽等难熔金属为对象进行晶体缺陷的实验和理论研究。为此，首先要在难熔金属的多晶体中生长出单晶体，必须拥有一台电子束轰击仪。电子束轰击仪是什么样子？国内没有，在国外文献中，只有一些零星报道。冯端先生和闵乃本边设计、边学习、边摸索。真空问题解决了；熔化材料因重力作用而崩塌的难题攻下了；……又是多少个不眠之夜，最后的难题，熔区的稳定性问题终于被克服了。与同事们一起自行设计的我国第一台电子束浮区区熔仪终于研制成功，并成功地制备了钼、钨、铌体心立方难熔金属单晶体。它的试制成功，为开展晶体缺陷研究开阔了前进道路。此项成果在 1964 年获得国家计委、经委、科委联合颁发的"工业新产品"二等奖。此后经过他们数年的努力，到 1965 年在晶体缺陷领域的研究成果，已经赶上了当时国际先进水平。

### 晶体生长领域的新星

闵乃本认为，一切成果均来自踏实勤奋的劳动，不脚踏实地，一切都是空谈。科研不是一蹴而就的事情，需要脚踏实地、孜孜不倦地探索。科学研究是艰苦的，既然已选择了这条道路，就应做好为之奋斗，吃苦耐劳的准备。要想工作有所突破和创新，还须有一种大无畏的精神，要敢于锲而不舍地挑战困难，才能克服一个又一个的困难。在不断挑战自我、攻克堡垒的过程中，不以功利为目的，只为揭示自然界的奥秘，寻求自然界的规律才能把为之付出的艰辛抛之脑后。这就是闵乃本追求科学真理的精神，探索未知世界的动力。

1972 年，闵乃本与其他同事一起接到了为某科研单位研制铌酸锂晶体的任务，因而有机会从劳动工地调回来从事科研工作。在当时设备条件十分缺乏的情况下，闵乃本等老师克服了许多困难，终于完成任务。但他们并未就此止步，凭借扎实的基础知识和在晶体缺陷研究中积累的经验，利用缺陷的不利因素，生长出聚片多畴铌酸锂单晶体，并首次观察到倍频增强效应。这项科研成果，于 1980 年 5 月在上海召开的国际激光会上作为交流报告，受到与会专家的高度赞扬。国际激光界权威人士、国际量子电子协会主席亚里夫教授说："60年代我们曾有过这想法，做了一些工作，因实现不了就冷下来了，想不到你们不但做出来了，而且取得了这么好的结果！"

从60年代至80年代初期，闵乃本在冯端教授的直接领导下，发展了显示位错的浸蚀方法。此方法不仅能显示位错在表面的露头点，还能显示近于平行表面的位错线和位错网络。利用这一技术方法，闵乃本系统地研究并确定了体心立方金属中位错类型、位错组态及亚晶界的位错结构。他与葛传珍合作，首次观察到纯螺型位错的双折射端点像，并基于各向异性的光弹理论，对双折射像进行了细致的解释；系统地发展了弹性、光弹各向异性的立方晶体中螺型位错双折射像的理论。"晶体缺陷研究"项目，于1982年荣获国家自然科学二等奖。

从70年代初开始，他在晶体缺陷研究取得重大进展的同时，又开始了对晶体生长的研究。晶体生长是一个工业背景很强的领域，它与半导体、无线电、电子学、激光等领域都有直接关系。当时，世界不少国家都热衷于生长优质晶体，而对晶体的生长机理则缺乏深入研究。闵乃本与同事们克服了一个个困难，不但长出了优质晶体，还对生长机理方面基础性问题进行了深入的研究。接着，他们又与有关科研单位协作，建成了国内第一台电子称重晶体直径自动控制系统，使晶体生长研究取得重大进展。

闵乃本在建设晶体生长实验室和从事晶体生长研究的过程中，进行大量资料查阅、思考、计算，并结合教学实际积累的丰富理论知识和实践经验，撰写了近41万字的专著《晶体生长的物理基础》，成为当时国际上第一本较为系统地介绍晶体生长的专著。该书1982年一经出版，就受到国内外学术界的高度重视和好评。日本结晶成长学会委员长、日本东北大学砂川一郎教授专门发表书评说："该书内容新颖而系统……包含了非常高深的内容，而且以一个完整的思路全面地阐述了晶体成长学。"中国科学院院士、中国科技大学钱临照教授的书评说："该书的特点之一，是理论联系实际，讨论问题深入而透彻……另一特点是立论较高，思路完整，如有关成核、晶体生长机制、界面结构和晶体形貌等方面的理论和计算机模拟的结果俱备。"该专著出版后，闵乃本在国际学术界赢得声誉，成为晶体生长领域的一颗璀璨的新星。该专著荣获1982年全国优秀科技图书一等奖。与此同时，著名科学家、美国晶体生长协会副主席罗森伯格致函邀请闵乃本教授去美国犹他大学进行访问研究。

### 从犹他州到仙台市，声誉鹤立，为国争光

1982年9月，闵乃本以访问副教授的身份来到犹他大学，开始了他攀登科学高峰的新阶段。在那里，他研究的主攻方向是重新评价"杰克逊理论"。"杰克逊理论"是50年代以来为晶体生长界普遍接受的一种理论，在解释熔体生长方面取得了相当的成功，但是应用这一理论则无法解释晶体气相生长的行为，特别是表面粗糙现象。许多科学家都曾研究这一难题，但都无进展而辄止。闵乃本经过4个多月夜以继日的奋斗，第一难关被攻破了，他首先大胆提出设想修正"杰克逊理论"，从理论上预言：这种表面粗糙是由晶体表面松弛引起的。他的这一见解，首先得到了罗森伯格的赞同和支持，后来在美国西部地区晶体生长会议上报告后，引起了许多晶体生长专家的震动。但是，证明这一预言，却遇到了重重困难，他以坚强毅力，锲而不舍的精神，去寻找科学解答，白天做实验，晚上查阅资料，工作占去了他几乎所有的休息时间。1983年初春的一个夜晚，他从浩瀚的图书资料中终于找到了解决这一难题的线索：紫外线可能会引起晶体表面分解。这就像茫茫黑夜中燃起的一把火，照亮了闵乃本前进的道路。根据这一提示，他立即进行紫外光过滤，结果晶体表面的黑色东西一

下子荡然无存，理论预言得到了实验证实。闵乃本进一步提出了各向异性变键模型，成功地解释了晶面热致粗糙化。1983年5月的一天，罗森伯格请闵乃本一同参加工作午宴，犹他大学的校长称赞闵乃本先生修正了著名的"杰克逊理论"，赞许这是近十年来物理学晶体生长理论领域最好的研究成果。美国宇航局飞弹公司的代表宣布：本年度"大力神"奖授予来自中华人民共和国的闵乃本先生。这是第一位中国学者获得这样的荣誉，在美国物理学界有幸获奖者也属凤毛麟角。一个外籍学者，仅用4个月的工作即一举中的，不能不使与会者动容。在犹他大学研究期间，他深深地感受到科学研究经常会遇到各种各样的困难，需要极大的毅力、需要脚踏实地，才能战胜前进中的困难，才不会在离成功仅一步之遥时退缩；进行科学研究没有吃苦的准备是不行的，夸夸其谈，终无所获。"书山有路勤为径，学海无涯苦作舟。"有人问闵乃本成功的秘诀来源于什么，他说的是"坚持不懈，希望就在前方"。

1983年9月，闵乃本从犹他州赴联邦德国参加第七届国际晶体生长会议。他被安排在大会第二个发言，当他在大会上读完他的科研论文时，来自各国的专家纷纷向他祝贺，称他的论文为"近十年来晶体生长领域最好研究成果"。一位日本学者向他抛出来"绣球"，他就是国际矿物晶体生长委员会主席、晶体生长界权威，日本东北大学砂川一郎教授。砂川教授邀请闵乃本先生参加1985年在日本由他主持的关于晶体生长王子国际学术讨论会议。在1985年的王子国际学术会议上，闵乃本宣读了两篇论文，引起同行们的广泛兴趣。同时与国际晶体学界的权威大川章哉、契尔诺夫等结下了深厚的情谊。1986年，应日本学术振兴会邀请，闵乃本作为访问教授赴日本东北大学进行博士生指导和科学研究。在日本近8个月时间里，经过不懈努力，他的科学研究又有了新的进展。他首次提出了层错生长机制、孪晶机制，特别是系统地发展了层错机制的晶体生长动力学，证明了实际晶体的生长，远较迄今人们所理解的螺位错是生长唯一机制要容易得多，而生长形态却复杂得多。他奔涌的才智、感人的献身精神赢得了日本同行的由衷钦佩。砂川一郎教授在给日本学术振兴会的总结报告中称赞闵乃本教授说："在这么短的时间内，系统地澄清了晶体缺陷对晶体生长规律的影响，在我邀请的外国学者中是很少见的。"他所建立的晶体生长缺陷机制和相应的晶体生长理论最近被荷兰贝内玛（Bennema）教授研究组的系统实验所证明，在国际上被称为"闵氏亚台阶理论"，并被证明是晶体生长的普适理论。

### 扎根国内，循序渐进，成果倍出

闵乃本认为，做学问是一个逐步深入的过程，永远处于研究和求索中，永无止境。而且随着循序渐进地深入研究，就能发现原来似乎一目了然的问题背后所隐藏的更加深刻的矛盾和问题，随着问题的解决以及知识的积累，所获成果又能相互补充。由此在融会贯通的基础上，就能有所发现、有所发明、有所创造。

1987年6月，闵乃本教授返回祖国。与冯端教授一道主持固体微结构物理国家重点实验室工作。这给闵乃本的学术思想发展和实践提供了更广阔的空间。从晶体缺陷研究，到晶体生长的研究；从生长自然晶体，到生长人工晶体；从晶体物性的研究，到功能材料微结构的设计；从基础研究到应用研究和成果转化的延伸。先后主持和承担了国家"863"、攀登、"973"、自然科学基金等科学研究项目，取得一系列的标志性研究成果。

在晶体生长基础研究方面，他的研究组又研究了$Ba(NO_3)_2$水溶液薄膜中分形、枝晶、多面体的生长过程，以统一的观点探讨了其生长机制。首次发现并详细研究了生长边界中溶质周期性贫乏引起的表面张力波及由此而导致的晶体的周期性生长。在实验中发现了晶体生长过程中"形态选择律",指出了过去人们公认的"形态选择律假说"的缺点,这对远离平衡态的晶体生长理论的发展,产生了深刻的影响。其学术成果在世界著名学术期刊《自然》上发表。与此同时,闵乃本一头扎进晶体微结构与性能的研究,获得了一批有重要影响的成果。至90年代初,这一研究又获得了重大突破。他首次提出了介电体超晶格的概念,即声学超晶格、光学超晶格或微米超晶格的概念,建立了周期、准周期介电体超晶格的理论体系,并通过实验演示,证实了可以通过介电材料的特性与可控生长技术、选区外延技术或微加工技术相结合,构成各种各样的微结构,其中蕴藏着丰富多彩的物理效应。在二维介电体超晶格(即二维光子晶体)中发现了光学双稳的新机制,这对今后实现光调制、光信息处理和光计算具有重大意义;90年代中,完善了图案极化的技术,成功地制备了"一维人工准晶",实现了耦合光参量过程,在准周期光学超晶格中获得了三倍频输出,其转换效率达26%。该成果被科技部评为1998年度中国基础科学研究十大进展,为发展"级联非线性光学"奠定了基础;90年代底,提出了"离子型声子晶体"的概念,证实了其中存在电磁波与超晶格振动的强烈耦合,在微波波段发现了一系列新颖的长波光学性质。该成果被教育部评为1999年度中国高等学校十大科技成果,被科技部评为1999年度中国基础科学研究十大新闻,被中国科学院主持编写的《2000科学发展报告》选为1999年中国科学家具有代表性的研究工作。2000年,在三倍频光学超晶格晶体理论研究基础上,研制成两台"小型双波长(紫外-绿,蓝-红)全固态激光器",被"863"高技术委员会专家组鉴定为国际领先水平的成果,实现了从基础研究到应用研究和准备产业化的延伸。在逐步深入的过程中,遵循学科发展规律,强化内涵,拓展方向,深入研究,奠定了我国在微结构物理学这一分支领域中的国际领先地位。

### 教书育人，桃李芬芳

闵乃本认为，一切的一切，关键在于人。一个人的学识要非常非常的渊博，一个人的胸怀要非常非常的宽阔。现代科研的特点更需要由许许多多个体的人组成一个和谐的群体。不断创新取得突出成果的关键在于建立一个具有良好氛围的学科群体。作为群体中的科技工作者，要有刻苦敬业、团结协作的精神；要有民主科学风范；要有敏锐的科学洞察力和判断力，着力于创新，事业才能取得巨大成功。他一直致力于这样，也这样要求学生。

作为博士生导师的他，十分重视学生的培养工作。闵乃本对待学生不仅注重业务能力的培养，更注重在人格、品德上培养。多年来，常有十几名博士生和硕士生在闵乃本的指导下从事学习研究。在人才外流现象十分严重的情况下，闵乃本希望能带出一批不仅掌握扎实的理论知识和娴熟的实验技能，而且具有宽阔的胸怀、善于团结人、有较强的独创精神和工作能力的高素质博士生和硕士生，使他们成为新的学科带头人，再由他们培养出一批又一批的高素质人才，为教学和科研输送更多人才。每个人都有自己的特点，都有其局限性，闵乃本善于用其所长，避其所短，对学生实施因材施教，力图使每一个人拥有适合自己发展的空间。1991年获博士学位的学生王牧，针对他动手能力强，理论功底深厚的特点，闵乃本引导他向最前沿的科学问题进军。王牧在"传输限制系统中的非平衡生长聚集"课题研究中，发挥特长，设计了简单而巧妙的实验装置，首次观察到了许多新的实验现象，并得出了对晶体生长中的非线性问题具有指导意义的重要结论，因此成为1992年吴健雄物理奖获得者。王牧由此在科学的道路上不断探索，成为1994年首届"杰出青年基金"获得者，首批"长江学者奖励计划"特聘教授，获得1995年香港求是基金会颁发的"优秀青年学者奖",已成为物理系的中青年学术骨干。祝世宁也是闵乃本指导的博士生,其毕业论文被评为首届全国优秀博士论文,同时闵乃本也被评为全国优秀博士论文指导教师。在闵乃本的领导下,祝世宁与同事一起在三倍频光学超晶格晶体理论研究基础上,于2000年研制成了两台双波长全固态激光器,其输出功率技术指标比原定指标高出一个量级。受国家高技术新材料领域专家委员会的委托,由9名高级专家(其中3名院士)组成的鉴定委员会,对"三倍频光学超晶格晶体及小型全固态(紫外-绿,蓝-红)双波长激光器"这一国家高技术计划新材料领域课题成果进行技术鉴定。鉴定委员会一致认为:"该项成果是一项从基础理论研究,到新材料的设计、制备和新器件研制的系统性优秀研究成果,达到国际领先水平,两种激光器都是有自主知识产权和市场前景的新型激光器。"闵乃本的许多硕士、博士毕业生已成为各自单位的中坚骨干和栋梁,可谓桃李满天下。他为指导过这样的学生而自豪,并殷切期望他们能不断超越,再创佳绩。1995年,国家教委授予闵乃本"全国优秀教师"的光荣称号,这是对闵乃本多年教学工作的肯定,并激励他今后培养更多高质量的人才。

闵乃本认为科学家有两种,一种是杰出的科学家——"将才科学家",只要深刻地揭示了客观规律,对学科发展做出重要贡献;另一种是伟大的科学家——"帅才科学家",不但能深刻揭示客观规律,对学科发展做出重要贡献,还能领导一个不断开拓创新的科研群体。伟大的科学家首先必须是杰出的科学家,同时还应对前辈尊重、继承和发展,对同辈友好团结、合作,对后辈关心、爱护和提携。我们要培养一批"将才",更需要培养"帅才"。他认为,现代科研的特点更需要注重群体的合作,单靠个人的天资和勤奋,是难以取得突破性进展的。一个不断创新的群体应具备以下几方面的特点:第一,有一批思想活跃、富于创新观念的青年人,他们不盲从,不迷信权威,而且始终关注国际前沿;第二,这个群体应有一个科学、民主、宽松、踏实、严谨、合作的学术氛围。只有在一种宽松、民主的氛围里，群体才有凝聚力，才能不断创新。第三，应与国际进行经常性的交流，使整个研究与国际水平接轨，让青年人有更多的机会参与国际交流，关注国际前沿动态，从而不断与国际水准接近，实现不断超越与领先。闵乃本有目的有计划地将学术骨干派向国际一流科研单位，这样不仅能增长他们的学识，还能利用对方的科研条件合作研究，使得在梯队培养和科学研究上取得双丰收。正是由于闵乃本院士作为固体微结构物理国家重点实验室的学术领导人，一向注重对青年学者的关心与培养，给年轻人足够的学术研究的宽容度，重视年轻人的创新思想，使整个群体充满生机，促成他们有所作为。他为此不懈努力，经过 15 年来的培育、发展，今天闵乃本所在的学科群体已获得了学术界的认可，建立了一支结构合理、老中青相结合的优秀学术梯队。一支由 3 名长江学者奖励计划特聘教授、5 名杰出青年基金获得者、2 名教育部跨世纪人才基金获得者为代表的优秀青年群体，2001 年进入国家自然科学基金委员会"创新研究群体科学基金"资助研究计划首批试点行列。

### 总揽全局，立足前沿，不断创新

闵乃本胸襟开阔，具有敏锐的洞察力和科学的鉴赏力，坚持以实验检验为评判一切是非的标准，实事求是、客观公正。他按照"三个代表"的要求，总揽全局。从课题组、固体微结构物理国家重点实验室、材料科学与工程系、物理系的各个层次，从战略上建设学科，构筑学术团队，把握前进方向；从战术上调节人力和物力资源，以实现效益最大化。

闵乃本认为正确的科研选题是能否做出成果的重要因素之一。在科研中，他根据研究小组多年来的科研特色、知识积累及经验技术，结合国内外学科发展状况和国家发展需要，选择有意义的课题，选择前沿的问题。

所以他们做出了一批又一批首次发现、首次提出、首次验证的成果。立足前沿，才能不断创新，尤其是做出"原始性的创新"成果来。由于闵乃本所带领的学术研究小组始终保持与国际前沿接轨，他们的许多研究也富于远见。如闵乃本敏锐地意识到介电体超晶格有着广泛的应用前景，于是从70年代末开始了关于介电晶体的微结构研究，这在整个80年代仍属冷门，但他们坚持不懈，到90年代，随着光电子产业的发展，该领域的研究日益受到人们的重视，成为热门课题，而此时他们的工作已积累了一定的基础，这种卓越的远见，奠定了他们在该领域的国际领先地位，并持续地取得了多项重要的突破性成果。闵乃本在国内外著名期刊上发表论文310余篇，其中有一篇于1982年发表的论文，为当代热门领域（介电体超晶格材料）奠定基础的论文，在2000年9月获美国科学信息研究所颁发的经典引文奖。

闵乃本认为，在一个群体中要有足够的宽容度，允许和鼓励年轻人有异于常人的想法，不应以学术领导人的一己之见来判别，才会有创新的火花喷发。很多科学发现，不是根据计划，在计划中得来的，往往有许多科学发现是在意外中获得的。如高温超导体，并非当时研究超导的科学家发现的，而是研究铁电（介电）材料的科学家发现的。他们的"离子型声子晶体"课题的研究，就是这方面的一个典型事例。这项研究并不是原先已申请课题的内容，也没有在"973"计划中提出，但是当青年学者陆延青博士提出这方面的想法后，闵乃本就立刻意识到这是个十分有意义的课题，于是充分鼓励他并立即组织人员配合，获得了重大突破。相关研究成果被教育部评为1999年中国高等学校十大科技成果，被科技部评为1999年度中国基础科学研究十大新闻，被中国科学院主持编写的《2000科学发展报告》选为1999年中国科学家具有代表性的研究工作。

作为固体微结构物理国家重点实验室的学术领导人，他从战略上部署研究方向，从人文环境上营造科学、民主、创新的学术氛围；同时，注重关心年轻人的生活和发展，促进优良文化氛围的营造，使实验室凝聚了一支知识结构、年龄结构合理，不断创新的学术团队。《自然》（1997）把闵乃本所在的实验室和新加坡分子与细胞生物学研究所誉为"远东"地区（除日本以外）的两个"已接近世界级水平"的研究单位。实验室在国家计委和科技部组织的历次国家重点实验室评估中，一直名列前茅，在2000年国家重点实验室评估中荣获数理类全国第一。作为南京大学物理系、材料科学与工程系、固体微结构物理国家重点实验室两系一室的学术领导人之一，闵乃本用敏锐的科学眼光和战略家胆识，将前瞻性和现实性相结合，从战术上合理利用物质资源，抓住"211"工程、"985"工程实施的机遇，强化优势学科，发展新兴学科和交叉学科，将基础学科向应用和产业延伸。在"211"工程实施中，集中财力建设了"计算凝聚态物理实验室""磁电子学实验室"，发展了软物质与生物物理、非线性光学等新兴学科和交叉学科，产生了多项标志性成果。相信通过"985"工程建设后，可实现"微结构物理及其应用"学科群的持续发展，促进一批新的标志性成果的形成。

为把握前沿，领导前沿，不断创新，闵乃本认为，除了技术创新、知识创新外，管理创新或者机制创新也很重要。闵乃本除了关注各学科领域最新发展动态，有计划、有目的地派人出国进行学术合作，与国内外有关单位开展多层次合作，在合作机制上创新。首先，与国内的一些相关研究单位进行紧密合作，90年代初，闵乃本所带领的固体微结构物理国家重点实验室就与复旦大学应用表面物理实验室、山东大学晶体材料实验室、中国科学院上海技术物理研究所红外物理实验室等五个研究方向相关、学术交流密切的国家重点实验室共同发起建立了"凝聚态物理及其相关学科重点实验室联合网络系统"，在国内首创了一种新型的多学科、跨系统、交叉综合的科学研究组织模式，"网络"成员加强了交流，互相取长补短，有效利用仪器资源，进行合作研究。1994年6月，闵乃本在"网络系统"的基础上发起成立了"微结构科学技术高等研究中心"，以便集中力量争取重大科学突破。随着东南大学分子与生物分子电子学开放实验室、香港科技大学先进材料研究所等新成员单位的相继加入，一个具有广泛学科交叉、渗透的有机学科群逐渐形成。基于中心成员的密切合作，他们取得了一系列突破性成果。2000年5月"固体微结构网上合作研究中心"在教育部的支持下随着网络技术的发展而成立，充分发挥和利用网络优势，以期待实现各重点实验室之间的远程操纵实验和实时交流，提高资源的有效利用和工作效率。其次，与国内外企业合作，在合作机制上创新。与摩托罗拉公司联合建立实验室，承担公司基础研究任务，稳定年轻人，为经济建设服务。与路德公司、福建华科光电有限公司合作，在研究生中设立企业奖学金，稳定研究生，鼓励竞争，建立激励机制。再次，在固体微结构物理国家重点实验室与物理系、材料系的基础上，建立了滚动、竞争的激励模式，实现两系一室资源共享的和谐关系。这些机制创新，为高效的成果产出提供了前提保证，使得实验室保持积极向上的青春活力。

### 淡泊名利，攀越巅峰

科研对闵乃本来说，总是充满魅力的。身处其中，他从未停下脚步，一旦停下手头的研究工作，闵乃本就显得无所适从。不断涌现的问题促使着他一步步前进。吸引闵乃本不断摘取科学道路上明珠的不是鲜花和荣誉，而是探索未知世界奥秘的执着追求。

闵乃本在晶体物理领域获得的成果得到了国内外的赞赏与肯定，荣誉接踵而来：1983年5月，获得美国犹他大学颁发的"大力神"奖；1986年，被评为国家级有突出贡献的中青年专家；1991年，当选为中国科学院院士，同年受命出任国家"攀登计划"《光电功能材料的结构、性能、分子设计及制备过程研究》首席科学家；1992 年，被南京市民选为"行星新闻杯"十大新闻人物；1995 年，被评为全国优秀教师；1997 年，获国家级教学成果一等奖；1998 年，获何梁何利基金科技进步奖；2000 年，获第三世界科学院基础科学奖……。闵乃本认为，要想真正有所成就，就必须淡泊名利，抛开这些身外之物，因为在科学的王国里，一个科学问题不会因为你获得过多大的荣誉而显得更为容易些，还是应继续保持严谨、客观的态度，下功夫去解决。沉浸在荣誉的海洋里，终将落在后面。荣誉不是让人沾沾自喜的，而是一种激励。从事科研的目的不是追求荣誉，荣誉终将为历史的灰尘所淹没。不为暂时的荣誉所动，执着的追求、探索未知世界的奥秘，终将会对人类做出贡献，而只有这样才能无愧于国家，才能无愧于自己短促的人生。在晶体物理研究领域，仍有许多等待解答的科学问题，揭开谜底，可以为人类做出更多有价值的发现。既然选择了这条道路，就应有献身于此的志向。他淡泊名利，执着追求科学，不断超越。这是闵乃本作为一名科学工作者的精神世界和人生追求。

### 参政议政，孕育灿烂明天

闵乃本院士，既是国家重点基础研究发展规划（"973"计划）《光电功能晶体结构性能、分子设计微结构设计与制备过程的研究》项目首席科学家，又是教育部科技委副主任、教育部材料科学教学指导委员会主任、中国科学院数理学部副主任、江苏省自然科学基金会主任，以及全国政协常委、九三学社中央副主席、江苏省政协副主席、九三学社江苏省委主委。身兼数职，任重道远。他以科学家的眼光去分析当代科学的发展趋势，用社会活动家的能力去参政议政，为我国科学的今天、明天奔波和操劳。创造了辉煌今天，孕育着灿烂明天。

闵乃本在学术报告中说："20世纪人类最伟大的两大成就是相对论、量子力学的建立。量子力学运用在周期结构（包括晶体）上产生了能带理论，而能带理论在半导体上的应用又做出了两大发现——晶体管和集成电路。由此诞生了以半导体为基础，以信息产业和计算机产业为主干的当代微电子产业，在20世纪彻底改变了人类生活的面貌。……晶体物理学具有广阔的研究和应用前景，晶体物理学家在20世纪给微电子产业的诞生做了两件事：第一，找到和培育了性能完善、可作为集成电路基片的硅单晶体，而且直径已有5英寸、6英寸、12英寸、16英寸，人工培育的晶体无缺陷，性能均匀、完善。如果没有这个贡献，难以想象计算机产业今日的发展；第二，就是晶体物理学家对半导体微结构（包括P-N结、异质结、超晶格、量子阱等）进行了深入的研究，发现了很多可以利用的特殊效应和深刻的物理内涵，不仅由此获得了诺贝尔奖（P-N结隧穿、量子霍尔效应），而且发明了晶体管和集成电路。当然不仅如此，同时还诞生了半导体的激光器，为光电子的发展开辟了道路。晶体物理学科在过去的一个世纪为微电子产业的诞生与发展做出了重大贡献。当代微电子产业日趋完善，光电子产业正在蓬勃发展。微电子技术的信息载体是电，光电子的信息载体是光。当前全球通信骨干网络系统中，信息的传输用光（光纤），而信息处理仍然用电，这就构成了当代全球通信系统的瓶颈。我们期待发展光信息处理、光集成、光计算。可以看到，历史发展有其十分相似性，当代的晶体物理学家要像20世纪中叶的晶体物理学家为微电子产业的诞生所做的两件事一样，为当代光电子产业的发展也要做两件事：一是要寻找性能完善，可做光集成基片的介电体单晶体，即找到光电子时代的'Si单晶'；二是深刻揭示介电体微结构中蕴藏着的物理内涵和可以利用的特殊效应，为光集成、光计算、光信息处理的发展铺平道路。我们期待在新世纪光电子产业发展的历史进程中，中国科学家为人类做出应有的贡献……"这就是闵乃本院士的期望和努力方向。

他研究科学，也研究政治和文化。在科学工作中讲政治，将政治、文化和科学工作相结合，将建设中国特色社会主义理论运用到实际工作中去，形成自己特色的处事之道、思维之路。他构思和实践着用中国传统文化创建中国特色的学术群体，发展具有国际影响的学派。他研究思考着美国的科研组织体系，美国注重个人杰出才能的表现，只要是在大学里找到职位，即使是助教也能自立门户，他们的研究组除了这位掌门人，通常只包含一些博士后和一批研究生。其模式的优点是青年人的创新精神得以充分发挥。在中国，虽然当前国际交流日益深入，全球化的浪潮席卷方方面面，人们的思想观念正在改变，但自古以来以儒家为核心的传统文化影响仍然深远。中国传统文化的"人情"和"和谐"有着鲜明特色。人情味浓，尤其是师生关系深厚，注重于继承与发展。闵乃本认为，我们可以通过师生关系，培养一批人，凝聚一批人，保持学术群体的相对稳定发展，发展成为具有国际影响的学派；中国传统文化中的人际"和谐"精神，是适应现代科学研究广泛协作需要的趋势。只要发扬学术民主，清除封建家长制意识，激发创新意识，给青年人搭建施展才智的舞台，就有可能形成中国特色的学术群体。一个学术群体的发展，不是随意招一批有潜质的人、添一批设备，可以成就的事情，而是一个包括学科知识、实验技能、研究成果的积累等不断积淀的过程，还包括学术传统、学术氛围、科学精神的传承。一名年轻学者置身在一个优秀学术氛围的群体中，基于群体的学术积累，青年人就有可能在较短的时间内做出杰出的贡献。这就是一个群体的放大效用。这是闵乃本自1984年从美国归来后，一直致力的目标。现在，这个学术团队已经做出许多重大突破性成果，获得了国内外的普遍赞誉。

他关注现在，更关心明天。闵乃本认为，青年学者的培养是学术群体不断成长，充满生命力的关键。他思考总结着固体微结构物理国家重点实验室成功发展之路，从基本概念的提出到基本理论模型的建立，到基本效应、现象实验的证实，再到利用这些效应制成新材料、新器件原型的功能演示，这需要十年，甚至更长的时间，这个过程是一个不断努力、积聚、发展的过程。我们不可能超越现实，一下子就要求一个年轻人在一到两年就拿出什么惊天动地的成果来，没有科学积累是不可能的。按照"十年磨一剑"的设想，现在给青年人，造就一个宽松的学术氛围，编织一个和谐的人际环境，搭建一个施展才能的舞台，拓展一个广阔的发展空间；沿着选留人员是基础，培养骨干是关键，稳定队伍是核心，引进人才求发展的用人思路，期待着明天的辉煌。

他在科技部、教育部、科学院、基金委，在全国政协、省政协，在南大、实验室、课题组，……发表着自己对科学的见解，参与着科学决策，指导着实验室的发展，领导着课题组工作，创造着今天的奇迹，孕育和编织着明天的灿烂，释放着更大的光和热。

（原文发表于《携手》（江苏人民出版社，2021年6月））

# 把知识献给祖国与人民

闵乃本

中国知识分子是中华民族的精英，忧国忧民、爱国爱民，"先天下之忧而忧，后天下之乐而乐""国家兴亡，匹夫有责"，这些都是中国知识分子的优秀传统，中国知识分子的命运又紧紧地和祖国、人民联系在一起。在外敌入侵、国家危亡、生灵涂炭、民不聊生的年代，他们投笔从戎，为国家的生存、民族的解放抛头颅洒热血。在太平盛世，他们默默地工作在不同的岗位上，为中华民族伟大复兴贡献力量。总之，自古以来，中国知识分子毕生最大的追求，就是能将自己的知识贡献给祖国和人民。

我童年时代，正值日寇侵略我国，山河破碎，生灵涂炭，幼小的心灵萌生了振兴中华的理念。如今，国泰民安，中国知识分子迎来了振兴中华、实现理想的最佳年代。我和我的团队正处于这样的年代，感到十分幸福。我们努力做好本职工作，报效祖国和人民。

2月27日，胡锦涛总书记亲自给我和我的团队授予国家自然科学一等奖；3月18日，李源潮书记和梁保华省长为我们专门召开表彰会。这表明了我们19年的辛勤奉献，得到了祖国和人民的认可，我们内心十分满足，备受鼓舞。

我们关于介电体超晶格的研究项目，1986年启动，2005年完成，经历了19年。下面仅就在这19年中我们做了些什么、如何做的，以及有什么体会,向大家作一简要汇报。

## 一、关于介电体超晶格

当代信息产业的基础是微电子产业和光电子产业。微电子产业的基础材料是半导体,而光电子产业最重要的基础材料是介电体。例如,传输信息的光纤材料、产生激光的材料、调控激光的材料,这些都是介电体。通常材料科学家追求材料结构、成分的均匀性,我们在均匀的介电体材料中引入了不均匀性,而这种引入的不均匀性是有序的。这就像李源潮书记在春节党外人士座谈会上论述和谐社会时所说的"和而不同,活而有序"。材料中存在有序分布的不同微结构,于是就出现原来不具有的、全新的、可以应用的性能和效应。我们将这类材料称为介电体超晶格。

我们19年的努力使得这类材料从冷门变成国际热门领域,使得在光电子学、声电子学、材料科学的交叉领域中诞生了称之为"畴工程学"的新生学科。由于我们所做的是基础科学研究,因而它影响面较广,为全固态激光技术提供了新原理,为微波器件和材料的设计、超声器件和材料的设计和制备开拓了新途径,还在原理上为新型拉曼激光器、新型激光医疗器械、量子通信的新光源设计提供了新方法。举个例子来说,我们的研究成果之一:多波长激光器,其中三基色激光器可以用于激光彩色投影显示,其他类型的多波长激光器有可能去发展一种激光医疗仪器。它的好处在于:例如有些病症的病灶对某一个波长的激光比较敏感,就可以用它来检测和定位,然后用另一波长的激光对它进行手术治疗。当然,目前这只是可能的设想,还没有做出来。如果医疗界有兴趣,我们会很高兴与他们一起来讨论。

## 二、关于创新团队建设

我们的项目从 1986 年科学设想的提出,到基本理论的建立和实验验证,新效应、新应用的发现,再到 2005 年新型原型器件的研制成功,经历了 19 年。这不是一个人能完成的,而是一个团队的研究成果。1984 年,中国发生的两件大事鼓舞了我,使我感到自己的学术设想有了实现的客观条件:一是中央决定建立国家自然科学基金会,二是南京大学固体微结构物理国家重点实验室成为国家计委决定建设的首批 4 个国家重点实验室之一。当时,我已 49 岁,意识到自己最富创造的年华已经流逝,不可能一个人单枪匹马地完成全部的学术设想。当 1986 年我决心实现自己的科学设想时,就决定通过建设团队来完成,通过招收研究生,边培养人才、边推进研究工作。

建设一个勇于创新、团结和谐的团队并不容易,不是招收一些有潜质的人、添一批先进设备就能成就的,而是一个科学知识、实验技能、研究成果等不断积累的过程,一个学术传统、学术氛围、科学精神不断传承的过程。

建设团队,要让大家尝到合作的甜头。人类科技的长期积累与进步,使得一个人只能熟练掌握某几方面的理论知识和实验技能,不可能样样都精。但在科研实践中往往需要用自己还没有熟练掌握的理论方法和实验技术来解决自己的问题。这就有两种途径,一是自己钻研,一是开展合作。要提倡合作,在合作者的帮助下能更快地学会自己不熟悉的理论与技术,通过合作者的专长能更深刻的解决自己的问题。但是,研究者往往习惯于自己钻研。只有通过提倡、在尝到合作的甜头后,在团队内强强合作才会成为自然过程。

建设团队,要提倡学会正确估计合作者的贡献。一个人对自己成果的重要性总是理解得比较深刻，对自己取得成果付出的艰辛总是更有体会。对别人成果的重要性和所付出艰辛的理解与体会往往不够。因此，在团队中对自己贡献的估计总是放大些，对合作者的贡献总是缩小些，这不合乎实际。在团队中，要提倡将自己贡献的估计要缩小些、将合作者贡献的估计要放大些，这样才能接近客观真实，才有利于构建一个和谐的团队。

建设一个勇于创新、团结和谐的团队，在工程科学领域也很重要。而一个重大工程，个人单枪匹马是绝对完成不了的。可是，在基础科学研究领域，个人也能独自做出很有意义的科学工作。因此，在基础科学领域，要建设一个勇于创新、团结和谐的团队，对学术领导人有着更高的要求。学术领导人提出的研究方向对学科发展要有重大意义，或是对经济社会发展要有重大贡献，否则就不能吸引有才华的学者加入。学术领导人对团队成员贡献的评价要科学、客观、公正，绝不能偏爱，否则就会破坏团队的和谐。学术领导人更不可自私自利，绝不可将别人的成果据为己有，否则人家就会拂袖而去。在我们的团队里，主要贡献者即使是研究生，在发表论文时也总是排名第一，使他们感到所取得的成果首先是他们自己的，同时又是团队的。这样就能增强团队的凝聚力。

在中国作为学术领导人，对年轻人仅有学术上的关心并不够，还必须关心、改善他们的生活，为他们安心科研工作创造条件。特别是在十几年前中国知识分子的生活仍然十分艰苦的年代，90年代初，有一次我去北京参加学术会议回来，在北京开往南京的卧铺车厢里，偶然认识了企业家吴思伟先生，我们聊得很投机。当时社会上正刮起一股"下海"风，我表达了我的忧虑：现在科学研究人员生活很艰苦，如果我们数十年来集聚起来的基础科学研究队伍被"下海"风吹散，这对我国未来的发展将是难以弥补的损失。临别前，吴先生表示愿意无偿为改善青年研究人员的生活条件提供一笔资助。我就用这笔资助在物理系、材料系和微结构国家重点实验室设立了"克立奖研金",每位获奖者每个月可以获得1000元的补贴,这在当时比我自己的工资还要高得多。我感谢吴思伟先生,这确实为我们能在1997年之前的困难条件下保持团队的稳定发挥了重要作用。现在,国家富强了,知识分子待遇改善了、有钱了,我却担心他们因有了钱而浪费自己宝贵的科研时间。近年来,我常对他们说:你的存款有个临界值。少于这个临界值,每个钱都有物质意义,因为你可用来安排和改善你一家的生活,或是应付特殊的需要;超过这个临界值,你多赚的钱只能变成银行存折上的数字,就失去了物质意义,还会浪费你宝贵的科研时间。我有个朋友是香港科技大学的教授,他是一位纯粹的学者。有一次,他对我说:"这里工资很高,我在银行有一大笔存款,按目前的规律,每年贬值10%,为了保值,我不得不去炒股,烦死了,浪费时间,完全是受罪。还是在内地好,钱不多,够用了,可专心做学问。"我对他说:"不用管它贬值、升值,你多余的那些钱,对你们没有物质意义,只是银行中的数字而已,用不着自寻烦恼。或者你叫太太去保值,盈亏看成一种数字游戏,不必认真。你自己还是去专心做学问。"他听后似乎大彻大悟,后事如何,不得而知。迄今,在我们的团队里尚未发现这类人。

要建设好团队,不仅要在自己实验室里通过科研实践培养人才,还要帮助他们走出国门,拓宽知识面。我们的每一位成员在取得学位后都在团队里工作两三年,取得一些成就后,再以专家的身份赴欧美等最有名的研究组从事合作研究。如陆延青教授,他在我们团队取得杰出的科学成果后,到美国的大学工作了一段时间,而后进入美国高技术公司从事实际的研究开发,因而取得了丰富的光电子产业的经验,在美国的五六年阅历让他有了更多的收获,他最近回到了团队。通过这种出国访学和交流,团队成员增强了参与国际合作和竞争的意识与能力,眼界也更加开阔,促使学术团队的发展呈良性循环。

19年过去了，成果出来了，更令人欣慰的是一个勇于创新、团结和谐的团队形成了。正如我多次说过的，关于介电体超晶格的成果是从凝聚态物理、材料科学到光学工程再到固体激光技术的综合结晶：朱永元教授在建立基础理论方面做了主要贡献，祝世宁教授在主要效应的验证和器件发展方面作了重要贡献，陆亚林教授、陆延青教授各自都有独特的重要贡献，他们坚持合作了十几年，做了系统的工作。还有名字没有写进奖状的许多人，如陈延峰教授、王振林教授、王慧田教授、何京良教授，他们在不同方面也都做出了重要贡献，不少研究生，他们也都是贡献者。物理系还有很多教授、学者对这项工作给予了多方面的关心和支持。可以说，一个勇于创新、团结和谐的团队和有利发展、催人奋进的研究环境是我们的研究走向深入直到开花结果的基本点。

### 三、关于奉献精神

我们坚持了19年，这就需要奉献精神。科学的追求旨在对全人类的奉献，而不是以科学家本人的功利为目的。科学如果是为了功利就不称其为科学，就成了评等、升级、升官的敲门砖。不少伟大的科学家为科学真理而献身，他们的成就在死后才得到社会的承认。事实上，也只有不以功利为目的，在科学研究过程中遇到艰难险阻时，才能不患得患失、不随风摇摆，才能拒绝浮躁、不急功近利，才能甘心情愿地"坐冷板凳"，十年如一日地追求下去。

毛主席曾说过，中国人民是苦难深重的人民。1840年鸦片战争以来，在"三座大山"的压迫下，中国人民处于水深火热之中，在饥饿线、死亡线上挣扎。无数民族精英前仆后继，浴血奋斗，英勇牺牲，直到1949年，才取得国家的独立和民族的解放。又经历了近20年的痛苦求索，才迎来了民族复兴的伟大时代。今天，中国科学家在科研道路上艰苦求索，还在为"苦难深重的中国人民"做奉献、为中华民族伟大复兴做奉献。

我们的项目从 1986 年起步，1990 年建立了理论，一直到 1997 年在实验方面取得突破，才为国际学术界重视。这 11 年中，我们的工作没有得到国际上的重视，但我们心平气和地坐了 11 年"冷板凳"。当然，最终我们将一个冷门发展成国际热门领域。应该说，如果没有甘坐冷板凳的奉献精神，我们是不会取得今天这样的成果的。

我在这里说"心平气和地甘坐冷板凳"，不是说我们就没有苦闷、没有焦虑。而是说，即使在彷徨不安、走投无路的情况下，也要静下心来，心无旁骛地积极思考、上下求索。1990 年，我们建立了准周期超晶格的多重准相位匹配理论，理论预言"一块准周期介电体超晶格能够将一种颜色激光同时转换成三四种颜色的激光"，这一理论预言让我们兴奋不已。但要用实验检验这一理论是否正确，就必须制备出准周期介电体超晶格。我们屡试屡败，1990—1992 年是我们 19 年中最为苦闷的时期。直到 1992 年底，我在香港中文大学交流时，在《物理》杂志上看到的一篇报道触发了我的灵感，又花了两年多时间，于 1995 年才成功地发展出一种制备准周期介电体超晶格的新技术。到 1997 年才用精确的实验证明了我们 1990 年建立的理论是正确的，并得到了国际学术界的公认。

奉献精神从某种层面上面说，也是一种自讨苦吃的精神。做科学工作，没有钟点，没有假期，没有周末，一有时间想到的就是科研。在遇到困难、无法突破的时候是非常痛苦的。当然，入了迷以后就乐在其中。一旦理论结果或科学预言被实验证实了，这种成功的喜悦是别的任何一个人都不能体会到的，只有自己能懂。在我的团队里，没有人规定什么时候上班、什么时候下班，但每一位成员吃完晚饭都会自觉地赶到实验室，直到晚上十一二点才离开，大家已习以为常，19年来如一日。早年我们的科研条件简陋，许多实验仪器都得向别人借。为了不耽误别人使用，保证不出问题，仪器工作时就在旁边守着，生怕漏掉一个结果，而且有些实验一做就是几天。

奉献也需要坚持到底的精神。一百步走完了九十九点九步，仍然无法得到准确的结论，如果你不坚持到底，那么你前面的一切努力只能为零。20世纪90年代初，我有两位研究生的学位论文的题目是有关铌酸钡钠声学超晶格的研究。铌酸钡钠晶体复杂的晶体结构，使他们的论文工作遇到了很大困难，离预定的论文答辩时间只有两个多月，主要结果还没有得到。他们动摇了，希望放弃这项研究。我鼓励他们走完最后一步，否则两年多的辛勤努力将为零。他们坚持了下去，最后终于得到了极具创新的结果。这个事例深深地教育了我们，奉献需要坚持到底的精神。

## 四、关于创新

要提倡继承、发展、创新。要在继承前人创造知识的基础上加以发展，在发展当代前沿的过程中才能创新，或者说，要在继承中发展，在发展中创新。我们这个项目的设想不是凭空从天上掉下来的，而是有所继承的结果。我们继承了诺贝尔奖得主美国学者布隆伯根（Bloembergen）20世纪60年代初的准相位匹配理论，继承了70年代的半导体超晶格理论，并受到80年代中期准晶发现的启发。

创造适合于创新的学术氛围，要提倡平等精神。学术领导人不专横、不武断，青年人不迷信、不盲从，一切以事实为依据，只服从真理，在科学面前人人平等。这样，学术思想就会活跃，学术气氛就会民主而宽松。在这种自由的学术气氛中，通过经常的交流讨论乃至争论，往往会不断地撞击出创新的火花。有了平等精神，就有自由活跃的学术气氛和取长补短的团结合作，历史上玻尔物理研究所自由活跃的学术气氛曾吸引过海森堡、泡利、德布罗意、薛定谔、狄拉克、朗道等一大批世界顶尖的物理学家前去工作，形成了 20 世纪最负盛名的物理学派——哥本哈根学派，为量子力学的建立做出了巨大贡献。

创造适合于集成创新的学术团队，要加强多学科交叉融合。我们的项目从 1986 年到 1997 年是基础科学研究，其后 8 年涉及了应用研究。我们的成果实质上是集成创新的结晶，不是仅靠物理学家所能独立完成的。当初我们起步时，研究生确实全都来自物理系。随着研究的深入，我们愈感知识面太窄。于是，从 1988 年起我们就开始招收工学硕士（材料科学与工程、化学化工）来读理学博士，招工学博士来做理学博士后研究。及至 1997 年部分工作进入应用研究，又引进了非线性光学专家、固体激光技术专家。

### 五、追求真理、修正错误

要提倡实事求是、追求真理、修正错误。科学研究的实质是不断地通过科学实验和创造性的思维去认识未知的过程，是不断地改变主观思想去接近客观实在的过程。也就是说，科学研究本身就是不断地修正错误和接近真理的过程。19 年来，每当发现在自己原来的实验基础上构建的理论与更精确实验不符时，我们总是将它视为进一步完善理论的机遇，废寝忘食，直到更完善理论的建立。实际上，修正错误和接近真理的过程，是一个令人激动不已的过程，也是科学工作者崇高的精神享受。

科研实践所揭示的客观自然规律，不仅要经过实验定量检验，还要用来指导实践，来不得半点虚假。每当我们有所发现时，总有一段时间坐立不安，处在兴奋、激动、怀疑等复杂的情绪之中，反复检查是否有错误，甚至从反对者的立场来挑自己的毛病。科研实践不仅能丰富与提高研究者的科学知识、科学方法，更重要的是培养研究者严格、严谨、求实的科学态度。目前学术界频频出现的不端行为，不是与科研实践共生的，更不是内生的，而是与科研实践不相容的，必然要被唾弃的。

我们感谢国家自然科学基金委、国家863计划、国家攀登计划、国家973计划对我们研究项目的资助，感谢原国家计委投建了南京大学固体微结构国家重点实验室，感谢国家科技部批准我们筹建南京微结构国家实验室，同时，也要感谢南京大学及其相关院系长期以来对我们这个研究团队的关心、帮助和支持。这些不仅是我们取得成就的必要条件，还为我们今后更全面地参加国际前沿竞争提供了可能。

我们钦佩省领导的远见卓识，对"985工程"的全力支持，让我们装备了如聚焦离子束等先进的实验设施，为我们的研究能够顺利进展奠定了物质基础。早在三年前，省领导就全力支持南京微结构国家实验室的建设，还通过美国唐氏基金会予以资助。这就为今后10—15年在物质科学这一宽阔的领域中参与国际前沿竞争奠定了基础。

我曾经参加国家中长期科技规划的基础科学战略研究。2003年底，我看到英特尔宣布，当代信息技术的基础——集成电路，其基本单元场效应晶体管将于2019年达到15纳米，逼近物理极限，届时将标志摩尔时代的结束。场效应晶体管失效后，新一代信息技术的基础是什么？能否诞生在中国？这是中长期规划必须回答的问题，于是我们提出了"量子调控研究计划"，这得到了温总理的同意，已列入国家中长期科技规划和"十一五"规划，成为四个国家重大基础科学研究计划之一，并于去年8月开始实施。为了保证我国在量子调控研究方面竞争力的迅速提高，国家设立了两个量子调控的研究基地，南京微结构国家实验室是两个基地之一；我们感到责任重大，但我们有信心。我们相信，在今后10—15年或更长一点时间内，新一代信息技术的基础即使不是诞生在中国这块黄土地上，而是诞生在欧美或日本，我们也能迅速赶上和超越，决不会像微电子那样越赶越远，因为我们从现在起就致力于基地建设，致力于创新人才培养、创新团队建设和创新成果的积累。

（原文发表于《人民日报》，2007年4月17日）

# 体会科学精神

闵乃本

我毕生从事科学实验，从科研实践中深深体会到，科学工作者不具有科学精神，就不可能得到重要的科学成果，只能得到像美丽的肥皂泡一样的昙花一现的"成果"，我不能给出科学精神的确切的完美的定义，只能说出对科学精神的一些体会。

**科学精神是进取精神。**科学本身是旨在对未知世界的认识，对未知客观规律的探索。迄今，人类对客观世界的认识与其本身相比实在是沧海一粟，要永远不满足已有的成就，永无止境的进取。

**科学精神是奉献精神。**科学的追求旨在对全人类的奉献，从来不以科学家本人的功利为目的。历史上不少伟大的科学家为科学真理而献身，他们的成就在他们死后才得到社会承认，实际上，也只有不以功利为目的，科学家本人才不致患得患失，随风摇摆，才能不怕艰难险阻一往直前地追求科学真理。

**科学精神是坚持真理修正错误的精神。**科学研究的实质是在人类知识积累的基础上不断地通过科学实验和创造性的思维去认识未知的过程，是不断地改变主观思想去接近客观实在的过程，也就是说，是不断地修正错误和接近真理的过程。真正的科学家发现在自己实验基础上构建的理论与别人的实验不符时，总是将它视为完善理论的机遇，废寝忘食地直到更完善更普适理论的建立，这是一个令人激动不已的过程，也是科学家崇高的精神享受。

**科学精神是坚持到底的精神。** 科研成果或是为零，或是为壹，一百步走完了九十九点九步，仍然无法得到准确的结论。历史上不少伟大发现与某些人擦肩而过，是屡见不鲜的，前辈科学家经常告诫我们，只有得到彻底的结论才能松一口气，否则您的一切努力只能等于零。

**科学精神是平等精神。** 学术领导人不专横，不武断，青年人不迷信，不盲从，一切以事实为依据，只服从真理，在科学面前人人平等。这样，学术思想就会活跃，民主宽松的学术气氛就会形成。在民主宽松的学术气氛中，经常的交流讨论乃至争论，就会不断地撞击出创新的火花。

**科学精神是群体精神。** 人类科学的积累与技术的进步，使当前科学家只能是某领域的专家，不可能是各领域的专家，没有充满活力的群体，就谈不上重大研究的突破。群体精神表现在自由活跃的学术气氛和取长补短的团结合作，历史上玻尔物理研究所自由活跃的学术气氛曾吸引过海森堡、泡利、德布罗意、薛定锷、狄拉克、朗道等一大批世界顶尖的物理学家前去工作，形成了20世纪最负盛名的物理学派——哥本哈根学派，为量子力学的建立做出了巨大贡献。

上面是我从事科学实验中体会到的科学精神，如果要用简洁的语言加以概括，我想，邓小平同志所提倡的"解放思想，实事求是"或许就是科学精神的最佳概括。

（原文发表于《人民日报》，2007年2月27日）

# 晶体生长的研究

祝世宁

闵先生一生追求科学,兴趣广泛,对诸多领域都有涉猎,但最成系统,最有影响的贡献涉及两个方面,一是以介电体超晶格为代表的微结构科学,二是有关晶体生长机制的理论。貌似相隔甚远的两个方向,先生的科研实践将其关联了起来。正是基于闵先生晶体生长理论与技术研制出的聚片多畴铌酸锂晶体,架起了两者之间的桥梁,这导致了20世纪80年代初南京大学利用该晶体实现了激光倍频增强实验,明确验证了由诺贝尔奖获得者布隆伯根等人1962年提出的非线性光学中的准相位匹配理论。80年代中期,闵先生在上述工作基础上提出了介电体超晶格的概念并组建团队发展出了光学超晶格、声学超晶格和离子型声子晶体三类微结构材料体系,这些工作早于国际上提出光子晶体、声子晶体和超构材料等,为国际上微结构功能材料研究的快速崛起做出了贡献,也奠定了中国在这一领域的国际学术影响。这方面的系统工作曾获2006年度国家自然科学一等奖。

闵先生对晶体生长的研究其实比介电体超晶格更早。1959年闵先生大学毕业留校工作,在冯端先生带领下,闯入了当时在国内尚是空白的晶体缺陷领域。他与同事一起设计了我国第一台电子束轰击仪,成功地制备了难熔金属单晶体,获得国家科技产品二等奖。到1965年,他在晶体缺陷领域的研究水平已经进入国际前沿。20世纪70年代以后,半导体和激光技术的发展，使中国的科学家敏锐地觉察到人工晶体的重要性。闵先生转而开始了对激光与非线性光学晶体生长的研究。当时对晶体生长机理的系统理论不仅国内没有，国际上也没有建立，完全是一片尚未开发的处女地，先生萌生了将自己平时的讲义完善成一本包含晶体生长系统理论的教科书和参考书的想法并随之付之以实践。正如闵先生自己在本书初版的序言中所述，当时"这门学科国内尚无专著，在国外也找不到一本较为系统的参考书"，所以难度可想而知。闵先生正是靠着自己扎实的物理功底、超人的悟性以及多年的实践经验，系统地总结了不同条件下晶体生长规律，发展和完善了完整晶体、缺陷晶体的生长理论，完成了该书的写作。其实这已不是一般意义上的教科书，而是他自己对晶体生长的理解和十多年研究成果的系统总结。1982年，41万字的专著《晶体生长的物理基础》问世，成为当时国际上第一本全面论述晶体生长的理论专著。尽管该书成书较早，但到目前为止，该书仍是阐述晶体生长物理和技术的几本有特色的专著之一，如：罗森伯格著的 *Fundamentals of Crystal Growth*（Springer，1979）；A. 平皮内利（A. Pimpinelli）和 J. 威廉（J. Villain）著的 *Physics of Crystal Growth*（Cambridge University Press，1998）；以及伊万·V. 马尔科夫（Ivan V Markov）著的 *Crystal Growth for Beginners* (World Scientific, 1995)。其中犹他大学的教授罗森伯格（美国晶体生长协会副主席）著的 *Fundamentals of Crystal Growth* 虽然出版于1979年，但由于历史方面的因素，先生是直到他专著完稿后才看此书的（当时罗森伯格也只完成了三卷中的第一卷）。有趣的是在1982年到1984年期间，闵先生应罗森伯格教授的邀请去犹他大学做访问研究，罗森伯格在他的课堂上拿出先生的专著向学生介绍："在晶体生长这一领域里，目前全世界可称为专著的只有两本，一本的作者是我，另一本的作者是闵教授。现在我们同时出现在你们面前给你们讲课，你们是多么幸运啊！"这段插曲已成为中美晶体生长界交流历史上的一段佳话。《晶体生长的物理基础》在晶体研制大国日本也产生很大影响，著名晶体学家、东北大学教授砂川一郎在《日本结晶成长学会志》(Vol.10, No. 3-4, P.21) 的书评中指出："……该书内容新颖而且系统，包含了非常高深的内容，而且以一个完整的思路全面阐述了晶体生长学。例如，我们知道的有关成核、晶体生长机制、界面结构和形貌学等方面的理论和计算机模拟的结果都收集在该书中。通览一下该书主要参考书目的内容，也能知道无论在深度和广度上，作者对晶体生长的理解都是十分透彻的。"中国晶体学的奠基人之一钱临照先生专门为该书写了书评，称之为"国内第一本全面论述晶体生长的理论专著……，在此领域国际上也不多见"（见《物理》14卷第7期）。作为一本广受欢迎的教材和参考书，这本书也的确担当了相应的历史责任，培养了好几代中国材料物理和晶体生长工作者。

　　从二十世纪七十年代开始，先生是花了近十年时间才完成了《晶体生长的物理基础》一书，其中遇到的困难不计其数，在那特殊的历史时期，这过程犹如凤凰涅槃。80年代开始，情况好转，闵先生的研究受到国际同行越来越多的关注。1982年到1984年，先生应罗森伯格教授邀请以访问学者的身份到美国犹他大学做合作研究，在此期间，他成功地解释了晶面热致粗糙化的难题，修正了晶体生长的"杰克逊"理论，被誉为"近十年来晶体生长领域最好的研究成果"，他也因此获得"大力神"奖。80年代闵先生晶体生长研究方面最重要的贡献是提出与建立了系统的晶体生长的缺陷机制理论。早在1949年晶体学家弗兰克（Frank）提出了晶体生长的螺位错机制，在七八十年代，人们陆续观察到不仅是螺位错，刃位错、层错、孪晶等缺陷在晶体生长过程中都有作为生长台阶源的迹象，然而一直没有深刻的理论进行解释，闵先生基于缺陷引起的点阵畸变以及缺陷邻近原子组态的分析，将螺位错机制推广为包括刃位错、混合位错、层错、孪晶等在内的更为普遍的缺陷机制，给出了实际晶体生长的缺陷机制理论 [J. Crystal Growth 128 (1993) 104-112; ibid. 115 (1991) 199-202; ibid., 87 (1988) 13-17; ibid., 91 (1988) 11-15]。根据这些机制，任何可以在晶体生长表面提供台阶源的缺陷都能为晶体生长做出贡献，这些台阶源包括完全台阶和不完全台阶（亚台阶）等，这一机制建立成为经典晶体生长理论近几十年来最重要的发展之一。在不同的应用场合，先生提出的生长理论分别被称为"闵氏孪晶片理论""亚台阶机制/理论"等，并被应用到了片状银盐制备、蛋白质晶体生长、纳米材料制备、弛豫铁电体制备、金刚石生长、光电功能晶体生长等广泛体系中。

由于《晶体生长的物理基础》成书较早，上述介绍的先生自1982年以后在晶体生长方面的诸多贡献未来得及收录到这本书中。先生生前也曾着力筹划为本书增添几个章节，把最新的成果与进展收录进来，使得书中介绍的晶体生长机制体系更加完整。东风无力管苍天，非常遗憾，先生的这一夙愿最终还是没能实现。现在将《晶体生长的物理基础》以先生修订过的形式再版也是对先生的一种追思，先生开创的事业必将发扬光大，后继有人。

（原文为祝世宁为《晶体生长的物理基础》所作的序言）

# 介电体超晶格的研究

祝世宁  朱永元

介电体超晶格是闵乃本和他的团队于二十世纪八十年代中提出的微结构材料体系，经过三十多年的努力，介电体超晶格内涵不断扩展，从验证准相位匹配，实现激光高效倍频发展到今天实际上包含三种不同功能的介电微结构晶体：光学超晶格、声学超晶格和离子型声子晶体。材料是时代的标志，是经济和科学技术发展程度的象征。要使材料研究经久不衰，首先就必需使其建立在坚实的科学基础之上。介电体超晶格既是一种新功能材料，也是一个完善的科学体系。它的发展经过提出基本概念，建立基础理论，验证基本效应，直到现今的领域拓展和应用研究。可以看出，介电体超晶格的研究有其特定的内涵，但它又不是简单地从定义出发，它的发展遵循开放模式。疆界的开拓与不同知识的融入，使其内涵日臻丰富，外延不断拓展，功能不断发掘，最后达到材料研究的最高境界——被应用所青睐，由需求所牵引。

微结构功能材料的研究源于半导体超晶格。1970年江崎（Esaki）和津（Tsu）等提出 [*IBM J. Research and Development* 14, 61 (1970)]用两种具有不同禁带宽度半导体异质结构形成的量子阱超结构来剪裁材料原有的能带，改变材料的光子发射特性，在光电子领域获得了重要应用。自从那时起，通过人工微结构来优化、重塑甚至创造材料的新性能逐步成为材料研究的一种"范式"。介电体超晶格的研究也遵循了这一范式。虽然介电体超晶格的概念是类比于半导体超晶格提出的,但它最重要的理论基础之一 —— 准相位匹配原理早在 1962 年就已经由布隆伯根（1981 年诺贝尔奖得主）等人提出 [*Phy. Rev. 127*, 1918(1962)]。但准相位匹配的实验验证一直未找到合适的材料体系,直至二十世纪七十年代末八十年代初,发现了铌酸锂晶体中铁电畴的自发极化矢量取向决定晶体生长层中交变的溶质浓度梯度,于是闵乃本等发展出了铌酸锂晶体聚片多畴的生长层技术,制备成周期性聚片多畴晶体,并利用该晶体演示了有效激光倍频输出,给出了准相位匹配最为直接的实验验证 [*Beijing/Shanghai Proceeding of an International Conference on Lasers, May, China Academic Publishers & John Wiley & Sons*, 283(1980)]。到了二十世纪八十年代中后期,闵乃本及其团队在周期铁电畴调制的铌酸锂 (LN)、钽酸锂 (LT) 晶体中发现了更多的光、声物理效应,介电体超晶格作为一种新概念材料被及时提了出来。特别是将准晶结构引入超晶格体系,通过准周期光学超晶格,将布隆伯根等提出的准相位匹配理论拓展到多重准相位匹配,对非线性光学研究产生了重要影响。介电体超晶格众多理论预言最终在畴工程的关键环节——室温电场极化技术,1994 年取得突破后相继被实验证实。此后介电体超晶格研究受到越来越广泛的关注和重视,最为重要的事件是 1997 年研制出斐波那契（Fibonacci）准周期光学超晶格,实验证实了多重准相位匹配理论,实现了高效的多波长激光的倍频和激光直接三倍频。介电体超晶格研究从周期、准周期扩展到多周期、非周期,从一维扩展到二维、三维,相位匹配方式也从单一准相位匹配、多重准相位匹配、发展出局域准相位匹配（非线性惠更斯原理）直到提出非线性菲涅耳全息。畴工程对铁电畴及其在晶体内分布实现了精准设计和控制,给研究带来更大的想象空间,极大地推动了介电体超晶格的理论与实验研究。由于铁电晶体中受畴调控的除了有二阶非线性光学系数外还有热电、压电、电光等所有奇数阶张量物性参数，介电体超晶格的研究内容也从最初的准相位匹配激光倍频、三倍频等发展出利用畴工程实现电光调制、电声调制、声光调制、高频体声波激发以及通过光波与声波耦合产生极化激元等新效应，最终形成了光学超晶格、声学超晶格和离子型声子晶体三类不同功能的介电体超晶格晶体，发展出相关理论，研制出一批有应用价值的材料和器件。

1987 年，E. 雅布罗诺维奇（E.Yablonovitch）[*Phys. Rev.Lett.58*, 2059(1987) ] 和 S. 约翰（S.John）[*Phys. Rev.Lett.58*, 2486(1987)] 分别提出了另外一种介电微结构材料——光子晶体。光子晶体中调制的物性参数是介电常数或折射率。对于光子晶体，光沿着三维方向受到强烈的布拉格散射，以至于在三维布里渊空间发生光子带隙的重叠，形成光子全带隙。人们能够通过光子晶体中光子能带的设计控制光的方向、偏振、位相、波速等不同物性，甚至通过点缺陷和线缺陷的引入，使电磁场的态密度局域在晶体中某一位置，全带隙光子晶体提供了对原子自发辐射等光学过程的控制新途径。基于同样原理，光子晶体概念很容易推广到声的领域，声子晶体也随之产生。声子晶体中也存在声子能带和带隙，这起源于弹性系数空间调制对声波的散射和声波之间的干涉效应。声子晶体开辟了微结构材料在声学领域研究和应用的新天地。光学超晶格与声学超晶格概念的提出与研究和光子晶体与声子晶体基本同步，虽然材料构成和功能不尽相同，但相互之间互有渗透与交流。例如，利用电光与光折变效应，可以在铌酸锂一类非线性晶体中写入空间光栅，这类折射率周期性弱调制的结构也能与光产生相互作用，并对光的传播特性产生有效的调制。光学超晶格在这一阶段研究中就已经考虑到折射率调制的情况并运用了光子带隙的概念。有趣的是，由于两者平行发展，概念之间也相互借用与参考，越来越多的研究人员将二价非线性系数（对应于三阶张量）周期或有序调制的光学超晶格简称之为"非线性光子晶体"，以求与折射率强调制"光子晶体"相对应，尽管这种所谓"非线性光子晶体"并不存在线性折射率的调制而带来的光子带隙，更何况具有折射率调制的光子晶体本身也可能具有光学非线性。闵乃本及其团队在由光折变效应构成折射率调制的二维光子晶体结构中就观察到了非线性响应所导致光学双稳、光学失稳和混沌等一系列在具有光学反馈的非线性系统中所特有光学效应，这些效应遵循着四波非线性动力学理论。我们关于光子带隙中非线性问题的研究开展之后，引起国际同行的关注，一批光子晶体中非线性光学新效应陆续被揭示。

离子型声子晶体是闵乃本及其团队在九十年代末在声学超晶格研究基础上提出的一个新概念，在压电微结构材料中电磁波可以与超晶格声波耦合构成一种新的元激发，这十分类似于离子晶体中的光波与光学支声子之间的耦合形成的"极化激元"。从物理上理解，这一物理过程与 21 世纪初彭德瑞（Pendry）等提出的（超构材料）metamaterials[*Science* 312, 1780(2006)]概念也是相通的，两者的差别只是受激的基本共振单元不一样。在彭德瑞最初提出的超构材料中基础共振与发射单元是由开口金属环构成的谐振器，它能被入射电磁波共振激发，继而发射电磁波，并与原电磁波耦合导致介质在谐振频率附近色散关系的改变，影响波的传输。我们利用的是铁电畴的压电效应产生的共振，超晶格的每一个结构单元都可以看作压电谐振子，能接收和发射电磁波或声波，因此它就是一种压电型的超构材料。在结构单元的共振区，介电体超晶格会出现由共振导致反常色散，介电常数和折射率都呈负值，具有左手材料的某种性质。极化激元也有带隙，该带隙起源于电磁波与超晶格振动的耦合，而在光子晶体中其带隙来源于周期单元的布拉格反射。在离子晶体中由极化激元导致的介电异常发生在远红外波段，而离子型声子晶体的介电异常发生在微波波段。其波长与超晶格的压电共振频率有关，因而是可设计的。这预示介电体超晶格也可用在微波电磁器件和电声器件。由此可以看出，在超构材料概念形成过程中，闵乃本等1999年就开始的离子型声子晶体研究应该有其独特的贡献。

有关介电体超晶格的应用研究一直受到广泛关注并被不断开发。在声学领域，声学超晶格超高频体波谐振器、换能器和滤波器已经在无线通信网站找到实际应用。在激光领域，光学超晶格的电光、声光调控可用于研制结构更加紧凑的全固态脉冲激光器。运用高的非线性增益和相移，光学超晶格可代替半导体锁模器件应用于激光锁模和高重复频率超短脉冲激光产生。半导体锁模材料和染料有特定的工作波长，而光学超晶格却不受限制，可以设计工作在超晶格透明窗口的任何波长，这为研制中红外锁模激光器和超快激光器提供了技术方案。光学超晶格在激光技术方面最大的应用可能就在中红外领域，这是因为铌酸锂光学超晶格的红外吸收边可达5微米，这填补了当下3—5微米缺乏可适用的红外非线性晶体和激光晶体的空白。已经研制出的可调谐中红外激光器已经能覆盖从1.5微米至5微米近中红外谱段，能开展从连续到纳秒、皮秒不同工作模式工作。采用光学超晶格与远红外非线性晶体级联有可能将全固态激光输出拓展到10微米左右的远红外波段。光学超晶格中红外激光技术的发展也带动了相关应用研究，研制中的远程大气监测雷达就采用光学超晶格中红外激光器技术。光学超晶格在高性能激光器研究方面仍有很大的空间，包括高精度光学频率梳、激光脉冲压缩和阿秒技术等。在光信息处理方面，光学超晶格周期分布反馈结构已被用到了半导体激光器阵列的设计，作为激光光源集成到硅基光电芯片上，用于光电信息的高速转换与处理，或被刻写进光纤中用于提高探测灵敏度和信号的收集与处理。

光学超晶格用于量子光学是本团队重要的新拓展，虽然一些初步的结果是预料中的，但是随着研究的深入，它所展示的前景让人始料未及。光学超晶格正在逐步取代常规体块非线性晶体，如 BBO、LBO、KTP 等，作为首选用于各种量子光学实验和量子通信、量子信息处理。相比于常规体块均匀非线性晶体，光学超晶格有两大优势：第一大优势是光子产率高，因为光学超晶格有更大的有效非线性系，能产生更高亮度的单光子和纠缠光子，这对量子信息处理和量子光学实验非常重要，意味着更快的速度和更大的容量。第二大优势是易于集成，这其中有两层含义，一层含义是指超晶格在高效产生不同类型纠缠光子的同时还能通过结构设计来调整光子的波前和位相，实现光子的分束、汇聚等功能，这相当于把一些分立光学元件功能集成到光学超晶格中，这能简化后续的实验光路，增加实验可靠性；另一层含义是指实践证明畴工程与光波导技术是工艺兼容的，可以在 LN、LT、KTP 晶片上通过畴工程完成超晶格图型写入和光波导制作，将纠缠光子源、电光调制器、波导分束器、波导干涉器等分立光学元件集成到一块芯片上，完成特定的量子信息处理功能。这样的功能芯片具有可扩展性。上述两层意义上的集成技术都已基本成熟，我们研制出了有集成功能的光学超晶格晶体和芯片，在芯片上演示特定光量子逻辑操作也已无困难。尽管这样，目前的进展离在光子芯片上完成通用量子计算的目标仍然相距甚远，还有许多重要技术需要突破，其中最为关键的是全同多光子源的制备和单光子可控存储。虽然现在已经有多种技术能演示单光子的存储，但要将这些存储单元集成到 LN 芯片上并实现可控操作仍是一个很大的难题。除此以外半导体激光器、单光子探测器等元件也需要考虑采用异质集成技术组装到芯片上，最终目标的实现仍有很大的挑战。不过这种挑战对其他材料体系和技术方案也同样存在，竞争在所难免。除了解决通用量子计算的长远目标外，光量子芯片还有很大的发展空间。目前阶段可考虑先易后难地研制一些具有特定量子信息处理功能芯片，如光量子随机行走芯片，这些芯片能演示量子搜索、量子模拟功能，也能解决某类具体的数学问题或者模拟真实物理系统难以演示的物理实验，就像一台小型专用量子计算机，正如费曼在二十世纪八十年代所预言的那样。除此以外，光学超晶格光子芯片一个持续热点将是用它来产生各类可调控的单光子、纠缠光子、高维纠缠甚至超纠缠光子。对光子来说 LN 晶片无疑是一个条件优异的材料舞台，通过集成技术，它可优雅地演示出原先需要非常复杂技术和光路组合才能获得的不同性能。可以预言高阶 W 态单光子源、可预知的单光子源、EPR 态多光子源等会借助光学超晶格 LN 晶片在不久的将来被陆续研制出来，用于各类量子光学实验。有关量子力学基础物理实验如延迟选择、波粒二相性、隐形传态等都可以从自由空间移植到光子芯片上，在更小的物理空间对引人关注的思想实验进行检验，在这其中光学超晶格能发挥的作用毋庸置疑。

文章后记：介电体超晶格是由闵乃本先生开创并率领团队建立的微结构功能材料体系，是闵先生生前最系统、最重要的学术贡献之一。2015 年，曾在该领域追随他工作过的几位弟子（朱永元、王振林、陈延峰、陆延青、祝世宁）将有关介电体超晶格的成果汇集成书 [《介电体超晶格》（上、下册），南京大学出版社，2017 年] 出版，以此纪念先生 80 岁生日。本文是从书中第九章"总结与展望"中节选出来的，放在这里，以飨读者，目的是想将先生开创的介电体超晶格研究放到国际学术大视野下介绍给读者。

下编—追思篇

# 缅怀闵乃本院士

沈学础

"长亭外，古道边，芳草碧连天。……人生难得是欢聚，唯有别离多。"今年是我的老朋友闵乃本院士离开这个世界的第五个年头，我也已经是耄耋之年，回想起与闵先生交往的点点滴滴，好像一切都发生在昨天，往事历历在目。

我和闵先生是江苏老乡，他是如皋人，我的故乡是溧阳，我们都是1930后生人，他比我年长三岁。我们1955年考上大学，我在复旦大学，他在南京大学，学的都是物理专业，毕业后我去了刚成立的上海技术物理研究所（后文简称上海技物所）做研究，他留在南大做老师。改革开放后，我们先后作为访问学者前往欧美日进行交流研究。在国外并不年轻的我们，珍惜每一分秒的时间，日夜奋战在实验室里，在各自领域都做出了令国外同行刮目相看的工作。闵先生"晶面热致粗糙化的研究"获美国犹他大学大力神奖，在他家橱窗里，我还见过那个漂亮的金属奖杯。我也因发现"半导体晶体中新一类局域化振动模"，作为中国访问学者受到德国当地电视台的采访，该研究也成为马普协会固体研究所代表性成果之一。

我和闵先生作为新中国培养出来的大学生，家国情怀浓厚，都愿意把自己掌握的知识献给祖国。访问结束，谢绝了国外同行热情的挽留，我们毅然踏上了归国的航班。异国他乡数年，我们都太想在国内组建自己的学术团队，做出与国外一样的一流研究。回国后，我们全身心地投入建设自己实验室和科研团队的忙碌工作中。

1986年，我和闵先生因国家高技术"863"计划才相识。他主持光电功能材料的专题，我主持结构隐身材料的专题，虽然不在一个专题，但相似的经历和观点看法，让我们一见如故，碰在一起总有说不完的话。我们都对科学本身充满了好奇心，对研究充满了兴趣，都想在学术上独树一帜，形成自己的研究体系与特色。尽管那时候既要做科研，又要带学生，还承担着不少管理工作与学术兼职，每天都很辛苦，但我们都乐在其中，浑身有使不完的劲。

"863"项目结题后，1991年，闵先生和我成为国家"攀登计划"首批十五个项目的首席科学家，此时我们也都成为各自国家重点实验室的主任，并且都是对方实验室的学术委员会委员，在一起面对面交流的机会也更多。我们讨论如何按照国际标准建设开放前沿的一流国家重点实验室，如何在全球成为具有国际影响力的研究机构，如何吸引并培养具有全球视野、富有竞争力的青年人才。那时候，国内的科研水平与国外还有较大差距，我们都主张要把身边有潜力的优秀苗子，送到海外最富影响力的学术科研机构，去联合培养、交流学习一段时间。他们中不少人回国后都成长为所在领域、所在单位的学术带头人和科研领军人才，其中还诞生了院士、多名长江学者和国家杰青。

五年的攀登计划结束后，国家重点基础研究发展计划——"973"计划又启动了，我和闵先生团队有幸在一个与钙钛矿结构铁电体相关的大项目中合作，我是该项目的首席科学家，闵先生团队成员承担了其中一个重要课题。我与南大及其固体微结构实验室的来往就更加密切了，每年都要往返南京数次，也就在那期间，我被蒋树声校长聘为南大物理学系的兼职教授，与闵先生之间的互动就更多了。闵先生那时候是"973"计划光电功能晶体首席科学家，我们经常在一起讨论科学问题，也涉及国家科研基础研究政策与战略问题。

特别是进入21世纪后，闵先生参加了《国家中长期科技规划纲要》的制定工作，敏锐地关注到摩尔定律之后下一代信息技术的基础问题。在"十一五"规划中，量子调控计划的立项与实施，与国外几乎同步，闵先生作为召集人，付出了巨大的心血。早期我在自己作为首席科学家的第一个攀登计划中，对红外光谱中的量子效应多有涉及，那时候，也专门写了与量子课题立项的建议报告。当时不少知名学者都提了好多与量子相关的建议，怎么把这些想法有效地组合协同在一起，就挺难的。闵先生展示出他的远见卓识、巨大的人格魅力与强大的团结能力，和其他科学家经充分调研分析后，提出了"量子调控研究计划"，获得了温家宝总理的首肯。这个计划直接推动了中国科学家后来在量子通信与量子计算领域取得了世界级的辉煌成果。

我和闵先生在科学研究中，都很关注学科交叉。早年我在德国马普所做研究时，就将固体光谱的研究方法用于蛋白质分子上，即使到今天这也是个前沿领域——物理与生物的交叉，现在也是我所在团队的重点研究方向之一，将红外应用于医学检测。闵先生在很早的时候，不光强调学科交叉，还强调理工融合。他在20世纪90年代就有意识地招收了一些来自浙大、西工大、西安交大和哈工大具有工科背景的博士后、博士生，来物理系做研究，也为后来南大材料学科的发展奠定了基础，孕育与培养了一批复合型人才。

我是1995年评上院士的，闵先生是我的推荐人之一。闵先生不但科研学问做得好，还是个饮者，对白酒情有独钟，有很高的鉴赏水平，而我当时是滴酒不沾的。2012年，应台湾大学电机学院邀请，赴台讲学三个月，返沪时带了陈年金门高粱酒，乃本收到后非常高兴。记得有一次闵先生和夫人葛老师到家里来，老伴就特地为他调制了橘汁琴酒和郎酒可乐，他也很欣赏。没想到一向好酒力的他，那次竟然有些微醉了，葛老师连声称奇，说好多年没这样了。在闵先生的熏陶下，我现在也能小酌一二。

最难忘的是1997年除夕，我从上海跑到南京和闵先生一起过春节。我们两个花甲之年的学者，平素忙于事业，对买菜做饭早已生疏。当时我们的老伴都远在国外子女处，忘了是谁先提起的，那个辞鼠迎牛的除夕，我们是在南秀村南大陈懿代校长家吃的年夜饭，具体吃的什么已经记不清了，但举杯彻夜长谈，那种酒逢知己千杯少的热乎乎的气氛，至今萦绕在我心中。那个春节，我住在南大南苑招待所，去闵先生家吃他搜集的各种口味的冻饺子，闲聊古今中外科学史上的典故趣事，那种轻松的氛围和温暖的感觉令人难忘，以后很少再有这样的机会了。

我和闵先生相交多年，一起开过很多会，也一起去过不少地方。上海附近的苏州、昆山，特别是古镇同里、周庄，我们同去过不止一回。2002年，在我的家乡溧阳，当时的市长宴请江苏籍院士，为溧阳发展献计献策，我和闵先生都参加了。当时会议是在天目湖召开的，我们就住在湖边的山庄里，晚饭后沿着湖边散步，听着波涛声拍打岸边的芦苇，讨论起江苏的发展与未来愿景，闵先生和我都禁不住赞叹起江苏的人杰地灵来。

2004年春天，在昆明有个学术会议，会议结束后，我和闵先生携老伴一起去云南腾冲，祭拜了腾冲抗日烈士墓。那是全国最早建立的抗日烈士陵园，那场战役中中国远征军第二十军团全歼了日军6000余人，战斗之后的腾冲一片焦土，远征军也为此付出了惨痛的代价，阵亡官兵9000余人。站在阵亡将士纪念塔前，望着山坡上那一排排的墓碑和墓碑上一个个年轻的名字，我们眼眶禁不住湿润了。我们这些老一辈知识分子，出生在中国积贫积弱、风雨飘摇的年代，能看到国家在我们手上一天天变得富强繁荣，都很珍惜其来之不易。我就听见闵先生在好几个场合说过，中国迎来了三十年改革开放，年轻人赶上了中国目前最好的时代——太平盛世，一定要珍惜把握住这个好时机，不负青春年华，做出令祖国与世界骄傲的科研成果。

2004年秋天，上海技物所在新疆组织召开了全国固体光学性质学术会议，会议结束后闵先生夫妇、我们夫妇还有复旦大学资剑教授等受新疆军区邀请，一起参观了伊犁、察布查尔、霍尔果斯等地，还去了中哈、中俄边境，几乎到了边境的解放军哨所。一路上见到的左公柳、左公祠，也让我们感慨万分。左宗棠高龄抬棺西征，出兵新疆，最终收复了新疆全域，为中国主权和领土完整立下了汗马功劳。乃本和我也希望自己"老骥伏枥，志在千里"，能为养育自己的祖国身体力行，做一些实实在在的事情。

> 2004年，闵乃本、沈学础在新疆霍尔果斯口岸参观

科学家很多，但像闵先生这样非常善于与别人合作、非常善于开导人的学者并不多。闵先生及其团队2006年获得的国家自然科学一等奖含金量相当高，在半导体超晶格及其准晶的基础上，开辟介电体超晶格的新概念，并在准周期介电超晶格中直接实现了激光三倍频输出，研制成功全固态超晶格三基色和白光激光器原型器件。这个工作从基础原理、设计到材料制备加工和器件集成，是全链条的创新，这样原创性的工作——二十年磨一剑，在国内还是太少了。像闵先生这样的学术领导者，对科学基础问题有深刻独到的理解，同时能组建一个锐意进取、团结和谐的团队，并与其他课题组形成多层面的良性互动与双赢合作，既会做人也会做事，我很幸运能与闵先生成为多年的好友。

> 2007年，闵乃本与沈学础在浙江天台山

然而很遗憾，2017年初夏，闵先生被查出癌症。他与病魔做了不懈的抗争，患病期间依然关心着国家科研事业的发展，关心着科教兴国，还在为南大从国外引进高水平的学术领军人才和青年拔尖人才而殚精竭虑地忙碌着。

2018年夏天，我出访美国、加拿大前，特意和老伴到江苏省人民医院探望闵先生和葛老师。9月15日那天，我们从加拿大乘机返沪，刚落地我就告诉老伴心里很不安，想即刻去宁探视乃本。第二天就传来他去世的消息，好似有内心的感应，非常遗憾未来得及见老朋友最后一面！闵先生不幸病逝于南京，还在倒时差的我们，急忙赶到南京大学唐仲英楼拜谒闵先生的灵堂，参加其遗体告别仪式，送闵先生最后一程！

我时常想，假如老天再多给闵先生十年的时间，会不会一切因此而不同。冥冥中，我好像又看到他睿智的目光，听到他爽朗的笑声，广袤无垠的夜空中一颗小行星划过——那是"闵乃本星"依旧在宇宙中闪烁。

# 闵乃本与超硬材料国家重点实验室

邹广田

闵乃本先生是位著名的物理学家和眼光独具的战略科学家,他还是一位豁达真诚、乐于助人的性情中人。他是我的好朋友,也是吉林大学超硬材料国家重点实验室学术委员会的领导人。几十年里,他与实验室的关系密切,很多人的工作他都非常熟悉,对我们实验室的工作提出过很多宝贵意见和建议,为实验室的发展起到了把关定向的重要作用。

1984 年,超硬材料国家重点实验室建立前,我们开展了用化学气相沉积方法生长金刚石膜的研究工作。当时还处在探索的初期,国际上还没有样品展示它的物理性质,很多人都不看好这项工作。在我的一次项目答辩会上,有位评委提出质疑:"别人没有做出来,你就一定能做出来?金刚石不怕酸不怕碱,没法做图案,做出来有什么用?" 闵先生当即表示:"事情总得有个开始,难道非要等别人做出来我们再跟着做吗?天然金刚石有很多优异的物理性质,难道做成膜材料这些性质就不见了吗?我认为金刚石膜不仅是新的超硬材料,还是宝贵的功能材料,可能有巨大的潜在应用前景。" 这一席话对我们是莫大的支持和鼓励,坚定了我们干下去的决心。后来我们得到吉林省科委的支持,科技部组织第一个 863 计划项目时,选中了气相生长金刚石膜,吉林大学作为牵头单位,获得了持续 20 年的支持。现在国内外用化学气相生长方法已生长出英寸级金刚石单晶，开拓出很多重要应用，包括被国际上称为终极半导体（Ultimate Semiconductor）的金刚石超宽禁带半导体衬底材料。美国 2022 年公布了禁止该材料向中国出口的制裁令，可见这个材料的重要性。从这件事情上可以看出闵先生对科学问题敏锐的洞察力和正确的判断力，看到闵先生敢于直言，坚持真理的勇气。我们非常感谢闵先生当年的鼎力支持，后来当我提起这件事时，他淡然一笑，说"应该的，应该的"。

南京大学的固体微结构国家重点实验室是国家计委 1984 年第一批建立的实验室。我们实验室是 1989 年第二批建立的。在筹建过程中，我多次到南京大学学习经验，记得与闵先生就研究方向有一次长谈。当时我们准备选三个方向：超硬材料的高温高压合成、超硬材料的气相生长和高压物理。闵先生认为我们兼顾国家需求和学科发展两个方面很好，要长期坚持不动摇。此后的三十多年里，他一直关注我们实验室的研究方向，不断提出宝贵意见。

1995 年，超硬材料国家重点实验室正式开放，我们请前辈高压物理学家经福谦先生任学术委员会主任，闵先生和蒋民华先生任副主任。实验室学术委员会每次开会时，闵先生都在百忙中抽出时间参加，从未缺席。对实验室的总结报告和学术报告都听得很认真，问得很仔细。特别是随着实验室发展，新问题不断出现，闵先生都及时地提出针对性很强的宝贵意见，对我们实验室真正起到了指导作用。

实验室运转初期不少人对造设备和发论文的关系产生疑惑，闵先生得知后在学术委员会上讲："高压物理是从发展高压测试技术和造高压设备开始的，必须优先发展高压实验技术，而且要下大力气。有了先进的高压技术才能产生原始创新成果。如何精确测量高压下的每个物理量都是一个值得研究的课题。" 他还说："任何一个学科都要有积累的过程，高压更是如此。需要有三四代人的积累，而且要甘坐冷板凳，对此你们要有足

> 2012年4月24日，超硬材料国家重点实验室在南京国际会议大酒店（南京市中山陵四方城2号）丽景楼一楼会议室召开学术委员会合影
（前排从左到右：崔田、洪时明、沈学础、闵乃本、冼鼎昌、邹广田、成会明、杨晓秋；后排从左到右：丁大军、靳常青、田永君、刘冰冰）

够的决心。"我们非常赞同闵先生的观点，首先发展了基于金刚石对顶压砧的小型高压装置的高压下物质结构和光谱测量的技术，又发展了电学、声学和高压低温物性综合处理系统。我们准备发展大腔体高压技术时，得到闵先生的大力支持。他讲："造设备是你们的强项，你们要充分认识自己的特色，你们实验室不同于很多凝聚态物理的实验室，你们介于大科学工程和凝聚态物理实验室之间。"在国家自然科学基金委员会重大科学仪器创新项目的支持下，我们经过八年的努力，设计建造了能产生50 GPa压力的新一代大型超高压装置，其样品体积比国际上现有设备高2个数量级。在国家发改委的大科学工程项目支持下，我们承担了中国科学院物理研究所负责的"综合极端条件实验装置"的子项目，负责在吉林大学建立

> 2002年8月，实验室学术委员会考察新校区的实验室建筑工地
（左起：闵乃本、崔启良、邹广田、沈学础、蒋民华）

"综合极端条件实验装置（吉林分部）"，正在建设包括固态环境、液态环境高温高压极端条件实验系统、非平衡高压极端条件实验系统、高压原位多物理量协同测量系统和高压用户辅助实验室。不仅集世界各种高压设备之大成，还有自己的创新设备，将成为我国开展高压下物质科学研究与国际合作的重要平台。这正是闵先生为我们规划和期望的。

闵先生针对理论研究和实验研究的关系，告诫我们："有了设备，只开展实验研究还不够，还要开展理论研究，将实验结果上升到理性认识；理论研究出来的成果，要用自己的实验来验证。只有这样才能实现理论与实验的有机结合，研究成果才能上一个台阶，才能做出不可替代的工作"。后来，闵先生多次强调，国家重点实验室就是要有自己的绝活，就是要做出不可替代的工作。

闵先生对我们的研究方向和研究内容始终非常关注，并多次指导我们进行调整。他指出，"你们从超硬材料发展到高压下凝聚态物质的新结构、新现象和新性质，是个飞跃。新物质包括软物质、生物物质和量子体系；新结构包括量子结构；新性质包括宏观量子效应、莫特（Mott）相变、拓扑绝缘体"，"你们从高压技术开始，做基础研究，有没有胆量去碰大问题？20世纪有三大课题：纳米、高温超导和金属氢，前两个都轰轰烈烈地开展了，金属氢这个科学的圣杯还留下来。你们开始研究高压下分子固体解离成原子固体，说明你们想做大事了"，"你们能不能冲一冲金属氢？"。

最令人感动的是2014年4月19日在南京召开的学术委员会上，术后康复中的闵乃本先生坚持坐了整整一个上午，他做了非常有启发性的长篇讲话。"这个实验室最近若干年来发展较快，大家对实验室的印象是很满意的，坚持下去让优势继续发挥，这很好。我要讲一个问题，放眼未来10年到15年，实验室的定位、目标的问题。现在的研究继续做会做得很漂亮，但是对于实验室的发展，学科的领导有必要去思考。你们现在的工作，一个是超硬材料，一个是功能材料，包含块体材料、低维薄膜、纳米材料。应用呢，超硬材料是为了传统的产业，切削、机械加工、钻探等高技术应用；薄膜和低维材料已经向传统的新能源材料和未来的新能源材料延伸。你们是国家队，既要考虑学科的发展，又要兼顾国家重大需求和经济社会发展。

"我讲讲重大需求的问题，蒸汽机和电的发明代表工业革命，使人类从农业社会进入工业社会，发展了传统产业。集成电路和晶体管的发明代表了第二次技术革命，人类从传统产业进入现在的新兴产业。现在的问题是传统产业的基础是什么，是化石能源，现代新兴产业是以集成电路和晶体管为基础的。现在人类遇到严峻的挑战，化石能源引发环境污染也维持不了几十年，集成电路总有达到物理和技术极限，继续小不下去的一天，人类面临新兴产业可持续发展，后摩尔时代的新兴产业，后化石时代的能

> 2002年8月，闵乃本与邹广田在长白山上

源产业，重大需求迫使人类必须进行新能源产业革命。前两轮技术革命和产业革命都是自由的，顺其自然的。现在不同了，是迫使人类必须进行新的技术革命，这是大形势，眼界视野要宽阔。"

闵先生建议我们进一步调整研究方向，将高压与量子调控结合起来，做原始创新工作。他指出："你们要面向主流学科、主流社会需求去不断调整自己的研究方向，多关心后摩尔时代的新产业。国家重大基础理论规划里提到量子调控，你们要关心这方面的问题。"

"以压力温度为变量研究晶体结构是你们的看家本事，要关注压力为变量的电子态的变化。电子关联系统，包含强关联、高温超导等。从学科发展和社会重大需求角度去关心，视野就不一样了。你们要把高压与量子调控结合起来，可以大有作为。""关键是做出不可替代的工作，要坐下来二十年才能有原始创新。"

"我对超导和高压寄予很高希望，这是一个老人的希望。"

可以告慰闵先生，这些年来，我们实验室没有辜负他的希望，开展了多项高压下的量子调控研究。建立了预测高压下晶体结构的新理论和新程序，用理论预测和实验结合的方法，系统地研究了氢笼化合物在高压下出现的高温超导电性，现已成为国际高压研究的热点。

闵先生还针对东北地区引进优秀人才难的问题，给我们出主意："人才是关键，要立足自己培养，积极创造条件送出去、引回来"。"要把优秀青年送到国外著名的学术团体去历练，根据你们自己的需要，有计划地学习人家的长处，包括先进的学术思想、实验技术和管理经验。在他们成熟后，再引回来。我们很多人不都是这么走过来的吗？！"

多年过去了，回过头看，闵先生确实是真正把超硬材料国家重点实验室当成自己的实验室了，对我们实验室的情况了如指掌、如数家珍，对实验室的长处和短板看得清清楚楚。他每次开会都直言不讳地指出我们实验室存在的问题，提出改进的具体意见。特别是站在后摩尔和后化石能源时代国际新产业革命和学科发展的大趋势以及国家重大需求的高度，指导我们不断调整研究方向，帮助我们制定未来发展蓝图，鼓励我们做不可替代的原创工作。可以说，超硬材料国家重点实验室每前进一步，都凝聚着闵先生的心血。

今天，根据学术委员会的会议记录和我的记录整理出来闵先生对我们实验室的谈话和建议要点，以表达我们对闵乃本先生的缅怀与感激之情。闵先生虽然离开了我们，但是他的音容笑貌成为我们永久的记忆，他对我们实验室的鼓励、指导和期待，将激励我们前进。

# 回顾闵乃本先生二三事[①]

## 董锦明　邢定钰

时光匆匆流逝，闵乃本先生已经逝去数年时间，但他的音容笑貌一直在我们的心中。他对国家科教事业的毕生奉献，对后辈老师的关怀培养，引起我们永久的怀念和追思。

闵乃本先生担任南京大学固体微结构物理国家重点实验室主任期间，十分重视引进各方面的人才，加强实验室的人才建设。作为战略科学家，他敏锐地意识到从理科的凝聚态物理学跨越到工科的材料学科的重要性和巨大潜力。他从工科院校引进材料学科的人才，如陈延峰、刘俊明等，开拓了实验室材料学科的建设和发展，为后来创建南大"材料系"和"现代工程与应用科学学院"打下了坚实的基础。作为战略科学家，他特别重视基础研究中实验和理论的结合，从南大物理系的理论物理学科引进凝聚态理论的人才，如邢定钰、董锦明等，加强实验室基础研究的实验和理论的融合。在当时的科研环境下，理论物理学科和凝聚态物理学科的人员是截然分开的，存在学科壁垒。因而，我们进入实验室的过程是循序渐进的。开始是作为编外人员参加实验室的活动，承担实验室的开放课题，在实验室举办的学术会议上作专题报告，参加闵乃本先生担任首席科学家的

---

[①] 文中计算物理部分，第 3 小段到第 8 小段由董锦明撰写。

"八五"和"九五"国家攀登计划项目，促进理论和实验的结合，后来逐渐委以重任。

闵乃本先生是一位卓越的实验物理学家，但是他对于计算物理和理论物理事业的发展和关心却是人尽皆知的。特别是对"计算物理"的重视，他的理念超越了当时（二十世纪八九十年代）南京大学理论物理教研室的大多数老师。那时一种比较极端的看法认为计算物理就是拿计算机来代替人工做事，发表"科研论文"也是如同印刷机一样"复印"过去的知识和认知，因此很普通和容易操作，没有理论物理那样的深奥和真知灼见，不能对"理论物理"专业的发展起到什么作用。

"计算物理"的发展起始于二十世纪五六十年代的固体能带理论与数值计算。其后六十年代的霍恩伯格-科恩（Hohenberg-Kohn）定理，以及科恩-沈吕九（Kohn-Sham）方程被发现导致密度泛函理论的提出和相应的数值计算方法与大规模高速计算机等硬件设备的发展，都为计算物理学科的飞速发展奠定了坚实的基础。"计算凝聚态物理"是计算物理的一个分支学科。它运用数值计算方法和高性能计算机，根据物理学的基本原理，尤其是凝聚态物理学和统计物理学的基础知识，研究凝聚态物理学各个分支学科中的问题，是传统凝聚态物理和计算科学之间的交叉学科。根据不同的研究对象，它还可分成"低维强关联电子系统""纳米结构材料""自旋电子学""团簇与小量子系统""光、声子能带材料""软凝聚态物理"以及"量子调控"等不同的数值计算研究方向。八十年代，国内"计算物理"已经在科学院和一些高校有了长足的发展。但是，在当时的南京大学理论物理教研室内却没有引起大家的重视，处于长期无人关心的状况。

闵乃本先生作为微结构实验室主任，却对计算凝聚态物理给予了最大的支持。在1999年3月26日，当时的物理系、材料系和微结构国家重点实验室一起成立了"计算凝聚态物理和材料设计实验室",由董锦明教授担任主任。同时,他做主为实验室下拨了 100 万人民币的经费,用于购买高速计算机和建立实验室。他的决定在当时的物理学界引起了不小的震动,因为在当时的国内教育界,还没有哪一个敢于如此大地支持计算凝聚态物理。对于当时的理论物理教研室来说也是迄今史上最大的一笔科研投资。而在当时的国内高校范围内,也是一笔少见的大投资行为。他当时对董锦明教授说:这笔经费是为建设好实验室专门设立的。一定要用好它,好好地调研和精心设计,把实验室的高速计算机给买好。不仅如此,在以后与外贸公司谈判时,他也亲自过问,对于最后的成交价格也起了很大的作用。

接下来,就是陷入了繁忙的调研活动,看看国内哪些厂商能够提供合适的高性能计算机。当时的"东大阿派"进入了我们的视线。它是"东北大学"下属的一家专门销售高性能计算机的专业公司,可以提供美国生产的高速并行计算机。最后经过调研论证,它中标了一台 SGI Origin 2000 共享内存计算机,具备 10 颗 195 MHz 主频 CPU,Cache 为 4 MB,2.5 GB 内存,12.2GB 存储。安装的操作系统是 IRIX 6.5 版本,因而具有以下一些特性:它是当时巨型计算机的功能强大的操作系统之一,因为 IRIX 系统是一个分时多用户系统,它可以处理一个用户的多个同时要求,也可以处理许多用户的需求。因为,当时的科技馆还在建设和装修阶段,为此,它可以先提供一台 4 CPU、4 GB 存储的小型机供我们使用。为此,我们先在物理系理论物理教研室的场地装修了机房,安置了这台小型的高速计算机。同时,还选派了两名人员去北京接受了关于高性能计算机的培训,为期一个星期。这样,当时的理论物理教研室的教师和学生也就拥有了高性能数值模拟计算的平台。

2000 年,科技馆建设好以后,闵乃本先生为实验室正式拨付了 100

多平方米的建筑面积，供实验室建设机房和相应的配套办公室。我们也找了装修人员加紧配套建设，于上半年，实验室正式建成，"东大阿派"也把正式的 10 个 CPU 的 SGI Origin 计算机交付过来，安装到位。

同时，"计算凝聚态物理和材料设计实验室"的管理委员会也相应地成立起来，正式成员为董锦明、熊诗杰、王炜、马余强和王强华，管理员为张予倩。第一次管委会全体成员会议制定了实验室的管理细则，用户开户条例和应具备的行为准则，管理员的职责等。自此，实验室正式运行起来。在闵先生的鼓励和大力支持下，董锦明教授领衔的"计算凝聚态物理和材料设计"为实验室研究水平的提高做出了重要的贡献，为实验室的实验和理论结合建立桥梁，同时也为我们国家的计算凝聚态物理研究培养了很多骨干力量。

1999 年闵乃本先生提名并与冯端先生商定，提携凝聚态理论出身的邢定钰教授接替他们，担任固体微结构物理国家重点实验室的第三任主任。当时这一决定让有些人感到意外，为什么不选拔在国内知名度更高的实验学者，或者闵先生自己研究组的优秀学者接班？当时赞扬的评价是，选拔实验室主任的过程中没有任何的任人唯亲。中性的评价是，任命一个从事理论研究的实验室主任，可以避免主任利用职权占用实验资源。邢定钰上任前曾问过闵先生这一问题，他的回答是要加强实验室基础研究的理论素养，学习国外有些实验室的做法，让一个从事理论研究的中年学者担任实验室的领导。他说：国外有不少大的实验平台都是由一位资深的理论物理学家挂帅的，在其指引下，若干的实验小组才纷纷立项。闵先生这一回答充满了信任和期望，给了邢定钰巨大的鼓励和鞭策。

担任实验室主任的第一个任务是迎接国家科技部对国家重点实验室五年一度的评估。在闵先生的具体指导下，邢定钰花了两个多月的时间熟悉了解和梳理实验室五年来的成果，特别是人工微结构实验方面的独创成果。又在闵先生的指导下，花了一个多月的时间，在众多优秀成果中优中选优，总结成系统性的创新成果，形成书面汇报材料和口头 PPT 展示。科技部最后公布的 2000 年国家重点实验室评估结果中，"固体微结构物理实验室"荣获数学物理类的第一名"优秀"。优秀第一名的获得有很多因素，它是实验室全体人员努力辛勤工作的成果。其中一个关键的因素是该期间闵先生研究组在《科学》上发表了三篇有重要国际影响的论文。这让人深刻体会到好的研究结果不在乎发表的论文多，而在于在高水平的学术期刊上发表有重大影响的工作。这一应该"重质轻量"的思考对实验室研究工作的科学导向和评价起了很大作用。2000 年的评优是邢定钰担任实验室主任的第一份合格考卷，也是五十多岁的他的一个人生拐点。在老一辈科学家的扶植下，他从一个实验室的编外人员成为实验室主任，也从一个专注理论物理教书和科研的纯粹学者，转变到兼任实验室管理和领导的复合型人才。

　　2005 年南京大学汇聚了物理、化学、材料和电子等多学科的研究力量组建规模更大的"南京微结构国家实验室"，闵先生再次推荐邢定钰担任国家实验室的主任，让他在更大更高的科研平台磨炼成长。闵先生的这份知遇之恩，真是无以回报，只能用更努力地工作为实验室做出奉献。闵先生作为一个战略科学家，参加了国务院制定的《国家中长期科技规划纲要》（2006—2020），提出加强以国家需求为目标的、有规划性的基础研究，并创新地提出了"量子调控"国家重大科学研究计划，为我国量子信息、凝聚态物理和材料科学等基础研究的发展指明了方向和道路。由于闵先生的推荐，2006 年起邢定钰连续两届担任科技部"量子调控"国家重大科学研究计划南京大学基地项目的首席科学家。闵先生好几次与邢定钰谈话，强调理论物理和计算物理在量子调控研究中的重要性，要把实验物理的研究水平推向一个新高度。在这一方针的指导下，实验、理论和计算的三者结合在我们国家重点实验室的科研平台上蔚然成风。后来这一三者结合的理念被邢定钰比喻为物理的金字塔：实验、理论和计算分别是物理金字塔的三面。当大家站在塔的不同侧面的底部时（研究水平低），三者之间相距很远；但当大家爬到塔的高处时（研究水平提高了），他们的距离就近多了。在闵先生和老一辈科学家的推荐和支持下，邢定钰 2007 年当选为中国科学院数理学部院士。2014 年他又担任教育部 2011 计划的"人工微结构科学与技术协同创新中心"主任，协调华东五校相关的研究组共同研究人工微结构领域的国际前沿问题。

  回顾我们两个人的成长过程，虽然经历了"文革"时代的蹉跎岁月，但幸运地进入了南京大学的物理学科平台，这里有老一辈科学家"薪火相传，玉汝于成"的关心、支持和培养。今天我们怀着激动的心情撰写纪念闵先生的文章，十分崇敬，十分感恩。闵先生是我们做学问、做人的永远榜样，闵先生的科学精神永存，永远激励南大物理人砥砺前行！

# 回忆和先生在一起的日子

祝世宁

2019年9月16日,在南京大学中美文化中心举办了一场特别的图书发布会,我博士论文导师、著名晶体物理学家、中国科学院院士闵乃本先生的专著《晶体生长的物理基础》再版发布。这一天正值闵乃本先生逝世一周年,这次发布会既是对先生的追思和纪念,也是对先生学术思想的光大与弘扬。

记得先生临终前几天,我几乎每天都要去先生床边探望。有一天,我突然发现,先生的床头多了一本老旧的1982年版的《晶体生长的物理基础》。那时他说话已经很困难了,虽然他没有就书为什么放在这儿向我交待什么,但他的意思我似乎已经明白。处理完先生的后事,2019年初我便在师母葛传珍老师的指导下,和其他几位同事一起,通过南大出版社的帮助,在先生逝世周年之际,完成了该著作的校订与再版,也算是了却了先生的一件遗愿。受出版社之邀,我斗胆为先生著作再版写了"序言"。在起草过程中需要查阅资料,这无疑又是我对先生学术生涯和学术贡献的一次回顾和再认识。

我是在20世纪90年代初有幸加入先生研究组,并在先生亲自指导下完成了博士论文。是先生把我领进了学术大门,教我如何做人,如何做学问,先生对我恩重如山。而这次是应师母之邀为"闵乃本传"写一篇短

>2007年12月，闵先生与弟子们一起迎接新年

文，这又使我有机会回顾一下在先生身边学习、工作的那些日子以及印象深刻的几件事，现把它们写下来，寄托对先生的怀念和追思。

1991年我加入先生的研究组时正赶上介电体超晶格研究的攻坚阶段，能受到先生的信任，有幸在先生直接指导下工作，当然是一件开心的事。后来证实，这次调整成了我人生的一个重要转折点。

在这之前，我的生活之路一直比较曲折。高中毕业后，我去了农村务农，后又被招工到工厂当了工人。1977年恢复高考后，我考进淮阴师院物理系学习，毕业后留校任教。1983年，我因十二指肠大出血做了胃大部切除手术，在身体恢复期我抓紧时间复习功课，于1985年考进南大物理系晶体专业读硕士研究生，那年我已36岁。我硕士导师是晶体教研室的张杏奎和许自然两位老师，读研期间他们给了我很多的指导和帮助，让我尝到了科研的味道。

硕士学习期间，我的室友中有一位来自中科大的"学霸"刘军，他在中科大本科时就连续获得过郭沫若奖学金。他告诉我，晶体教研室闵老师是研究晶体生长物理的"大牛"，这是他从科大考到南大来读闵老师研究生的原因。这是我第一次听人说到先生，但遗憾的是还未见过，硕士期间也未有机会上过他的课，至于以后是否会跟先生读博士是想也没想过。那时的我，觉得有机会到南大攻读硕士学位已是老天的眷顾，不应再有更高的企盼。

我获得硕士学位后回到原来所在学校工作。1990年因家庭原因，我调回了南京工作，并在一帮朋友力荐下又回到南京大学物理学系，先在固体微结构的核磁共振实验室工作了一段时间，后应先生召唤进了他的研究组。为何如此幸运，我想一定是有人在先生面前帮我"美言"了，不然先生怎么会知道我？

我知道先生手下能人很多，我暗下决心要好好干，争取做出点成绩来，不辜负先生对我的认可。当时在先生组工作的有洪静芬、杨永顺和朱永元三位老师。洪老师经验丰富，待人诚恳。杨老师当时是支部书记，给了我方方面面的关心和帮助。而我和朱永元都是老三届，经历相同，年龄又相近。朱永元"文革"中毕业于苏州高级中学，1968年分到苏北农场劳动，1978年以优异成绩考进南大，后来他早我三年拿到博士学位。认识他的时候，他已在先生指导下在光学超晶格和声学超晶格原理探索方面做了不少很好的工作。

进入先生的研究组不久，1993年春学校研究生院鼓励有硕士学位的教职工报考博士学位。先生听到这一消息，便立刻建议我在职读博士学位，当时我已44岁，有点犹豫，心想年纪不小了，不读博士学位也一样可以做科研。现在看来，先生的意见是非常及时的，既是对我的期待，也是为我长远发展考虑。事实上这也是我最后一次可以进入学术界的机会。

我在攻读博士学位期间又系统地学习了一些专业课程，提高了自己的理论水平和研究能力，后来发现在高校工作和在学术交流时有没有博士学位还真的不一样。

我的博士论文与准周期光学超晶格有关。1984年，以色列科学家D.谢赫特曼（D.Shechtman）发现了准晶。准晶中的原子排列不满足长程平移序，而是呈现出准周期序，展现出新颖物性。当时南大人工微结构的研究才刚刚起步，1986年前后闵先生想到将准周期序引入到铌酸锂晶体畴结构的调控上。基于这一思想，朱永元等将布隆伯根等人建立的准相位匹配原理从周期序拓展到准周期序，后来发展出了多重准相位匹配理论，并在此基础上预言了一些新的激光频率转换效应，这是光学超晶格理论研究的重要进展。

先生提出，希望能通过实验验证准周期光学超晶格中的多重准相位匹配理论，实现多波长激光倍频与激光直接三倍频。这其中最大难题是如何在铌酸锂晶体中构建出准周期序的畴结构（准周期光学超晶格），过去的生长条纹技术显然已不适用。1993年下半年的某一天，我们收到正在香港中文大学访问的先生发来的传真，传真内容是日本索尼公司研究人员在《应用物理快报》上刚发表的一篇论文。该论文报道了作者采用室温极化方法制备出周期极化的铌酸锂倍频蓝光光波导。我们立刻领会到，先生是觉得该技术可用于准周期极化铌酸锂晶体，我们也觉得可行。但随即问题来了，这种技术要依赖半导体平面工艺，需要复杂的设备，而我们手头一样没有。我们联系了学校做声表面波器件的老师，解决了在铌酸锂和钽酸锂晶体极性面上准周期结构的电极设计和制备问题，但实验室没有用于室温极化的高压电源，国内一时也买不到，于是我们又立即着手研制选区图型极化的高压装置，最后利用电视机上的高压包研制出能满足实验要求的脉冲高压电源。

> 2007年3月21日，浦口校区植树后合影
（右起：闵先生、朱永元、臧文成、陆延青、祝世宁）

　　1995年5月，先生带我及课题组其他几位成员参加了在日本召开的环太平洋激光与光电技术大会。会上，先生介绍了基于准周期光学超晶格的多重准相位匹配理论及激光直接三倍频方案，引起了与会者的兴趣。当天中午，先生与几位来自美国斯坦福大学及日本的朋友一起共进了午餐，期间又对准周期话题进行了深入交流。记得返程途中，先生对我说，这些世界一流研究组的研发能力很强，如果他们搞明白了，做起来就很快的。"再给你们两年时间，能不能（将准周期超晶格）做出来？"面对先生的提问，我们感到压力很大，回国后昼夜奋战，用了不到半年时间，终于采用自己研发的设备和发展的技术，研制出了世界上第一块能同时出两色激光的准周期超晶格，并首次实现了激光的高效三倍频，展示了准周期超晶

格优异的非线性光学功能。

1996年春,中美两国物理学会第一届双边论坛在中国举行。论坛由南京大学固体微结构国家重点实验室承办,论坛的主题是非线性光学晶体(据说这是由美方建议双方商定的)。会议期间,国际非线性光学领域著名的学者,斯坦福大学的拜尔教授、费耶尔(Fejer)教授和日本东北大学的Ito教授等十余位专家特别要求去我们实验室观看一下激光三倍频演示。演示过程中还发生了一些小插曲,我因为从未见过这阵势,有点紧张,不小心碰到了用胶带固定样品的实验台,碰坏了实验样品,急得我满头大汗。幸亏我事先准备有备用样品,更换了样品后成功演示实验。简单的光路和新奇的效应给来访专家留下了很深的印象。这两项工作——准周期光学超晶格二次谐波谱和直接三倍频,于1997年先后分别发表在《物理评论快报》和《科学》杂志上,审稿过程很顺利,我想可能与这场现场演示有关。这项工作当年被科技部评为中国基础研究十大成果之一,在国际国内产生较大的影响。回顾先生带领学生和团队成员从1986年开始开拓介电体超晶格研究方向,到1989年朱永元等在国际刊物上发表第一篇有关准周期光学超晶格的理论工作,再到被实验验证并得到学术界的认可,准周期光学超晶格的工作就整整花了十年时间。

随着后续系列研究工作的突破,我顺利地完成了博士论文并通过了博士学位论文答辩,获得了凝聚态物理理学博士学位,时年我已47岁。第二年国务院学位办设立了百篇优秀博士论文奖项,我的论文入选首届全国优秀博士论文并获得75万元的科研经费奖励。当时一个自然科学基金大概也就10来万元。这笔科研经费对我帮助很大,我的科研工作也走上了快速发展的轨道。

1996年10月,刚获得博士学位的我在先生的推荐下,远赴有"铁电材料研究之都"美誉的美国宾州州立大学材料研究所(MRL),加入了华

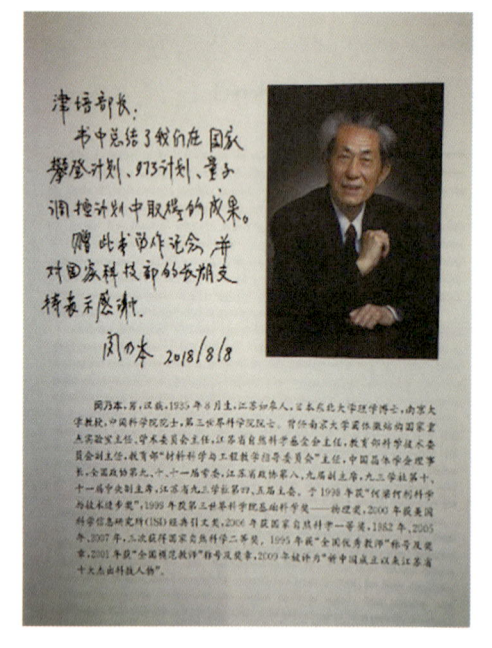

> 闵先生的老朋友科技部前副部长程津培在闵先生生日前专程到病房看望，闵先生将我们编辑的《介电体超晶格》一书赠送给他，并题词感谢科技部和他对我们团队的支持

裔学者曹文武教授的研究组开展相关研究工作。曹文武教授是改革开放早期到美国留学的华人学者，博士毕业后由于其出色的学术水平，没几年就成了美国宾州州立大学终身教授。他接待过很多国内访问学者，如南大的姜文华、苏大的沈明荣等，对国内人才的培养，促进国际交流给予了积极推动与支持。曹教授也是先生在美国的好友之一。

在研究所访问期间，正值该实验室科学家发现了一种新型铁电材料——弛豫铁电单晶，我也参与了对这种材料结构分析与压电性能表征的研究。弛豫铁电晶体性能优异，后来成了许多高性能压电器件的关键材料。虽然我在回国后没有继续研究这种晶体，但在此过程所拓展的新知识，特别是关于畴工程的研究方法，对我后续的研究工作很有帮助。除此以外，我还利用那儿先进的研究设备，开展了一些新的探索。用半年时间，发现了一种铁电畴二次电子成像新机制，据此发展出了一种铁电材料环境扫描电镜无损检测新方法。该工作立刻被物理学顶级刊物《物理评论快报》接收发表，为铁电材料与畴结构分析表征发展出了一种新的无损检测手段。

我觉得这次出国交流经历的最大收获是认识了一批铁电材料领域的一流学者，除了华人学者曹文武、章启明外，还有美国工程院院士克罗斯（Cross）、纽约姆（Newnham）和著名的捷克铁电物理学家福塞克（Fousek）（他当时正在研究所访问）。为了解释弛豫铁电单晶巨大的压电系数和高的机电耦合系数，克罗斯和福塞克提出了"畴工程"的概念，认为晶体中铁电微畴的几何尺寸、空间取向和分布对晶体性能影响极大，而微畴可以通过晶体的化学组分、比例和加工工艺而加以控制和优化，这构成了畴工程的研究内容。在研究所期间，我有机会向福塞克、克罗斯等人介绍了我们团队在铌酸锂、钽酸锂晶体中利用铁电畴的调控实现高效激光倍频和三倍频的工作，福塞克和克罗斯意识到这应该是另一种利用铁电畴来提升铁电晶体材料性能的"畴工程"方案。于是在他们后续的文章和专著中多次提及"畴工程"可以分成两类："畴平均工程（domain-average engineering）"（如弛豫铁电体）和"畴几何工程（domain-geometry engineering）"（如聚片多畴铌酸锂晶体即光学超晶格）。2003年，福塞克教授在铁电学研究55周年纪念会上介绍畴工程这一方向发展状况时指出："畴工程这一概念引起了极大关注。两种畴工程方法大致同时实现了。第一种方法是在一个体系中形成所需要的畴的几何结构。……祝等人在这一领域作了关键性的推进，这就是制备出铁电畴超晶格"。

1998年春季，由研究所承办的铁电材料领域有国际影响的"第五届铁性畴与介观结构国际会议"在美国宾州州立大学召开。那时我还在研究所工作，时任南大校长蒋树声教授亲自来美参会，并现场作第六届会议的申办陈述。蒋校长陈述效果非常好，再加上曹文武、福塞克、克罗斯等人的努力推动，南大争取到了第六届会议的承办权，并于2000年首次在中国南京成功举办，这进一步提升了中国在铁电材料领域的国际影响力。

1998年中，我结束了在研究所的访问回到南大。与惴惴不安的出行不同，返程时我心中则有了更多的自信，也更理解先生制定的那一条不成文的规定：在他组内留校工作的博士一定要到高水平的研究机构至少工作1—2年。由于我年龄偏大，当我完成博士论文答辩不久，先生就对我说："你要尽快出国去交流一段时间，一是开眼界，二是把外语搞搞好，第三就是多交朋友。"与当年要求我攻读博士学位一样，先生在这关节点上又推了我一把。本来想可以喘口气的我，又紧张地开始为出国深造做准备。不久后，先生告诉我，已帮我联系好了曹文武教授，可以很快成行。现在回过头来再看这一过程，先生在学生成长的每个关键点上都给予了十分重要的建议与指导。先生对我的提携之恩，我永志不忘。

先生是八十年代初我国改革开放后最早一批跨出国门的学者，曾先后在美国和日本的大学做过访问教授。尽管每段访问经历结束后都受到对方的挽留，但他还是拿定主意回国发展。先生自己也说，促使他做出回国决定的原因是在八十年代中期国家发生的两件事：一是在高校建国家重点实验室，二是设立国家自然科学基金资助科学家做研究。先生觉得在国内从事科学研究的春天到了，自己报效祖国的机会也来了，但同时也觉得自己已年近半百，光靠自己的力量不够，要想实现科研报国的追求，必须加快年轻人培养，要建立自己的科研团队。朱永元和我及其他师兄弟就是在这样的情况下被先后召入研究组的。

先生招人可谓是"不拘一格"。当时在他的研究团队中，既有年轻活跃的应届毕业生，也有像我这样工作多年的大龄"在职博士"，还有获得工学博士的博士后等。尽管大家基础不同，背景各异，但在团队内先生给每个人都有发挥的空间，先生提倡"君子和而不同"，希望不同学术背景、不同专业特长的人能在一起产生1加1大于2的效果。

先生对研究生和团队成员的培养既重视科学上的指导，又注意一切从实际出发，实事求是，并将对人的关心与尊重始终放在第一位。二十世纪八九十年代，国门打开后，出国留学、出国工作也成了大家可选择的方式。先生团队的一些研究生和青年教师也希望有这样的出国机会，先生都表示理解和支持，并提供力所能及的帮助，做到有理、有利、有节。对于留在组内工作的成员，先生也做了安排，让他们有出国交流、接触国外同行的机会。我就是在先生这样高瞻远瞩的考虑下被"送"出国的，其他组内成员也有类似的经历。

> 2018年3月，先生住院时陪先生在病房外散步时的留影

对于出国交流，先生也是有要求的，即必须已有一定的研究基础和独立工作能力，这样的交流才能对等、互补共赢，才能长久持续。先生多次表达不提倡将国内正在从事的研究工作带到国外继续做，他更希望能利用难得的机会多学别人的先进经验和长处，了解前沿发展，抓紧提升自我，以利回国后更快发展。所以我在研究所工作期间主要也是基于先生的这一理念，一方面注意宣传、介绍南大有特色的工作，一方面积极参与弛豫铁电体方面的研究，接触了新知识，开拓了眼界。

当时国家鼓励有条件的科研人员出国留学与深造，主要有两条可能的途径："公派"和"自费公派"。"公派"是由国家提供津贴，补贴研究人员在外的生活，而"自费公派"则是由国家委派，接受方提供资助，享受博士后、研究助理或访问教授等待遇。这两者在工作性质和资助强度上还是有很大差别的。采用"自费公派"既可为国家节省宝贵的外汇，又可使交流人员在访学期间直接承担对方的研究任务，有利于深度交流和学习。二十世纪八九十年代，国内与国外工资差距较大，国内则存在着"脑体倒挂"。"自费公派"对于研究人员具有更大的吸引力。先生曾先后在美国、日本、中国香港的一些大学和研究机构交流过，和那里的学者建立了学术上的互信和个人之间的友谊。由于这些基础，先生经常动用他的"资源"，为门下的弟子找到出国深造的合适途径。

我就是以"自费公派"这种身份去的宾州州立大学的材料研究所，在外期间我和先生常通过邮件联系，偶尔我也会通过电话问候一下先生。但交流中他从来不提及或者问我什么时间回国，相反他却找人带话给我爱人，问她是否能向单位请探亲假，到美国看望、陪伴我一段时间，也让从未出过国的她有机会了解一下美国。

我爱人后来得到单位批准，申请到签证，来到美国宾州中部这座美丽而安静的大学城。利用假期和周末，我也陪她去了美国东部的一些名城，为此我还考了驾照，学会了开车，买了一辆旧车，体验了一下当时被称为"车轮上的国度"的生活，这些都成了我俩难忘的人生经历。

其实当时国内已开始实施了863和攀登计划等重大专项，研究工作还是很紧张，团队也很需要人。后来曾听过国内的师兄弟和先生当年一起在北京"西郊宾馆"挑灯夜战准备项目答辩材料的故事，但这些事先生和我联系时从不提及。当然，我也从不同途径了解到国内有了越来越大的科研投入和越来越多的科研项目，也催生了我早点回来工作的想法。虽然先生没有催我，曹文武教授也有足够的经费支持我继续在研究所工作，我还是在1998年6月回国了。我当时也有些新的想法想向先生汇报，特别是有关介电体超晶格一些新的工作亟待抓紧开拓（如我回国后开始了的人工微结构中非线性光散射和量子光学效应等研究，得到了先生的肯定）。那时我的心情应该与先生八十年代中期急着要回国时是一样的。

从美国回来后，我顺利地评上博导，开始自己指导研究生，研究工作也进入了新阶段。但没有思想准备的是，一些行政工作也陆续"找上门"来了，我内心是不太情愿却又不能不干。这时面临在个人兴趣和组织需要之间如何选择如何兼顾的问题。记得回国不久，先生让我担任固体微结构实验室副主任时在电话中和我说他也是不太愿意由我来做，但总得有人出来做，让我就做点牺牲吧……。此事开了头后，越来越多事就接踵而来，先是实验室副主任、凝聚态学科主任，进而系主任、院长……。在校外、在学术界，我也先后有了不同类型的兼职，这当然很大程度上是由于先生的影响，因为我是他的学生，别人将对先生的信任和认可嫁接到我身上，希望我能为大家做点服务，所以这种信任我还不能辜负。我只能一点点、一步步地向先生学习，从最初的担心，到自觉去适应，再到努力去承担，努力争取把科研和社会工作都做好。先生自1991年当选中国科学院院士后，就承担了越来越多不同层面的学术科研管理和参政议政工作，后来还担任了江苏省九三学社和全国政协的领导职务。虽然事情多，担子很重，但他总能认真对待，举重若轻，依靠他的政治智慧和出色组织能力，完成好各项工作。先生的一言一行对我影响很大，时间长了，通过他的言传身教，耳濡目染，我受益良多。先生的家国情怀和大局意识，科学精神和求实态度，以及卓越的组织协调能力和讲实效的工作方法等，都值得我不断学习和效仿。正是先生榜样的力量，帮助我化解了在承担"社会责任"方面一个又一个的难题。

对我来说，一件非常重要的事是我有幸加入"介电体超晶格材料的设计、制备、性能和应用"项目中来，该项目获得了2006年国家自然科学一等奖,这是先生率团队在困难的条件下坚持了19年才完成的具有国际领先水平的研究成果。这也是自1999年国家改革科技奖励制度以后高校首次独立获奖,因而也为南大争得了广泛的赞誉。

在这里,我要回顾的是奖项申报过程中和获奖后的几件事,从中感受、追思一下先生做事的态度和做人的品格。

我记得,这个奖的申报是从2004年下半年就着手准备了,到2006年年底答辩完才算完成,几乎用了两年时间。根据当年的申请规则,2005年我们首先完成了教育部奖的申报,获教育部自然科学一等奖,同时也争取到了国家奖的推荐资格。紧接着,我们又开始了国家奖申报,在整个过程中我和团队其他成员一起相互配合,较好地完成了申报材料准备,直到通过同行评审最后接到答辩通知。

国家奖的最终答辩环节则是由先生亲自操刀的。为了15分钟的答辩报告,先生和我住在北京友谊饭店,闭门准备了好几天,答辩PPT的每一页他都亲自修改后才定稿,每天只有晚饭后二人才出来散散步,聊会天,放松一下。终审答辩是由科技部副部长程津培主持,整个过程先生陈述清晰流畅,回答问题也很到位,评委很满意,高票通过。我想,靠先生当时的影响力和他丰富的经验,通过答辩应该没问题,不需要花太多力气。但后来我体会到之所以要对答辩内容这样反复推敲,是因为先生想要争取做到让每位不同专业背景的评委在短短的15分钟里能理解我们工作的水平及意义,所以必须在报告内容的深入浅出上下功夫,对每个答辩环节和每个技术细节都认真把握好。先生这样做既体现了对每位参评评委的尊重,也体现了对我们在他的带领下所取得的成果的珍惜。

2007年2月27日,先生走上了人民大会堂的领奖台,从党和国家领导人手中庄重地接过了沉甸甸的奖状。我不知在接奖时先生在想什么,后来我也没好意思问他。我当时也在现场,高兴之余也松了口气,想到整个过程，深感成绩来之不易。从北京领奖回来后，研究团队又先后受到省委省政府领导的接见与学校表彰大会的表彰，一时间新闻媒体纷纷前来采访，在大多数情况下我都会陪同。我发现先生在采访过程中除了感谢、感恩、感慨，以及介绍情况和回答问题外，时常提及了这两点，一是继承与发展，二是团队的重要性。这也是一些人当时或者后来常问到的问题。

先生提"继承与发展"，使我们认识到先生当初建立介电体超晶格概念的不易。先生曾说这一新概念不是凭空想象出来的。如果要追溯其源头，一是借鉴了半导体超晶格的概念，二是借鉴了聚片多畴铌酸锂晶体。二十世纪七十年代末，先生与合作者生长出这种周期畴结构晶体，并利用它首次实验验证了诺贝尔奖获得者布隆伯根等人提出的准相位匹配理论。当年的聚片多畴铌酸锂晶体的研究为后续的介电体超晶格体系的建立埋下了伏笔。在此基础上，先生率团队发展出介电体超晶格，开拓了其在光学、声学和微波领域的应用，形成了光学超晶格、声学超晶格和离子型声子晶体三种不同功能的超晶格材料体系，其中既有原理创新、理论创新，又有实验验证和原型器件发明，这些工作不但夯实了介电体超晶格的科学基础，也发展出了材料研究的一种新范式——通过微结构来突破材料原有性能，创造新功能。先生用"继承和发展"高度概括了这项成果的来龙去脉及其深远的意义。

先生也在各种场合反复强调团队的重要性。他说："这项成果取得，历时 19 年，不是靠我一个人，也不是仅靠一等奖五位获奖人就能完成的，靠的是整个团队成员持续的努力，除了我们获奖证书上写的五位成员以外，做出重要贡献的还有陈延峰、王振林、王慧田、何京良等。"正式颁奖后国内物理界发行量最大的《物理》杂志向我们约稿，先生听说后欣然允诺，而且要求自己亲笔撰写。这篇题为"介电体超晶格的研究"的综述长达 13 页，刊登在《物理》杂志 2008 年第一期上。先生亲自列出的该文章作者共有九位：闵乃本、朱永元、祝世宁、陆亚林、陆延青、陈延峰、王振林、王慧田和何京良。先生当时在我的名字上标了星号，这是为了读者后续联系方便。这八位共同作者都是该项目的团队成员，其中有的是先生自己培养的，有的则是从国内外引进的，他们经历不同，专长也不一样。因规定获奖人只能是五位，其他成员也完全理解，但是先生还是要以这种方式介绍他们是该项目的共同完成人，肯定他们对项目完成作出的贡献，并为此不惜抽出自己宝贵时间执笔撰写文章。我想先生的心意他们一定感觉到了，而这件事对我则是一次深刻的教育，要珍惜每一位与自己共同前行过的人。我想这项成果之所以能坚持19年，正是因为团队有凝聚力，而这凝聚力的核心就是先生了。

获奖后，先生私下也曾向我们表达过他隐隐感到的压力。他说："国家和人民给了我们这么高的荣誉，但如果我们的研究成果最终没有找到什么实际应用，不能为社会发展作贡献，在荣誉面前会有压力，高兴不起来。"他还进一步解释说，"和发达国家不同，我们的基础研究成果如果不再花一点时间将它演示出来，就不能吸引工业界或应用界的关注。我们要再向前走一步，这是中国科学家的历史责任"。先生的话语重心长，体现了一位老科学家的责任感。他的话实际是在鞭策我们要继续努力，要再向前走一步。压力就是动力，先生的追求是要将介电体超晶格用起来，服务国家和社会，这现在已成为我们和我们的学生正在努力的目标。

在我印象中先生身体一向还不错，除了牙痛外未见先生生过什么病。师母葛老师退休下来后，为了照顾第三代，有一段时间一年中大半年都不在国内，先生出席各种会议也多，就全国打游击。先生平时喜欢烟酒，工作之余喜爱找几个朋友小酌，或者弟子借故请他一下，这能让他缓解压力，身心得到放松。他喜欢喝水井坊，当然其他酒也不排斥，这让学生比较省心。烟酒能拉近人的距离，但因我既不抽烟又不喝酒，这使我和先生间少了些话题。也许是我们有点放不开，亦或许先生还有点师道尊严，所以在我们师生聚会中，没见过先生失态，先生总是见好就收。我们总以为先生海量，弟子中没有他的对手，但后来听物理所朋友说，物理所几位老友只要听说先生在北京，总要邀上一聚，总要到尽兴为止，看来先生也不是海量。本以为这种美好的节奏会一直持续下去，因为先生来自长寿之乡如皋，但没想到有一天情况出现了变化，先生病了，而且病得不轻……

  第一次情况出现在 2011 年。那年 5 月 6 日，山东大学蒋民华院士因病在山东济南逝世。蒋民华、陈创天和闵先生三位先生都是我国晶体界翘楚，曾被称为晶体界的三驾马车，是他们共同把中国的晶体带到了国际顶峰。蒋民华先生的逝世使闵先生悲痛不已，过去无话不谈的好友，同年同月出生的兄弟，如今却阴阳相隔，让人潸然泪下。参加蒋先生的追悼会时为了不增加山大的接待压力，我们开了辆考斯特，先生也随车往返。回到南京后，先生顿感身体不适，随后就发现在后腰上有一肿块，因为比较柔软也无疼痛感，长了这么大先生竟一直未觉察到！后经医院检查是黏液性脂肪瘤，恶性度较低，因在体表，手术并不复杂，虽然发现较晚，但仍在可控范围。手术后也没留下什么后遗症，这真是不幸中的大幸。有人后来说，先生去送别蒋先生，蒋先生知道了，就及时提醒了先生……

  虽然这次先生躲过了一劫，没想到事隔 6 年后的 2017 年病魔又向先生发起了攻击。与上次情况一样，在发病初期，先生可能因工作错过了每年 3 月份的体检时间，直到 7 月份才去做全身检查，结果在 CT 检查片上发现肺上有两处占位性病变，属非小细胞癌，并已到中晚期（3A）。

  先生是 8 月中旬才住进省人民医院干部病房的，这中间又将近过了 20 多天。8 月 9 日是先生 82 周岁（83 虚岁）生日，毫不知情的我们还像往常一样给两位老师一起过了生日，因为师母葛老师生日也靠得较近，席间大家一起祝贺两位老师生日快乐。复旦大学资剑也从上海赶过来参加，资剑称他和先生是亦师亦友，因为这点，他具有我们所不具备的优势，席间他可以与先生相互交换香烟，两人靠近，一边吐烟，一边私聊。在这次小范围聚会上，先生和师母都没有透露先生体检结果和不久就要住院的消息。只是先生席间数次提及73、84这种民间说法，这让我隐隐感到有点不祥。

有关先生病重要住院的消息我是几天后从振林给我的电话中才知晓的，听到后我很震惊，也很自责。我随即给师母葛老师打电话了解情况。葛老师告诉我是体检中发现的问题，后经全面检查，各项指标表明已不适合手术了，只能采用化疗辅以其他方法进行控制。省保健局与省人民医院商定，先生自己也希望，就在人民医院住院治疗。我随即联系了闵先生，提出是不是可以请北京、上海的专家来会诊一下，却被先生否决了，最后他同意请九三中央帮助联系北京专家。

我和延青为此便带着各项检查结果和CT片子，跑了一趟北京，找到有关专家。经过仔细询问，专家们也给出了与南京方面相似的治疗意见，以化疗为主，后期根据病情发展再做调整，并认可江苏省人民医院的治疗条件。这样先生就入住了省人民医院，开启了正式治疗程序。在后续治疗过程中，先生在各地甚至在国外的朋友也向我们介绍、推荐了一些专家，只要有可能，我们几位弟子和先生家人就会一起去走访，听取建议供这边医院参考。

先生从住进医院到逝世中间一共13个月，在先生最后这段日子里，得到了家人精心的照顾和陪伴。老伴葛老师一直陪伴在床边，陪他聊天，照料着先生的生活起居，并与医生护士沟通，接待从四面八方来探望先生的领导、朋友和学生……他的子女除了寻医问药，也尽可能多地出现在他身边，最让他感到温馨的可能是小时候看着长大的外孙女利用假期回来看望外公，每天去病房陪外公一起吃饭、聊天，一家人在一起享受着天伦之乐，这也算是对先生过去常年忙于公务的一种补偿吧。

因为先生就住在省人民医院，我们还有我们的弟子就能经常来看望先生，如若先生精神尚可，还可以陪他聊聊天。葛老师和我还有在先生身边工作的学生、先生的好友一直保持着沟通，随时交流先生的病情和医生的治疗方案，大家也有所分工，避免出现漏洞，为此我们还有个群，大家的心愿就是使先生能有最好的治疗、遭受最少的痛苦。在南京各方面沟通也比较方便，包括和领导、医生、护士，如果在北京、上海住院，可能就不具备这样方便的条件。这也可能就是当初先生选择在南京治疗的原因。

先生对自己的病情一直保持着镇定，从体检查出问题直到要住院，一直对我们守口如瓶，也许是他看我们忙，不愿打扰，也许是他对人生及生死早已想透，因而淡然处置。不过作为他的学生，我们都深感内疚。这几年，特别是他第一次手术之后，我们应该多提醒他关注自己的身体，督促他按时参加年度体检，必要时增加体检次数。这次如果按时体检，最起码能早4个月发现问题，治疗的效果和预后会好得多，但世上没有后悔药。

在先生住院的前半段时间，直到2018年的4月初，病情还比较稳定，看起来免疫与化疗药对病情起到一定的控制作用，甚至前两次化疗时出现的脱发，再继化疗中又长了出来。有一天我去病房，他告诉我他正在看《亮剑》，李云龙的角色很有个性，……看到过去从不看电视剧的他，现在对生活又有了兴趣，我们心里也感到很欣慰。

但这只是身体在用药情况下的一个表象。到了4月中旬，医生在对治疗效果进行评估检查中发现了新的症状。这让我们头脑中放松的弦又一下绷紧了。后来随着转移灶的发展，病情变得复杂起来，尽管大家想尽了办法，医生、护士尽了最大的努力，但先生的身体仍然变得越来越虚弱，我们心里很着急。病情出现在先生身上，先生自己自然心知肚明，但他怕周围人着急，仍表现得那么镇静、从容、配合与善解人意。在 8 月 9 日晚上，先生参加了我们在病房餐厅为他举行的生日聚餐，葛老师与主治大夫也参加了。先生挎着氧气袋出席，大家分享了生日蛋糕，共同祝先生生日快乐，早日康复！先生那天心情很好，他一直面带着笑容感谢大家的关心，感谢医生的照顾。其实我们的心里都明白，这可能就是先生在世的最后一个生日了！

一个月后的 9 月 16 日，先生走完了人生最后一段路程，永远地离开了我们！一位人工晶体材料领域巨匠的心脏停止了跳动，时间定格在 17 时 36 分。在清理他在病房里的物件时，我又看到了那本，1982 年版的《晶体生长的物理基础》。

又过了一个多月，10 月 31 日，又一位人工晶体材料领域巨匠陈创天院士也离开了我们。随着三位巨星的陨落，从此中国人工晶体界告别了"三驾马车"时代，但他们开创的事业在继续发扬光大！

闵先生安息吧！

# 心中的思念
## ——缅怀闵乃本老师

邹志刚

闵乃本老师仙逝近 5 年，门生故旧久久不能释怀，纷纷自发地用多种形式缅怀，足见其平生教书育人，有多么受人尊敬。

2003 年我从日本归国，在南京大学任教。我回国的历史就是和闵乃本老师相识、相交和相知的历史。我并非出自闵老师之门，但我觉得他是我回国重新奋斗道路上的传道授业解惑的真正师者之一，我发自内心尊称他为老师，是我的恩师。

闵乃本老师虽然离开了我们，但他的音容笑貌仍旧历历在目，每当我想起闵老师时，耳边就会响起范仲淹先生写的《桐庐郡严先生·祠堂记》中的词句"云山苍苍，江水泱泱，先生之风，山高水长"。闵乃本老师是大师，是大先生。他的一生值得我们景仰。先生之风，高山仰止，虽不能至，然心向往之。

我和闵乃本老师之间虽然相差 20 岁，但我和闵老师少有师生之间的那种畏惧的距离感。我爱说笑，他亦不摆架子；我爱饮酒，闵老师的酒量亦不比我差，而且珍藏了许多好酒，时常拿出来请我们一起品尝，我和闵老师的交往中渐渐地有一种亦师亦友的关系和感情。

记得回国之初，我面临着许许多多的困难，是闵老师把我放到了合适的岗位，既获得了物理系的帮助，又参与了当时材料系的建设，得到多方的大力支持。这样的安排使我很快摆脱了种种困难，研究工作得到了快速发展。

　　还记得刚刚回国的我就雄心壮志地要申报"973"项目，现在想想真是太天真，对于那时候的我，申报"973"这样的大项目，无疑是难于登天，但是闵老师一直鼓励并支持我，从写申报材料到组织队伍无不受到了闵老师的倾心关照和具体指导。记得在申报"973"过程中，我们组织的团队和福州大学的付贤智、化学所的赵进才两位老师组织的团队进行竞争。关键时刻是闵老师把我们几支团队召集在一起，讲述他们那个年代晶体材料领域是如何化解竞争，团结一致求发展，共同把中国的晶体材料学科从一个相互竞争的学科发展为具有国际影响的优势学科的故事。鼓励我们团结起来共同发展，要把中国的光催化材料事业的发展放在首位。并寄语我们，希望我们仨人成为中国光催化发展的"三驾马车"。在闵老师的谆谆教导下，我们几支团队在竞争中相互学习和融合，同时我和付贤智、赵进才老师也成为最好的朋友。在先生及其他老师的帮助和扶持下，我们的光催化队伍异常团结，从一支不知名的小众学科成长为优势学科，并在国际上享有一定的影响力。这支队伍也成功地培育出了付贤智、赵进才和我三位院士。付贤智、赵进才院士也一直尊闵乃本老师为终身的老师，大家对闵老师的学识、大格局、大胸怀赞叹不已。桃李不言，下自成蹊，这真可以用来形容闵乃本老师。

　　投之以桃，报之以李，我们不仅和闵老师建立了深厚的师生情谊，同时我国的光催化及光催化材料学科也得到迅猛的发展，正在为我国双碳目标的顺利实现贡献一份力量。

　　闵老师博识多学，特别是知识的更新非常快，快得都让我这个所谓的

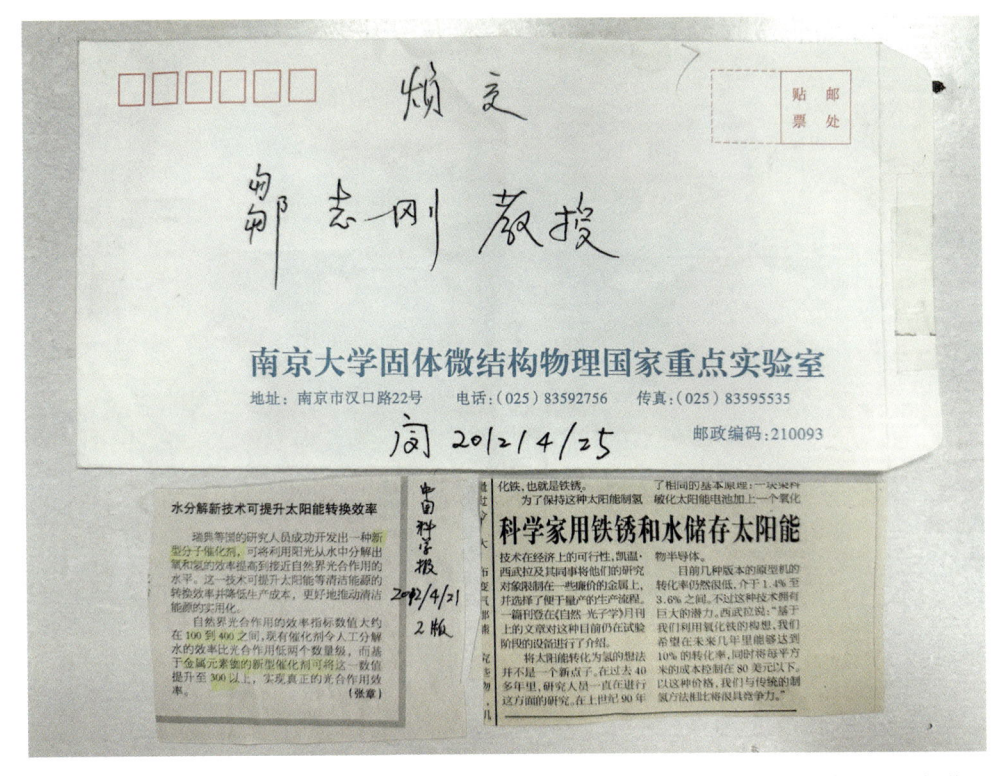

> 闵老师转给笔者的相关最新研究进展

专家汗颜。闵老师不仅倾心自己的研究领域，同时作为战略科学家一直关心世界前沿的科技发展。他对我们的研究领域也十分关心和关注，我的研究领域有一些最新进展，闵老师往往第一时间掌握并提醒我应该重视。我想闵老师在学术上的杰出成就和他对科学上的敏锐及执着密不可分。

闵老师的博识多学还体现在他的中国文化功底，他对文学、历史、哲学等都有涉猎并精通，而且有自己的独特见解，这些是我这一代科研人员最欠缺的。因此我经常被戏说是"有知识没文化"的人。

印象中闵老师的朋友很多，年轻的朋友更多，经常高朋满座。有那么点像刘禹锡《陋室铭》里所说的"谈笑有鸿儒，往来无白丁"的感觉。当时，我觉得闵老师身居高位，找他的人和拍马屁的人自然会多，然而我错了，闵

> 2012年，笔者和闵老师及夫人葛传珍教授在无锡

老师离开之后，走到哪里大家在谈起闵老师时，仍然是那么情深意切。死者长已矣，他人亦已歌，闵乃本老师离开我们5年了。大家仍然在谈论和怀念他，感激他对中国科技界的贡献，特别是对年轻人的培养和提携。

我想起一位企业家朋友曾送给我的一个匾，上面写着"厚德载福"，而不是"厚德载物"。我忽然有所顿悟，闵乃本老师的人格魅力在于"厚德"，因此能够"载福"，他宅心仁厚，真诚地帮助每一个人，我也是其中受恩之人。能成为闵乃本老师的学生是我一生的福气，滴水之恩，虽已无法涌泉相报，但至死也不会忘却。我们会永远纪念他，我敬爱的闵乃本老师！

# 追忆闵乃本先生

## 刘治国

闵乃本先生驾鹤西去已经五年了。伴随着他那时时浮现的音容笑貌，我和他半个多世纪交往中的诸多往事也时时浮上心头。1965年9月初我作为南京大学物理系金属物理专业五年级的学生开始做毕业论文的研究工作。我的指导老师就是闵乃本先生和他的夫人葛传珍老师。二十世纪五十年代初为了解释金属材料的强度和塑性，位错理论发展起来，成为当时材料科学研究的前沿。南京大学金属物理教研室是国内开展这一领域研究的先驱者之一。所研究的材料也有些中国特色，那就是钨钼钽铌。这些材料都是具有体心立方结构的难熔金属，有些还是中国特产。由于这些材料熔点很高，国外对这些材料的研究也很少。以当时的实验条件要开展位错研究必须先获得单晶材料。闵乃本先生等老师们的一大贡献是建立了电子轰击炉。这个装置有一个高真空系统。以制备钼单晶为例，一根直径六七毫米、长度十几厘米的钼棒垂直悬挂于其中。钼棒当作阳极，环绕着钼棒的阴极在负高压作用下向钼棒发射强大电子流，产生的热量足以使钼棒的局部熔化。由于液态钼表面张力很大，熔区以下的钼棒虽然有点晃晃悠悠但是不会掉落。极其缓慢地提拉钼棒，使熔化的区域扫过整根钼棒，便可以使除了上端的几乎整个钼棒凝固成一个单晶。这种方法又叫作"区域熔炼法"，俗称"拉单晶"。在半个多世纪前，这绝对是一种高科技和细活。

有几位同学负责拉单晶，就是没日没夜地看着炉子，不能打瞌睡，实在很辛苦，这使他们颇有微词。我的工作则是先将单晶按一定结晶学取向切成小的方棒，机械抛光，退火，电化学抛光，用"蚀斑法"腐蚀钼单晶，用金相显微镜观察表面上的位错蚀斑，然后对样品施加应力使位错运动，观测位错的移动速度和应力的关系。显然，干这个活儿的关键是找到与位错运动前后的位置相对应的蚀斑，需要进行无数次的实验摸索和积累数据。我记不清在金相显微镜上拍了多少照片。当年我用的是一部"徕卡"135相机，需要在暗室里打开下盖将装在暗盒里的黑白胶卷插入，操作很不方便。这部相机却是闵先生的宝贝。"这个镜头特别好，千万别摔了。"他不止一次对我强调。工作的后期已经是隆冬季节，我们的实验室位于西南大楼二楼朝北的一个房间。那时当然没有取暖设备，桌面上可以滴水成冰，我的两只手已经长满了冻疮。某一天我终于得到了关于位错运动的初步结果。大喜过望之中我冲进了闵乃本先生的办公室，同时大喊道："闵乃本，我做出来了，你看一看！"当然闵先生也很高兴，把我表扬了一番。这时我才悟出直呼老师的名字是大不敬，于是羞愧难当地向闵先生道歉。他却说直呼他的名字不要紧，有实验结果是最重要的。他还要我再完善一些实验，说这些结果可以整理成一篇简报投稿到《物理学报》。那时还没有听说过，或许也还不存在SCI影响因子，更遑论《自然》因子。我也没有听说过向国外期刊投稿的事。当然有可能投一个简报到《物理学报》已足以使我热血沸腾了。然而1965年秋冬的中国社会已是山雨欲来风满楼，"文化大革命"揭开了序幕。于是我们的论文工作只进行了三个多月便草草收场，打起背包出发到如皋农村搞社教去了。社教运动还没搞出个头绪，南京大学便传来了匡亚明校长被打倒的消息，我们被立即调回南京参加"文化大革命"。其间位错研究受到严厉批判。有不太会搞研究却又很激进的人贴出许多大字报，"研究位错就是一个大错，它错在哪里呢……",他们慷慨激昂地说。研究位错的人噤若寒蝉,位错们也就被束之高阁了。《物理学报》的简报没有人再提起。我则被分配到一家铸造厂劳动和工作了十年。在那些灰暗的日子里我和闵先生一直保持着联系,春节都会去他家拜年。甚至关起门来也可以议论一番天下大势。

忘不了 1976 年 10 月,一天夜里"四人帮"被粉碎了,中国摸索着迎来了改革开放的时代,科技界对于未来满怀着希望。闵先生计划着新的研究方向。我则于 1978 年考取了研究生并于 1980 年被派往德国攻读博士学位。闵先生也被派往美国犹他大学进修,并在那里以关于晶体

> 1983 年,闵乃本先生和笔者在德国哥廷根大学,那时我们都还年轻

生长机制的研究工作获得了"大力神奖"。后来依靠这些年来的工作积累他又完成了一本专著《晶体生长的物理基础》——这一领域的经典之作。在他访美期间曾于 1983 年到访我就读的哥廷根大学,我带他参观了我工作的实验室,还拜谒了物理学界多位先贤,例如高斯、韦伯、波恩、海森堡、劳厄等工作过的地方或陵墓。那时我三十几岁,闵先生四十几岁,正是精力充沛、意气风发的年纪,对中国科学的发展充满了期待。

还有一件值得一提的事是我在留德期间专程前往斯图加特拜访了闵乃

本先生的堂兄，著名数学家闵乃大。闵乃大先生于 1911 年出生于江苏省如皋县。他是著名的数学家，同时在计算机科学、力学和线性网络理论的研究方面也多有建树。1936 年毕业于清华大学，获电机工程学士学位，于 1937 年公费留学德国，1940 年先生毕业于德国柏林卡劳腾堡工业大学，后于 1944 年取得该大学工学博士学位。1948 年他回国执教于清华大学，任电机系电讯网络研究室主任，1953 年任中国科学院数学研究所计算机组组长，同时任中国科学院数学研究所、近代物理研究所、计算技术研究所研究员，是我国计算机科学的奠基者之一。闵乃大先生于 1958 年举家返回德国，先后在民主德国洪堡大学和联邦德国斯图加特大学任教授；2002 年在德国斯图加特逝世，享年 91 岁。他的夫人闵爱丽是德国人，他们育有一子一女。闵乃本先生建议我去拜访一下闵乃大先生并给了我他的家庭住址。1983 年夏，为了学位论文在哥廷根大学忙得废寝忘食的我终于有了一个去斯图加特访问的机会。当时中国科学院金属研究所的葛庭燧先生带了几个人正在斯图加特的德国马普学会金属研究所作为期数月的合作研究。实际上这时葛庭燧先生正在筹建中国科学院合肥固体物理研究所，需要招兵买马。他知道了我这个人的存在，便托人带信给我，要我来斯图加特谈一谈。我在斯图加特之行前给闵乃大先生写了一封信，除了自报家门之外还表达了去拜访他的愿望，很快便收到了他热情的回信。我终于按图索骥乘坐公共汽车到达他的住所时，他和夫人已经在车站等候了。闵乃大先生的住所是一幢独立的小楼。先生中等身材，精神矍铄而略显清癯，操带有如皋乡音的普通话。宾主落座、上茶和寒暄之后我们便开始了热烈的交谈。大概闵乃大先生很清楚"君自故乡来，应知故乡事"，他的第一个话题就是解释为什么在 1958 年离开北京回到了德国。据先生言讲，他在北京工作期间还是很受器重的，曾任中国科学院数学研究所计算机组组长，曾率领中国计算机代表团访问苏联，还在《人民日报》发表过文章。在 1957 年轰轰烈烈的反右运动中他也未被波及。问题主要来自家庭和生活方面，他的夫人和孩子很难适应北京的生活，夫人少有朋友，社交圈子也仅限于少数几个嫁给归国学者的欧洲太太。这使闵乃大夫妇做出了返回德国的决定。他们于1958年回到了东柏林，那里正在举行一个有关数学的国际会议，又是闵乃大先生早年留学的地方。在柏林墙建造之前利用最后的机会，闵乃大夫妇和儿子一路向西又迁移到了联邦德国的斯图加特。他们的女儿由于求学则留在了民主德国。"那时还可以租一节车皮，我们把全部家产都运了过来，再晚就不行了。"闵乃大先生这样说。闵夫人一直坐在旁边仔细听着我们讨论，她可以听懂丈夫讲的汉语，但是只能说不连贯的一些汉语词汇，有时则用德语插话，毕竟她在北京生活过十年。实际上闵乃大先生回国前共在德国居留了十一年，大体与季羡林先生的"留德十年"在时间上重复。那可是德国历史上最黑暗和困难的时期，在这样的环境下全神贯注地研究数学是一种什么感受？可惜我们没有时间对他那一时期的经历和体会进行深谈，事后甚感遗憾。我们也聊起了他当下关注的科学问题，时年72岁的闵乃大先生仍然在斯图加特大学从事研究工作。"我现在考虑的主要问题是无穷大和无穷小，这个问题很有意思也很重要，但是在数学上并没有完全解决。"先生不无感慨地这样说。对于如此深奥的数学问题我一时无法置喙，不知后来他的"无穷大"研究有没有取得进展。出乎我预料的是先生在取得博士学位后曾在大数学家希尔伯特长期工作过的哥廷根大学数学研究所工作过九个月。于是哥廷根自然成了我们的一个重要话题。我也向他介绍了南京和南京大学的现状，描述了我在如皋搞四清时了解到的如皋风土人情，乃至如皋的水绘园和四海楼饭店。我还重点介绍了闵乃本先生的状况和他的研究工作，也介绍了我本人在哥廷根的研究课题，先生对这些表现出很大的兴趣并不时发问。在交谈中我了解到，直到那时，闵乃大先生和闵乃本先生实际上从未谋面。我成了为数不多的和这两位堂兄弟都深谈过的人之一。因此我或许应该把他们做一番比较：他们的身材、面相和口音都有颇多相似；同样相似的是他们对于科学的执着、对于科学方向的把控和对于时局世态变化的敏感；有趣的是闵乃大先生不会开汽车，他家的汽车总是由夫人开，而闵乃本先生从来不骑自行车，他的夫人葛传珍老师却是常骑自行车的。这种远距离的"纠缠态"当然不会是出于约定，更可能来自某个共同的基因。我猜测也许是因为他们都常常思考问题，不愿意让驾车或骑车这类俗人的雕虫小技打断其思绪吧。或者倒过来说，他们常常思考问题的特质大概会影响或打断他们对于车辆的操控吧。

南京大学传统上是一所以理科和文科见长的综合大学，工科比较薄弱。这不能适应改革开放和建设社会主义强国的需要。闵乃本先生是南京大学最早注意到这一点并采取行动建立工学学科群的学术带头人。在他的大力推动和曲钦岳校长的全力支持下，南京大学于1993年建立了材料科学与工程系，闵乃本先生任系主任，我和孙祥祯教授任副系主任。该系明确地将学科方向定位于功能材料，特别是信息功能材料，确立了"以理为基础，以工为方向，理工融合"的学科发展道路。材料科学系于1994年开始招收本科生，2000年设立材料物理与化学博士点，2007年材料物理与化学学科成为国家重点学科，2011年设立材料科学与工程一级学科博士点。与国内同类型大学相比，南京大学材料科学系的前进步伐是十分突出的。1995年教育部高等学校材料物理与化学教学指导委员会成立，闵乃本先生出任第一届教学指导委员会主任委员，南京大学材料系为主任单位。这是对南京大学材料系办学指导思想的充分肯定。

2009年以材料科学与工程系为基础，在闵乃本先生的指导下借鉴世界一流大学工学院模式筹建了南京大学现代工程与应用科学学院。学院的宗旨是瞄准现代工学前沿，面向人类和国家对材料、信息、健康和能源等

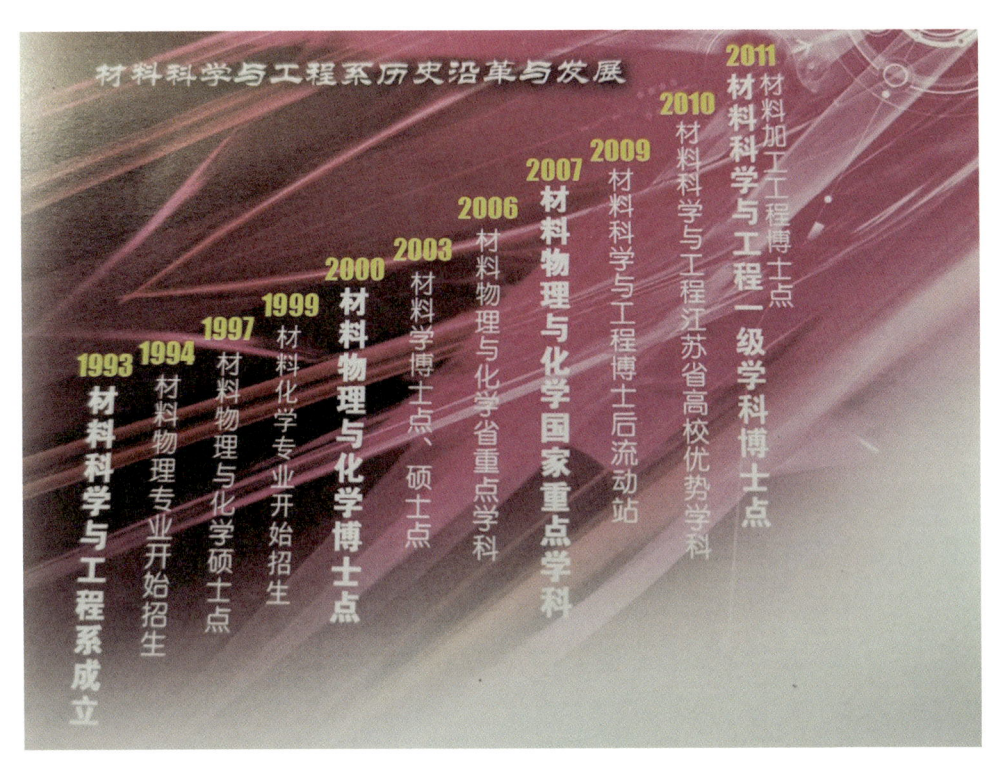

> 材料科学与工程系历史沿革与发展

方面的重大需求,通过建设一支具有国际竞争力的教师队伍,开展高水平的科学技术研究,满足现代工程与应用科学领域的高层次人才需求,培养领军人才。学院下设四系一中心:材料科学与工程系、量子电子学与光学工程系、生物医学工程系、能源科学与工程系、现代工程教学与实验技术中心,分别开设材料物理、材料化学、光电信息工程、新能源、生物医学工程等5个本科专业。目前已建有多个科教平台:江苏省功能材料设计原理与应用技术重点实验室、智能光传感与调控教育部重点实验室(B类)、江苏省光通信工程研究中心、南京大学智能材料与系统集成实验室、南京大学量子材料和微结构研究中心、激光与光子工程技术研究中心、微波光子技术研究中心、储能材料与技术中心、环境材料与再生能源研究中心等。2015年学院入选教育部支持的"国际化示范学院推进计划"试点单位，学校给予人才政策与学科建设的自主权，充分开展国际化办学，实施与国际接轨的考核评聘制度。目前6.6万平方米高标准教学和科研大楼已投入使用，其优雅的环境和国际水准的格局为现代工学院的发展和高水平人才的汇集提供了优越空间。学院着力打造一支国际化高水平教学团队。现有教授57人、副教授24人，绝大部分的教师都有境外知名大学的科研经历。其中包括中国科学院院士2名，海外高层次人才34名（包括青年人才），教育部"长江学者奖励计划"特聘教授4名，国家杰出青年基金获得者6名，国家优秀青年基金获得者8名，教育部"长江学者奖励计划"青年学者1名，国家领军人才计划入选者3名，科技部中青年科技创新领军人才4名。

近年来，学院先后获得国家自然科学一等奖1项、二等奖2项，国家技术发明奖二等奖1项，何梁何利基金科技进步奖1项，教育部高等学校科学研究优秀成果奖自然科学一等奖1项、教育部高等学校科学研究优秀成果奖科技进步二等奖2项，江苏省科技一等奖2项，江苏省科技三等奖1项，江苏省国际科学技术合作奖2项。

改革开放以来我国政府曾经长期支持了两个国家级的研究发展计划，就是国家高技术研究发展计划（1986—2020，简称863计划）和国家重点基础研究发展计划（1997—2020，简称973计划）。后者瞄准的是面向国家重大需求的重大科学问题研究。闵乃本先生和我都曾长期参加了这两个研究计划材料领域的研究工作和组织管理工作。特别是在973计划执行期间闵乃本先生曾在2001—2011年间担任973计划专家顾问组材料领域的召集人，我则担任973计划材料领域专家咨询组的成员，专家咨询组长期在闵乃本先生领导下开展工作。专家顾问组全部由两院院士组成，他们按照不同研究领域又分为若干小组。闵乃本先生和专家顾问组材料领

> 南京大学现代工程与应用科学学院大楼

域的各位院士在课题的遴选、方向的把握、队伍的组织、成果的应用等方面殚精竭虑，做出了突出的贡献。973 计划运行期间在材料领域共资助了 113 个项目。这在我国材料领域研究方面是前所未有的，也对我国的材料科学研究做出了重大贡献。973 计划材料领域于 1998 年第一批立项了三个项目，分别是"稀土材料科学的基础研究""光电功能晶体结构性能，分子设计，微结构设计与制备过程的研究"和"新一代钢铁材料的重大基础研究"。二十多年后回顾一下这些项目，它们的成果帮助我国在相关领域走到了世界前列，甚至是居于国际领先地位。其中稀土材料和非线性光学晶体在世界独领风骚，我国的钢铁无论在产量和质量方面都实现了令世界瞠目结舌的跨越式发展。"光电功能晶体结构性能，分子设计，微结构设计与制备过程的研究"这一项目更是得到了闵乃本先生的直接组织和推动。其中蒋民华院士领导的山东大学团队研制了多种人工晶体，解决了国家的重大需求。2001年，陈创天院士团队研制出了首创的氟代硼铍酸钾晶体（KBBF）。KBBF是目前唯一可直接倍频产生深紫外激光的非线性光学晶体，用途广泛，打破了国际激光界长期以来的"200nm壁垒"。这也是继BBO、LBO后的第三个"中国牌"非线性光学晶体。"中国牌晶体"的相继问世，无疑在国际上产生了巨大的轰动。2009年《自然》杂志发表文章《中国藏起了这种晶体》。文章称中国禁运KBBF晶体，将对美国相关领域的研究产生严重影响。为了挖走陈创天，美国人不惜重金请求购买晶体或邀请他去美国工作，都被他严词拒绝。直到2016年，美国先进光学晶体公司宣布他们终于研制出KBBF。而这距离陈创天的发现，已过去了整整十五年。南京大学的团队则将具有周期结构和准周期结构的"光学超晶格"用于激光变频，被誉为准周期结构概念的首次实际应用，获得了国家自然科学一等奖。这些享誉世界又为国家做出了突出贡献的科研成果包含着闵乃本先生的心血和智慧。

闵乃本先生在中国材料科学界留下了不可磨灭的印记。南京大学的许多同事仍沿着他开拓的研究方向探索前行。我甚至觉得他仍旧在我们中间。念此，作为本文的结束，我将一首小诗献给我的这位不可多得的良师益友。

**不信闵乃本先生西归**

书山宦海任纵横，信手拈来皆学问；
先生岂忍驾鹤去，或恐高卧杏花村。

2023年5月

# 缅怀闵乃本先生

孙政民

时间过得真快，不知不觉闵乃本先生离开我们已经将近五年了，至今他的音容笑貌仍时常浮现在我的脑海中。闵先生年长我九岁，他是我的良师，也是我的兄长。我和他相处了二十年，往事虽然久远，但一想起来，依然历历在目。今提笔写下此文，作为对他的祭奠，也寄托我的哀思。

二十世纪六十年代，在冯端先生的带领下，南京大学物理系晶体位错研究取得了令人瞩目的成就，不但在国内居于领先地位，而且具有一定的国际影响力，当时号称南京大学科研的五朵金花之一。所以，我上四年级分专业时，就毫不犹豫选择了金属物理专门化。我们这些年轻的学生还了解到，在当时的金属物理教研室里，除了冯端、王业宁和丘第荣三位先生外，还有两位较为年轻的教师是冯先生的得力助手，一位是闵乃本老师，另一位是李齐老师。所以从学生时代起闵先生的名字就已经印在我的脑海中。

1974年我大学毕业六年后，十分幸运地调到南京大学物理系晶体物理教研室工作。从学生时代就憧憬能在冯先生和闵先生的指导下工作现在居然变成了现实，着实让我兴奋不已。当时晶体物理教研室分成晶体生长、晶体缺陷和晶体物理三个部分。晶体生长部分有两个小组，一个是由闵乃本老师领导的铌酸锂晶体生长小组，另一个是由王文山老师领导的

YAG（钇铝石榴石）晶体生长小组，我被分在 YAG 小组。因为没有能在闵老师的小组里，我还觉得有些失落。在日常工作中我经常听到其他教师议论闵老师，大家都很敬佩闵老师智力过人、足智多谋、思路敏捷、视野开阔。所以过了一段时间，我就决定到闵老师的家里去拜访他。当时南大教师的居住环境很差（其实那时全国都差不多），闵老师一家四口就挤在一间房间里。对于我这位新来的不熟悉的年轻同事为何找到他家里来，闵老师一开始还搞不清我的来意。我实话实说，在学生时代就对闵老师很钦佩，甚至有点崇拜，现在有幸能和闵老师共事，虽不在一个小组，还是希望能得到闵老师的指教和帮助。这样，谈话渐入佳境。闵老师根据自己的经验，给了我许多指点，尤其是在如何做科研这个问题上，他有很精辟的论述。他说，有的人毕业后搞科研，为了打好基础，花了两年时间把大学五年的课程全部重读一遍，完全没有必要。搞科研，就是在做某一个课题时，将与这个课题相关的知识深入搞懂，最好能做到融会贯通。在做下一个课题时，也是如法炮制。日积月累，一个人的知识面就会越来越宽，基础就会越来越扎实，就会举一反三，科研工作才会得心应手。闵先生的这个思想就是要针对一个具体目标，在干中学，边学边干，这个思想让我受益终身。从此我就经常向他请教，他也很愿意有个比他小九岁的年轻人和他一起工作，这样我们就渐渐熟悉起来。

1975 年夏天他带我和杨永顺老师一起去上海玻璃搪瓷研究所学习该所的晶体生长工艺。那时直拉法生长晶体，都是利用温度变化来控制晶体直径的生长均匀性，这需要操作者有很丰富的经验，根据固熔界面的变化及时调节温度控制。由于热的滞后性，生长直径均匀的晶体是一件十分困难的事，搞得不好，本应圆柱状的晶体会被拉成葫芦状。另一方面，如果晶体直径不均匀，将会使晶体的光学均匀性变差。所以等直径的拉制是制备高质量光学晶体的关键。上海玻璃搪瓷研究所在这方面就做得比较好，我们去的目的就是学习他们的经验和技巧，以便拉出高质量的铌酸锂晶体。那时恰逢夏天，我们三人白天在所里和师傅学习拉晶技术，晚上住在长宁区招待所，一间房不大，要住四个人，还是两个上下铺。上海夏天晚上依然很热，招待所那时都没有空调，我们穿着背心短裤，有时甚至是赤膊，还是汗流浃背。尽管条件很差，我们还是苦中取乐。晚饭后，大家抽着香烟，闵老师畅谈未来的研究方向，谈着以后的工作计划，描绘美好的蓝图，不时发出会意的笑声。这次出差大概持续了近一个星期，是和闵先生一起出差中最艰苦的一次，却是感到十分快乐的一次，这是难得和闵先生近距离接触的机会。朝夕相处的一星期，给我留下了毕生难忘的印象。我感到十分幸运，因为别人没有我这样和闵先生相处的机会。后来人们眼中的闵先生都是头戴光环成功人士的形象，而我却在那个特殊的年代在闵先生处于人生低谷时看到了他不为人所知的顽强和坚毅的精神面貌。

1975年冯端先生从江苏省科技局领到一项任务，研究直拉法晶体生长直径自动控制系统。当时教研组的教师基本上都认为只有采用温度控制法（这也是大家熟悉的方法）才行，虽不能做到直径均匀，大体上马马虎虎。当时全球也没有成熟的方法，后来冯先生找到一篇国外的文献，用一台秤来称坩埚的质量（也包含里面的熔体）。如果在单位时间内坩埚质量的减少量都相同，那么拉制出来的晶体直径就是均匀的。用这个方法可以拉制出等直径晶体，但如何实施，谁都不知道该如何下手。最后这个称重法的研究任务就落在了我一个人的身上。我在一个偶然的机会得知北京有个研究所，从日本进口了几个压力传感器，这种传感器十分灵敏，可以测量0.1克重的压力变化。当时我专程赶到北京，向人家借了两个，答应以后买了再奉还；又从南京衡器厂拿了一台厂里已经废弃的法国进口的婴儿体重秤，然后将压力传感器安装在这台婴儿秤上。如何来模拟晶体等径生长呢？我灵机一动，将一个盛了水的烧杯放在秤台上，再在低处放置另一个烧杯，利用虹吸原理，让秤台上烧杯里的水流到低处烧杯里，这样秤台上烧杯里的水近似地随时间而线性减少，就模拟了等径生长。果然，当水流动时，记录仪上显出了一条漂亮的直线，实验获得了成功！我当时一个人在实验室里做这个实验，看到这个结果，真是太高兴了！正在这时，闵老师走了进来，他一眼看到这个实验结果，马上就敏锐地感觉到称重法可行，所以他立即要我到铌酸锂小组去做生长实验。因为铌酸锂晶体是在空气中生长，而 YAG 需要抽真空，再加入保护性气体。当时我还没有想好如何在真空环境下放置称重装置，而用铌酸锂晶体生长可以立即验证称重系统能否拉制出等径晶体。这样我就来到了铌酸锂晶体小组，并成功地拉出了等直径的铌酸锂晶体，从此我就一直在闵先生的指导下工作了。后来我又设计了称重室，将台称放在称重室中，并与单晶炉用真空密封的办法连成一体，成功地拉制出等直径的 YAG 晶体，圆满地完成了省科技局下达的任务。这项工作后来在 1978 年获得了江苏省科技奖，并为聚片多畴铌酸锂晶体的制备准备了极为重要的实验条件。

1979 年，我考取了冯端先生的硕士研究生。我的硕士论文是旋转生长条纹的形成机制和聚片多畴铌酸锂单晶的制备。当时冯先生提出利用人工控制微结构来验证准相位匹配理论，并获得了性能优异的新型材料。但如何获得人工控制的微结构成了问题解决的关键。闵先生提出利用铌酸锂单晶体在晶体生长时，由于固液界面温度起伏会产生旋转生长条纹，有可能会诱发平行的铁电畴结构。在闵先生的具体指导下，我成功地制备了周期为微米量级的聚片多畴铌酸锂单晶体，而薛英华则利用此晶体实现了铌酸锂晶体的激光倍频增强效应。在冯、闵两位先生的指导下，我们的工作在实验上首次全面验证了诺贝尔奖得主布洛姆伯根关于非线性光学的准相位匹配理论，从而在国际上领先开拓了非线性光学晶体微结构化这一新领域。我有幸在冯端和闵乃本两位大师的共同指导下完成了硕士论文。

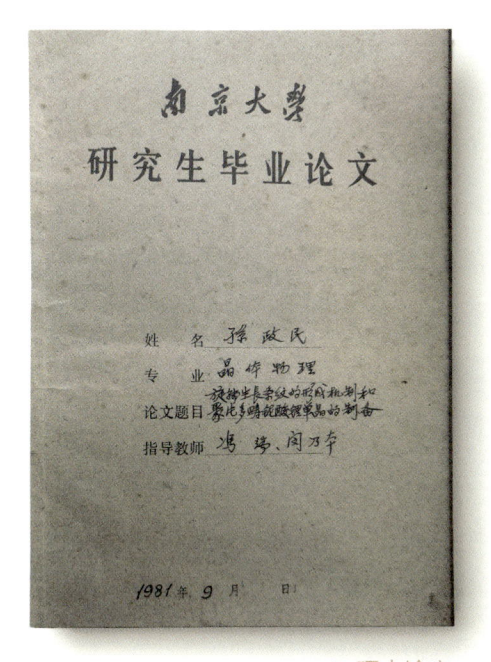

> 硕士论文

> 固液界面的温度起伏与聚片多畴铌酸锂晶体内部生长条纹之间的对应关系，这是最早的原始数据

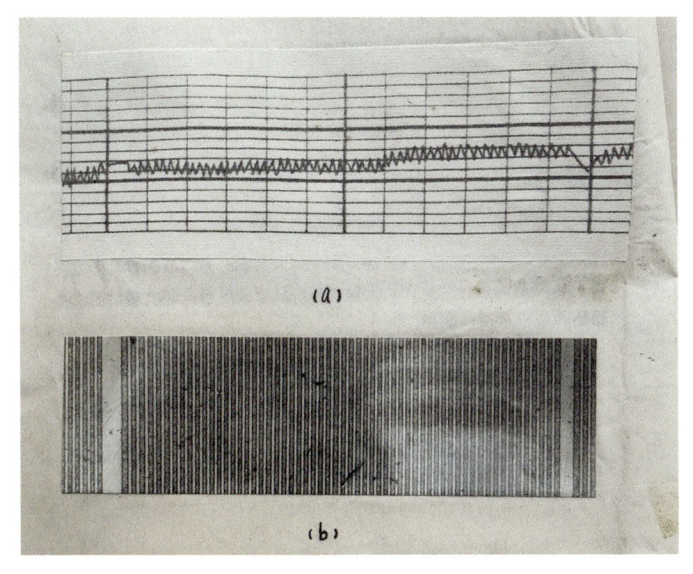

1982年4月我被冯端先生推荐到巴黎南大学固体物理实验室从事液晶物理的研究。巴黎南大学固体物理实验室在二十世纪七八十年代是以高水平的液晶物理研究而闻名全世界的。巴黎南大学位于巴黎郊区一个叫奥赛（Orsay）的小镇旁的一座小山上。当时固体物理实验室在发表最重要的液晶研究文章时，都不是按惯例个人署名，而是以 Orsay group 的名义发表，全球液晶方面的研究人员看到这样署名的文章后都立即意识到又有什么重要发现了。固体物理实验室除了出了一位诺贝尔物理学奖得主——德然纳教授，还涌现了一大批液晶研究的顶尖高手，包括我的导师——液晶缺陷专家克列曼（Kleman）教授。几个月后闵先生也到了美国盐湖城犹他大学，任该校物理系访问副教授。那时还没有互联网，我们以通信的方式保持联系，相互交流，我也向他汇报了进行液晶物理研究的心得。

1985年南京大学固体微结构物理实验室成立。经冯先生和闵先生的同意，由我负责建立一个液晶实验室。固体微结构物理实验室当时在新落成的科学楼四楼设立了五个实验室，即晶体生长实验室、场离子显微镜实验室、液晶实验室、X射线衍射实验室和拉曼散射实验室，分别由闵乃本、刘治国、孙政民、蒋树声和张杏奎负责，而前四位又分别是从美国、德国、法国和英国留学归来的。当时固体微结构物理实验室是国家第一批重点实验室，闻名遐迩，外单位来访的人很多，有些甚至不是搞学术研究的，还有政府部门的干部。闵先生介绍各个实验室的负责人基本上都是来自各个发达国家的留学归国人员，所研究的课题都是当时物理学界的前沿课题，这样就凸显了固体微结构物理实验室的先进性和国际化。虽然此时我的研究方向和闵先生没有直接的关系，但是我在液晶实验室创建的过程中，从购买仪器设备，到出差报销，从研究生的培养到组织学术交流等，仍然得到了闵先生的鼎力支持。我在法国进修时，了解到法国在1980年就提出"软物质"（即液晶、聚合物、胶体、凝胶等）的概念，并将其作为法国物理学的一个新的研究方向。1991年诺贝尔物理学奖得主德然纳教授 [ 我在1984年离开巴黎回国前曾去拜访过他,也将他的经典著作《液晶物理学》(The Phgsics of Liquid Crgsfals)译成中文 ] 在获奖典礼上的报告就是"软物质"。我将"软物质"的概念报告给闵先生,他非常感兴趣,并让他的研究生阅读有关"软物质"方面的文献。后来我曾想过,如果我还留在南大,也许又会在闵先生的指导下进行软物质的研究,可能又是一片天地。

1989年闵先生意识到人工微结构的研究必定和材料密切有关。为了使南大固体微结构物理的研究再上新台阶,势必要组建材料系。为此他要我和他一起向国家教委申报材料专业。这种事以前我没有干过,不过有闵先生的掌舵和指导,我还是信心很足,不懂就边学边干,很快就完成了任务。不久,国家教委批准了南京大学设立材料专业,1993年成立了南京大学材料科学与工程系。

1992年6月我再次来到巴黎南大学固体物理实验室工作。如果说十年前我还是一个对液晶一无所知的访问学者,那么这次我被法国国家科研中心聘请为研究员,以这样的身份来此工作。可是这次旧地重游,感觉却不是很好。和十年前相比,情况发生了很大变化。当年的盛况已经凋零,那些著名的教授有的垂垂老矣,有的离开了。我所在的研究小组十年前除了我是中国人,其他都是法国人;而十年后,除了一个法国人,其他都是外国人。液晶物理的大厦已经基本建成,法国人已经对此不感兴趣了。九十年代初期,液晶显示和半导体技术相结合,出现了TFT-LCD,那时刚刚崭露头角,预示着液晶显示将迎来一波大发展的浪潮。我在使馆教育处看到《人民日报》登载一个消息,深圳市招聘海外液晶显示的技术人才。在国内时,我就知道深圳市天马微电子股份有限公司是国内最大的液晶显示器制造公司,我曾得到该公司的帮助,出版了《液晶物理学》中政民：

　　为了您的发展和生活问题，我们同意您调到"天医"。

　　您走了，我感到断了一条臂膀，为了您的事业，我们将愉快地欢送您。

　　办离校手续，还得亲自办理，关于

　　这里疾病的研究，鸿先生希继续下去，王志恒也走了，我实在不知如何处理，您有何高见。

　　您申请的自然科学基金，唐孝威先生经常向你稿如何回来，还有一年了，如何对待。

　　我希望有机会见到您，更希望看到您事业的突飞猛进。

　　共事多年了，总有些依依不舍。

　　　　　　　　　　　　B年
　　　　　　　　　　　　93.4.7.

> 1993年4月7日，闵先生写给我的信

译本。我联系了该公司，得到公司领导的迅速响应，汪斌总经理热烈欢迎我加盟天马。

1993年2月我回到南大，递交了请调报告。我的这一举动大大出乎所有人的意料。照理说，我已在南大工作了二十年，当时四十八九岁，年富力强，教学科研也都不错，还有两次留学经历，正处于上升势头，为何离开南大呢？闵先生尤其着急，从香港给我打来长途电话，告诉我领导对我有很高的期望，希望我将来能挑起更重的担子，尽力挽留我。后来当得知我的实际想法后，冯先生、闵先生，还有王业宁先生都同意我离开南大。闵先生还特地给我写了一份简短的介绍材料，将我的"称重法晶体生长直径自动控制系统"和"制备聚片多畴铌酸锂单晶体"这两项工作评价为"介电体超晶格研究的奠基性工作"。介电体超晶格项目在2006年获得国家自然科学一等奖。我能得到闵先生的这个评价，深感荣幸！不过离开了学习工作长达二十六年的南大，离开了冯先生和闵先生，特别是朝夕相处的闵先生，我还是有些不舍。心有灵犀，闵先生在1993年4月7日给我写了一封满怀深情的信，信中说："政民：……您走了，我感到断了一条臂膀，为了您的事业，我将愉快地欢送您。……我希望有机会见到您，更希望您事业的突飞猛进。共事多年了，总有些依依不舍。"这封信我保存了三十年，直到现在。每当看到这封信，能得到闵先生如此高的评价，他对我这位学生还以"您"来称呼我（我实在不敢当），以及其中所饱含的深情，我觉得以往的所有努力、拼搏、辛苦，哪怕是委屈，也都值了！

1993年底，冯先生带队去香港交流途经深圳，和天马总经理会面。冯先生谈到，虽然孙政民来天马工作，但是南大固体微结构物理实验室中的液晶实验室最好不要停，希望双方合作，由孙政民来负责培养一名博士研究生，以便将液晶研究在南大继续传承下去。所以后来南京大学物理学

> 南京大学天马奖研金发放典礼留影

院和材料学院就聘请我为兼职教授,并且由我指导闵先生的研究生罗齐的博士论文。这样我就和闵先生还保持着学术上的联系。1997年,罗齐顺利通过了论文答辩,获得了博士学位,不过随即他就去了美国。1995年我受闵先生和龚昌德先生的委托,向天马公司领导建议在南大设立"天马奖研金",每年拿出五万元人民币以资助南大的博士研究生。当时汪斌总经理觉得高科技企业和基础研究相结合是一件非常好的事,便一口答应下来。天马公司和南大方面对此都很重视。汪斌总经理和我在1995年2月来到南京,出席南京大学"天马奖研金"发放典礼,受到了闵乃本先生、王业宁先生和龚昌德先生三位院士和校系两级领导的亲切接待。《中国教育报》《南京日报》和《服务导报》都对这次活动给予了报道。闵先生在典礼上发表讲话,他高度赞扬了天马公司的远见,并说:"由高科技企业直接出资扶持高校基础科学研究人员在国内尚不多见，今后希望通过和天马这样的高科技企业进行多种形式的合作，为我国科技体制的改革做些深入的探索"。可惜的是，这件事一年后由于天马本身的原因而遗憾中止。但是，南大的液晶研究并没有停止。后来，在陆延青副校长的带领和努力之下，液晶的研究工作又逐渐开展起来，并取得了很好的成绩。

今年是我来到天马公司三十周年。当年我到天马时，才发现原来天马公司在深圳是一家十分著名的高科技明星企业。二十世纪八九十年代中央领导同志和数百位省部级领导干部都先后来到天马视察，我本人就参加过接待当时中央政治局常委刘华清同志的工作。另外，天马公司那时还是全国液晶显示的龙头企业，自1983年起，执中国液晶显示之牛耳长达二十年，现在仍然居于国内乃至全球的前列。1993年，天马的销售不过一个多亿，现在已是一家资产超过1600亿元、员工40000多人，销售额超300多亿元的大型国企。天马的发展是伴随着液晶显示而发展的。谁也没有想到，三十年前小小的液晶显示竟然会发展成居电子信息产业第二位的核心产业，真正做到了显示无时不在、无处不在的地步，不但实现了人们梦想中的挂在墙上的"壁挂电视"，还发明了人类五千年文明史上最重要的产品——智能手机，它所具有的功能远远超出了人们的想象，过去神话中的"千里眼""顺风耳"和"魔镜"都一一变成现实，给人类的社会和生活带来了巨大变化和前所未有的体验。值得我们自豪的还有经过几十年的艰苦努力，我国的液晶显示产业在2018年发展到全球第一位，现在更是到了全球垄断的地步。我个人从1982年开始研究液晶，三十年前进入液晶显示工业界，退休前后又从事液晶显示行业协会的工作，可谓是基础研究、工业化生产、行业协会三位一体，这大概在全国也是罕见的。我万没有想到，四十年前的选择竟然让我有机会投身到这堪称伟大的事业之中，为之奋斗了大半生，亲身见证和参与了我国液晶显示的发展全过程，

> 闵先生和葛传珍老师在深圳时的合影

并为此做出了自己应有的贡献。时至今日，我已年近八十岁高龄，仍然是多家上市公司的董事和顾问。我以这些作为向闵先生的汇报，告慰九泉之下的他，我没有辜负他对我的期望！

我到深圳工作后，每次回宁时，我都会来拜见闵先生，2000年以后正是闵先生的学术成就如日中天的时候，听到他侃侃而谈，早年的理想都在实现之中，甚至更加美好。我也有幸在深圳接待过闵先生和葛传珍老师。

闵先生是严师，但又是我的兄长，他诲人不倦、平易近人、幽默风趣、妙语连珠。在南大二十年，我和他的关系十分密切，我到他家里请教已是家常便饭，和他谈话是一件十分快乐的事。他喜欢喝酒，烟也抽的多（可能这也是影响他健康的因素），我那时也年轻，烟酒都来。酒逢知己，烟雾缭绕，谈笑风生，憧憬理想，如今这些美好的瞬间都只能留在记忆里了。

闵先生对南大物理事业的贡献人所皆知，我有幸能在他的指导下学习和工作，并且近距离地和他相处二十年也是十分难得的事。他对我的教诲、支持和恩德是我毕生难忘的。

闵先生安息吧！我们永远怀念您！

2023 年 6 月 5 日于深圳

# 乃本星下忆宗师

王继扬

光阴似箭，日月穿梭，亲爱的、敬爱的、挚爱的一代宗师闵乃本先生离开我们已经五年。在这一千八百多个日子里，在阳光中，在星光下，闵先生的音容笑貌宛如在身边，他伟岸的身躯、他深邃的目光、他宽厚的胸怀、他敏锐的感知、他天才的智慧，似乎都凝聚在命名为"闵乃本星"的199953号小行星之中，星光闪烁，指引我们前行。

我有幸在南京大学就读，成为闵先生的校友和编外学生，我有幸步入晶体生长界五十余载，在闵乃本、蒋民华和陈创天先生"三驾马车"身边工作四十年，受他们的教诲，遵他们的指示，承他们的关照，尽自己绵薄之力。而今三位大师均已仙逝，但他们的形象永远活在我们的心中。蒋民华先生渊博的知识、非凡的洞察和领导能力，带领中国晶体材料自立于国际晶体之林；陈创天先生坚实的基础、宽广的思路和卓越的科学观，攀登非线性光学晶体巅峰；闵乃本先生人格的魅力、政治的坚定和学术的创新引领，造就了一代宗师。闵先生奠定了晶体生长的基本理论，他开辟了介电体超晶格研究新领域，他打通了从晶体向量子迈进的道路。他永远是我们后辈膜拜的楷模。

闵先生是伟大的，又是平凡的，他的伟大已为星光所证明，他的平凡已走入我们的心田，他的成就，他的往事，点点滴滴，为我们永远铭记。

> 蒋民华（后排）、陈创天（前排左）和闵乃本（前排右）先生

闵先生出生于长寿之乡——江苏如皋，1955年到南京大学物理系学习，1959年由于优异的成绩和踏实的工作，留校从事教学和科研，踏上了发展和创新之路。

闵先生是一个科学家，他的科学成就来自他的亲力亲为，亲临一线，身体力行。冯端先生是举世闻名的卓越的物理学家，是我国凝聚态物理的奠基人之一。作为冯端先生的学生和助手，闵先生从事晶体生长、缺陷和物理性能的研究，在自行设计和制作的"电子束浮区区熔仪"上，亲手生长了体心立方难熔的铌、钼和钨金属单晶体。这台仪器和山东大学的磷酸二氢铵（ADP）晶体一起，于1964年获当时国家计委、国家经委和国家科委共同颁发的"工业新产品"二等奖，为我国的科学事业做出了重要贡献。

中国现代功能晶体的生长和研究，发端于1950年代中后期，卢嘉锡先生在厦门大学（后到中国科学院福建物质结构研究所）开始了晶体结构和晶体生长的研究，从结构化学出发，阐明晶体结构与性能关系；在南京大学，从金属物理到晶体物理，殊途同归；加上山东大学致力于非线性光学和激光晶体的生长，形成了合力，开创了我国功能晶体发展的基本局面。

1980年代是中国改革开放的黄金岁月，也是我国功能晶体发展的黄金时期，功能晶体的研究，得到国家科委六五规划（1981—1985）的重点支持。同时，国家自然科学基金的设立和国家重点实验室的建立，都为功能晶体的发展奠定了重要的基础。就在这一时期，我国的非线性光学晶体

> 1987年，闵先生和作者在泰山南天门

研究获得了世人的瞩目。

从1960年代到1980年代，我国晶体界研究集中在非线性光学晶体，从"中国之星"铌酸锂晶体开始，以阴离子基团理论的提出为里程碑，"中国牌"晶体偏硼酸钡（BBO）的发现和应用，熔盐法磷酸钛氧钾（KTP）的生长和应用，奠定了中国功能晶体的国际领先地位。

就在这一时期，我在蒋先生和闵先生的直接领导下，开始了国家重点实验室的建立和晶体材料科研计划的组织和实施。

认识闵先生，首先认识的是他对晶体和晶体生长深刻的认识和洞察力。闵先生从1970年代到1980年代是在晶体物理教研室从事教学和科研工作的，他和洪静芬、邹群老师等一起，亲自用提拉法生长铌酸锂晶体。他不但长晶体，而且讲授晶体生长课程，亲自为学生编写讲义，闵先生本人对此印象特别深刻。他回忆说他当时对编讲义、为学生讲课的事情非常重视。因为他知道，在当时的情况下，为国家培养出有知识、有抱负和有担当的人才是多么紧迫又多么重要的事情。他不无自傲地说起，这本讲义花了他好几年的时间，整本书的安排、课程材料的取舍，特别是如何切入都颇费心思。一般晶体生长的教科书，都从晶体结构、成核、生长入手。而闵先生直接从晶体生长的物理学基础入手，抓住了晶体生长中热量、质量和动量的传输理论，结合晶体生长中工艺密切相关的温场（温度梯度）、熔质分凝，乃至组分过冷的产生及其消除结合；加之从相图、相变、界面稳定性到界面性质结构；以相变驱动力为中心，将气相、溶液和熔体生长统一到同一物理框架中。此讲义及以后修改补充正式出版的《晶体生长的物理基础》为我们提供了不朽的宏图巨著。特别是在那段刚刚经历过风暴的特殊历史时期，他所克服的困难，他所付出的辛劳，后人都难以想象。每一次重新学习这本既老又新的书时，都感觉到那字里行间都浸满闵先生如磐的物理功底、敏锐的科学洞察力、超人的悟性和深度耕耘的心血升华。

闵先生曾经说过，许多人都知道他"介电体超晶格"的工作，但是对他在晶体生长基本理论方面的贡献了解的人并不多。闵先生献身于科学事业，基础扎实，兴趣广泛，从事晶体生长多年，从金属单晶到激光非线性光学晶体，乃至生物蛋白质结晶（如肾结石的形成）等都有涉及，并且对晶体生长的机理进行了系统的研究。

晶体是如何生长的？这个问题一直是晶体生长界最基本的问题。1878年，吉布斯提出二维成核势垒理论初步解决了人们对晶体生长过程的认识。但是，人们发现实际晶体生长的速率远远快于这一理论而致其难以为人完全接受。直到1949年弗朗克提出生长过程中由于螺位错的出现，可以为生长提供永不消失台阶后，才深化了对实际晶体生长的认识；1951年又发展出著名的BCF（Burton, Caberera和Frank）理论，清楚证实了这一结果，但此时晶体生长台阶源的起源，仅局限于螺位错。

从1988年开始，闵先生专注于晶体生长缺陷机制的系统研究，实验结果及导出理论模型证明除了螺位错以外，实际生长过程中出现的任何类型的位错、层错、孪晶乃至凹入角和粗糙面均可成为永不消失的台阶源，即完全台阶和不完全台阶（亚台阶，Sub-step）都可使晶体生长成为连续过程，说明实际晶体生长的丰富多彩，这一理论也比原来的理论描述更系统更完整。这确实是闵先生对晶体生长基本理论作出的卓越贡献，该理论进一步被荷兰著名晶体专家贝内玛系统证明，在国际上被誉为"闵氏亚台阶理论（Ming's Sub-step Theory）"，普适于各种生长过程，成为国际晶体生长基础理论发展过程中一个重要的里程碑！此前，在1982年，闵先生在美国犹他大学和罗森伯格教授做合作研究期间，还成功解释了晶面粗糙化难题，修正了Jackson理论，获得"大力神"奖，被誉为当时"晶体生长领域最好的成果"。

闵先生对科学最大的贡献，我觉得还是"介电体超晶格"的理论和应用。刚刚认识闵先生的时候知道他从事着聚片多畴铌酸锂生长的研究，其后有朱永元、祝世宁、王振林和陆延青等一批学生的加入。在国家攀登计划和973计划的支持下，日复一日，团队在成长，理论和实验在进展：从晶体的位相匹配理论，发展到准相位匹配理论；从晶体掺杂引进铌酸锂的准周期畴结构到用光刻方法准确制备周期性畴结构；从单色激光输出到三基色，乃至白光，都可以从人工微结构晶体中输出！我们在学术研讨会，在国内国际会议的殿堂，一次次听到闵先生及其学生们胜利的捷报，分享着开拓新领域的喜悦。仰望闵先生运筹帷幄，站在学术发展潮流的前沿高屋建瓴，却又一步步走得那么小心谨慎，那么扎实。他多次和我讲过探索介电体超晶格过程的艰辛，他从铌酸锂晶体的聚片多畴，想起半导体超晶格排布，从而巧妙地借助于半导体超晶格理论，提出了"光学超晶格"的概念，发展了准周期和准相位匹配理论和设计方法，发明多种新技术制备出各种类型的微结构晶体和器件，获得各种波长高性能激光输出，引领了国际发展。其后又将超晶格的概念用于声学，独创了声学超晶格概念和材料；提出了微波与超晶格振动强烈耦合所引起的极化激元新机制，制成了填补空白波段（$10^3 \sim 10^4$MHz）的超声原型器件。更重要的是，他又将光学超晶格和声学超晶格总结为介电体超晶格，从而在国际上开拓了一个新的研究领域。闵先生说起过，他提出和采用介电体（包括光学和声学）超晶格的名称时非常小心，在一次学术会议上，他直接向半导体超晶格创始人之一的黄昆先生阐述了"介电体超晶格"的由来和发展，当面得到黄先生的首肯，认为闵先生很好地应用和发展了半导体超晶格理论。

闵先生常常说，一个创新成果能为人们认识，往往需要二十到三十年的时间，就要求从事科学研究的人员杜绝功利目的，心无旁骛，心平气和地坐冷板凳。从1980年代中期开始到2006年"介电体超晶格研究"获得空缺好几年的国家自然科学一等奖,整整过去了20年,这中间经历了多少辛勤的耕耘,付出了多少心血和汗水!

闵先生是一代科学宗师,不但有非凡的创新能力,而且有卓越的组织能力。1980年代后期,我国人工功能晶体发展迅速,国家重视人工功能晶体发展。为了协调组织队伍,集中力量办大事,国家科委组建了"国家人工晶体研究与发展中心",科委朱丽兰主任亲自聘请闵先生担任主任。此时,中国以非线性光学晶体为代表的功能晶体呈现蒸蒸向上的局面,不同的单位、不同的团队做同一方向乃至同一晶体的研发工作,难免产生一些矛盾和摩擦。闵先生身为主任,不辞辛劳,亲自多次主持中心的协调会议,苦口婆心,循循善诱,努力化解各方面矛盾。特别记得为了协调三硼酸锂(LBO)这一"中国牌"晶体的研发,有两次开会,从白天持续到深夜,矛盾双方唇枪舌剑又不失温文尔雅的辩论给人深刻印象,而闵先生主持会议,雍容大度,掌握大局又体贴入微,化解矛盾。加之有蒋民华先生主持的人工晶体专家组(863领域)的支持,使双方都获得可以接受的结果,维持了人工晶体发展的大局。

> 2005年,闵先生和作者在北京中苑宾馆(CGCT-3,第3届亚洲晶体生长与晶体技术会议)

闵先生又是国家攀登计划首批实施的"光电功能晶体"的首席科学家,在他的主持下,进一步团结了全中国晶体生长界的精英开展在国际前沿的研究工作,特别是全力支持以陈创天、蒋民华和许祖彦先生为首的研究团队间的合作,开展了氟硼铍酸钾(KBBF)深紫外非线性光学晶体生

> 2008年，闵乃本先生（右二）、蒋民华先生（左二），王牧教授（左一）和作者（右一）在十三陵

长和应用的攻关。KBBF晶体是继BBO和LBO之后又一个重要的"中国牌"非线性光学晶体。自1980年代KTP晶体的发现和产业化，基本满足了对可见光区的倍频晶体的需求；BBO和LBO的发现和实用化又解决了紫外区非线性光学晶体的需求。但是一直缺乏深紫外（DUV，< 200nm）光谱区的非线性光学晶体。1998年，国际著名的综述性刊物《激光集锦》（*Laser Focus World*）撰文认为："200nm是一个深紫外壁垒，为突破此壁垒，等待着中国新型非线性光学晶体的发展"。 KBBF晶体自1992年已经由陈创天先生课题组所发现。但由于晶体的层状结构及生长习性，一直突破不了获得C向厚度超过2毫米晶体可应用的目标。新世纪开端，一次偶然而又必然的机会，陈创天先生将这一难题交给了我们课题组，我

> 2008 年，在北京水立方（左起：吕惠宾、陆坤权、闵乃本、蒋民华、赵伯儒、沈学础、王继扬）

们集思广益，在尝试各种籽晶法生长未果的情况下，首创自发成核定点生长的方法，经过两年攻关，首次生长出厚度超过 2mm 的晶体，从中加工出 20mm×10mm×1.8mm 的原型器件，经许祖彦先生发明的"耦合棱镜"技术，实现了钕离子激光器 358.7nm 到 179.9nm 直接六倍频输出，从而突破了深紫外壁垒。闵先生一直非常关注和支持这一合作，在攀登计划汇报中，高度评价这一成果"实现了深紫外谐波光输出的 3 个国际首创，创下了两项世界纪录"，是我国不同科研单位通力合作攻关的典型成果。在闵先生和杨振宁先生的推荐下，这一成果获得"求是奖"；2013 年还获得了国家发明二等奖，成为我国关键材料不受制于人反制他人的典型。《自然》2009 年以"中国晶体——藏匿的珍宝"为题发表专题评述：

"这是一块完美的晶体，它确实可以使整个领域向前发展，前提是，如果你能够得到它。""其他国家在晶体生长方面的研究，目前看来还无法缩小与中国的差距。"KBBF是著名的"中国牌"晶体，是深紫外非线性晶体的高峰，20多年来，无数中外科学家以其为目标，希望赶超，但至今仍是该领域唯一可实用的晶体。每每看到想到这一晶体，我总会想起发现它的创天先生及其团队，也总会铭记闵先生的支持和卓越的组织和协调工作。

这只是闵先生主持攀登计划研究十余年的一个成功个例。在攀登计划和蒋先生主持的863新材料领域专家委员会的支持下，中国的功能晶体获得长足进步，"介电体超晶格理论""铁电弛豫体研究""晶体生长基本过程研究"和"有机无机复合晶体"等一系列工作展开并相继获得成果；同时还组织和凝聚了一支特别团结特别有创新能力和攻关能力的中国功能晶体基础研究队伍，为中国功能晶体几十年长盛不衰凝聚了创新人才队伍并奠定了坚实的科技基础。其后闵先生又受聘为国家973计划顾问专家，担任国家中长期科技发展规划纲要材料组副组长，提出"量子调控"专项并担任首席科学家，为我国功能材料的发展及引领科技发展做出了杰出的贡献。

闵先生不喜欢唱政治高调，但是他有很高的政治标准和界线，对自己、对学生和老朋友，他都是政治标准第一论者。特别是在大是大非和紧要关头，闵先生总是站在正确的方面要求自己，也经常帮助他人站稳立场。他不是共产党员，作为九三学社社员，他坚定地支持党的各项方针政策，顾全大局，发挥自身的特长优势，建言献策，特别对科技发展有远见卓识，许多建议都被接受并实施，很好地成为多党合作制度坚定拥护者和积极践行者，成为我辈学习和敬仰的楷模。记得很多次我在各种政治事件和风波中有看不清的问题，打不开的心结，一旦向他倾诉，闵先生高屋建瓴的站位和体贴入微的开导总使人如沐春风，心结顿开，有豁然开朗之感。遇到老友，特别是相交相知多年之高位老友，一旦有不解之事也会得到他的帮助，经常听说他和闵先生长谈或通很长的电话，交谈交心，解决了他很多的思想和实际问题。从我的体会，想来正是先生这种人格魅力，造就了他的政治站位和政治地位，奠定了他在人们心中政治家的形象。

闵先生更是教育家，这里不说他如何上课，如何编讲义，只说他如何教学生，如何组团队，就充分体现了他的风格。他很注重培养能体会他自己思路和科研目标的科研队伍，这支队伍的骨干是他的"嫡系"和"非嫡系"的弟子（现在更是有弟子的"弟子"……）组成的，这里的"嫡系"和"非嫡系"是闵先生在一次无聊会议过程中随手写下又被我保存的（可惜保存太好一时找不到了）。上面"嫡系"有他在南京大学亲自带的一批博士，"非嫡系"有来自其他学校和团队的一批博士。这无意的一纸，恰恰体现了闵先生学术的包容并蓄，他队伍的组成，除了亲自培养的王牧、朱永元和祝世宁等优秀人才外，还有来自西北工业大学的陈延峰和来自浙江大学的陆亚林等精英，不同来源，理工结合，成为团队特色。闵先生在注重培养队伍的创新和引领能力的同时，特别关注国内外学术动向和学术发展前沿。记得九十年代末一次在南京紫金山庄讨论科技规划时，闵先生提起量子和量子调控概念和发展前沿，当即布置了团队跟踪和深刻理解其物理内涵，从而提出了自己的思路和方向。保持研究方向的前沿和与时俱进，这正是闵先生创建的团队能长期立足国际前沿长盛不衰的原因。从经典生长基础理论到介电体超晶格，再到微纳米研究，发展了量子调控和拓扑物理学前沿，为物理学、材料科学以及物理学和材料科学的结合引领了研究方向。

闵先生对他的学生和团队成员是严格的，他和我说过他的耳朵是"单向的"，他的脑子是"半导体（只有一个方向导通）"，他注重的是他要

> 2011 年，闵先生和作者在南京

注重的事情，别的闲事杂事他无心去管。他不想管的事情和他讲也没用，他说他要求团队成员出成绩，他关心的是"功劳"，而不是毫无作用的"苦劳"。但他又不是不近人情的人，他以身作则，亲力亲为，不但解决科研关键的思路和科学问题，甚至亲自修改文字和表述，不但有功劳，也付出超过常人的苦劳。他注重的是大集体，也支持建立小团队，特别是团队凝聚了各个年龄段和不同方向的学术骨干，如更年轻的吴迪和卢明辉等。他是大集体的学术领导人，而由他"嫡系"和"非嫡系"的弟子们组成了七八个乃至十多个小团队，各有所专，各有所长，相互配合，从晶体生长基础微结构的坚持，到量子拓扑前沿的开拓，五彩缤纷，齐头并进，在凝聚态物理和材料科学领域耕耘开拓，整个团队团结奋进，创造一个又一个创新成果。团队也不断扩展壮大绵延至今，成为国际著名的人才高地和科研基地。

　　闵先生在学术上对团队要求严格，一丝不苟，在日常是为人亲和的长者。他宽容大度，一向主张要有自由的学术空气。闵先生非常重视和关心年轻人的成长和发展，当他步入古稀之年时，经常把自己六十岁学生的前途放在心上。他亲口和我说，他人生至今已经无所求，在古稀之年的努力，都是在为自己已经六十岁和快要到六十岁的学生操心出力，这样的心情，这样的努力，一直使我动容。也正是闵先生这一片苦心，才保得团队这一片天地和似锦的前程。团队骨干偶尔犯错，闵先生也是怒其所为，严以批评，一向主张小惩大戒，用其所长，保得团队的完整和人才的前程和成就。从中我们看到大师风范、大师胸怀和大师气概，为处在这个团队的成员感到温暖，同时这也为如何用人提供了不一样的范式。

　　闵先生待我恩重如山，一直关心和鼓励我，把我作为他编外的嫡系学生。在人工晶体研究与发展中心，他是主任，我是秘书；在攀登计划乃至973计划实施期间，他是首席，我与他的助手一起为他具体安排各种组织事宜；他和蒋民华先生共同组建国家重点实验室联盟时，我和祁鸣每年组织凝聚态物理相关国家重点实验室召开年会，组织交流和活动。在工作和组织之余，闵先生关心我的人生，我的研究，我的前途。当我遇到各种问题，总是在内心非常期待先生的指点和教诲。我记得闵先生教导我要政治坚定，学术求精，并称赞我识大体，顾大局，鼓励我在学术上走出自己的路，有自己的特色和工作。特别是在激光自倍频晶体的研究和应用的发展过程中，我们自始至终都得到闵先生的鼎力支持。本来，激光和倍频往往由两种不同的晶体来实现，我们在国际上首创了将两种晶体的功能复合在同一块晶体中可以实用的激光自倍频晶体，成为复合功能晶体之先驱。有的朋友并不认可我们工作的意义，认为我国的激光晶体和非线性光学晶体产业化都做得很好，很容易将激光晶体掺钕钒酸钇（$Nd:YVO_4$）和倍频晶体 KTP 晶体胶合，获得百毫瓦倍频绿光，激光自倍频晶体并无前途。闵先生挺身而出支持我们的研究工作。在自然科学重大基金的支持下，我们的工作终有突破，这一成果转移至青岛，建立了以自倍频晶体生长及绿光模组为主要产品的青岛镭视公司。2011 年初，闵先生和沈德忠两位院士为正副主任，范滇元、姜德生、江东亮、张兴栋、许祖彦、周玉和吴以成七位院士为委员，对激光自倍频晶体及其绿光模组进行了鉴定，肯定其创新性并给予高度评价。

闵先生在这次鉴定会上说，他几乎不参加不主持什么成果鉴定会。他第一次参加并主持的成果鉴定会，是 KBBF 晶体的成果鉴定会，这是他平生第二次参加并主持的科技成果鉴定会。在这次会议上，他不但高度评价了这一成果及其意义，而且为我和我们课题组的研究指明了前进方向和目标，并且和参会的山东大学领导深谈了蒋民华先生离世后晶体材料重点实验室的发展大计，语重心长，历历在目。

我和闵先生还一起写过一本科普书籍，这是第一批国家攀登计划项目完成后，国家科技部要求每个项目组都要写一本介绍项目研究内容的科普书，闵先生将这一任务交代给我。在闵先生的指导下，以闵先生和我为作者的《探索新晶体：光电功能材料的结构、性能、分子设计及制备过程的研究》出版，书中深入浅出地介绍在闵先生的主持下，光电功能晶体领域获得的长足进步，也介绍了闵先生在晶体生长基础理论方面的进展。闵先生看了我写的这一部分，很高兴地说我懂他，懂他的工作。我一直铭记闵先生说的话，及他说话时的神态，觉得闵先生也真的懂我！

在成长发展的每一个关头，我都得到闵先生的教诲，我每走一步，都想得到闵先生的指导。2011 年底，我面临人生的一个选择，闵先生坚定地支持我从山东大学到华南理工大学任职，并指示我仍然不要离开课题组，不要离开功能晶体研究，要坚持做好自己，做好工作，为我的余生指明了方向和道路。闵先生真是我的恩师！

闵先生宽以待人，但一直严以律己。无论在什么境况下，他都能保持清醒的头脑和敏锐的洞察力。他一直感慨，只有一个稳定的社会，发展的经济，才有高水平的科研。他说过，一直到改革开放后，特别是 1980 年代中期以后，开始有从事深入系统科研所必需的社会环境和经济水平，所以要珍惜和用好这样的环境。他 1991 年当选为中国科学院院士，1999 年在成都中国晶体学会全国会议上，他继唐有琪先生担任中国晶体学会理事长，推荐年轻的我担任副理事长。就在这次会上，闵先生和我讲起人生，讲起他所熟悉的老师、朋友和学生，教导我要学人之长，避人之短，特别要注重自律，要知足求上进，特别是在有成绩，受人重视和尊敬的时候更要知道自己的分量，自己的优缺点和如何对人、如何做事。他说，在高位的人难听得真话、实话和批评的话，任何时候，自己一定要头脑清醒，要规划好自己的道路。闵先生深沉地指出："一个人善始容易善终难！"一番话，二十多年过去了，仍然音犹在耳，时时响起。

闵先生的人生如他爱喝的白酒——水晶瓶的"水井坊"一样，虽然不如国酒茅台那么昂贵，但是晶莹剔透，珠圆玉润，甘冽动人。闵先生光明磊落，善始善终。我还记得他笑对病魔，在生命的晚期，还是那样的从容，那样的淡定，那样的关心后进，那样的向上和乐观。

闵先生离开我们已近五载，但是他从来没有离开过我们，至少对我总是这样。每当我生长晶体遇到问题，去读读闵先生的书；每当我待人处事碰到问题，去想想闵先生所说的话。当人生迷茫，要踏入下一步的路时，想想闵先生的人生，抬头望星空，记住，永远有一颗"闵乃本星"照耀着我们，星光虽弱，却永远在我们心里，鼓励我们永远向前！

# 空自倚，清香未减，风流不在人知
## ——忆闵乃本先生

**资 剑**

不知不觉，闵先生离开我们快五年了，五年时光不算长，却也不短。经过三年疫情，特别是去年四月封城那种难以忘怀的经历，让我在对人对己对事对物等诸多方面，如模型中的参数，起了一些变化；而内心深处那些随时空沉积下来的美和善，像守恒量般，愈发珍贵，怎会轻易随时间和空间而变？

我自己，明年就到花甲之年，时不时独坐思往昔，不经意间闵先生的音容笑貌就会浮现眼前，从相识相知相惜，到最后的离别，真真切切。只可惜，纵有惆怅万千，此情可待成追忆。

### 别后不知君远近，触目凄凉多少闷

闵先生去世前六天，收到世宁信息，告闵先生情况不好，早上咳出一大口血，医院发了病危通知书，病情似往恶化发展，希望朋友们不要去医院看望。我心里很沉重，决定第二天上午上完三四节课后乘高铁去南京。

到达医院约下午三点半，葛老师和她从上海来看望的弟弟在病房。闵先生躺在病床上，人消瘦许多，鼻子插上鼻管，几乎不能讲话。闵先生看

> 2005年春，闵先生在丽江。闵先生多次对作者讲，他喜欢的是如照片背景的小桥流水人家，向往着恬静的生活（资剑摄）

我来，很是高兴，我坐在病床边握着闵先生的手，听不清闵先生欲言又止的话语，但能感应到闵先生的意思，同时也能感受到闵先生与病魔斗争所历经的各种痛楚。

不久，闵先生手指着病房中的柜子，葛老师马上明白闵先生所指，打开柜子取出一个古朴的红色硬纸盒。我问闵先生可以打开否，闵先生笑着点头。红色纸盒里面是一个配有古样铜锁的红木盒，打开出现一枚很精致的象牙微雕印章，旁边还配了一副放大镜。在放大镜下，可清楚看见印章一面雕刻有文天祥的《正气歌》。我开玩笑地说，现在有正气的人越来越少，闵先生你送对人了，闵先生笑而不语。葛老师说，这是闵先生特地交代从家里取来送给你的礼物，做个纪念。

或许闵先生心知来日无多，或许预感这是我们最后一面，要留一个纪念，或者一个念想。此刻，我感受到闵先生的深意，内心五味杂陈。《正气歌》是文天祥兵败被俘，囚于元大都狱中所书。在利益与价值颠倒、因

> 闵先生送给作者的精美象牙微雕印章，一面雕有文天祥的《正气歌》

果互换、气浮心粗的时代，很多我们心向往之的善与美也许是一种奢望，但至少，尽力不以善小而不为，尽量不以恶小而为之。也许，这也是闵先生的期望吧。

后来护工进来要换小便，闵先生似乎不太愿意，葛老师解释道，因为我们在，闵先生不好意思。一如既往，我又开始"调侃"闵先生，你啊级别太高，资深大院士，相当于副部级，又当过省政协副主席、全国政协常委，真的副部级，面子重要啊。最后还加了一句，闵先生啊，你这辈子就是太要面子了。闵先生有点不好意思，像小孩般微笑。随后我们出病房等待。

在病房待了差不多一小时，已经很长了，不忍继续打搅闵先生，是道别的时候了。我俯身拥抱了闵先生，然后给葛老师说了保重，依依不舍地离开病房。

在回沪高铁上，脑中回放与闵先生在一起的情景，一幕又一幕。

五天后的九月十六日，我正在北京出差，下午五点许接到葛老师发来的信息，告闵先生可能挨不过今晚。五点半过，收到葛老师和世宁分别发来的信息，告闵先生与世长辞，离开了我们。

几乎一夜难眠，昔我往矣，杨柳依依；今我来思，雨雪霏霏！

第二天上午会议结束后马上赶去北京南站乘高铁，近六点到达南京南站后直接去闵先生家。葛老师和公子闵泰陪我到楼上灵堂，我手执点着的立香，向闵先生遗像深深三鞠躬，然后点上一支闵先生生前喜欢牌子的香烟，与立香一并插在香炉上，闵先生，一路走好！立香和香烟的烟雾相互交织着渺渺往上升，天堂没有痛苦。

闵先生追悼会前，我和五位闵先生生前忘年交相约，在追悼会前一天去送别，这样我们可以与闵先生单独多待一会儿，说说心里话。我们分别从不同城市或乘高铁或乘飞机抵宁，然后去西天寺殡仪馆汇合。凭守灵证我们进入闵先生遗体安放的厅，厅很大，独独一具棺木放在正中，闵先生静静地躺在里面，人比见最后一面时还要消瘦。我们六人站着围在闵先生周围许久，偌大的厅万籁俱寂，唯有每个人心里默念与闵先生想说的话，最后深深三鞠躬，闵先生，愿您一路走好！

此时此刻，无尽感叹涌上心头，正如《庄子·外篇·知北游》言："人生天地之间，若白驹之过隙，忽然而已。"

### 平生风义兼师友，不敢同君哭寝门

约十年前在南大的一次考察会，我作为代表之一向考察组一行介绍某些方面的情况。考察组组长是一位与闵先生熟谙的院士，前科技部官员。也许我讲得不错，末了，他突然问我，你是闵先生学生？我回答，我是复旦的，谢希德先生曾经的学生。他接着问，那你和闵先生是什么关系？我看得出他内心的纳闷，答道亦师亦友。是吗？他很轻地说。从面部表情看得出他的疑惑，我很肯定地回答道：是的，亦师亦友。

与闵先生相识是因缘际会，在此之前，我们未曾谋面。由于研究方向相近，我阅读过不少闵先生及合作者的文章，只粗略知道闵先生一些情况，院士、科技部"973"计划专家顾问。在我心里，闵先生肯定不知道我这个人。

大约是 2000 年春吧，我们系一位与闵先生相熟的老师有一天突然告诉我，说闵先生要组织一支队伍申请"973"计划项目，研究方向是光子晶体、声子晶体等人工带隙材料，并建议我来担任首席科学家。我当时的心情用匪夷所思来形容也毫不为过。

那时我处在而立到不惑之年的中段，各方面还居于起步阶段，经历资历都不足，心中的疑惑不是没有道理，因为那时担任"973"项目的首席科学家大都是比我年纪大得多、名气响当当的学者，况且竞争还异常激烈。

我心里还有一个疑问，仅南大比我有资格担任的也为数不少，为何闵先生选我？我和闵先生素昧平生啊。为此，我还在项目研讨会第一次见闵

> 2017年初春，闵先生与作者在南京

先生时当面推辞过，闵先生回答得很简单，我相信你行。

这个疑问伴随我不算太短的时间，直到和闵先生熟稔，才问了这个问题。闵先生告诉我，我其实知道你，谢先生的学生，做得不错；不能仅由南大人来担任，要共同发展才能推动国内整体水平。

在这个项目的申请和实施过程中，我获益良多。整个项目团队齐心协力，聚在一起反复研讨，申请书修改了一遍又一遍，最后成功进入答辩。准备答辩的整个阶段，真是一个痛苦的过程，为能让评审专家们认可人工带隙材料这个出现不久的研究方向有发展前途，项目团队有基础有能力做好项目，并能够取得好成果等绞尽脑汁。对我这个第一次承担如此重任的新手来说，面对的挑战可想而知。

还好，我非常努力，没有辜负闵先生和团队的期望，最后的答辩很顺利，自己感觉也颇为不错。记得答辩结束正好是休息时间，闵先生走向我们三位答辩成员，连声说，讲得好，讲得好，资剑聪明。我明白闵先生所指，在回答问题阶段，专家顾问组组长光召先生问了两个非常有挑战而且很细的问题，与我们要研究的领域相关但是是其他领域的问题。由于前期准备充分，对这些问题已经探究过，回答得流畅到位，还看到光召先生频频点头。当时闵先生着实为我捏了把汗的，大家都知道光召先生提问题的厉害。

当时光子晶体、声子晶体等人工带隙材料研究还处于发展初期，很难意料会发展成今天科学界和产业界都高度关注的研究方向，不得不佩服闵先生准确的科学判断和敏锐的学术眼光。

令我印象深刻的另外一件事是拓扑绝缘体研究。当时拓扑绝缘体小荷才露尖尖角，中国科学家开始在这个新方向崭露头角。作为科技部量子调控重大研究计划专家组组长，闵先生敏锐觉察到这个研究方向的科学意义和发展前景，要我找一位年轻科学家来一起讨论，记忆中至少讨论过两次。后来在闵先生等的建议下，拓扑绝缘体研究很快在量子调控研究计划中优先立项，由这位年轻科学家领衔。包括拓扑绝缘体在内的拓扑物态后来的蓬勃发展证实了闵先生的判断，中国科学家在这个研究方向做出了非常出色的工作，站在了国际学术界研究前沿，这和量子调控研究计划大力度的持续支持不无关系。

我连续两次担任"973"项目首席科学家，我们项目团队也取得多项在国际上也站得住脚的研究成果。这些经历让我成熟起来，眼界也有所拓宽，自己的研究也从理论拓展到了实验，如今的课题组已以实验为主。后来项目团队的接力棒交给了另外一位成员，如今又交棒给了我们的学生辈。

我们这个团队大家关系融洽，合作交流也多，我经常在团队相聚时开玩笑，闵先生是我们这个团伙的精神领袖。

后来在闵先生的推荐下，我被科技部聘为量子调控重大研究计划专家组成员。由于经常一起开会，与闵先生的个人接触陡然多了起来。最主要当然是闵先生和我习气相投、观念相若，我们从最初的相识，很快到相知，最后相惜。

第一次见闵先生是他带南大成员来复旦酝酿"973"项目申请，第一面的感觉是闵先生很和蔼，说话慢条斯理，脸上总挂着笑容；自此以后，在闵先生面前我从未有丝毫拘束感，基本都是直抒己意，不时还开开闵先生玩笑，间或调侃一下，这或许也是闵先生喜欢我的原因之一吧。

闵先生和我一起开会的足迹遍及东南西北，晚间常常一起小酌，在烟雾缭绕中，不仅聊科学，也聊人情世故，从天文到地理，从天南到海北，无所不包，有时候结束时不知不觉已过午夜。令我感动的是，在我生病后，每逢有人劝我喝酒，闵先生总是很巧妙地帮我挡酒，甚至有时候还代我喝。

我们甚至数十次聊过大家比较忌讳的生死问题，探讨过安乐死、基督教的生死观，以及佛教如何对待死亡。

每每回忆起这些，总会伤感惆怅。从别后，忆相逢，几回魂梦与君同。

### 令公桃李满天下，何用堂前更种花

约十年前夏，闵先生和我去太原晋祠宾馆参加一个项目会。上午开会，午后许多与会者或离开，或出去参观附近著名的古晋祠或去别处。当天的雨不小，与往常不同，闵先生主动约我在宾馆长廊散步。我们来来回回地走，闵先生话不多，隐隐约约感到闵先生似乎有什么心事。

大约有些累了，闵先生说我们歇一下，抽支烟。我帮闵先生点着烟，随后也点上自己的，闵先生若有所思地抽着烟，望着远处，也没再说话。突然，闵先生长长叹了口气，转头对我说道：老弟啊，我这一辈子没做什么呀。

我完全想不到闵先生会说出这样的话。几乎没停顿，我说出了下面的话。

闵先生，除了家庭外，你这一生我认为做了三件事：一、培养了一大批能干的学生，桃李满天下，在不同岗位都是栋梁之材；二、在非线性准相位匹配等方面在国际上做出了开拓性工作；三、推动国家对量子调控的支持，对国内量子调控的发展起了巨大作用。

任何人能够做出其中一件，人生就可以了；如果能做其中两件，人生可以说比较圆满了，何况闵先生你做了三件，这一生应该值了。

闵先生听后说，你是在安慰我啊。我回答道，不是，是真心话。之后，明显感到闵先生心情慢慢好了起来。闵先生后来还问起我对一些人和事的看法，我也毫无保留说出了我的看法。那天下午聊了很多，记得还聊到聪明与智慧、宗教哲学科学之间的关联。

我还告诉闵先生，你一生除了做的三件事外，还有同等重要的，是你一生收获了这么多朋友，老一辈的老先生也喜欢你，同辈中朋友多多，晚

> 2015年秋，闵先生与后辈朋友在靖江（从左至右：羊亚平、朱诗尧、祝世宁、闵先生、作者、陈鸿）

辈中也有那么多忘年之交，比如我。

夫复何求！不是吗？

闵先生说过谢先生喜欢他，一次到复旦来开会，晚上吃饭时，虽然还有其他老一辈先生在，谢先生一定要闵先生坐旁边座位。闵先生说不敢放肆，不仅不抽烟，谢先生知道闵先生喜欢喝酒，当谢先生问喝酒不，闵先生还连说不喝酒不喝酒。

闵先生经常提起，有好多同辈至交，有"烟友"，有"酒友"，经常在会议晚间高谈阔论，海阔天空。谁没有烦心的时候？曾记否，在北京一次晚餐，一位同辈好友和一位晚辈朋友带来家藏好酒，我们三位一起，掏心掏肺开导闵先生，做心理"按摩"到凌晨。那晚，多年不沾白酒的我也喝了好几杯，大家都有些微醉。

门生们对闵先生和葛老师也是嘘寒问暖，在闵先生生病时，忙前忙后，他们的弟子之礼我历历在目。

闵先生生性随和，没有架子，对晚辈关爱，受到闵先生帮助的小辈何其多，好多成了闵先生的忘年之契。记忆中，我前前后后陪去医院探望闵先生的忘年交不下十位。

至今印象深刻的一个场景是闵先生追悼会前一天，我们六位忘年交去西天寺殡仪馆与闵先生单独道别。当我们从大厅出来时，见门口端放着一束白花，其中一朵花枝上系着一张具名的卡片，原来也是一位闵先生生前的忘年交。

天不荒，地不老，时不尽，此情难绝。

闵先生和葛老师及我们父母这辈人，生于忧患，长于磨难，历经风风雨雨，一生尽尝人间酸甜苦辣，到了改革开放后日子才好转起来。时代的一粒尘埃，落到个人身上就是一座大山，他们不知遭遇到多少艰难，执手相依走到今天殊为不易。其实，我们每个人都是尘埃，都是大山。

闵先生他们这一辈科学家，真正开始科研已是不惑之年，一路筚路蓝缕，胼手胝足，才取得这样卓著的成就。

闵先生和葛老师八十寿辰那年年底，虽然两位先生的生日其实都过了，几位弟子和忘年交还是举办了一个小范围祝寿宴，在寿宴上我读了一首自己用心填的祝寿词，表达内心对二老的诚挚祝贺和祝愿：

### 沁园春·闵葛二师八十寿诞贺

风雨同舟，执手相依，世路甜酸。

看松梅竞渡，葛衣闵勉，春花秋叶，天上人间。

杏苑弦歌，青灯破晓，留取丹心照后贤。

回眸眺，菊香盈巷陌，谱写桑田。

休提李杜诗篇，视舞榭歌台如缈烟。
忆丽江煮酒，腾冲邀月，泛舟版纳，寄客幽燕。
三晋悠游，峨眉合掌，塞外推心醉故关。
南山寿，愿时时笑口，共赴长安。

  回想与闵先生在这个四维时空的交织，从初始没有交叉，然后到相识，再到后来相知相惜，于我，是一段留存心底的珍贵经历和记忆。

  若有来世，闵先生，希望你我还做师友，亦师亦友！

2023 年 6 月写于复旦邯郸校区棕色小平房

# 追忆与先生在一起的点点滴滴

## 何京良（山东大学）

1996年春天，在一个"863"新材料领域项目中期检查会上，我第一次见到了闵乃本先生。那次会议主办方是中国科学院物理所，导师许祖彦先生让我与正在读硕士的肖莹师妹两人来办会。尽管我当时只是一个一年级博士生，但我读博以前在高校物理系做过几年的副主任，有一定的行政管理经验，筹办这种规模不太大的会对我来说轻车熟路，费不了什么事。参会人员有40多人，人数不算多，但有好几位学术大牛出席，像闵乃本先生、陈创天先生、邓佩珍先生等，所以导师再三叮嘱我一定要办好会，特别是要照顾好几位德高望重的科学家，千万不能出现差错。三天会议下来，不管是迎来送往、食宿安排，还是会议日程等事宜都安排得有条不紊，会议非常顺利没有出现一点瑕疵，会后用导师的话来说就是大家没有留下一点抱怨。这次会议之后，我们课题组再有类似的事情，导师都是让我来操办。这件事同样印象深刻的还有闵乃本先生，会后他留在北京准备去科技部开会，他捎信让我去他住的房间找他。第一次面对这么大的科学家，一开始我确实有些拘谨。先生看出我有点紧张，就非常和蔼地对我说："昨晚宴会上看到你能喝点酒，来开会的一位川大的朋友送给我一瓶泸州老窖，我就不带回南京送给你吧"。面对先生这样的开场白，我的神情自然也放松了许多，最后先生聊到我博士毕业工作去向时对我讲，南大缺少懂激光的人，设计出来新的光学超晶格材料都要送到外面去做实验验证，非常希望我博士毕业后能去南大工作。当先生得知我是委托培养毕业后要回到原单位时，不无遗憾地说道："我很喜欢你的诚实和为人，你单位给你发工资交培养费不容易，人要守信用讲诚信，应该先回到原单位工作。尽管你不能去南大，但可以开展合作，今后有什么困难就来找我"。先生处在那么高的学术地位，是著名的科学家，还是江苏省政协副主席（副部级），对我这样一个普普通通的研究生如此关心和动情，让我感到一位德高望重的老前辈对我这样一个无名后生的舐犊之情。

后续的两年读博期间，先生多次来物理所，每次都是我负责接待他。先生是院士，机票是VIP，因此乘飞机之前必须要确认。那时候不像现在通过电话或网上就可以搞定，必须持院士证去西单民航VIP贵宾接待处确认，当然这些事情都是我提前去处理好。与先生接触多了，推心置腹的交流也就多了起来，先生高瞻远瞩，知识渊博，谈古论今，涉猎广泛，讲起武侠故事，先生与我相谈甚欢。在与先生的每一次交谈中，我都能领悟到先生明练豁达的人生态度，让我获益匪浅。特别是我们两个都喜欢小酌几杯，也算是我们有一个相同的小爱好吧。两三年下来我与先生真真正正成了"忘年交"。与先生近距离接触和交流，成为我人生经历中一段最美好的回忆。

1998年春，一次先生关切地询问我毕业论文进展情况，当得知我做的全固态连续波绿光激光功率已经超过5瓦，并且与物理所魏志义博士合作用它泵浦钛宝石，首次在国内实现了飞秒脉冲激光输出后非常高兴，并说要来北京参加我的博士论文答辩会。临近答辩，考虑到先生身兼教育部科技委副主任、全国政协常委、九三学社中央委员会副主席、973计划首席科学家等职务，工作非常繁忙，像研究生答辩这种事情，先生曾说过除了自己的学生毕业外一般不参加，因此要不要请先生过来心中很纠结，先

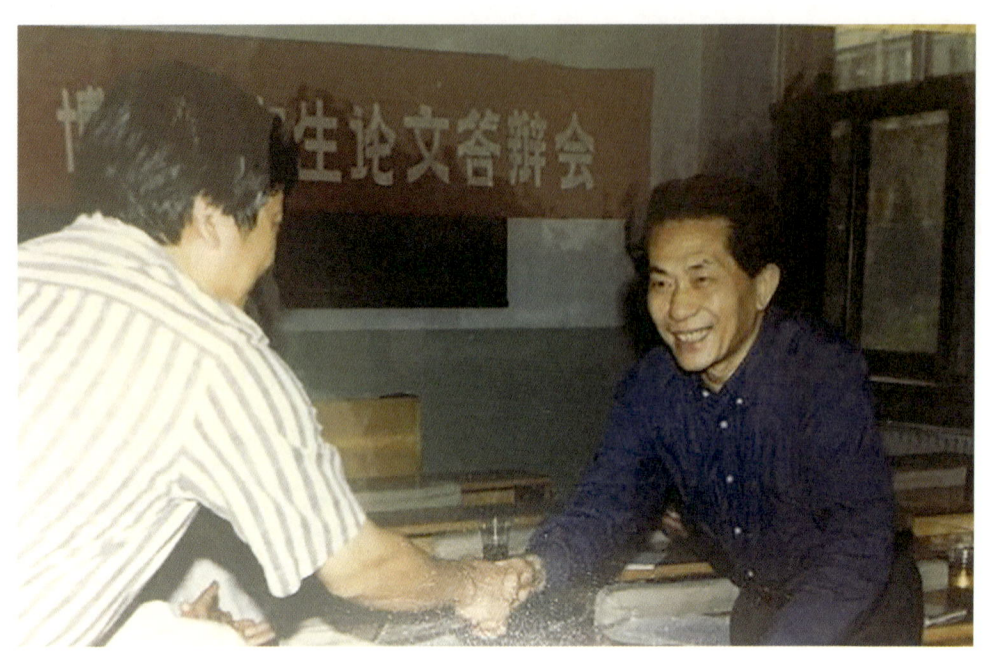

> 1998年7月，在中国科学院物理所，闵乃本先生在博士论文答辩结束后与笔者亲切握手祝贺

生能有时间参加吗？原来的承诺是不是忘记了？ 正在我心中犯嘀咕时，先生电话询问我博士毕业答辩时间，届时他一定参加。得知先生亲临指导，心中非常感动。先生做我答辩会主席，委员是11所的周寿桓研究员，北大的邹英华教授，清华的张培林教授，物理所的陆坤权、吴星和杨国桢研究员。答辩前的晚上，杨国桢、陆坤权和谢思深研究员招待先生，先生和老朋友在一起，一高兴就多喝了几杯，略有点醉意。我陪着先生回到物理所招待所房间，让先生躺下休息后，担心先生半夜起来身边没有个人不方便，我就悄悄地在卧室外面的沙发上休息。半夜先生起来突然发现有个人在房间吓了他一大跳，当先生看清是我后马上明白了，心疼地撵我赶快回宿舍休息，明天还要做论文答辩报告。虽然我感觉是有点疲惫，但觉得能照顾一下先生心里还是暖洋洋的。

我从中国科学院物理所博士毕业后回到原单位工作，先生对我一直放心不下。1999年5月，当他了解我当时没有经费也没有实验条件开展研究工作时，就让祝世宁联系我，让我利用暑期去南大做点工作，并为我申请了微结构物理国家重点实验室高级访问学者，从不宽裕的经费中拨给我4万元车马费。我从事科研近30年，第一笔经费就是从先生那里得来的。到南大后正赶上一个863项目结题，当时实验室因以前没有开展过激光器件方面的工作，条件较差东西不凑手，因此做起来很辛苦。离项目验收日期只有短短几天，蓝光和紫外光学超晶格频率变换器的输出功率仍然没有达标，大家心急如焚，我和祝世宁、王慧田三人在实验室连续工作三天三夜没有休息，最后一晚上王慧田实在扛不住了，做着实验就趴在光学平台上睡着了，激光束就从他的头上穿过。任务完成，先生知道我们这么劳累

> 2001年春，在北京"863"成果展览会上，笔者与闵先生、陈抗甫（九三学社中央委员会副主席）、南京大学王慧田教授合影留念

> 2005年5月在闵先生家，（从左到右为何京良、闵先生、王慧田、沈元壤、祝世宁、于涛、王振林）

> 2012年夏天，笔者与闵先生一起在青岛崂山

很是心疼，他鼓励大家，说把光学超晶格做成有应用价值的器件比再发一篇《科学》文章更会让他高兴。除工作之外，先生一直很关心我在南京的生活，为此托付实验室的老师帮助解决我爱人的调动事宜，当时祝世宁骑着自行车，顶着炎炎烈日多次跑南京人才市场帮忙找工作，这一切让我铭记在心，没齿难忘！2006年，在先生带领下，团队因在介电体超晶格材料研究领域的重大贡献而获得国家自然科学一等奖，成为我国新材料研究领域的一件盛事。由于奖励政策第一次限定只能有5个获奖者，我没在其中，为了却得奖名额所限带来的遗憾，先生在许多公开场合一再强调，成果来自团队的智慧，充分肯定我在超晶格材料器件以及大功率白光激光器方面所作的贡献。先生坦荡的胸怀和人格魅力给我留下了深刻的印象。

2012年夏天，借会议之便我邀请先生、葛老师和从美国回来探亲的两个外孙女全家一起来青岛住了一个星期，这是先生病后初愈的第一次外出。我陪先生游览了天泰温泉、青岛崂山、青岛八大关、黄岛银沙滩和胶州湾跨海大桥等地方。先生兴致极高，一路谈笑风生，休息时跟我聊天讲了许多他少年时代的求学经历和科研工作中的亲身体会，勉励我们这一代人在科研上不要盲目跟风，做自己喜欢的事情要做深做透，坚持不懈，真正的科学家要耐得住寂寞，要有咬定青山不放松的劲头。

先生作为一位杰出的科学家，毕生从事功能晶体研究和人才培养，学术成果丰硕，桃李满天下。我在读博期间有幸与先生相识，虽然没有做他的研究生，但在我二十多年的学术生涯中又有幸经常见到先生，聆听先生的教诲，受惠于先生的恩泽，这已成为我人生中忘不掉的记忆，永远感恩先生。先生离开我们快五年了，至今常常想起先生，音容笑貌今犹在，与先生在一起的一些点点滴滴将永远深深铭刻在心里。

# 追忆闵先生

## 刘冰冰（吉林大学超硬材料国家重点实验室）

我始终记得闵先生的那一杯热茶。

2008 年，实验室正面临着国家五年一次国重评估的重要时刻。闵先生是实验室的第一任学术委员会主任，我去拜访先生，请先生给予指导。时值初春，想到要去见闵先生，我便特意穿了正式一点儿的薄西装。结果没有想到，南京的倒春寒真是太冷了，一下车就一股冷气扑面而来，冻得人直打寒战。一路哆嗦着到先生家时，我早已是鼻尖儿通红、手脚冰凉。我记得特别清楚，刚进先生家门见到先生，还没等我开口，先生就马上让葛老师帮我倒了一杯热茶，还特意叮嘱一定要热热的，给我暖身。先生的这杯茶捧在手上，一路暖到了心窝里，不仅驱走了身上的寒意，也让我心里放松宽慰了不少。

其实当时来拜访先生时，我的心里非常紧张。2008 年对实验室来说，是爬坡攻坚的关键一年，即将到来的第二次国重评审更是实验室必须爬过的一道大坎。2003 年实验室第一次参加了国重评估。那时实验室刚刚起步，由于高压是极端条件，当时没有专门的商用设备可用，而高压研究又强烈地依赖实验技术和装置，几乎所有的高压装置和技术都要自主研发。因此参加第一次评估时，实验室还在努力搭建高压原位实验平台，成果产出很慢，实验室差一点就被摘牌。那是实验室最低谷的时期。评估过后，实验室上下都不敢怠慢，在我们实验室老先生、奠基人邹广田院士的带领下，大家团结一致、攻坚克难，经过五年的努力，终于取得了系列重要突破和进展。尽管如此，面临第二次评估，大家心里仍觉忐忑不已。写好评估的报告，对实验室工作成果进行准确到位的总结，就是实验室走出低谷的关键一步。因此评估报告整理出来后，特别希望能够得到先生的指点，我便怀着忐忑的心情前来请教先生，而先生也真的宛若明灯炬火，为我们在这破晓前的黑暗中照亮了前路。

在实验室总结中，有一处我们总觉得把握不好，就是高压新技术能否作为代表性成果。先生听了我的汇报后，详细询问了我们的创新点以及在国际、国内的水平，当即表明高压技术作为代表性成果是非常好的。先生讲到，高压既是科学又是技术，强烈地依赖实验技术和装置，作为极端条件，它的研究非常不容易，但是在科技前沿、国家重要领域应用方面有重要意义，将自主研发的高压技术作为代表作，可以很好体现实验室的特色和优势。先生提纲挈领的这番话，既讲出了高压研究的难点和意义所在，也是为我们指明了方向。这不仅是先生对实验室研究工作困难的体谅，更是对实验室五年来成果的高度认可，这无疑是给了我们一针强心剂，也是先生为实验室在寒风中递来的热茶。

其实先生对我们实验室的鼎力相助，远不止这一杯热茶。在2003年的国重评估中，先生的认可与支持就起到了决定性的作用。在当时，国内高压领域方兴未艾，我们实验室仅在起步阶段，而许多其他实验室甚至逐渐放弃了高压研究的方向。在这样的背景下，先生高瞻远瞩，眼光独到，拥有一个大科学家的胸怀和战略科学家的远见卓识，在复评时从国家战略的高度上，认可了实验室在高压领域的唯一性和重要性。当时先生便提出，我们国家应该有这么样一支做高压极端条件的研究队伍和科研平台，还特别强调要给这样需要自主研发才能建设起来的实验室一个发展的空间和时间。可以说先生对实验室雪中送炭的肯定，不但帮助实验室走出了低谷，更为国内高压领域的发展争取了宝贵的时间。在2008年拜访先生的时候，先生也特地建议我们要强调国家中长期发展规划中与高压相关的研究，还高屋建瓴地站在国家战略的高度上重新凝练了我们这五年成果的意义与重要性，特别提到"体现了国家意志"，先生的战略高度始终让我由衷敬佩，记忆犹新。多年以来，先生也始终支持关心着实验室的发展，每一年的学术委员会先生都会出席，为实验室的发展规划给予指导，会在委员会中呼吁各位老师继续支持实验室的发展。正是有了先生多年的大力支持关照，才有了实验室以及国内高压科学的蓬勃发展。

拜访先生时，还有一件事也让我记忆深刻。先生帮我们梳理、凝练成果时，先是口头详尽地叙述了一遍。没想到，说完之后，先生微笑着用江南人特有的声调说："小刘呀，你再讲一遍？"啊？！当场考试呀？我赶紧组织语言，先生坐在一旁，拿着他的小梳子梳着背头，认真地听着，紧张中我试着说了一遍，自然有些遗漏；更没想到的是，先生放下梳子，盯着我又逐句认真说了一遍，又让我再次重复，直到我用词准确，他才满意地点点头。先生温和、耐心又认真严谨，对后辈时时关照。每念及此，我都觉自己何其有幸，能得先生如自己的亲学生般当面指点。先生的这杯热茶，当真让我受益匪浅，受用至今。

有一年实验室的几个年轻人来南京看望他，当时葛老师在国外带外孙女，家里只先生一个人。他知道我们特意从东北赶到南京，非常高兴，说："正好赶上饭点儿了，我来请你们吃饭，吃南京的家常菜"。我记得是叫"梅村"的一个小酒馆儿，就在先生家楼下。我们点了南京的家常萝卜干儿，先生特别喜欢喝水井坊，还特意要了一瓶一起喝。就着可口的家常菜，先生与我们聊起跟实验室邹先生的情谊，聊起实验室的工作和今后的发展，也讲到了他开始做科研的艰辛历程。我们就劝先生少喝一点儿

> 2014年4月19日超硬材料国家重点实验室在南京国际会议大酒店（南京市中山陵四方城2号）紫金楼白玉兰会议室召开学术委员会合影
（前排从左到右：洪时明、丁大军、靳常青、吴　强、沈学础、杨晓秋、闵乃本、
　　　　　　　邹广田、田永君
后排从左到右：徐　丹、朱品文、马琰铭、崔　田、刘冰冰、何　志、邹　勃）

酒、少抽支烟吧，先生说："哎呀，我50岁做科研，丢掉了几乎所有的爱好，只有这点儿爱好了，如果连烟也不让我抽，酒也不让我喝，那人生还有什么乐趣呢？你们别劝我啦。"大家就相视开怀一笑。但实际上先生非常注意控制酒量，喝到二两左右，就停掉了。那天非常开心，先生爽朗地跟我们大笑。我至今仍清晰记得那次小酌的情景，记得萝卜皮的爽脆，记得先生的笑，还有先生时不时地用手梳理像毛主席那样的背头。钦佩先生在科研上的潜心投入和雄才大略，更佩服先生的勇气和毅力，先生是我们永远学习的榜样。

先生离世前我去医院看望他，先生消瘦的样子让我非常心痛，但先生面对病魔依然乐观、勇敢，依然在关心着我们。先生询问邹先生身体和几位年轻人的情况，关心我们年轻人的发展，让我深切体会到先生们之间的深厚情谊和对我们后辈的关爱。先生更以渊博的学识和无私的情怀，培养了一大批杰出的科学家和青年学者，在他们心中也播撒了扎实学识、仁爱之心的种子。多年以来，不论是实验室的发展还是我个人的成长，都不仅得到了先生本人的扶持，更是得到了邢定钰院士、邹志刚院士、祝世宁院士以及陈延峰教授等多位南大老师的长期支持、关心、帮助和厚爱。南大和实验室，也因为闵先生和邹先生的多年情谊，在我们后辈中结下了深厚的情谊，实验室的发展和进步凝聚了先生的心血。每念及此，我的心中都充满感激。

我永远记得先生的那杯热茶，永远记得先生的恩重如山，永远记得先生高瞻远瞩，永远记得先生温和豁达。先生用卓越的智慧和不懈的耕耘，取得了举世瞩目的成就，书写了人生的辉煌篇章。先生之风，高山景行，山高水长！我永远怀念先生！先生永远是我心中的大先生！

# 缘

## 王慧田

缘，我相信、我珍惜。因其会伴随我们一生，影响我们的人生轨迹。什么是缘？

缘，衣纯也（《说文解字》）。缘，泛指器物乃至地区之边也，又引申为循也，更引申为因缘、缘分。

缘，虽有些神奇，但并非天定；不是唯心，而是唯物。缘有巧合或不经意的成分，但仅此是不够的，至少还要将这种巧合或不经意留在记忆中。结缘不能是单方面的，必有另一方的回应，应该是相互的，还要有场景。世上根本没有巧合或偶然，凡事总有因果，正如物理学中的因果律。

在此所写的缘就是"缘分"，与闵乃本先生的缘、与各位老师的缘、与南京大学的缘。此缘就像一杯茶，其伴有温度的清香值得悠然地品味一生。

1994年6月底，即将博士毕业的我，去打印店取装订好的博士学位论文，回到物理所实验室不经意听组里的师兄弟们聊起，南京大学闵乃本先生来所里做学术交流，并希望从事光学研究的人加入其团队，便将这不经意留在了记忆中。1995年参加在日本海滨幕张召开的光电子学国际会议期间，偶遇南京大学祝世宁老师，是我最早认识的南大人。1999年决定从日本回国时，首先要考虑的就是找一个自己向往同时也愿意接收自己的单位。调出了记忆中的不经意——南京大学闵先生团队需要从事光学研究的人。怀着忐忑的心情、鼓足勇气给闵先生写了一封求职信。不久，便收到了回信，闵先生让我的博士导师叶佩弦先生写一封推荐信。我便马上联系正在台湾省交流的叶老师。没过多久，就收到了接收函，心想叶老师肯定为学生"美言"不少。我兴奋不已、倍感荣幸，居然能成为仰望已久的南京大学一员。就此，因光与闵先生结缘、各位老师结缘、南大结缘。

真是机缘巧合，我加入南京大学后首要工作就是按照闵先生的规划，利用光学超晶格研制多波长可见光激光器。在此之前，朱永元和祝世宁等已在光学超晶格方面做了许多很好的研究工作，对我而言光学超晶格则还是一个全新的东西，我第一次了解到光学超晶格的独有特性以及倒空间概念在非线性光学中的重要应用价值。沿着闵先生规划的方向，我与不久后从山东师大来南大的何京良和朱、祝二位一起协同攻关，终于研制成功红－蓝、绿－紫外首台双波长光学超晶格全固态激光器样机，参加了863高技术十五周年成果展，研究成果还被评为2001年度中国高等学校十大科技进展。此后，我们又设计研制成功红绿蓝三基色和红黄绿蓝四色光学超晶格全固态激光器样机，我回国后的科研工作以此开始起步，这一协同攻关的经历也使我对科研有了更深的感悟和理解。感觉与光有缘、有默契、心有灵犀，有种只可意会不能言传之感。更深刻地体会到"纸上得来终觉浅，绝知此事要躬行"的真谛。

缘不仅存在于人与人之间，感觉光与光之间也存在。激光和光参量下转换就是两个典型的例子，也许这种类比并非恰当。对于激光，随机荧光中的巧合光子，在谐振腔的场景中结缘，而产生激光；对于光参量下转换，随机参量荧光中的邂逅光子，在非线性晶体的场景中结缘，而产生参量下转换光。

加入南大后，一年一度的重点实验室学术委员会会议给我留下深刻的印象。会议期间大师云集指点江山、中青年老师严谨治学展示横溢的才华、青年才俊脚踏实地追求卓越,就是一场丰盛的学术盛宴,使我深深地感受到了南大的学术氛围。此乃老一辈南大人留下的宝贵财富,是一种传承、留下一条痕迹。

因光与闵先生结缘、与各位老师结缘,使得我与光的缘结得更深,我也更珍惜与南大结的缘。

谨以此拙文纪念闵乃本先生,感念先生的知遇之恩,永留心中,割舍不断的缘。

## 初识先生　拜师恨晚

朱永元

初识先生是在大学本科时。转眼间四十多年过去了，但当时的情景至今仍历历在目。

1981年大学三年级，先生为我们讲授"晶体生长的物理基础"的专业课，教材是油印的讲义。书是先生著的，由先生亲自讲是最合适不过了。

先生那时四十多岁，英俊帅气，一头乌发，梳一个大背头，宽宽的脑门一览无遗。一口带着如皋乡音的普通话，讲课时在讲台前来回走动。先生是个能讲故事的人，他从晶体生长的现象入手，由浅入深、由表及里，由宏观（需用到普通物理和流体力学的知识）而微观（需用到统计力学的知识），将晶体生长的物理娓娓道来，引人入胜。先生有时也会卡顿，这时先生两眼目视前方，右手不由自主地由前往后来回梳理着他的大背头，口中喃喃地"这个……这个……这个……"。

先生的书是国际上第一本从物理的角度全面论述晶体生长基本规律的理论专著，没有前人的书可以借鉴。在没有参照系的情况下，如何从浩如烟海的文献中整理归纳总结，其中材料的取舍、内容的安排，都颇费心思。

晶体生长归根结底与界面有关：界面的产生与运动。在熔体或溶液中通过涨落自发成核，然后晶核上的界面按照一定的规律运动导致晶体长大。先生将眼光聚焦于界面，全书以界面为主线，如：界面运动时的溶质分凝，生长速率起伏导致的生长层理论，温度边界层和溶质边界层理论，界面稳定性，界面翻转，界面能，界面的微观结构和界面熵，均匀成核和非均匀成核，晶体生长的动力学理论（其中涉及邻位面、奇异面和粗糙界面）等。"文革"期间，先生对溶质分凝情有独钟。在铁电铌酸锂晶体中利用旋转性生长层成功制备了铁电畴超晶格。大四时我有幸在先生的实验室做毕业论文，学习铌酸锂铁电畴超晶格的直拉法生长。多年后铁电畴超晶格在非线性光学频率转换中大放异彩。

随着先生的讲述，一幅晶体生长生动的画面在学生面前缓缓展开。

先生的书成文于"文革"中。在那样恶劣的环境下先生能在知识的海洋里闲庭信步着实令人钦佩。很难想象晶体生长理论的宏伟大厦是先生在一家四口居住在狭小斗室中，靠一盏灯、一支笔、一根烟（先生酷爱抽烟，或许这是当年挑灯夜战、苦思冥想的后遗症吧）、一杯茶，趴在一张小书桌上完成的。况且那时先生患有严重的胃下垂。如果没有对知识的孜孜追求，没有师母无怨无悔的付出和支持是不可能完成的。

先生一直想把他一生的心血译成英文。多年前，先生曾与我谈起此事，希望协助他完成心愿。弟子愚拙，没能让先生圆梦，现在想来十分愧疚。

短短几个月的课程，先生的聪明睿智和渊博知识深深吸引了我，由此萌生了想跟先生"干革命"的念想。

先生擅烹饪，煎炒炖煮样样拿手。1982—1984 年在美国犹他大学，由于吃不惯西餐，节假日时，三五好友聚在一起，由先生掌勺，炒上几个小菜，咪上几口小酒，不亦乐乎。山东大学蒋民华先生对先生的厨艺赞不绝口（有段时间蒋先生也同在犹他大学）。随着科学的春天的到来，先生全身心投入科研中，总觉得时间不够用。待到我正式拜师时，先生已不再演奏锅碗瓢盆交响乐，错失了品尝先生舌尖上美味的机会。这正是拜师恨晚。

2023 年 6 月 23 日

# 我的导师闵乃本教授

王牧

### 从晶体缺陷讲起

1986年我回到南大读研究生,师从闵老师。虽然我不是闵老师最早招收的弟子,但是由于前期几个师兄出国深造,1991年我有幸和朱永元、陆亚林成了闵老师门下第一批获得博士学位的学生。

80年代中期闵老师刚刚从国外访问研究归来,他希望我做晶体缺陷,尤其是层错对晶体生长影响的研究。后来我知道闵老师发展了一套更加完整的晶体生长缺陷机制的热力学理论,希望通过实验进行验证。闵老师选择这个课题或许是有原因的。1984年我随师母葛老师做本科毕业论文。葛老师当时在正交偏光下发现了螺位错的应力双折射像,而通常理论认为只有刃位错才能形成应力双折射像。为了充分验证螺位错的双折射应力场分布,需要得到与螺位错线垂直的晶面上的应力双折射像与90度旋转后侧面上螺位错像的一一对应关系。这是一个需要在光学显微镜下操作完成的实验,在没有微操作仪的年代,徒手完成需要很大耐心。后来完成的结果相当圆满,给葛老师留下了好的印象。不知道是不是因为葛老师的推荐,闵老师才让我做层错的实验。

当时晶体生长机制的研究背景大致是这样:吉布斯(Josiah Willard

Gibbs)于 1878 年提出了完整晶体生长的二维成核机制；对于非完整晶体的生长，弗兰克 1949 年发展了螺位错机制，此后晶体生长的缺陷机制发展缓慢。后来若干实验观察表明，除螺位错外，刃位错、层错、孪晶界面在特定条件下都能成为生长台阶源，但人们只对螺位错机制有较深刻的理解。闵老师基于热力学的基本原理，构造统一的晶体生长的缺陷机制理论。这些理论模型已经可以通过计算机蒙特卡洛模拟进行验证。但是如果能够通过自己的晶体生长实验对这一套理论模型进行验证则具有重要的意义。这对于完善晶体生长理论、推动材料制备科学的发展至关重要。不过这些重要性是我多年后才逐渐领悟到的。

在闵老师的指导下，我们选择了硝酸钡进行水溶液晶体生长，原因是硝酸钡晶体中很容易产生大量的层错，进而方便利用水溶液生长系统进行光学实时原位观测。实验的第一步是进行籽晶生长和挑选。在配制硝酸钡溶液的过程中，我曾经不小心将溶液滴到了一片载玻片上，干燥后形成一层淡淡的白霜。出于好奇我将玻璃片放到了光学显微镜下，竟然看到了在 80 年代初非常热门的分形形态。在如此简单的体系中出现分形生长形态让我兴奋不已。我向闵老师提出能否将研究题目改成远离平衡条件下的生长形态研究。现在想起来这是非常冒险的举动。没想到闵老师竟然答应了，并给予了热情的鼓励。在远离平衡的生长系统中进行实验自然困难重重，晶体生长界的权威如 P. 贝内玛（P.Bennema）曾称这样的生长太"野"（too wild），而另外一些权威如 A.A. 切尔诺夫（A. A. Chernov）和西永颂（Tatuo Nishinaga）虽然觉得生长系统非常有趣，但都表示要建立一个新的生长模型非常困难。在闵老师的严格要求和督促下，我们最终通过大量实验观测，发展出"成核限制生长"的分形生长机制，使得对于真实水溶液体系中的分形生长的描述更加接近实际。

回想这一段艰辛探索过程，我深切体会到闵老师的宽广胸怀和学术眼光。试想当初闵老师发展出层错生长机制后，当然非常希望在自己的研究组从实验上对理论进行验证。这种渴望是任何一个做研究的人都会理解的。但是面对验证经典理论模型和发展当时比较新颖的远离平衡生长体系的形态学，闵老师果断选择支持了后者。远离平衡界面生长这部分工作最终产生了包括一篇《自然》、五篇《物理评论快报》、十多篇《物理评论》在内的一批成果，并成为2007年国家自然科学奖二等奖的重要组成部分。同时很重要的是闵老师让我体会到了学生培养的重要环节，那就是要激发学生在科研中的兴趣和主观能动性，这也成为我日后培养学生的模式。

### 科学研究管理上的大家风范

闵老师承担了很多科研管理工作，他平时对科学研究的管理和协调能力让人十分敬佩。1993年中国晶体学会成立，唐有琪先生任首届理事长，后来唐先生退居二线，推荐闵老师接任理事长。闵老师当时处理很多事情的风格独特，让我非常不解。后来我忍不住问闵老师，终于搞清楚其中缘由，从心底佩服闵老师的洞察力。闵老师在不能改变大局的情况下，选择参与其中，尽自己的力量让事情按照正确方向发展。这不仅是一种能力，更是一种艺术。

闵老师后来担任了国家攀登计划和973计划"光电功能材料"项目的首席科学家，再后来成了973计划顾问组成员，并发起组织了量子调控国家重大科学研究计划。这个计划推动了中国凝聚态物理和量子物理研究，客观上为中国主要的凝聚态物理研究基地提供了大量经费支持，推动了中国凝聚态物理研究的快速发展和水平提升。闵老师曾经透露量子调控计划的构思过程，让我再一次折服闵老师把握机遇，审时度势，用关键的核心字句推动高层领导决策的功力。

> 2006年陈创天、闵乃本、蒋民华三位先生在青岛崂山"论道"

  1989年国家科委在极其复杂的环境下成立了国家人工晶体研究与发展中心，闵老师任主任。中心旨在联合国内人工晶体的研究力量，强强联合，优势互补，争取在人工晶体的设计、生长和表征等多个方面取得突破性的进展。这些单位中包括蒋民华先生领导的山东大学的研究团队和陈创天先生领导的科学院理化所研究团队。联合多个强手协同工作不是一件易事。闵老师通过项目将大家团结在一起，而且在历次973项目的经费安排上，南大团队的经费总是低于山东大学和科学院理化所。闵老师曾经多次对我说，要做强手团队的首席就要准备"吃亏"。这一系列的做法使得闵老师赢得大家的尊敬和信任，形成了中国晶体生长界闵乃本、蒋民华、陈创天"三驾马车"的局面。

  闵老师经常谈起成为科学界自然的领导人的条件。研究工作做得好可以成为优秀的科学家，但要成为出色的领导者还需要有深刻的洞察力、较高的学术品位和良好的协调能力，要不计较一时一事的得失，形成所谓的大格局。在闵老师不懈的努力下，在攀登计划和973计划执行的二十多年里，中国非线性光学晶体研究取得了重大进展，获得了若干国际领先的成果。

## 推动固体微结构实验室的发展壮大

南京大学固体微结构物理国家重点实验室是 1984 年成立的首批重点实验室。当时由于受到历史上"科学院主管科学研究、大学主管学生教育"的最高指示的影响，大学此前的研究基本上是在教学仪器的基础上进行的，整体仪器水平很低。国家重点实验室的建立使得实验室仪器设备得以更新和改进。闵老师主管实验室工作后，提出了大型仪器设备的更新改造首先要看是否有受过专门训练，并且有相当造诣的人来管理的原则，有所为、有所不为地选择大型仪器设备，并对大型仪器规定了强制对外开放使用时间。这些举措解决了国内高校分析测试中心普遍面临的测试与研究分离的问题。在实验室整体布局上，闵老师很早就意识到计算物理和大型计算机的作用，并引进了一台摩托罗拉的工作站。但是由于摩托罗拉后来放弃了计算机产业转向通信等原因，摩托罗拉工作站失去了更新维护服务，运行并不成功。闵老师一直把这件事放在心上。90 年代初，美国爱荷华州立大学（Iowa State University）和著名的埃姆斯国家实验室（Ames National Laboratory）曾经主动提出帮助固体微结构物理实验室建设一套大型计算设备，并且提出了捐赠意向。为此我曾陪闵老师一起飞到爱荷华的得梅因市去进行洽谈。遗憾的是，由于种种限制，这件事最终没有办成。但是闵老师亲力亲为的精神给我留下了深刻印象。

在实验室第一线工作的人是实验室最宝贵的资源。闵老师深谙这个道理，在 90 年代初经济爆发性增长，各种经济诱惑纷至沓来时，闵老师惦记着怎样增加研究生和青年教师的待遇，让他们安心在实验室研究。一次出差中闵老师在火车的卧铺车厢里偶遇了当时一位著名的企业老总，交谈中提到了基础科学研究的窘境。老总被闵老师的表述和分析深深吸引，当即表示要支持青年研究才俊。在此后的很多年中，南大固体微结构物理实验室有了"克立奖研金"。那是雪中送炭的奖励。又过了很多年，教育部开始了长江特聘教授奖励计划，一批青年学者的经济收入有了显著改善。闵老师又从独特的角度提出金钱是"数字符号"的观点。不过由于我当时没有站到闵老师的高度，对他所讲的事情的认识并不深刻。现在回想起来，这确实是一个非常深刻和睿智的总结：金钱在超出个人消费的特定阈值后就变成银行里的一个数字符号，失去了现实意义。

随着实验室的发展，研究队伍逐渐壮大，一批初有建树的青年学者汇聚在微结构实验室。闵老师意识到学风和实验室文化建设事关实验室的长远发展。为此，闵老师在实验室大力提倡"和而不同、为而不争"的学术氛围。"和而不同"指的是不同思想、不同观点、不同方法的和谐共处，相互提携，体现了多样性的生态体系；"为而不争"则体现了搁置争议，为了共同目标多做贡献的胸怀和眼光。这是古老智慧的现实版应用，并逐渐成了实验室的文化。

闵老师作为实验室的学术领导人，始终把实验室的利益放在首位，在人事安排、学科布局和利益分配上从来都是以实验室的可持续发展为最高准则。他没有在核心位置上安插自己的亲信。他甚至没有专职秘书，很多文件都是亲自起草。正是这样的气度、品位和风范，才使得固体微结构物理国家重点实验室在一段时间里吸引积聚了一批青年才俊，在学术上高速发展，成为国内凝聚态物理研究的重要基地之一。

## 生活中的闵老师

闵老师有很多耀眼的光环和头衔，但在国内鲜为人知的是他还是个"大厨"。这个大厨称号在日本和美国尤为流传，大家都说闵老师会烧菜。每次遇到闵老师的老朋友塚本一男（Katsuo Tskamoto）和大钵忠（Tadashi Ohachi）等日本朋友，他们都会津津乐道地描绘闵老师怎么烧菜。我不记得闵老师的拿手菜是什么，只是在研究生刚入学不久，闵老师还住在北京西路2号新村靠马路的一套公寓里，我们所有学生应邀到他家包饺子。现在已经记不清闵老师是否烧过什么菜了。也许当时实在是太年轻了，对烧菜做饭一点感觉都没有，所以也记不清具体的细节了。只是记得那天晚上大家都很高兴，尤其是觉得闵老师家厨房里的一些国外带回来的用具非常新奇。我印象最深的是一款既能擀面皮又能做面条的不锈钢手动机器，非常小巧精致。闵老师给我们演示如何换装零件，一会做面皮，一会做面条。在80年代后期那还是非常稀罕的物件。很多年以后我在欧洲看到了与闵老师家同款的面条机，已经没有了当初的新鲜感。

我相信闵老师作为实验物理学家，在走南闯北的交往中，一定能感悟到各种菜肴的制作方法。因为无论是在实验室生长晶体还是在厨房里烹制美食，其基本操作原理都是相通的。更不用说像闵老师这样悟性和动手能力这么高的人，最多只要一两次尝试，一定能烹调出色、香、味、形俱佳的菜肴。只是后来闵老师可能太忙了，挤出时间来烧菜大概已经成了一种奢侈的享受了吧。

除了烧菜外，闵老师还喜欢喝烈性白酒。他似乎并不那么在乎特定品牌、特定香型的白酒，不过他偏好53度的"水井坊"。我以为水井坊应该是所有这些白酒中包装设计最精致的。从拉开它兽头门扣打开包装盒，你就能感受到其精巧构思。我曾经私下问闵老师为什么对水井坊情有独钟，闵老师的答案出乎我的意料。他说，茅台、五粮液名气太大，自然假酒会很多；水井坊名气不大，包装又这么有特色，仿制的"性价比"不高，因此假酒相对会少。原来如此。

印象中闵老师有一段时间非常陶醉于金庸的小说，对金庸笔下的各路英雄豪杰了如指掌。闵老师经历了"文革"及其前后的种种风风雨雨，对人生百态有深刻的认识和体会。他曾经不止在一个场合说过，做科研对待数据的严谨要做到即使有人与你有深仇大恨也挑不出毛病来。要想笑傲江湖就要自身过硬。

### 上苍安排的送别

2018年中国物理学会秋季年会在大连举行，这一年也是《物理评论快报》创刊60周年。因此我代表美国物理学会于9月15日在中国物理学会秋季年会上组织了《物理评论快报》专场报告会，并预订了第二天下午回南京的机票。不知道什么原因，15号的活动结束后，夜里竟怎么也睡不着，于是干脆起身把航班改到了9月16日上午。回到南京时已是下午，由于时差本应该昏昏入睡的我此时竟在冥冥之中察觉到某种呼唤，睡意全无。放下行李后立刻和彭茹雯一起驱车去了江苏省人民医院，想不到竟赶上了闵老师的临终时刻。

闵老师的神智似乎一直是清醒的，以至于我们踏进病房、走向病床时还察觉到闵老师的手和头都微微动了一下。从闵老师的眼神中我感觉他似乎想说什么，但此时他已经无法说话了，呼吸有些急促，血氧值已经低得可怕。葛老师似乎已经有心理准备，惦记着闵华快点从北京转机赶回南京。这时闵老师更年轻的学生吴迪也赶来了。我们几个非常紧张地注视着仪器上不断下降的数据和闵老师急促的呼吸……只有这个时刻才能体会到什么叫束手无策、无力回天……

闵老师去世已经5年了，他一生中积累了极其丰富的治学经验和科研管理理念，阐明了适合华夏大地的处世哲学和做人底线。在他那一辈人群中，他是敢于打破传统陋习的勇者，尽管今天能理解到这一点的人并不多。他一生求真求实，也是这样教育我们的。不过或许还有半句话他没有明说，那就是践行求真求实是需要相当功力的。否则会怎样呢？经历过了，一般都会知道吧。人们通常都会羡慕孙悟空的火眼金睛，殊不知那可是以在炼丹炉中被太上老君的文武火烧烤七七四十九天作为代价的。

跟随闵老师这么多年，回想起来非常遗憾的一件事就是没有能够完成《晶体生长的物理基础》一书的扩充。2010年前后我们着手将《晶体生长的物理基础》的界面生长机制部分更新扩充。主要是两部分，一是现在书中关于缺陷生长机制部分主要集中在传统的螺位错，没有涉及刃位错、层错、孪晶等缺陷。二是原书采用的传统的热力学来描述成核和生长机制。然而经过几十年的发展，人们发现在一些金属薄膜生长体系中，电子起到了重要作用，造成生长薄膜的原子层数出现奇偶数选择的特征。因此有必要在生长机制中引入量子机制。但是由于我当时对写书和出高水平论文优先次序认识上的偏差，以致在书稿已经电子化的情况下，扩充未能按期完成……非常遗憾。

闵老师虽然离开了我们，但是他的开拓进取、求真求实的精神传承将永存。谨以此文缅怀闵老师。

# 追忆恩师闵乃本先生

陆亚林

那天下午我正与几位来访的学者在科大 1958 咖啡屋闲坐，突然接到小师弟延青的电话，他语气有点急促地说：你看你能不能安排来南京一下，闵先生状况不太好。我简单问了几句，当时心里并没有特别着急，因为长期养成的一个惯性思维是我们老师是大贵之人，可能这次也就是与过去类似的一点劫而已！另外一点，延青是我当年把他拉进闵先生课题组的，他的硕博论文也是我帮着张罗，我把他当作小弟弟，对他一直有点大哥式的"漫不经心"。但与延青通话结束时他的一句话却猛然触动了我：你还是尽快来一下！

第二天一大早买了最早的一趟高铁，出发前联系了世宁。延青安排的车子把我直接拉到了南大，在那里再接上了世宁，然后一道来到了闵先生所在的医院。车子进大门后居然绕了几趟弯路，要知道这司机可是经常开这条路的。因为这，我与世宁均觉得有点心情沉重。病房的门前静悄悄，值班护士非常热情地招呼了一下，护工也因为事先知道我们要来，就在门外等着。推开门，带着氧气罩的闵先生面对着我们躺在床上，师娘静静地坐在旁边。我快步走上前去，紧紧握住闵先生的手：老师，我看您来了！一直静静的老师突然想坐起来，并想用手拿开氧气罩，努力着想说些什么。我摁住了他，轻轻地告诉他我今天一早是怎么来的，也告诉他我在科大的一些情况，老师听着，不时点点头。一会儿后我说，您还是好好歇一会儿，我与世宁也正好出去有点事，老师再一次点点头表示同意。世宁与我怎么也没有想到，这是先生最后一次同意我们俩去做件事！

其实我知道先生想对我讲什么，不外乎是我最聪明，但也最不听话，然后总想叮咛我如何如何之类的。在先生对他所有学生可采用的各种谈话方式之中，这样对我的开场白是不变而且是唯一的，他也不顾及我还是他最早毕业的三个博士生之一的这样一个基本事实！可能也真是事实，永元与王牧两人是的确不需要别人烦神的。当晚在目送老师的灵车离去之后，透过泪眼，记忆把我拉回到了三十一年前，那时候我在浙江大学，正好面临硕士毕业……

我的大学本科是在武汉建筑材料工业学院读的（现武汉理工大学，当时也是全国重点），学的是玻璃专业，我的大学毕业设计画的是当年在洛阳的全国第一条浮法玻璃生产线。毕业后我考入了浙江大学，攻读材料科学硕士学位，用的是浙江大学与中国科学院上海光机所联合的培养机制。导师是丁子上先生（浙大）和甘福喜先生（上光所），论文工作是用金超细粉烧制金红玻璃，想模仿出古代出土的金红玻璃工艺，然后研究其在非线性光学中的应用。当年因为模仿得还算像，差点被中国科学院上海硅酸盐研究所李家治先生拉去学考古陶瓷！可是，临近毕业的那一年，出人意料的是我的兴趣却是去学高能物理！我悄悄地给中国科学院高能物理所叶铭汉老师写了一封信，表达了想去他那里读博的想法。叶老师给我回了两封信，第一封信是说欢迎，第二封信是几个星期之后收到的，说你这个背景与高能物理相差也太大了吧，我推荐你联系南京大学闵乃本老师……二十多年后与叶老师在上海交大谈起这段往事时，心里还是感觉有点忐忑，而叶老师当时也豁达地应了一句：最后你也还是弄起了大科学装置。

再写信给闵乃本老师时就感觉有点沉重了，想想自己的物理背景的确有点寒酸及薄弱,南京大学居然还要考固体理论这门课,而我连固体物理都没有上全。信寄出后的心情就变得有点奇妙了,总是在想被拒绝后的狼狈样,以及继续烧玻璃或可能背洛阳铲去考古的未来选择。闵老师的回信倒是及时,两页纸,就是鼓励、鼓励再鼓励,这也是因为我在给他的信中讲明了我的背景差异与顾虑。那就考吧!短短的三个月中,我自学了固体物理、量子力学导论、固体理论导论,然后脑子里一团糨糊地跑到南京大学完成了入学考试。当然,结果肯定是不会出人意料的,这门课我不及格!但南京大学给了我面试的机会,也就是在这次面试会上,当时还不认识我的李正中老师在当众汇报固体理论考试情况时,非常遗憾地说:唯一不及格的是那位从浙江大学来的考生!而我,当时就坐在下面,十分地难为情。就在我不知所措的时候,面试室走进来了一个精神抖擞、头发后梳的老师,轻轻但有力地问:哪位是陆亚林?从那一时刻起,南京大学物理系录取了其历史上第一个具有完全工程背景的博士生!闵老师"无视"了我的单科不及格、看重了我完全自学的这个过程、赋予了其后在南大八年与我背景相匹配的研究生涯。而这,影响了我的一生、影响了其后多年我对我学生们的态度,也影响了我的科研思维与范式。

  国家 863 计划的第一个五年就是从 1986 年 3 月开始起算,闵乃本先生第一批进入了这个计划,获得了国家项目的支持,当时的几万元算是大项目了。而我,就是要发挥我工科的特长来完成这个项目:生长出可以用于蓝光发生的周期性铁电畴反转的铌酸锂晶体超晶格。这可是一个苦活,从在物理楼后面搭棚子开始干起,安装并无数次地维修中频感应炉,到最终摸索出几乎不可能的生长工艺……三整年,我带着延青等至少六名学生最终实现了第一次的蓝光发生,也在《应用物理快报》(APL)发表了唯一的一篇论文。实话说,在当时全国都数一数二的南大物理系,我这样的生存模式几乎是不可接受的，而闵先生用他最大的包容与理解，给予了我最坚定的支持！1991年我博士毕业后，他把我留在了身边，又让我成功申请到国家863第二个五年的重大项目并担任当时应该是最年轻的重大项目负责人。之后的六年里，闵先生用他博大的胸怀让我们这批年轻人走向了前台。这，一直延续到1996年我离开南大去劳伦斯伯克利国家实验室！

之后的十多年里，我与闵老师之间都是跨洋联系。离开了老师的庇护，在异国他乡的路变得艰难及不确定！我的每一次转身，偶尔给老师的也就是一点信息，他有时回，有时不回。逢年过节偶尔一个电话，大部分也就是与师娘聊聊。知道闵老师非常忙，而我也因为忙于生计无暇更多地去顾及。从劳伦斯伯克利国家实验室、塔夫茨大学、科罗拉多大学，到美国空军学院，一路走来无不艰辛异常！这中间闵老师只主动与我联系过一次，那是在2005年初的一天傍晚，地点是在我科罗拉多的家中，拎起电话时他那独特的声音让我一下子并拢了脚尖，以为老师又要唠叨我啥了！其实到那时我已经离开老师组里十年了，他却把我加进了国家自然科学一等奖的五人名单之中！为此，后来我向空军学院请假，专程去了北京人民大会堂陪闵老师领了奖。这个奖，对我个人生涯并没有起太大的作用！但闵老师的认可，却鼓舞了我之后多年的科研生涯。

一晃到了2008年，时任中国科大校长侯建国想把我拉回科大，帮我成功入选了一项国家人才计划的第一批，2009年我一个人到科大报到，2011年底全家一起回国。回国后与闵先生见面自然而然就方便了，老师给我的指导也就更多了！举一个例子吧，2012年我申请科技部重大研究计划，在北京答辩时，不经意看到闵老师居然坐在了会场，全程他一言未发。事后同行告诉我，闵先生已经几乎不参加这类答辩会了，他只是想来看看你！我记得我当时就潸然泪下，老师有他严格的职业操守，但也有他对学生慈父般的关爱!

用这篇短文来纪念我的恩师闵乃本先生。其实啊,老师并没有离开我们!因为他的思想精神一直在由他的学生们传承着!

# 忆闵老师往事

## 蒋国忠（江西联创光电超导应用有限公司）

我是南京大学物理系晶体物理专业1978级学生。大学三年级开始专业基础课学习，主要课程是"晶体结构与缺陷""晶体物理性能""晶体生长的物理基础"。1981年大四上学期，闵老师给我们讲授"晶体生长的物理基础"课程，闵老师深入浅出地讲解晶体生长的基本理论，介绍各种晶体生长方法，强调晶体生长必须依靠理论和工艺技术相结合。授课期间，闵老师安排我们参观晶体生长工厂，直观了解晶体生长的基本方法。闵老师深厚的理论功底，渊博的知识，引领我进入晶体生长和器件这一具有良好发展前景的专业领域。

1982年，我大学毕业后被分配到电子工业部国营第999厂（江西景德镇），从事压电晶体和频率器件研发生产工作。之所以到国营999厂工作，也是因为闵老师曾指导过国营999厂的晶体生长工作，工厂很多技术人员都认识闵老师，与南京大学物理系晶体教研室有良好的合作关系。我在第999厂工作期间，一直与闵老师及晶体教研室保持联系，有不懂的技术问题也经常回学校请教，也利用工厂的设备条件为闵老师课题组聚片多畴频率器件的制作提供支持。

1987年，我考入南京大学物理系就读固体物理专业研究生，闵老师是我的导师，论文题目是"聚片多畴铌酸钡钠（BNN）晶体的生长和电畴

> 2009年5月4日，闵乃本院士（左五）莅临晶能光电（江西）有限公司参观考察

组态研究"，我的同学徐惠平和我合作，从事聚片多畴铌酸钡钠晶体超声特性研究。为了生长BNN晶体，闵老师安排在物理楼室外围挡处新建直拉法晶体生长实验室，新购置单晶炉，我们的研究工作从建设直拉法晶体生长实验室开始。这项研究工作是闵老师在铌酸锂聚片多畴晶体及声学超晶格研究成果的基础上提出来的，期望用直拉法在BNN晶体上生长出聚片多畴，进行电畴组态研究和实用型频率器件制作。BNN晶体容易形成聚片多畴结构，但晶体很难生长。我们用了两年的时间，生长出聚片多畴BNN晶体，成功制作高频谐振器，基本达成了预定研究目标。

只要在学校，闵老师基本上每月两次去实验室指导研究工作。当我在研究工作中遇到困难，情绪低落时，他会鼓励我，要树立信心，坚持下去就会成功。由于晶体生长是连续性工作，我们经常是通宵达旦在实验室工作，闵老师非常关心我们的生活，在晶体生长实验室工作期间，每月会从课题奖励提成中给研究生发放50元津贴，这在80年代还是很有分量的津贴。

闵老师经常教导我们，做学问，搞科研，要学蜜蜂酿蜜，而不要像蝴蝶沾花，要学而精，要专注。南京大学严谨的学风、闵老师的谆谆教诲对我后来的科研和管理工作产生了深刻影响。

1990年9月，我研究生毕业。在江西工作三年后，1993年我向闵老师提出可否回南京大学从事晶体生长研究工作，并负责实验室的科技成果转化。闵老师马上答应，协调调入南京大学事宜，后因为江西省电子工业局不同意我调出，未能到南京大学工作，但闵老师对我的关爱，我非常感激。

2009年5月4日，江西省南昌市政府邀请闵老师来南昌做关于新能源革命的专题报告。闵老师的报告深刻分析未来能源的结构和发展趋势，提出风电、光伏、核电一定是未来的能源主体，化石能源的比重一定会降低。从现今的双碳计划及新能源国家战略看，闵老师当年所做的关于新能源的报告具有非常重要的预见性。

此时，我担任江西联创光电科技股份有限公司总裁，我邀请闵老师来公司考察指导，闵老师非常高兴，在江西省政协和南昌市领导陪同下莅临江西联创光电科技股份有限公司考察指导，同时赴南昌大学硅基LED工程中心和晶能光电（江西）有限公司参观考察，考察期间，闵老师对江西省在半导体发光领域的科研和产业发展成就给予了高度评价。5月5日，江西省政协安排闵老师去革命摇篮井冈山参观学习，我也陪同前往，5月7日，闵老师返回南京。

2013年开始，江西联创光电科技股份有限公司与上海交通

> 2009年5月4日，闵乃本院士莅临联创光电考察指导

大学、北京交通大学等单位合作，自行设计制作大口径传导式高温超导磁体、机械传动系统、智能化电气控制系统，历经6年，成功研制全球首台兆瓦级高温超导感应加热装置。为了扩展高温超导的应用领域，2023年初，我主导高温超导磁控硅单晶设备及晶体生长项目，在传统硅单晶生长炉上引入磁场模块，生产直径300mm以上光伏级、半导体级硅单晶。外加高温超导磁场的作用是抑制熔体中的热对流、减少固液界面温度波动、抑制单晶中生长条纹、降低氧浓度、减少晶体中的微缺陷、大幅度提高硅单晶质量。这个项目，涉及直拉法晶体生长设备、高质量硅晶体生长工艺、大口径高温超导磁体等技术，具有很强的挑战性。我现在从事的专业领域仍然是晶体生长！

闵老师给我们上"晶体生长的物理基础"专业课时，用的是油印本教材，1982年由上海科学技术出版社正式出版，2019年由南京大学出版社再版，这是国际上第一部系统、全面论述晶体生长的理论专著。我一直将这本书带在身边，直到今天，仍然经常阅读，不断领会汲取知识。

2018年9月16日，闵老师因病在南京逝世，我悲痛万分！2018年9月22日，我赴南京参加闵老师的追悼会，向老师作最后的告别。

五年过去了，当我思考晶体专业技术问题、翻阅老师的专著时，常常想起当年老师授课的情形，在晶体生长实验室现场解答疑难问题的情形，鼓励我正视困难、坚持下去的情形。

闵老师的音容笑貌永记心中！

2023年8月2日

# 回忆闵先生

杭 寅

转眼间，闵先生离开我们已经五年了。回忆先生对我的教诲和帮助，仿佛就在昨天，历历在目。

1978年7月我参加高考，10月入读南京大学物理系晶体物理专业。1981年大四上学期，闵先生给我们讲授"晶体生长的物理基础"专业课，这本教材花了闵先生十年的时间，系统地总结了不同条件下晶体生长的规律，发展和完善了完美晶体、缺陷晶体的生长理论。当时先生给我们授课时，用的是油印本。该专著于1982年由上海科学技术出版社出版，1983年荣获全国科技图书一等奖。《晶体生长的物理基础》是国际上第一本全面论述晶体生长的理论专著。闵先生讲课，深入浅出，用简洁的语言讲授复杂的晶体生长理论和各种生长方法，我至今记忆犹新，为我后面四十多年从事晶体生长和性能研究打下了扎实的基础。

1982年7月，我大学毕业后被分配到中国科学院安徽光学精密机械研究所晶体材料研究室工作，主要从事激光晶体生长和性能研究。在冯端先生和闵先生的指导下，1986年我申请获得了国家自然科学青年基金项目，经费5万元，这在当时是一笔不小的研究经费，自此我成立了课题组，独立开展研究工作，同年被破格晋升为助理研究员，1991年晋升为副研究员，1993年获国务院政府特殊津贴，1997年晋升为研究员。闵先生和师母葛老师很关心我的研究工作和事业成长。葛老师是合肥人，经常回合肥看望母亲和兄弟姐妹，闵先生有时会陪同师母来合肥，我去拜访他们，请他们抽出宝贵的时间来我的实验室指导我的研究工作，我有时也会去南大请教闵先生和师母。

1995年南京大学材料科学与工程系需要增加从事晶体生长研究的人员，我知道这个消息后，很想加入闵先生团队，我写信向闵先生表达了我的愿望，闵先生给我回信（见附件一，先生的来信中都用"您"，让我诚惶诚恐），也希望我能调到南大工作，当时调动工作单位需要所在单位同意才行，我们晶体室主任邬承就老师受所长委托，给闵先生打电话表示不希望我离开安徽光机所，师母葛老师给我来信也提到此事（见附件二）。这次未能调到闵先生身边工作，失去了能够经常聆听先生教诲的机会，非常遗憾。

1998年国家863新材料专家委员会酝酿成立人工晶体研究与发展中心，闵先生写信给我，想推荐我到中心工作（见附件三）。1999年陈创天院士在中国科学院北京理化所筹备成立北京人工晶体研究与发展中心，闵先生推荐我参与了中心初期的筹建工作，我负责完成了中心提拉法晶体生长实验室建设，当年北京理化所为我和我的妻儿都申请到了北京户口指标，并发来了商调函，但是由于所里不同意，也没有去成北京。

2007年年底，我去南京，和朱永元、秦亦强两位同学一起去看望闵先生和葛老师，先生和师母还在饭店请我们吃饭。我们向闵先生汇报了掺Mg化学计量比$LiNbO_3$/$LiTaO_3$生长研究进展情况（这是我参与的南大牵头承担的国家863课题），闵先生嘱咐我要耐得住寂寞，要有十年磨一剑的精神，才能把一种晶体材料做好，我一直牢记在心，以此勉励自己。

2017年闵先生生病住在江苏省人民医院，12月我和蒋国忠、秦亦强相约一起去看望闵先生。当时闵先生由于化疗，身体很虚弱，但他还是和我们聊了近一个小时，谈了很多南大晶体物理的往事以及我国晶体材料的发展愿景，勉励我们，现在是科技发展的黄金时期，要好好努力，做出好的成绩。

2018年9月16日，闵先生与癌症病魔抗争了两年后溘然长逝，令人万分悲痛，9月22日我在南京参加了闵先生的追悼会，向先生作最后的告别。2021年9月14日上午在南京西天寺举行闵先生的骨灰安放仪式，那几天正好台风来袭，高铁停运，我是13日晚上开车赶到南京，参加了第二天上午的骨灰安放仪式活动，向先生表达深切缅怀和追思。

我从事晶体生长和性能研究工作已经有四十多年了，是闵先生引领我进入了这个重要的研究领域，并一直支持和关心我的成长，我永生难忘。

附件一

闵寅：

11⽉到您3.9日的信及申请报告、情况和工作简况。

我接到邬成森的电话，他说所长要他给我打的，说所里很重视您，不希望您离开本所，要我对所表示同情。我说：我是尊重闵寅本人和所的意见的。

现在如何办？我也是欢迎您来南大的，您们的室、所是否肯放，看来您要和室所的负责人谈话，也能取得他们的同意，我将要南大的调令要回档案。以及和室所商量的结果如何，依目前的意见如何，请告之。

我们根据您的意见和您要和所领导商量结果决定是否要继续进行下去（即要南大的调令）。

我在4.5—4.10间要来香港二个月，在此之前，如有结果请告之。

闵乃本 3.17/95.

## 附件二

杭寅：你好！

我们大约在4.10前后带学生来贵所实验两天。这次我先来，也择机会他再多学两天着名地积累。近来她身体状况还不错。

这里还想你帮忙的是：阎老师一个博士生在做铁电薄膜方面的工作（用溶胶—凝胶法做），她想要做一块基片，如 $LaAlO_3$，蓝宝石，$MgO$ 等。你请告许郁庆提供一类 红宝石（是否有蓝宝石和如电角样不知）（最好有已知方向）$LaAlO_3$ 也请你给一块。若须付费用我们可以购买。我先让你知道此事，到时再与你互议！谢！

你的请调报告已收到，也将到过两天你们定要他打电话给阎老师。他们不认识你，是阎老师问情贵所。阎老师不知你意如何，详情问她知悉。

祝

一切顺利！

莫培华
95.3.20.

## 附件三

杭寅 您好！

　　您是一位有志于献身科技事业的青年，我一直关注您！近况如何？

　　863新材料专家委员会，正在酝酿成立人工晶体研究与发展中心，我希望和您谈一次，或是通一次电话。

　　今年3月14日我和葛老师到 Los Angeles 参加美国物理学会，我于4月8日到香港科大访问二个月，于6月8日回到南京，葛老师留在儿女处，她可能在今年10月或稍早回来。我回宁后，就忙着处理这里的事务，明天去北京开会，到本月24日晚回宁。

　　回宁后希望和您通一次电话，我的电话是 025-3617577（家），3593168（家）

由于我女儿和葛老师都在美国，因而您给我打电话时如无人接，这就表明我未回家，请您另选时间再打。通常晚上我是在家的。

　　　　　　　　　祝您

全家好！

　　　　　　　　　　闵乃本
　　　　　　　　　　98.6.14.

# 回忆闵乃本先生二三事

秦亦强

闵乃本先生离开我们已经五年了，谨以此短文表达对闵老师的敬仰和思念。

我于1978年9月—1982年2月就读于南京大学物理系晶体物理专业，是恢复高考制度后的第一批晶体物理专业学生。当时开设的"晶体生长"课是晶体物理专业的三门主干课之一，我在本科的最后一学期有幸听闵老师给晶体专业的学生上晶体生长课，即使在即将赴美国犹他大学进行学术访问之前的紧张准备阶段，闵老师还是认真负责地上好最后几次课，体现了一个教师对教学、对学生负责的优秀品质。

闵老师是江苏如皋人，初中就读于南通市敬孺中学。二十世纪八十年代，闵老师曾多次赴南通，为南通的教育和科技建言献策。当时我已在南通工作，在闵老师初中同学王学文老师的陪同下，也时常在闵老师来南通时去拜访，闵老师总是在繁忙的日程中抽时间热情接待我，关心我的工作和生活状况，不厌其烦地解答我的一些问题。闵老师也介绍了朱永元师兄毕业后从苏州回到南京大学的情况，介绍他在美国犹他大学和我本科同学朱晓荣在一起的情况，并适时鼓励我要珍惜当下，给自己创造深造学习的机会。闵老师的教诲深深地影响了我，是我以后重回南京大学的最初考虑。

二十世纪九十年代初我回到南京大学,在闵老师指导下从事研究工作,和闵老师的接触更多了,闵老师非常平易近人,特别是在我攻读学位、职称评审等方面给予的关心和帮助,让我永世难忘。

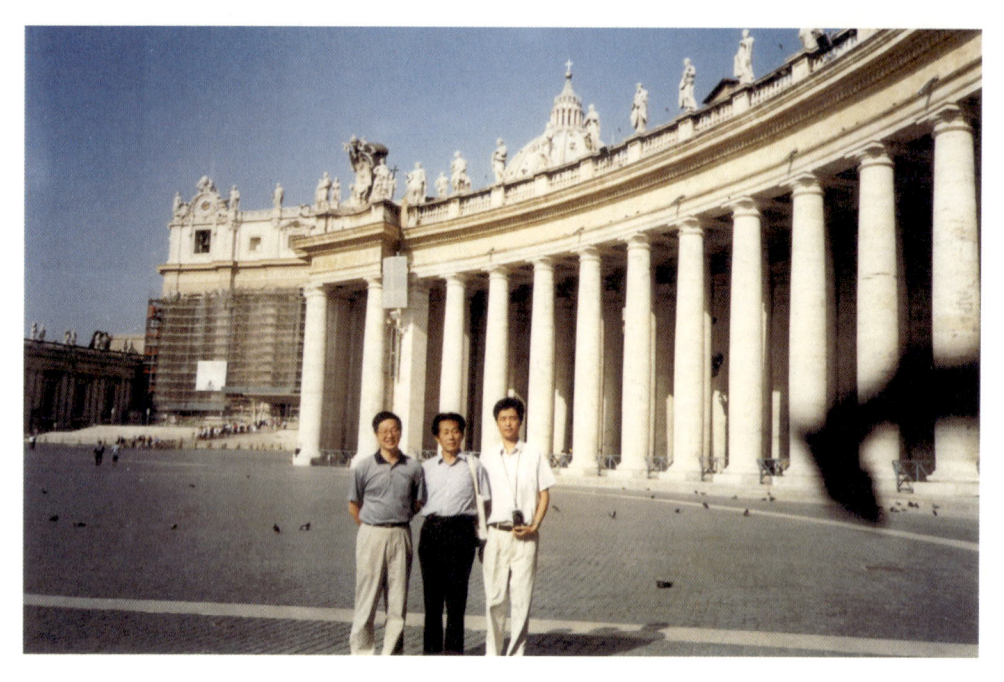

> 1999年,笔者和闵老师在圣彼得广场

1999年暑期,闵老师、葛老师夫妇,在王牧教授的陪同下,前往意大利做学术访问,这是闵老师一行欧洲学术访问的最后一站。访问的是位于意大利的里雅斯特的第三世界科学院。当时我正在意大利米兰学习进修,听到闵老师一行要来意大利的消息,非常兴奋。我从米兰前往的里雅斯特,陪着闵老师葛老师一路经过威尼斯来到罗马。在这次陪同闵老师一行学术访问的日子里,有两件事给我留下了深刻记忆:一,在的里雅斯特第三世界科学院学术公寓,我和王牧教授住在一个单间,闵老师还特地从

他们房间里拿一个枕头给我，让我们休息得舒服点；在我们一起出行中，闵老师总是尽量不让我花钱，可能是考虑到我在国外进修，经济上不宽裕的原因。二，在罗马我们也抽空游览了部分古迹；出行中闵老师总是坚持乘坐公共交通，罗马公共汽车拥挤，有时候是全程站着。和闵老师一行在意大利一起相处数日直到他们安全离开罗马菲乌米奇诺国际机场，我再一次感受到老师对学生的关心，也感受到老一辈科学家勤俭节约的优良品德。

2002年，我回到南京大学工作。由于闵老师十分繁忙，我和闵老师在一起的时间不多，但只要是有大学同学来南京看望闵老师，我都主动陪同前往。2007年底，上海光机所杭寅来南京看望闵老师，闵老师在龙江碧树园小农家菜馆请杭寅、朱永元和我一起吃饭，席间闵老师非常健谈，那真是亲密无间的师生场景。

2009年12月，在祝世宁院士牵头下，学校在材料科学与工程系的基础上成立现代工程与应用科学学院；闵老师是材料科学与工程系的奠基者和创始人，他十分关心和支持现代工学院的建设和发展。2009年7月，在现代工学院成立的前期准备中，学校召开了现代工学研讨会，闵老师高瞻远瞩，在研讨会上做了主题发言，为现代工学院的建设和发展指明了方向。现代工学院如今取得的成就也是对闵老师最好的告慰。

闵老师对南京大学物理学科和材料学科的发展做出了巨大贡献，他的学生和弟子众多，不少已经成为学术领域的领军者，成为重要岗位的领导者。而我作为闵老师的学生，虽愧对闵老师的培养，却对闵老师当年对我的关心和帮助记忆深刻，学生将牢记闵老师的嘱托，学习闵老师的高尚品质，踏踏实实做好自己的本职工作。

# 一段修行之旅
## ——纪念恩师闵乃本

韦齐和（南方科技大学）

2018年秋，受德国洪堡基金会的资助，我利用学术休假访问康斯坦茨大学三个月。9月11日，师母葛传珍老师告诉我闵老师情况不太好，我立刻买了第二天飞南京的机票。那时闵老师已经住院近半年了。见到闵老师时，他虽说话费力但还和我讨论他的新想法，与往常一样。他问我是否可以用超表面的概念，做粒子加速器，并让我着手研究。两天后恩师驾鹤西去，享年83岁。

1986年我从南京大学物理系本科毕业，考研成绩不错，得以顺利成为闵老师的学生。闵老师是研究生的热门导师之一，他的研究课题和方向有趣并富有活力。第一次见闵老师是在研究生入学以后，在他的办公室里。他介绍两个研究方向让我选。一个课题是，他认为胆结石是一个晶体生长过程，如果我们找到一种物质，能降低胆结石的相变温度，就可以找到消融胆结石的方法了。另一个课题是关于晶体生长过程的形态发生。我觉得都很有趣，思考之后，选了第二个课题。然后，闵老师就给我一本他复印的文献，即本华·曼德博的《自然界的分形几何》（The Fractal Geometry of Nature）。听到闵老师对研究的设想，看到书里的漂亮图

> （上）1999年7月31日，闵老师、葛老师和作者在博登湖的游船上（王牧摄）；（下）登上博登湖的迈瑙岛后，王牧和作者听闵老师讲故事（葛传珍摄）

案和简单数学规律，我对研究充满了期待，感到加入闵老师的课题组是何其幸运。

我是闵老师招的第三届研究生，同届的还有王牧、冯京和刘晓华。冯京的研究方向是闵老师的传统和重点方向——介电超晶格，硕士期间就发表了两篇理论文章，毕业后去加州理工学院跟随奥蒙·亚里夫（Amon Yariv）读博士。而王牧和我的研究方向是晶体生长中的形态发生包括枝晶和分形的生长，刘晓华的方向是利用胶体粒子来模拟晶体生长的过程。王牧在分形生长的实验中发现了很多有趣的现象，提前一年转成博士。刘晓华硕士毕业去了美国俄亥俄州立大学物理系继续读博。我在博士生阶段转而研究胶体系统。我想，闵老师一次就安排了75%的学生远离了原来擅长的研究方向，是他经过深思熟虑，开辟新研究前沿的一次布局。在国内还很少谈论复杂流体和软物质的时候，闵老师带我们开始研究软物质，一个既有很多有趣科学问题又有很多技术问题的多学科交叉领域。

闵老师课题组的研究氛围是开放和自由的。闵老师在研究条件和经费上给予学生无条件的支持，让学生没有顾虑地去探索科学前沿。闵老师在当时南京大学的科研楼，建立了一个即使在今天也是非常先进的晶体生长实时观察实验室，配置了多台有录像功能的莱茨的倒置光学显微镜。那时候没有互联网，查文献很复杂。先要查相关方向的代码，然后按照代码查已发表的论文题目和作者，再到具体的杂志上查找和复印具体的文章。在研究经费很有限的当时，图书馆的复印券经常限制了研究生的文献阅读量。当时葛老师管理组里的科研账本，给学生没有限制的复印券。这在互联网发达的今天，可能很难想象，这些没有限制的复印券让我能够自由地细读很多有趣的文献，为我当时和后来的研究打下了坚实的基础。那时我们研究生除了系里发的工资，还有一部分奖研金。记得第一次我们找闵老师签字，他拿到表格后，问我们最高可以有多少，然后直接写上最高数字。这个细节给我们学生留下了非常深刻的印象，反映了闵老师在各个方面对学生全方位的支持。

我博士期间的具体课题是研究胶体粒子在交流外场下的聚集。当时觉得是一个简单的物理系统，粒子间作用力可以通过外场调控，是一个很好的模型系统，可以研究胶体相互作用和聚集几何形态。在闵老师的悉心指导下，关于这方面的博士研究工作，我发表了4篇论文。有趣的是二十多年后，一次学术会议又使我重新燃起了对这个问题的兴趣，我开始研究形状对称性对电场驱动下粒子运动的影响。现在看来，粒子在外电场下的运动涉及胶体的双电层结构和电致流动，是非常复杂的非线性问题，直到今天还有不少待解的问题。闵老师很多的研究课题都是这样，有时看似简单，实则蕴含很多深层物理或者应用前景；可以越做越有味，也可以多年后回来再做。

与科研方向上自由和宽松的气氛相反，闵老师对我们科研工作习惯的要求和训练非常严格。在没有完全理解前，闵老师是不容许把不成熟的文章投出去的。闵老师组里的研究，包括学生毕业以后的研究工作，几乎都是实验和理论相结合的，目的就是尽可能地让我们深度理解每一个科学问题。研究生的论文发表经常很晚，甚至到快毕业的时候。闵老师反复强调，科学研究不要怕坐冷板凳，而是要把冷板凳坐热，重质而不能重量。闵老师有悲悯情怀，常说，"穷则独善其身，达则兼济天下"。闵老师润物无声，他的品德也一直影响着我们。

刚读研的时候，我们学生称他闵老师，背后也称老闵。那时闵老师还是科研界一颗冉冉升起的新星：1982年"关于晶体缺陷的研究"获得国家自然科学奖二等奖；1983年，在热致表面粗糙化方面的成果获得美国"大力神"奖，《晶体生长的物理基础》获得全国科技图书一等奖；1991年当选为中国科学院学部委员。随着闵老师的工作渐为人知和其学术地位的提高，越来越多的人尊称他闵先生。然而，闵老师还是那个谦和、睿智，可以任何时候寻求他帮助的闵老师，从未变过。我回国看望他的时候，他从不跟我提他的社会兼职、他获得的各种大奖（如：何梁何利基金科学与技术进步奖、国家自然科学奖一等奖等），而是每次都请我吃饭，饶有兴趣地和我讨论研究课题和他的最新想法。因此我也一直尊称他闵老师。

1996年10月，我得到德国洪堡基金会的支持，开始在康斯坦茨大学物理系保罗·莱德尔（Paul Leiderer）教授组做博士后，和克莱门斯·贝兴格（Clemens Bechinger）博士合作。1999年7月研究告一段落，计划月底去美国匹兹堡大学继续博士后研究。大概7月初，王牧告诉我，闵老师、葛老师和他计划到德国访问，并问我在德国哪里。我非常高兴，康斯坦茨正是他们计划中的一站，可以在离开南京三年后能和老师、师母和师兄在德国再次相见。康斯坦茨是德国著名的旅游胜地。最著名的是博登湖，它位于瑞士、奥地利和德国三国交界处，由三国共同管理，湖区景色优美，水清见底，风景迷人。阿尔卑斯山的雪化成水，经过博登湖，流入莱茵河。我们乘游船游了博登湖和湖中的迈瑙岛。最后闵老师一行还短暂访问了康斯坦茨大学。能有机会在异国他乡接待老师，对我来说是很高兴和荣耀的事。事后闵老师在多个场合提起此事，多次感谢我。这就是闵老师，不把任何事当成理所当然。

闵老师在物理和材料多个领域耕耘多年，留下了重要的学术遗产。闵老师在南京大学讲授"晶体生长的物理基础"，考虑到当时没有任何教科书，呕心沥血近十年，撰写了《晶体生长的物理基础》教科书。这本书于1982年首次出版，1983年就获得全国科技图书一等奖。这本书是这个方向国际上的首本教科书，对晶体生长从工艺发展为科学和技术有着持久的影响。晶体生长是当年博士专业的考试科目，考试前，我细心研读过这本书。由于海外漂泊多年，不知什么时候遗失了第一版的《晶体生长的物

> 2019年再版的《晶体生长的物理基础》

理基础》。2019年此书再版,根据闵老师的手稿作了修订,祝世宁院士作了序。葛老师特地代闵老师送我一本。从事物理教学和研究多年后,当我再一次拿起这本书,看到这既系统又有深度的内容,能把一个个晶体生长的问题都简化成清晰的物理模型、微分方程、边界条件,这种举重若轻反映了闵老师对整个领域都有很深的理解。再想到当年都是闵老师一个字一个字地在稿纸上手工码起来的,是多么难得。晶体材料是制备电子器件、半导体芯片、光电器件和

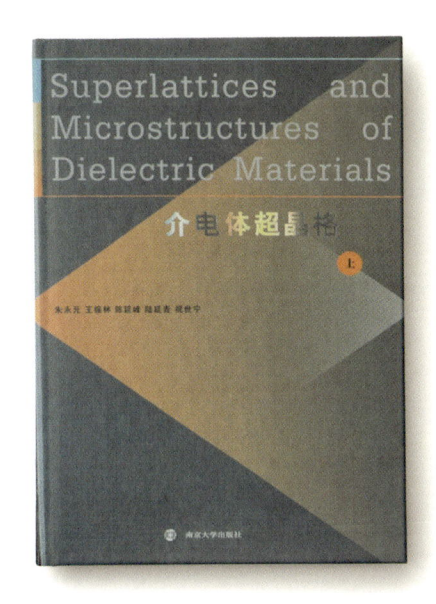

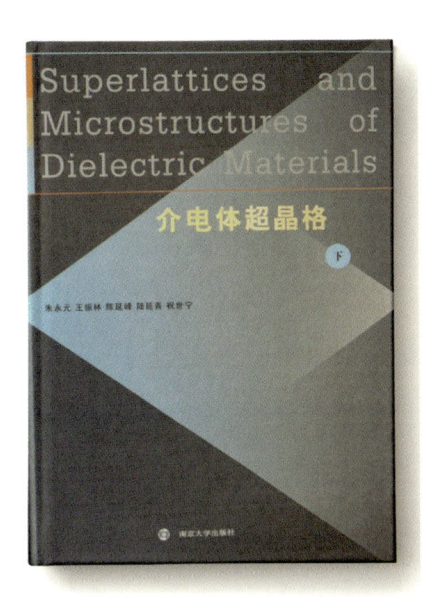

> 为庆祝闵老师80华诞编辑出版的闵老师论文集

系统的基础；制备高质量的晶体功能材料都涉及晶体生长，是重要的核心技术。《晶体生长的物理基础》的再版将对这些交叉领域的研究发挥重要作用。

闵老师一生研究兴趣广泛，涉猎很多领域，从缺陷到晶体结构，从金属材料到非线性光学材料，从人工结构到功能材料，从光子晶体到声子晶体，从胶体自组装到畴工程，到量子光学与光子芯片，都做了很多原创性的工作。闵老师和他的团队，朱永元、祝世宁、陆亚林、陆延青教授完成的"介电体超晶格材料的设计、制备、性能和应用"获得了国家自然科学奖一等奖，这是对他和他带领的团队的学术成就的最好肯定。2015年，为庆贺闵老师80岁生日，朱永元、王振林、陈延峰、陆延青、祝世宁编辑的《介电体超晶格》（*Superlattices and Microstructures of Dielectric Materials*）由南京大学出版社出版，分上下两册，系统地介绍了闵老师及其团队的多年研究成果。

今天闵老师已经离开我们近五年了，但跟随闵老师学习、日常交流的点滴依然清晰，他对科学前沿的不懈追求，他的开拓精神、勤奋努力、谦逊和自律，他对学生后辈的支持，已经深深地影响并永远激励着我。闵老师组里有几台独创的晶体生长炉，可以长出极化方向按设计的周期变化的铁电材料，我们戏称为太上老君的"炼丹炉"。跟随闵老师学习的经历又何尝不是一个炼丹修行之旅。睹物思人，萦怀辗转良久，撰写这篇文字，纪念那段旅程。

# 追忆恩师闵乃本院士

王振林

闵老师，我能幸运地走到您身边求学，并在您的指导下走上事业发展的道路，还得从我进入无锡江南大学工作后说起。1990年，我在苏州大学物理系获得理论物理硕士学位后进入了江南大学工作。当时这所学校还没有物理专业，我讲授的"普通物理"属于公共课程，课务较多，白天授课，每周还有几个晚上需要指导学生做普通物理实验。虽说每天都忙忙碌碌，但自我提高甚少。在那里工作了两年后我感觉到个人发展遇到了瓶颈，尤其是在学校安居分房方面遇到了政策上的障碍。当时我的女儿快要出生，我急切地盼望能在学校分得一个小的安居房安家落户。在看不到希望之后，1992年初我便给我的硕士导师李振亚教授写信，表达我想离开这所学校去攻读博士学位的想法，这样至少还能为个人的发展和家庭的未来带来一点希望。李老师阅信后欣然支持我的想法，不但给我邮寄了一本北京大学韩汝琦教授编著的《固体物理》教材，还推荐我联系苏州大学物理系校友施大宁师兄。施大宁教授当时正在南大物理系师从李正中教授攻读理论物理博士学位。我考虑到在硕士期间读的是理论物理专业，研究方向和方法都偏窄，所以特别期望在博士阶段能换一个可以结合实验的研究方向。我便请大宁给我推荐一位从事凝聚态实验研究方面的博士生导师，他当即强烈推荐我报考您的博士研究生，他说您的课题组非常活跃，而且在理论与实验研究方面结合得很紧密。那时我除了在硕士学习期间见过南大物理系几位磁学和理论物理的教授之外，对南大物理系的其他博士生导师并不熟悉，就这样我便有了对您最初的了解。

而真正对您的了解，是从我学习您的专著《晶体生长的物理基础》开始的。那时报考博士研究生，需要通过严格的课程考试。报考您的博士研究生，不但有英语笔试，还要参加两门专业课的笔试。我选的一门是固体物理，另一门是晶体生长的物理基础。我想，既然想跟您攻读博士学位，那就从学习您的专著开始吧。因为之前从来没有接触过这门课程，为了能学习好这方面的知识，我把您的整本教材都复印下来，逐章逐段逐行阅读，理解并推导相关的公式，最终围绕全书十章内容做了 600 多页的学习笔记。虽然很遗憾经过几次搬家，这些笔记没有能保存下来，但这是我第一次完整地通读您的这本专著，并理解了晶体生长背后的物理图像和若干动力学机制。也是因为在课程学习上做了充分的准备，我顺利通过了三门课程笔试和后续的面试。1993 年春，我带着家人的期盼，再次背起行囊来到南京，在您的指导下开始了我的博士研究生求学生涯。

来到南大加入您的团队之后，我才真正地感受到您对科学前沿的敏锐性和对学生培养的严格要求。您平时总随身夹一个咖啡色文件包，走路健步如飞，工作上更是雷厉风行，对我们做学生的来说，您总是给人以严谨且威严的感觉。记得那时您的团队博士生很多，我的印象中应该有近 20 位，您组织的课题组组会在北京西路科研楼四楼的一个会议室，会议室很小，中间放了一个长桌，大家围坐在四周，高年级的学长轮流介绍工作上的近期进展。在我进入课题组之后，您也很快给我安排了我的研究方向，让我接着您的博士生徐斌所开展的一个新领域，去尝试二维光学超晶格非线性效应的研究。当时我心里感觉这个方向的门槛对我来说可能太高了，因为在您指导下徐斌博士所开展的关于二维非线性光学超晶格光学双稳的理论和实验成果刚连续刊发在《物理评论快报》上，这不仅是您的团队首次在这个级别的国际顶级学术期刊上发表高水平的研究成果，据说这在南大物理系的历史上也是首开先河。我记得当时两篇理论与实验成果的接连发表，在物理系的老师和研究生中引起了极大的反响。

在您的悉心指导下，大家经过三年多的艰苦努力，我和祝世宁、陆延青、陈向飞等四位博士生一起在1996年6月顺利完成了博士学位的论文答辩。我不但获得了梦寐以求的物理学博士学位，更重要的是得到了您的认可还获得了留校任教机会。这里我还要提及一下在论文答辩前发生的一段小插曲。我是在临近博士论文答辩前半个月才收到物理系领导的通知，告知我后面可以留校工作了。对我来说能够留在南大物理系工作无疑是我梦想和期盼的，但我又面临着需要帮助我夫人在南京找到一份工作的困难。夫人当时在无锡天一中学教物理，已在那里工作六年，送完两届高中毕业生。因此在临近论文答辩的那段时间，除了忙于论文撰写和答辩报告准备，我便骑上自行车到南京城区好几所中学，打听这些学校是否需要补充高中物理老师。由于夫人的工作一时没有着落，我心里很是着急，便在没有事先征得您同意的情况下直接把在博士生期间公开发表的数篇英文论文汇总起来，用英文撰写了一本博士学位论文。之前我也阅读过课题组朱永元师兄的博士学位论文也是用英文撰写的。在答辩前的一个星期，我把博士论文送给您审阅，没想到第二天就接到了您的电话。在电话中您要求我申请学位的论文必须用中文来撰写，您还和我说已经写好的英文版可以将来用于对外的交流。我记得当时我在电话中用了冲动急躁的语气为自己辩解，之后回想起来很是愧疚，随后多年也一直没有向您当面就此作一次检讨，特别是作为一个学生我当时回答您的不礼貌的语气。但我早感受到，其实您在电话最后补充的一句话不仅是给我一个台阶下，也是理解我当时所遇到的难处。

我和我的家人都心怀感恩，在我获得博士学位之后能继续在您身边工作，因为这对我的事业以及我的家庭都具有重要的意义和影响。留校之后不久，我便把夫人和留在我岳父母身边的女儿一起接到南京，一家人终于能团聚在一起。记得当时学校新留校老师和很多青年教师大多居住在小粉桥一带的筒子楼，居住条件就是每户一个10平方米的小房间，因此很多人家的煤气灶都只能摆放在公共过道的两侧。这些生活上的艰辛您都经历过，于是在我们留校之后不久您就主动关心我们，给课题组留校的几位青年教师都安装了电话。家里有了电话，不但为我们开展工作相互联系提供了方便，也让刚到南京不久的幼女能随时与远在外地的外公外婆通话，慰藉孩子与老人之间的思念之情。

　　留校后除了忙于日常教学与每天生活琐事，我当时遇到的焦虑就是接下来如何选择一个合适可持续开展的研究方向。记得1997年秋，您组织了一次与香港科技大学的小范围双边研讨，邀请了香港科技大学物理系多位知名教授来南大，双方围绕声学超晶格、光学超晶格与光子晶体开展深入的研讨与交流。也是通过这次交流，我有幸认识了香港科技大学的沈平教授和陈子亭教授，并在他们的资助下于1999年4月到香港科大物理系做访问学者。通过这次难得的一年访问学者经历，我不但接触到光子晶体这一当时的前沿新领域，更重要的是我对基于球形散射颗粒组成的光子晶体能带特点有了深入的理解。在做访问学者期间，我负责关于金属球形颗粒构成的有限层数光子晶体透射和吸收光谱的计算，并将计算结果与另一个并行实验研究课题组的测量结果进行对比，优化计算模型，分析计算结果与实验结果出现差异的可能原因。2000年春回到学校之后，我即考虑能否开展相关的实验研究，因为化学合成的球形胶体颗粒不但其直径分散性可以控制在一个极窄的范围，而且由胶体颗粒自组织构成的光子晶体可以在可见光或近红外光谱区产生光子带隙，而能够在这个光波段产生光子带隙的光子晶体一般都需要采用昂贵的微加工设备才能实现，当时物理系完全没有这样的微加工平台和支撑条件。您听了我的汇报后，当即鼓励并支持我围绕这一方向开展相关的实验尝试与研究，要求我将理论研究与实验研究相结合，并指示固体微结构物理国家重点实验室在科技馆给我分配了两间实验室，一间作为我和学生共享的办公室，另外一间作为开展胶体颗粒化学合成、自组装与光谱测试的实验室。

您还曾担任国家重大基础研究计划——"973"计划顾问组专家成员，并在国内大力推动光子晶体和有关人工微结构光子材料的理论与实验研究。2002年至2017年间，我有幸先后参与了复旦大学资剑教授、南大陈延峰教授和上海技术物理研究所陈效双研究员分别担任首席科学家的"973"项目，并作为课题组长承担了三项课题的研究任务。正是通过"973"计划的持续支持，2002年我开始组建实验室，购置相关的光学测试设备，并于2004年首次在材料科学领域国际一流学术期刊《先进材料》（*Advanced Materials*）上发表了第一项实验研究成果。之后，我带领课题组继续围绕单分散胶体颗粒的合成与自组装控制、贵金属纳米壳层复合结构化学合成与包裹、基于二维胶体晶体为掩模的金属纳米结构材料制备及其等离激元性质，持续开展了十多年的研究与探索，产出了一批学术成果，因此我也于2003年晋升为教授，2004年获国家杰出青年科学基金，2006年获教育部长江学者奖励计划特聘教授称号。所开展的基于胶体晶体的金属微纳结构材料的精确制备、光学新效应及应用基础研究还荣获2018年江苏省科技进步奖一等奖。2022年我编著的《现代电动力学》教材由高等教育出版社出版，教材56万字，插图200余幅。这本教材在阐述基础知识的同时，强化知识融通，勾连科学前沿，首次发行就在国内教学同行和学生中得到了良好反响。所有这些成绩的取得，都离不开您给予我在科学研究方向上远见卓识的指引、在科研支撑条件上的支持，以及引荐去境外课题组学习取经的机会，还有与课题组祝世宁院士、陈延峰教授，国家自然科学基金委张守著处长，物理所张道中教授，复旦大学资剑教授、侯晓远教授，同济大学陈鸿教授、羊亚平教授和上海技术物理研究所陆卫研究员、陈效双研究员等知名专家教授交流与合作的机会。如果没有您和他们所提供的支持和帮助，我也无法取得今天的学术成绩。

到了 2013 年，我又迎来了个人事业发展的一个新起点。2013 年春，学校组织部门领导找我谈话，希望并推荐我去担任学校人力资源处处长一职。对于组织上的考虑，我深感意外，完全没有思想上的准备。虽然在此之前的十年间，我在物理学院（系）曾担任副院长（副系主任），分管过人事和研究生工作，但都是按照学校职能部门的统一要求开展院内的相关管理与协调工作。我觉得自己可能难以胜任人力资源处处长这样关键部门的领导岗位。在组织找我谈话后的第二天，我就去您家里，把自己内心的想法如实地向您做了汇报。听了我的汇报后，您和我讲起了您从潜心耕耘学术事业到担任江苏省九三学社主委再到担任全国政协常委服务国家和社会的心路历程，谈起了您这些年为党和政府建言献策服务国家发展的感受与收获，并和我强调当自己个人学术事业发展到一定阶段后服从党组织安排去服务集体和社会的重要性和意义。2013 年 9 月，我带着您的极大鼓励和殷切期望走上了人力资源处处长的岗位。

自走上学校部门管理岗位之后，每次有机会或时间去看望您，我都会把对管理工作的理解和认识与您做一些交流，希望能得到您及时的提醒，在工作中遇到一些困难您也能启发我去寻找解决的方法。从 1993 年来到您身边，学习和工作二十多年，您对我的个性和为人都非常了解。记得有一次，我和您说起我的分管校领导更换了，我一时在工作方法和方式上有点不适应，也是无意中和您透露了几句，但是您总是能从我的言语中捕捉到一丝端倪，及时提醒我管理工作服从领导和严于律己的重要性，还提醒

> 2004年5月初，笔者和闵老师一起在云南

我做管理工作要有大局意识和系统性思维，不仅要站在学校的角度去谋划学校人事的发展蓝图，也要站在教职工的位置上去考虑个体的成长与利益。现在回想起来，在我走上管理岗位之初您在心里一定是放心不下我这个学生，放心不下我能否顺利完成从一位学者到一位管理者的角色转变。作为学生，我理解您是希望我能够在这个新岗位上得到锻炼和历练，将来可以成为一位合格的高校管理者，从而不辜负组织的信任和学校及您对我多年的培养。

您的生日是8月9日，也总是我们惦记的日子，在每年的8月9日前后我们几位在您身边的弟子都会给您过一次生日，感谢您对我们个人成长和事业发展所给予的关怀与指导，也借这样的机会聆听您对我们的谆谆教诲。2017年8月9日的夜晚，一如既往您又和我们一起过了一个开心的生日。记得那天晚上，资剑教授特地从上海赶到南京陪您一起过生日。晚餐的时候，他给您点上香烟，你们俩面对面一起抽着，您和大家谈笑风生，畅叙师生友情，高兴之余还喝了点酒。然而在生日后的第二天，您就住进了省人民医院。师母后来告诉我们，您就是在生日那天确诊了自己的病情，但您还是瞒着大家，不让我们知道病情的严重性，陪着大家一起热热闹闹开开心心过了一个难忘的生日。

自您住院之后，我和夫人一有空就去看望您，并给您带一点做好的菜，让您换换口味。夫人现在还记得在您家里给您做饭菜的一些情景，有时候您会一直忙于处理学术和其他工作上的事情，有时候空闲之余您也会和她聊聊家常，关心我们女儿的学习情况，问起孩子有没有谈对象了，您还提醒我们要尊重孩子的想法和选择。每次我和夫人去医院看您，我们心里既高兴又焦急，就是盼着您能一天天好起来。我还记得，有一次南京全城下了特大暴雨，我们开车从家里出发选择了经过中山门外大街，但是那天这条道路多个路段严重积水，在路上堵了三个半小时后我们才到达了医院。而每次从病房离开的时候，我和夫人都站在您床前再三和您挥手，告诉您下一次我们来看望的大致时间，让您记住我们再次相会的约定。

在您生病住院期间，您的病情牵动着无数关心关爱您的领导、师生和朋友的心。每天都有本校、本省和外省单位的领导或好友百忙之中或不远千里来看望慰问您。南大主要校领导和其他校领导以及学校老领导先后多次去医院看望您，80多岁的陈懿老校长还骑电动车把做好的菜送到您的病床前。我记得时任复旦大学校长的许宁生院士还特地牵线，帮助联系到中山大学附属医院知名专家帮助会诊，为此我和闵泰立即带上各类体检报告和资料去了广州，希望就您治疗方案的优化听取多方专家的意见和建议，尽快扭转您病情加重的趋势。作为在您身边的弟子，我们每天都被这么多人对您的关爱所感动。

在您坚持与病魔斗争期间，您的女儿闵华和从小在你们身边长大的外孙女也都从美国回来了，在亲人的精心照料和亲情陪伴下您每天都享受着天伦之乐，您的精神状态好了许多，我们也如期迎来了 2018 年您的生日。当天我在外地出差，夫人特地买了一束漂亮的玫瑰花，到病房送上我们给您的生日祝福并祝您早日康复。那天，师母、您的女儿和外孙女都陪伴在您的身旁，在病榻上您与家人合影留念。然而一个月之后的 9 月 16 日终究是令我们无限悲痛的一天，尽管大家做了那么多的努力，病魔还是夺去了我们敬爱的恩师您的生命。在病房大楼的楼下送别您的时候，每个人都伤心欲绝，我也是泪流满面，给予我栽培和对我们一家关爱如父般的恩师从此永远地离开了我们！

得知您逝世后，学校党政主要领导高度重视治丧事宜，并在学校党政联席会议上指派我来牵头负责您的追悼会和遗体告别仪式筹备事项，党办和校办也立即成立了联合工作组。我想到的第一件事就是准备遗体告别仪式上的一副挽联。我通过时任文学院院长徐兴无教授，联系上当时担任学校图书馆馆长的程章灿教授，请他来撰写一副挽联。程教授是文学院从事中国古代文学研究的著名学者。我和程教授介绍，您是中国乃至国际上著名的物理学家，长期从事晶体物理研究，特别是在国际上开创了准周期光学超晶格这一研究新领域，并从基本概念到新原理新机制到实验验证再到原型器件的研制四个层次，完整地阐明了通过光学超晶格畴工程实现非线性光学参量过程耦合和多种高阶非线性光学效应。您不但是优秀的教育家，培养出一批优秀的中青年学者，也是杰出的科学家，您带领团队在光学超晶格领域耕耘近二十年，所取得的研究成果荣获 2006 年国家自然科学一等奖。程教授之前对您的学术声誉和威望已有所耳闻，听了我的简要介绍后更是钦佩不已。仅隔了一天，程教授就以他深厚的学术功底给我发来了他的题赠之作：格物功高　满目苍茫众山小；传经道在　弥天秋气大星沉。挽联不仅精练刻画了您在物理研究领域的杰出成就，以及在为人师表方面所树立的典范，而且表达了众多弟子和国内物理学人对您的敬仰之情和对您逝世的无限哀思。

  2018年9月22日的一大早，庄严、肃穆、悲痛之情弥漫着整个告别大厅，数以千计的人怀着无限沉痛的心情前来送别您。截至追悼会当天，对您的逝世表示沉痛哀悼、对亲属表示诚挚慰问或敬送花圈的个人及单位有：党和国家领导人及老同志24位、国家有关部委领导8位、省市领导119位、院士86位、其他高校校领导15位、九三学社等民主党派领导24位、南大校领导18位、家属46位、您生前好友和外国友人93位、党群组织和政府部门73个、科研院所和高校等单位94个、南京大学组织和部门41个等。人们深切缅怀您这位为南大物理学科的发展、中青年教师的培养和中国物理学的发展作出卓越贡献的科学家，缅怀您在学术事业走到巅峰后积极参政议政为国家富强民族振兴事业不断贡献自己的智慧与力量的民主党派人士。

  时间过得很快！您虽然离开我们已近五年了，但您的音容笑貌依旧清晰亲近，在我们的内心您一直都没有离开过我们。自您离世之后，师母便有了比较充裕的时间，开始慢慢整理您的资料。经过四年多的努力，到今年年初，师母有了比较成熟的考虑，于是便通知我们几位在您身边的弟子和您的几位同事和挚友，一同来回顾我们在您身边学习、工作和生活的往事。我和夫人章晴晖一起写下以上的点点滴滴，寄托我们对您的无限怀念之情。

  愿您在天堂健康平安快乐！

2023年7月21日

# 诚朴雄伟，厚德载物

陈向飞

闵老师已经离开我们将近五年了，但他的音容笑貌、谦虚谨慎和谆谆教诲依然时常在脑海中浮现，他的真知灼见和实干精神至今仍然在指导和影响着我的学习、工作和生活。

我是陈向飞，1993年9月加入闵老师研究组攻读凝聚态物理博士学位，1996年7月博士毕业，毕业后入职南京邮电大学从事光纤通信研究，后加入清华大学电子工程系继续从事光通信方面的研究工作。2006年受闵老师要建设好南京大学工科学科的影响，加入南京大学现代工程与应用科学学院，从事光通信、半导体激光器、光纤传感和光子集成等方面的研究工作。

我回到南京大学工作时，闵老师已经71岁，虽然我在专业上已经和他原来的专业差别较大，但每年我都会找机会和闵老师汇报，闵老师也都热情聆听并提供建议，他的想法是希望我们能够为国家的重大需求做出实实在在的贡献，这也是他一手推动南京大学新工科的愿望。

闵老师是对我人生观影响很大的人，因为他特别平易近人，特别强调团结，同时也具备与众不同的智慧。

在我们读书的时候，闵老师已经被评选为中国科学院院士，也是固体微结构物理国家重点实验室主任，但是对我们学生特别尊重和友好，既无大专家和领导的"架子",也没有高级知识分子常有的"清高",对待他人和蔼可亲,非常谦虚,从不把自己摆在高的位置,鼓励我们和他直接交流。

在江苏省人民医院住院的最后一段时间,闵老师其实人已经比较虚弱,身上裹着胸带,每一个动作都会作疼,尤其是起床和躺下的过程。我听护士讲,闵老师虽然承受很大痛苦,但是依然对治疗和照顾小组很客气,很少见到这么客气的大专家,不仅一点架子没有,也从没有发过脾气。

闵老师特别讲究团结,特别强调团队的团结,这方面我是非常有感触的。我记得在南京大学攻读博士期间,在鼓楼校区的大礼堂,有一个会议请闵老师讲科研的事情,会议的具体内容我已经记不清楚了,但他特别提到了一段经典话语,使我受用终身。他讲到了什么是杰出的科学家和伟大的科学家以及他们的区别,大意是伟大的科学家能够团结一群杰出的科学家,能够和他们一起工作进行科学创新。刚开始我还比较模糊,但是随着我自己从事科研工作,这段话让我领悟很深。杰出的科学家能够做出一番杰出的成绩,已经非常了不起,但是伟大的科学家可以团结一批杰出的科学家,做出一番更伟大的事业,他特别提到了丹麦著名物理学家玻尔,创立了量子力学三大学派之一的哥本哈根学派,是量子力学发展历程中不可或缺的重要角色,大大发展和丰富了量子力学。

这段话看似简单,但是这段话的思想非常深刻,其实两弹一星的成功,也可以说是这种精神的一种体现。

在我后来从事教学研究和创新创业过程中,一直牢记这种精神,使我能够和各种各样的杰出学者合作,也可以和我的学生、朋友友好相处。

闵老师对于研究也很有见地和智慧。在一次闵老师邀请我们聚会时,特别提到能够改行的才是最厉害的。当时我们很难理解这句话,但是在后来的工作中，我深深体会到这一点。

我在博士研究生阶段研究的是二维超晶格，主要研究其非线性光学效应。博士毕业后到南京邮电大学从事光纤通信研究，算改行了。后来非常幸运来到清华大学电子工程系工作，在当时的互联网风口，以一个创新的想法，在没有多少实验支持下，拿到了海外风险资金，这应该是清华大学最早获得的风险资金之一，算改行有了一个特殊结果。

2006年应闵老师召唤，加入南京大学现代工程与应用科学学院，决心在南京大学从事半导体激光器的研究，又算改了一次行。当时的想法比较简单，因为在清华大学工作的关系，了解到半导体激光器在光通信和信息光电子上的重要位置，按照现在的话说，是核"芯"，是"卡脖子"技术。

2006年我在南京大学申请了重构－等效啁啾（REC）技术的第一个半导体激光器专利"基于重构－等效啁啾技术制备半导体激光器的方法及装置"，但是在南京大学开始半导体激光器研究的前几年，是我最困难的时候。除了思路，一无所有，没有资金，没有人，没有设备条件和工艺条件，更没有前期工作基础。当时，我给自己立了一个时间表，从2006年开始到2011年为止的五年时间如果没有起色，就主动离开南京大学，到知名度低一点的高校去从事纯应用研究和开发。因为如果不做挑战性大的比较突出的工作，在南京大学这样的中国第一流的大学做教学科研并不能带给南京大学较大的贡献，会辜负了闵老师对我们的期望。

在闵老师、师兄师弟和朋友的鼓励和支持下，2010—2011年，我先后获得国家基金委重大项目"高速光电子集成基础研究"和科技部主题项目"光子集成技术与系统应用"课题的支持，开始光子集成的研究，这个方向是半导体激光器的延续，是更为高端的光芯片。光子集成技术（Photonic Integrated Circuit，PIC），是将多个单元光子芯片集成在一起，是光电子技术发展的必由之路。类似大规模集成电路对整个信息产业所起的基础性支撑作用，大规模光子集成也是未来信息领域的核心支撑技术，是光芯片发展的巅峰，相应的大规模光子集成是支撑未来数十万亿美元IT/通信产业的核心芯片之一，在信息通信、健康医疗、量子信息、国家安全等领域具有广阔的市场前景和长远的战略意义。

在核心技术的基础上，我在2019年率先提出"精准光子集成"，这是我国原创项目。2021年，经过2万余名一线科技工作者和战略科学家参与推荐和研判，由29位院士专家组成终选学术委员会，在第二十三届中国科协年会闭幕式上，我们提出的"如何实现面向大规模集成光芯片的精准光子集成？"列入中国科协2021年度重大科学问题、工程技术难题和产业技术问题，在产业技术问题上排位第一。目前，我在积极推动精准光子集成的产业化工作，希望中国原创的精准光子集成成为光芯片的一个重

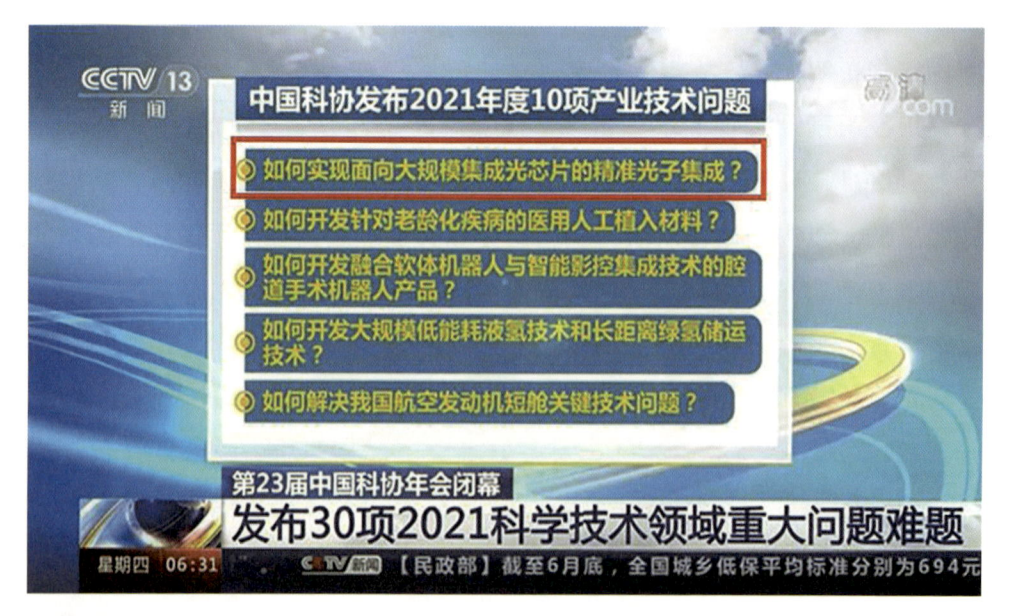

> 中国科协首次发布10个产业技术问题

要品牌。

  目前基于精准光子集成技术用于光纤传感的扫描可调激光器芯片已经研制成功，并在传感解调设备上开始应用。宽带扫描半导体可调谐激光器被国外垄断，基于精准光子集成的宽带扫描半导体可调谐激光器有望在商

> 基于精准光子集成技术的光纤传感解调设备（左图）、可调谐激光器芯片（右图上）和相应的宽带半导体可调谐激光器（右图下）

业上打破国外垄断，并在带宽、灵活性和成本上更有技术和商业优势。

  可以说，闵老师对我日后从事科研、教学工作产生了很大的影响，闵老师的一些教诲一直贯穿我后来的学习、生活和科研中。这段时间我回忆了过去的点点滴滴，总结一下在读书和工作期间，闵老师反复强调的几件事：（1）学术上要争第一，为了这个第一，他是有具体行动的，就是经常把最新的前沿科研动态和他对此的看法拿出来和我们讨论，同时尊重科学规律，给我们很宽松的环境来思考问题。（2）非常尊重其他老师和学生，把我们都当作他的朋友和战友，包括我们这些比他小30多岁的无名小人物，令人感动和难以忘怀。（3）强调团结协作和一流团队精神成为闵老师的口头禅。（4）印象最深的是他对杰出的科学家和伟大的科学家的区别定义。杰出科学家是自己的工作很出色，而伟大的科学家就是能够

和许多杰出科学家团结协作以做出更大成绩的科学家。他一直要求我们要向伟大科学家看齐，要有为国家的发展做出贡献的奉献精神。（5）谦虚和居安思危的科学态度。在一次接待清华大学电子工程系原学术委员会主任范崇澄教授时，闵老师第一句话就是南京大学还有很大的不足，需要加强应用科学上的研究方向。范崇澄教授后来由衷地对我说，非常佩服闵老师的谦虚和远见，闵老师真是个科学大家！

可以说，遇到闵老师是我的幸运，也深深影响了我。在我后来的工作和生活中，也遇到了一些像闵老师一样爱护年轻人、热心帮助年轻学者成长的令人尊敬的长者。我想，对于闵老师最好的纪念就是做好本职工作，同时与时俱进，创新创业，能够为国家的核心技术和产业，为南京大学的新工科发展做出自己应有的贡献。一句话，就是继续努力，为中华民族伟大复兴而奋斗，以此纪念我们尊敬的闵老师。

## 望之俨然 即之也温
——忆恩师闵乃本先生

**陆延青**

很少称我的导师闵乃本院士为"先生",更多的时候"闵老师"是我对恩师的称呼。或许是因为"先生"二字过于正式,且公众多尊称他为"先生",作为学生的我,还是觉得"老师"二字才最契合他在我心中的崇高形象和温暖感受。子夏曰:"君子有三变:望之俨然,即之也温,听其言也厉。"闵老师就是这样一位教育了我,成就了我,在我的生命中留下了不可磨灭印记的恩师和长者。

### 一、望之俨然,心向往之

我是 1987 年考入南大物理系理论物理专业的。大学四年,闵老师并没有教过我们,但他那时的科学成就已在同学们当中广为流传。由于我们理论组的学生少有接触闵老师的机会,他的形象对我们来说既高大又神秘。听说闵老师是我的如皋同乡,这让我更为崇敬向往。因此,大四考研时我婉拒了指导我毕业论文的董锦明老师的挽留,决定转到闵老师所在的晶体组。

然而,能考到晶体组并不等于就能够进入闵老师的课题组。每年,闵老师都是最热门的导师。特别是,1991 年我们研究生入学后,闵老师就当选为中国科学院学部委员,人气更旺。我还记得,研一时的某天傍晚,在南园四食堂门口的报廊上，有份报纸上刊登了闵老师被聘为"光电功能材料"首批国家首席科学家的消息。当时，不少学生围着边看边议论。"闵乃本"这三个字，成了校园里的热词。所以，如何如愿进入闵老师的门墙就成了我面临的大挑战。特别幸运的是，陆亚林师兄当时是闵老师的博士生。而我父亲曾是陆亚林的中学数学老师、班主任，他的高考志愿也是我父亲帮填的。为此，我父亲专门来南京请陆亚林帮忙推荐，他也一口答应，但我还是有些不放心。我听说李华是闵老师最喜欢的学生，原来也是理论组的，便想方设法特地在某次舞会上邀请李华跳舞，向她请教并请她帮忙。李师姐没有计较我"不太诚心"地请她跳舞，而是和我分析了形势，表示虽然难度很大，但一定会帮忙。不管怎样，我最终通过了师生双选，与来自科大 00 班的彭兴东和来自南大少年班的唐彬一起，成为闵老师的硕士研究生。同寝室来自科大少年班的柏林森则因为没有被选上而一直耿耿于怀。

进入闵老师研究组，意味着我真正跨入了科学研究的殿堂。我印象最深的是在逸夫馆参加闵老师首批博士生毕业论文答辩的那一天，除了闵老师，冯端先生和王业宁先生也在，朱永元、王牧、陆亚林三位师兄依次答辩。我作为一个纯小白，主要是为了见闵老师，见各位大师，除了"两眼放光"地膜拜老师、膜拜大牛，师兄们讲的内容一点也不懂，只是觉得跟老师做科研好厉害，连师兄们的毕业论文也都是英文写的。唯一记得的问题是王业宁先生问王牧师兄，他做的晶体分形生长有什么用。师兄回答说，或许可以解释松花蛋里松花的形成。然而我并没有做松花蛋。闵老师安排我跟着陆亚林师兄，开始了铌酸锂光学超晶格的制备和应用研究，这是国家 863 计划的课题。我身边还保存着一份闵老师手写的课题任务书。那时候条件差，连插图都是闵老师手绘的。睹物思人，闵老师正襟危坐、一丝不苟的工作形象俨然如在目前。

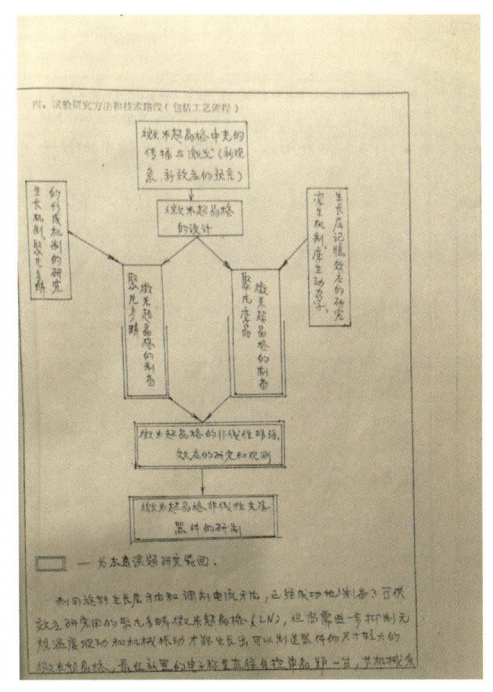

> 闵老师手写的课题任务卡

## 二、即之也温，溯游从之

"君子正其衣冠，尊其瞻视，俨然人望而畏之"，闵老师德高望重、仪容不苟，但当走近他时，闵老师独特的人格魅力和宽厚的长者之风，如春风时雨，让身为学生的我深切感受到他的教导之恩和爱护之情，所谓"即之也温"。

闵老师很忙，不可能像有些导师那样天天盯着我们。但他特别善于因材施教，指方向、抓重点，把学生的积极性和创新活力激发出来。

我做的光学超晶格铌酸锂晶体的生长是一项艰苦的工作。陆亚林师兄留校后，协助闵老师指导我，所以在晶体生长方向的在读研究生里，我成了老大，必须多干点活。"863"计划的课题任务很具体也很难，我们先是在物理楼后面的小平房里，后又到物理楼115-1搭了一台新单晶炉生长晶体。伴随着中频电源的轰鸣，配料、烧结、装炉、加热、引晶、放肩、等径、拉脱、降温、研磨、抛光、腐蚀、观测……日复一日。五年硕博士的就读期间，除了炉子坏了不时要修，我应该有小半的时间是在实验室里值夜班度过的。我的记忆力不好，不知道是不是这五年受到了没有隔离的中频噪声和感应辐射的影响。但如果这只是科研的全部的话，是难以为继的。闵老师是一个既重视物理，又很强调应用的导师。或许看起来和别人长晶体一样，但我们关心的是晶体中的铁电畴结构，是其非线性光学性质，这需要我们学习、推导、分析、探索。那段时间，也是介电体超晶格理论不断发展、验证、完善的阶段。闵老师正在构建的学术大厦是驱动我研究的信心。同时，闵老师循循善诱，他所描绘的蓝光倍频器在水下通信、蓝光存储方面的应用前景，成为激励我在艰苦环境下，进行工艺探索的坚强动力。由于我们组光学仪器少，没有可调谐的超短脉冲激光，我们的很多非线性光学实验不得不在中国科学院物理所、上海光机所、安徽光机所进行。这对我而言是很好的交流学习机会，也因此结识了许祖彦院士、吴令安、陆雨田、王佩琳、殷绍唐等前辈和一些青年同辈，他们在我学术发展的不同阶段，都给了我莫大的帮助。而这归根到底，还是因为闵老师的加持。后来，我出国进入工业界，发展得也不错，都要归功于闵老师在我研究生阶段为我打下了理论和实验联动、基础和应用并重的底子。现在回想起来，愈发觉得老师的前瞻之可贵。

  闵老师对学生是很大方的，也很信任学生。他不喜欢管一些鸡毛蒜皮的事，但很强调研究组的团结协作。我们那时候的研究生经费本是红色的，叫"红票本"，可以领点东西。有些导师不舍得给学生用，连复印券都控制管理得特别严。而闵老师学生的红票本，是我们自己管理的，在学生中流动，大家按自己的份额用，一直井然有序。而且，我们的经费也相对宽裕，能用"红票本"，复印券更是不紧张，这让我的不少同学特别羡慕。

在指导学生时，闵老师很善于鼓励学生，授人以渔，激发学生的动力和创造力。因为我是理论组出身，所以我曾经编写程序，全面研究了光学超晶格准相位匹配倍频的调谐性能和接受带宽。当时做得很带劲，编了不少程序，出了不少图。我很看重这个工作，感觉自己终于不那么像长晶体的"工人"，而是有点做基础研究的样子了，甚至想把结果整理成一篇不错的论文。我原本打算在闵老师主持的一次组会上做个全面的汇报，哪知在组会前，斯坦福大学的 M. 费耶尔（M. Fejer）教授在《IEEE 量子电子学》（IEEE JQE）上突然发了篇很有影响的论文，基本上涵盖了我所做的全部内容，这犹如晴天霹雳，让我十分沮丧。但是，我汇报后，闵老师还是充分肯定了我的能力和工作价值。他说，竞争是科研工作的常态，"在我们组，我们承认你是独立先做出来的"，这给了我很大的鼓舞。他还常和我们讲，遇到一个问题，可能会有十种想法，但在这十种里，可能只有一种是可行的。即使可行，能率先做出来且有意义有影响的，又可能只有很少的一部分。他就这样，一方面鼓励我们不断开动脑筋，另一方面又很巧妙地对我们进行积极的挫折教育，引导我们以良好的心态应对科研中的得失顺逆。

我在闵老师组只读了两年半硕士，随后于 1994 年春提前攻博，1996 年 7 月 10 日，我和祝世宁、王振林、陈向飞一起顺利通过论文答辩，结束了求学生涯。蒙老师厚爱，我得以留校于新成立的材料系担任讲师。我的人生从此掀开新的一页，能不时随侍老师之侧，更加近距离地得到老师的教诲。

1996 年，闵老师团队的条件不算太好，但研究方向很前沿，在闵老师的带领下，大家工作的劲头很足。因为在同期毕业的几个人当中，我的一作文章是最少最弱的，只有一篇影响因子很低的《电子学快报》

> 顺利通过论文答辩

（Electronics Letters）短文，可能都达不到物理系毕业的标准。南大其实一直不是唯论文的，我是因为参与了"863"计划任务，在蓝光倍频成果鉴定中起到关键作用并排名第3，经闵老师认可，以应用型博士的要求毕业的。但文章总是硬通货，我还是心虚抬不起头。记得有一次，日本的福田（Fukuda）教授来南京，闵老师带我去机场迎接。等候时，闵老师和我聊了很多，他鼓励我一定要做出好工作，特别指出要PRL以上的才行，同时也认为我一定能做出来，这给了我极大的信心。

刚留校时，由于能常常得到闵老师指导，加上自己的一些积累，我各方面能力迅速提升。那几年，几位师兄都被闵老师送出境去进修。朱永元老师去了香港科大，祝世宁老师去了宾州州立大学，陆亚林老师去了加州伯克利，后来陈延峰老师也去了麻省理工学院，我得以常去闵老师处求教或跟老师出差，用一些师兄弟的话说，就是"给闵老师拎包了"。除了晶体生长工作，闵老师让我也帮忙关心朱老师、祝老师指导的秦亦强、王海峰的研究。闵老师不光言传，也重身教。为了申请新的"863"计划项目，在闵老师的指导下，我们结合光学超晶格的几个重点，以倍频、自倍频 LN、LT 为新的研究方向，经历了项目申请、答辩、立项、启动、执行全过程。记得 1996 年年底，在北京答辩前，住进宾馆，闵老师还是对有些地方不满意，决定修改汇报的逻辑，这显然是有一定风险的。由于我是答辩人，他怕影响我的状态就叫我只管休息，他自己和陈延峰讨论后手写了新的胶片（那时没有 PPT，只有胶片投影），再教我怎么讲。我也迅速调整，按照闵老师一直做的那样，对答辩内容烂熟于心，做到能够背诵。我们的答辩很成功，又一次拿到了 863 计划任务。之后，闵老师让当时才二十多岁的我实际负责这个项目。在闵老师的悉心指导和支持下，我拿到了自然科学基金青年基金，晋升为副教授，连续到美国参加 CLEO 会议，有了更多国际交流的机会。高起点和绝佳的发展平台，使我这个资质平庸的学生，短时间内做出了一些不错的工作，在《科学》《应用物理快报》上发表研究成果，获得 1999 年度教育部高校十大科技进展和科技部基础科学研究十大新闻等荣誉。领奖前，主办方其实希望闵老师去，但他不肯，叫我一个人去，说要我去露脸。我才得以在 2000 年初和侯建国、潘建伟等一起站在科技部的领奖台上。如今，他们已经成为科学巨匠，而我仍是成果寥寥，真是愧对老师当年的厚恩深义。

闵老师很重视学生的全面培养，包括表达能力。2000—2006 年间，我主要在美国的工业界工作。回国前后，我曾密集地帮闵老师做过一阵文字工作，这也是闵老师培养、教导我的重要方面。

有一件印象比较深刻的事：2000 年 3 月，国家决定召开全国基础研究工作会议，李岚清副总理要出席。闵老师有一个报告，于是他带着我准备 PPT。我深切感受到老师的"致广大而尽精微"，一方面着眼科技大

> 在科技部领奖

势、国家大局，另一方面对措辞字体等细节精益求精。我的很多学生都知道，我的PPT中文字体基本只用黑体，就是那次跟着老师准备材料养成的习惯。因为通知里说必须用黑体，我不太理解。老师说，"要让大领导看得清楚"。会议的具体日期一直未定，后来闵老师有事去了香港，他还特地从香港城市大学发回传真交代，"我在赴港前，已经和陆延青一起将多媒体最后定稿，并且陆延青已经完全掌握了如何代我发言，包括所用的语言和词句（如果王牧代我发言，陆延青完全能够精确地传达给王牧）"。这个评价让我非常得意，颇有得到老师真传之感。最后，闵老师还是及时赶到北京参加了会议。闵老师在台上讲，我的任务是在幕后翻PPT，非常同步。会后，闵老师夸我是幕后英雄，几次对别人讲，说我和他配合得"天衣无缝"。

在做报告、开会等公开场合，闵老师常常是衣着端正、容色庄严，这也体现了老师对工作的重视和对别人的尊重。但实际上闵老师很随和，对吃穿并不太在意。他和师母住在南秀村博导楼时，我有时到老师家里，大热天他也就穿着背心短裤和我讨论。有段时间师母葛传珍老师在国外，闵老师一个人在家，基本上除了工作就是工作，吃饭就比较随意。我和我爱人赵芳还在老师家里吃过一顿晚饭，记得那天打开冰箱，发现只有冷冻的食品。后来是赵芳煮水饺，我们三人吃着真空包装的啤酒鸭，边吃边聊。如今，这一幕已经定格成为我们夫妇对老师永远的珍贵回忆。2004年，我带着家人回国探亲，也到南京看望老师和师母。闵老师得知我回来很高兴，我们原本已经找了宾馆住下，他还是特地叫陈延峰重新在学校的外教公寓找了个套间，用车把我们接过去，一起吃了饭，在老师家里聊了很久，留下了其乐融融的合影。而那次见闵老师，也为我之后从美国归来，重新回到老师的身边埋下了种子。很多人不知道，我在出国前曾和闵老师深谈，我对他说，"别

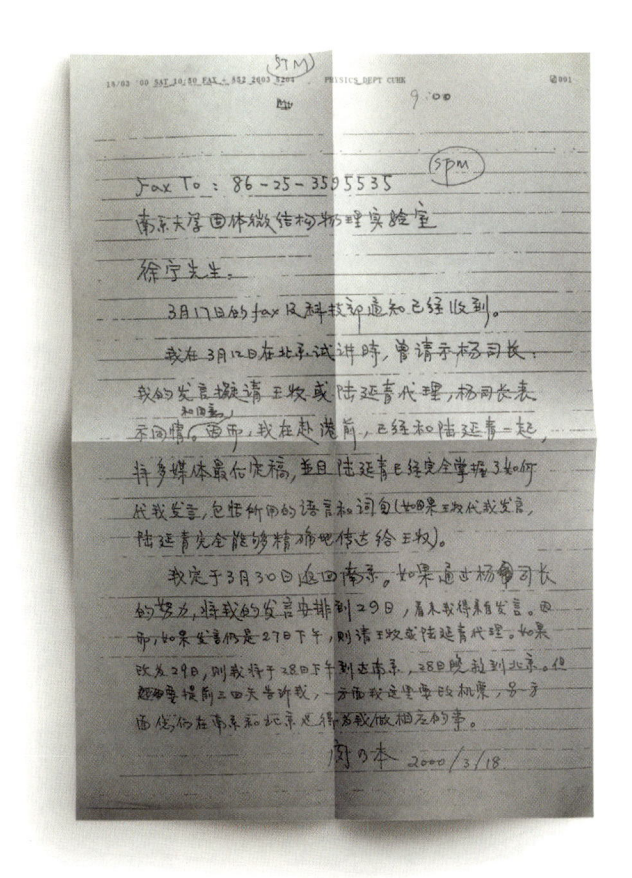

> 闵老师从香港城市大学发回的传真

人可能拍胸脯承诺一定会回国，但是我对老师不能说假话，我确实想出去见世面，对未来不敢做肯定的承诺。但是，我觉得我是可能回来的，这个可能性是真的"。在美期间，祝老师、于涛、陈延彬来看我，特别是于涛和陈延彬在不同时间分别告诉我，闵老师曾对他们说"陆延青会回来的"。当时听了转述，我不禁眼眶湿润，老师对我的关爱、信任始终如一，我不能把老师的话丢在地上，一定要回去。

2006年6月，我不顾费心申请到的全家美国绿卡，终于携家人回到了阔别六载的南大，重新归队，从工业界回到学术界。我特地到闵老师家里，想说说自己的心迹。闵老师很欣慰，但他打断了我的话，只说了一句，"我知道，你不死心"。是的，佛家说"上报四重恩"，老师知我！

> 其乐融融的合影

从小受传统文化熏陶，国恩、师恩、父母恩，恩深难报，事业未成就，青史未留名，徒留美境看流云，且如何安心？

### 三、听其言也厉，起而行之

《论语·述而篇》有云，"子温而厉，威而不猛，恭而安"。君子之三变，本为一体。闵老师喜文史，常引前人之句勉励学生，传灯不息，颇有淳儒先贤之风。他曾以苏轼《留侯论》勉励雷新亚师兄道："天下有大勇者，卒然临之而不惊，无故加之而不怒。此其所挟持者甚大，而其志甚远也。"老师希望学生志存高远之心跃然纸上。

"听其言也厉"，这不是说老师声色俱厉，而是老师想的说的都是国家的大事、科学的前沿、学校的未来，我们听了，自会肃然起敬，起而行之，所谓"厉，无咎"也。

我们获得空缺多年的国家自然科学奖一等奖之后，闵老师一刻没有停歇。他是"量子调控"的主要提出者，为科研指未来；他是南大新工科建设的倡导者，

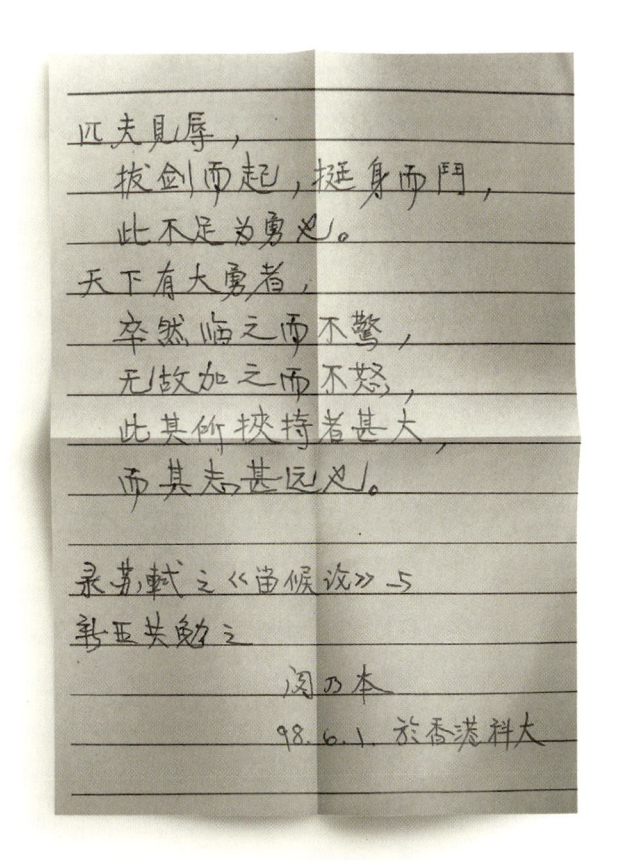

> 闵老师以《留侯论》勉励新亚师兄

为学校计长远。

闵老师一直对"量子调控"这四个字颇为自得。那时候温家宝总理正在推进"宏观调控"。闵老师说，"调控"两字，总理和领导们一看都懂，觉得重要；而很多科学家又能从"量子"两字看到自己的影子，不会反对；四个字合在一起是绝配。加之闵老师和其他前辈科学家们对其四方面内涵的谋划解读，"量子调控"顺利得到高层支持，成为重点研发计划的首批专项。这为"973"计划之后凝聚态物理和量子信息技术得到持续支持、不断发展起到了重要作用，很多人都受惠于此。我回国后除了自己申请到一个小的"863"计划项目，也参与到南大首个"量子调控"项目里，这对我的学术重新起步作用巨大。

在2010—2011年间，在闵老师和郭光灿先生共同推动下，南大和科大两个量子调控基地单位想联合起来，建一个"南大－科大量子信息与材料（联合）研究中心"的大平台。他们两位共同指定我来执笔起草规划，这还在教育部启动2011协同创新计划之前。那段时间，闵老师虽身体不适，但还是悉心指导我们。2011年5月，邢定钰院士带着我和其他几位老师去省人民医院向闵老师请示。老师谈了他对联合中心的设想，格局宏大，思虑精深。他既分析了我们在介电体超晶格、小量子体系、关联电子等方面的优势，也要求"发展亚原子分辨技术"。他还畅谈了中美不同的科研模式和中心的发展道路，指出"中国有中国人的传统，教授可以组织团队"，要"发挥'集中力量办大事'的社会主义优越性……为了创新，几条路线平行，不要讲别人不好"。他甚至指导了如何写序言，写完后他要如何提交到中央领导手上，等等。出了病房，吴迪可能平时听闵老师讲话不多，受到很大的震撼。她不停地说，"世上怎么有这样的人，想的事情这么大又这么细"。

后来，2011计划启动，我们根据闵老师的构想，结合他后来在珠江

> 启动仪式

一号筹建研讨会上的讲话，在邢定钰院士的带领下，开始推进协同中心申报的各项工作。历经两年培育，终于获批了人工微结构科学与技术协同创新中心。从联合中心到连续两年的2011计划申报，我一直从事申请书、PPT等具体工作，参加了两年的答辩。后来万建国、姜田、吴迪等不少老师也加入进来，做了大量工作。中心的申报材料是在邢老师指导把关下，整个"秘书组"共同努力的结果。

  我也亲身经历了闵老师推动南大新工科建设的过程。材料系建立之初，闵老师就确定了"以理为基础，以工为方向，理工融合"的发展道路。为适应学校发展的需求，在闵老师的倡导下，洪银兴书记、陈骏校长决定在材料系基础上启动工学院的筹建。我很有幸地成为以祝世宁院士为组长的工学院筹备组成员，并被祝老师委以执笔起草工学院规划的重任。在学院筹建、挂牌、全面启动、建设发展的每一个阶段，闵老师都起到了领航指向、统一思想的关键作用。特别是他在不同时期的四次讲话，现在读来，都让我感叹于他的远见与智慧以及对科学的追求和对南大的热忱。

2009年7月4—6日，南大"现代工程与应用科学学院"首次建设研讨会在知行楼召开。陈骏校长参加、祝世宁院士主持，闵老师做了"南大工程学科建设能否后来居上"的开幕讲话。他分析了"后摩尔时代""后化石能源时代"以及人类无法回避的健康需求给"南大新型工程学科"带来的机遇，提出"相信南大的工学学科建设一定能够后来居上"。这实际上也就明确了工学院四个系的构架方向。那次会议上，陈延峰老师介绍了学院筹备情况，我做了"打造有南京大学特色的工学院——从材料系的发展谈工学院的建设"的汇报，祝世宁院士做了"工学院建设的规划"的总结报告。

2010年1月6日，工学院正式挂牌一周后，鉴于学院筹备人员具有国内外不同背景、来自不同学科，闵老师又专门给我们做了"给南大工学学科开拓者的'参考思路'"的指导报告。他分析了"两个科学家""两种结构单元"，要我们"借助于人才计划大力引进人才"，从中华文化

> 首次建设讨论会在知行楼召开

> 汇报"打造有南京大学特色的工学院——从材料系的发展谈工学院的建设"

的角度反复强调"君子和而不同，小人同而不和""和实生物，同则不继"，以"圣人方而不割，廉而不刿，直而不肆，光而不耀"，勉励我们要"立德，立功，立论"。我们都为闵老师的这些话所深深折服。因为他是这样说的，也是这样给大家做表率的。这个报告影响深远，"和而不同"已逐渐成为工学院的基因，让我们知道怎么建好工学院。2010年6月13日，闵老师为理顺建院后的关系，又做了题为"关于院系室的定位"的讲话。他明确了物理学院和工学院的各自特点和协同分工，指出"院，系，室'一体化'的研究与发展路线是成功的关键"。这实际上也是他"和而不同"思想的另一种体现。此外，闵老师还在一些场合，提出工学院和电子学院的分工。他说，"现代工学院从上游往下游打，电子学院从下游往上游打，两个工学院十五年之后会师"。我以为，这就是老师憧憬的南大工学部了。因为一开始，学校对于到底建一个还是两个工学院是有

讨论的。最后是闵老师的话一锤定音，解决了分歧，勾画了未来。现在算起来，闵老师说这些话，也有十多年了。或许，建设中的以新工科为特点的苏州校区，就将以另一种形式实现闵老师的南大工科发展之理想。

工学院成立后，我先是成为聂书明院长领导的院务工作组成员，后于2014年初改任副院长。2014年11月，因为聂院长不能按原计划回国履职，且学院事务日益繁多，学校任命我为执行院长。这让我很突然。我们院管理系统的独特性和学科交叉性对我也是个很大的挑战。2014年11月25日，闵老师在学校党委常委会暨党委中心组做了题为"经济社会发展与（理、工）教育"的讲座，阐明了工学院的建设思想和发展策略。随后，11月27日，他把我叫到碧树园的家中，就我如何管理学院，处理好各方面关系，推进工作做了明确的指导。他说，"头等大事是院长与执行院长的定位关系""学校明确执行院长是正院长，不同于常务副院长"。他还就如何发挥院务会作用，遇事如何处理，学院科研组织模式的多样性共存等做了指导。他勉励我说，"当领导要忍辱负重，要有大局观。没有忍辱，如何负重？像祝世宁，就做得很好"。他还专门关心了周豪慎老师的发展。这次谈话，对我而言是一场"及时雨"，让我得以很快转换角色，在臧书记、聂院长、祝老师的支持和大家的配合下，带领全院在人才引进、科研教学、国际化建设等方面不断取得成绩。我也因此得以提任到学校工作，将接力棒传到师弟吴迪手里。如今，工学院无论是硬件条件、重大项目、基础科研、应用转化还是人才团队，都在学校名列前茅。作为前任院长，我与有荣焉。饮水思源，工学院和南大的新工科面貌能有今天，闵老师厥功至伟。

我回国后，闵老师一直操心我的发展。他不仅自己在一些重要的人才台阶上给我支持，也曾拜托资剑老师等关心我。我有段时间被学校派到南通做成果转化，担任南通研究院院长。他觉得不太适合，分心太多，时机未到。2011年，他建议张荣校长把我召回。因为虚荣心，我向他解释。他骂我说，"杰青比院长重要"，要我卸任后，"不踏入南通研究院半步"。我当然也做到了，迄今没有再进过研究院。后来我集中精力于科研，到了第四次申请，杰青终于得以获批。现在想来，闵老师的当头棒喝，对我恰是醍醐灌顶。闵老师为了我能少一点旁骛，在2009年11月14日就曾打电话给我，告诫我："一个人的精力是有限的，你要自己决定把这个有限的时间用来做有意义的工作"。他还给了我两个原则，第一个是"你要自我决定，自我衡量"；第二个是，"有时候领导交办，比较为难，我现在授权给你可以将某些为难的事情推到我头上"，"当然你要预先给我打个招呼，不然等到人家问起我，讲不清，晓得吧？"如今，我再次听老师的这段电话录音，还是忍不住动容。我何其之幸，有这样关心我的恩师。这几年，经常忙得脚不沾地，难以兼顾。可惜，再也没有闵老师给我庇护指点了。

## 四、德范长昭，后有继之

闵老师豁达忘我，胸怀天下。他不但心系科研、南大、九三，为"三院两室一中心"殚精竭虑，也关注着不同年龄段校内外许多中青年教师的成长，哪怕在他重病期间，仍然牵挂着学校，牵挂着大家。

2017年7—8月，闵老师确诊后，他原先想顺其自然，还说要留点钱给师母，后来经过劝说才决定积极治疗。在住院前的9月1日，我们几个学生在东郊国宾馆陪他吃饭。饭后和老师一起散步，气氛比较沉重，但他还是像平常一样和我们边走边聊。因为当时的心情，我完全记不得老师说了些什么，只记得跟着老师走走停停的那一幕。

闵老师住院期间，我们不时去看他，参与病情和治疗方案讨论，我还负责在海外购买PD-1药物。大家都期望能出现转机，控制病情，可惜天

> 陪闵老师散步

> 九三领导来看望闵老师

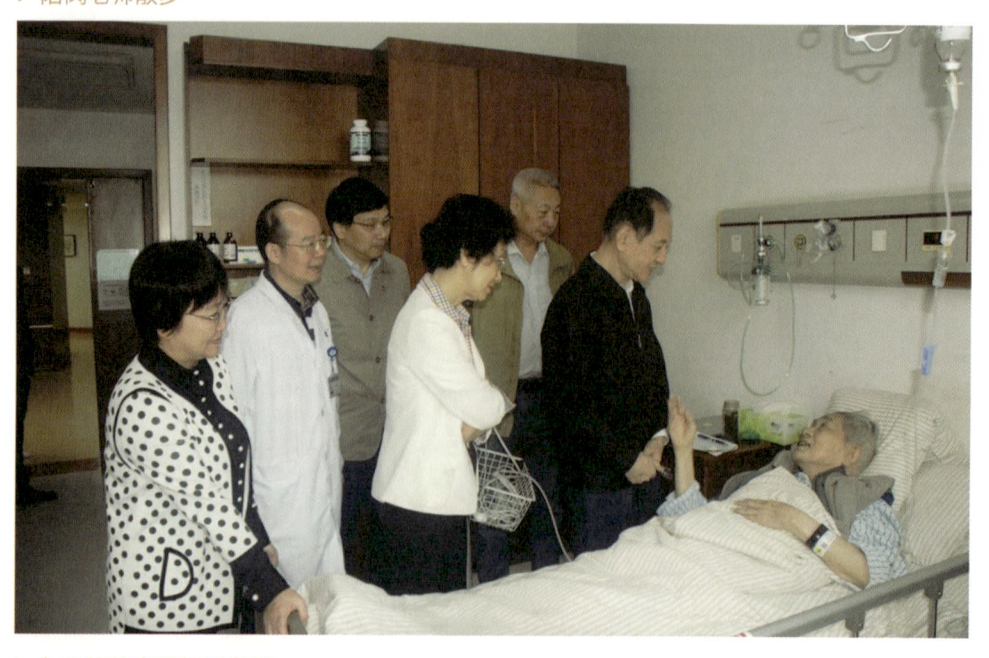

不遂人愿。虽然病情恶化，但闵老师一直保持积极的心态，关心大家的工作和发展。我去看他时，他也常和我讨论工作，不时提出一些新想法，还好几次和我讨论如何帮助祝名伟做出新工作。那一年，九三、省里、学校的领导纷纷来看望闵老师。我们九三的韩启德主席、邵鸿副主席、丛斌副主席等都来过，也帮着找北京的医生想办法。当然学术界和学校里来的人更多。每次来了客人，谈起往事，说起工作，闵老师常

> 陈校长和闵老师久握双手

常很兴奋，谈兴很浓。特别是2018年3月9日，陈骏校长来看老师时，他们谈了很多，尤其是南大的发展。当时陈校长看到老师在这种情况下，还一如既往地为学校深谋远虑很是感动，我注意到陈校长的眼眶也是红的。那时因为学科评估，陈校长压力很大。闵老师历数陈校长做的大事，特别是新工科战略布局的长远意义，谈到学校主要领导的历史作用。陈校长说他"要用自己残破的身躯，为南大遮风挡雨"。离别时，两人对视，久久握手，似有千言万语。

2018年9月，根据学校安排，我要去国家教育行政学院中青班学习

三个月。那时，闵老师的病情日趋严重。行前，他已得知我到学校工作的事已经开始走程序。他很高兴，勉励我在管理和科研上都要继续努力。到了北京后，我也一直挂念老师。9月15日星期六，中国物理学会年会在大连开，我作为液晶分会场的召集人，从北京赶去参会。其实第二天还有不少会议的事情，但我不放心，还是在15日晚回到了南京。隔天一早，我赶到了省人民医院闵老师病房，他还在安睡，一直劳累的师母在临时安排的另一房间休息，我就在外面边想边等。9点多老师起来后，过了一会我进去看他。他看到我来了有点讶异但很高兴，询问我在北京学习和最近工作的情况。我告诉他，我在关注活性物质。闵老师有了兴趣，因为他曾指导唐彬做液晶中的布朗粒子运动，我也参与过这项工作。唐彬出国后，闵老师还把相关的材料给我，让我整理。活性物质可以看作布朗粒子的活性升级版，我向闵老师介绍了大致理论模型和可能的实验方案。闵老师的思路很清晰，但因他当时已经戴着氧气面罩，说话不便，他就说，今天就这样，以后再找时间和我讨论。后来振林也到了病房，我就离开了。哪知，傍晚我到了南京南站正要登车去北京，群里传来了老师仙逝的消息。我立刻打车飞奔到医院，看到老师静静躺在病床上，无法相信上午还在指导我工作的闵老师已经永远离开了我们。

　　老师虽然已经不在，但他的功绩懿德永存，天上以他命名的"闵乃本星"还在闪耀，他的团队还在为国为校不断取得一个个新的科技突破。但仙林校区的"守诺亭"已成为我给自己的学生做团队历史教育的教材，这是苏州校友会薛为民会长亲口告诉我的一则故事。2007年获一等奖之后，我们组成了事迹报告团，闵老师带队在几个地方做报告。苏州的南大校友很多，闵老师盛情难却，就到苏州做了个报告。在报告后的交流环节，薛会长问闵老师："介电体超晶格的成果很伟大，但可能还够不上诺奖，那请问闵先生，中国人、南大人什么时候能得诺贝尔奖？"闵老师回

答说:"以后会有的。"后来,苏州校友会在仙林校区捐建"香雪海"园林,薛会长就特地造了一座"守诺亭"来纪念这段"闵薛问答"。亭中有一石碑,上书"未来获奖校友"。"守诺"之"诺",既是"诺贝尔奖"的"诺",更是闵老师代表着中国科学家、南大科学家的郑重一诺。记得刚入学到闵老师组时,闵老师就曾对我们说,"我这辈子是不可能拿诺贝尔奖了,以后要靠你们了"。我后来也曾对自己的学生说过这样的话。我相信,只要我们"不死心",一代代的南大人,一批批闵老师的后继者们,一定能把自己的名字刻进"守诺亭"!

> 守诺亭

### 后记与花絮

这段时间工作压力很大,不停奔波,睡得很少。分管的工作面临很大挑战,无论是要申请的项目,还是要冲击的计划都中途折戟,一直也没有时间坐下来写闵老师的回忆录。在葛老师几次关心后,7月30日我才正式

> 闵老师和实验室师生

动笔。但是，一拿起笔，想起在老师身边的点点滴滴，思路出奇地流畅，行文也很自然。虽然白天还是有事，但熬了几夜，回忆录也已基本成文，前些日子的压力和挫折也已被抛到了脑后。其实，回忆老师，于我而言就是一场心灵的洗涤。想想老师的教诲，我们还有什么不积极奋进的借口呢？相信老师的在天之灵也一定会庇佑我前面的道路！

不忍停笔，那就再加个花絮吧。我对老师也是有点"小意见"的，就是容易写错我的名字。话不多说，上图吧。

2023 年 8 月 9 日（闵老师冥寿日）

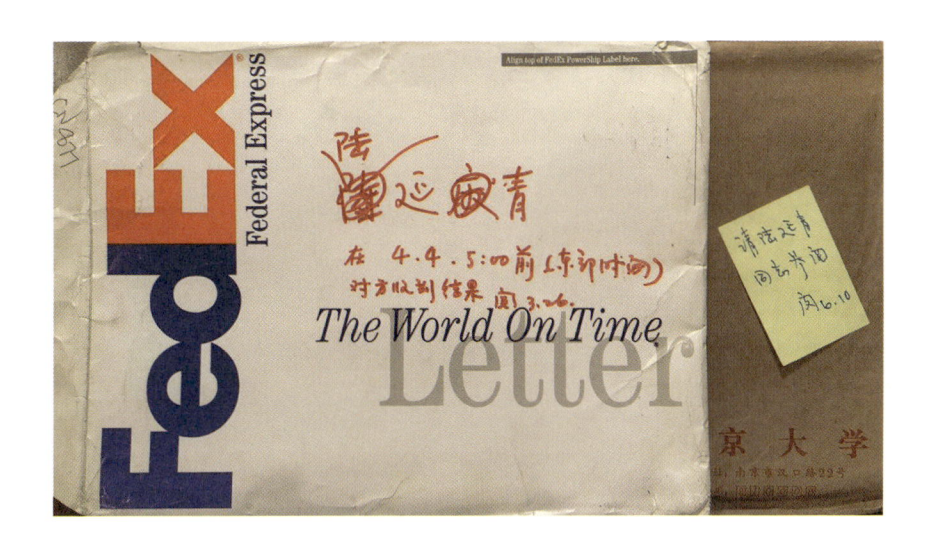

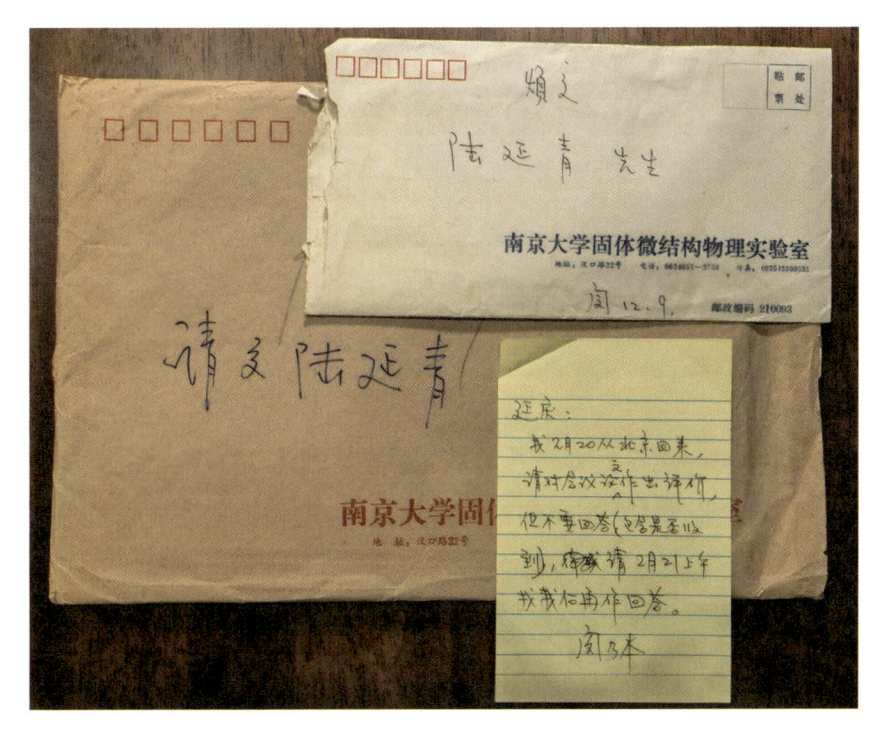

> 闵老师给我的信件

## 三生有幸　程门立雪

李爱东

我从来没想过自己一个学化工的本科生、学化学的硕士，会拿到凝聚态物理的博士学位。是冥冥之中的命运女神将我推到了闵老师面前，多年之后回忆起自己有幸成为闵老师的学生，我依然还在惊叹命运的神奇！

如果没有那场意外，也许此刻我正在南京林业大学的某个教室里，给本科生上"化工原理"。可是，谁知道呢？三十年前的那个四月，硕士毕业，我正准备前往南京——我先生工作的城市，开启一段新生活，收到了南林的电话，说好的编制没有了。记得南京那个四月特别燥热，我也如同热锅上的蚂蚁，陷入了找工作的忙碌与焦灼中。最终，莫愁湖边的一所专科学校同意接收我，那天我拿着江苏省人事厅的报到通知，准备办理入职。当我走在张贴着"请讲普通话"教学楼走廊，看着操场上正举行的升国旗仪式，忽然意识到我即将进入一个类似高中的中专学校。

感谢那个单位人事处办事人员冷冰冰的态度和对我关心的问题近乎讥讽的回应，将我成功逼离了那所学校。回去的路上忽然想到为什么我不试试读博呢？尽管九十年代读博的人很少，但是在我离开哈工大的时候，碰到了化学系一位对我特别好的老师——徐玉恒教授，他听了我找工作的挫折，就建议我："去读博吧，我觉得你特别适合做学问。硕士期间你做的就是水溶液长晶体，南京大学闵乃本院士是晶体生长领域的权威，也是我的老朋友。"

于是带着推荐信，我忐忑不安地来到南大物理系找闵老师。1993年正是闵老师工作非常繁忙的时候，身兼数职，经常在国内外飞来飞去，一般是很难在微结构办公室碰上他的。然而很幸运，第一次去我就在科学楼遇到了闵老师。当我递上徐老师的推荐信表明来意，闵老师沉吟了一下，建议我去化学化工学院找他的老朋友游效曾院士。

也许是天意，那天我专程去化学化工学院却没有见到游院士，回过身到了旁边的科学楼，又幸运地遇到了闵老师。我再次表达了想跟他读博的意愿，这次闵老师认真看过我的简历和推荐信后，答应我可以报考他的博士生，只要我能够通过两门专业课考试。他说：物理学科的发展，也需要学科交叉，相关研究，也需要有工科背景的人进入。

于是我开始认真复习准备，然而半年后在博士生招生第一门英语考试中，出现了意外，由于考务老师通知有误，我错进了大学英语四级的考场。待监考老师发现，已经过了半个多小时。尽管后来返回博士生招生考场，给我补测了听力，但当时脑子一片混乱，准备了半年的英语考砸了，那时候英语很重要，是拥有一票否决权的。那个中午，我一个人坐在教室里泪流满面，想着要不要把剩下的两门专业课考完。感谢那时候的自己和自己的坚持，我最终以固体物理和晶体缺陷物理学两门专业课均超过90分、英语比分数线高出2分的成绩，幸运地成为闵老师的学生。

我是1994年春季入学的博士生，当时对凝聚态物理的了解连皮毛都谈不上，对读博也懵懵懂懂。入学后物理系举行了研究生新生典礼，当我得知博士生毕业需要发表3篇SCI论文，顿时傻眼了。那时候我连一篇中文的期刊论文都没写过，我和化院室友陈晓华相对落泪，觉得博士学位离我们那么遥远，肯定是要延期毕业了。无知者无畏，后来我想要是从一开始就知道物理这么难、读博这么难，可能真的就不会选择读博这条路了。

第一学期上课接触到不少物理概念和公式，听不懂的我有些崩溃。闵老师对我说：别着急，慢慢来。要扬长避短，你的长处是化学，物理是你的短处。第一学期先看与博士生选题相关的文献，把几门重要的专业课啃下来。下学期再进实验室，不要急于求成。

闵老师的话让不知所措的我安定下来，闵老师给每个博士生的选题都是考虑了学生的专业背景的，他给我的研究课题就是用湿化学的方法来制备导电氧化物电极和铁电薄膜存储器，研究其微结构与电学性能。1994年夏天在闵老师夫人葛老师的带领下，我开始着手建立化学制备实验室，到南京五十五所旧仓库买甩胶机，到东南大学买管式炉控制仪，到上海同济大学去买粘度测试仪。那时候物理系没有化学操作台，我就利用晶体生长实验室不用的胶皮地垫，剪出一个长桌子的形状，盖在木桌上面，充当耐酸耐碱的台面。

尽管那时候闵老师工作非常忙，除了在组会上对我进行指导，还会时不时复印几篇他觉得与我选题有关、比较重要的参考文献放到信封里，让葛老师带给我。那时候，实验室的条件还比较艰苦，一些测试表征的条件还很有限。闵老师和葛老师都会想办法积极帮我联系合作测试单位，我去山东大学晶体所测过介电性能，去中科大分析表征中心测过拉曼散射谱，去上海冶金所测过卢瑟福背散射谱。

读博期间，我全身心地投入了实验工作中，两周回家一次，暑假也不停歇在实验室忙忙碌碌。功夫不负苦心人，1995年夏天我使用自己合成的有机前体通过金属有机物分解法低温制备出导电的镍酸镧薄膜，闵老师看到后说：此实验结果不错，可以整理一篇论文投送到《应用物理快报》上。那是我第一次写期刊论文，而且是用英文，闵老师特意安排他学术水平特别高超的大弟子朱永元教授来帮我修改论文初稿。论文10月份寄出去，进行了一轮修改，1996年初很顺利地就在美国《应用物理快报》上发表了。事实证明，闵老师选题的眼光非常独到，我在读博期间基于湿化学法制备的铁电薄膜工作，陆续整理了三篇论文，都顺利地发表在《应用物理快报》上。曾经老是担心毕不了业的我，最后还提前毕业了，留在新成立的南大材料系做了一名老师。

特别让我感动的是，我的博士学位论文初稿写好后，交给闵老师，百忙之中，他用铅笔一笔一画地在我的稿子上进行修改标注，并将我论文存在的问题，需要修改补充的地方，面对面一五一十交代清楚。博士学位论文的导师评语也是闵老师亲自写好，交给我的。他当时是固体微结构国家重点实验室主任、973计划首席科学家，还出任教育部科技委副主任和材料科学与工程教指委主任，这对一个日理万机且年过六旬的学术领导人来说，是多么难得。

我认识闵老师的时候，他快60岁了。可是他的思维比年轻人还敏捷活跃，我们这些年轻的学生与闵老师对话，常常觉得跟不上他跳跃的思维节奏。他总能透过或纷繁或简单的实验结果，直击事物的本质。有时候我禁不住跟我的室友慨叹，为什么我的导师有那么睿智的大脑，想问题总能想得那么深、那么远。可惜闵老师走得太早了，否则他会在学术上留下更多的宝贵财富，在科教领域取得更大的成就。

闵老师非常强调科研中的创新。他曾经说过：如果你做的实验和预期是完全相同的，那么其实并不值得兴奋；相反，只有你做的实验结果和预期是不同的，你才可能从这个实验中收获一些新的东西，才能突破你现有的知识体系和架构，有新的发现，而这才是我们特别需要的。闵老师不光教学生如何做事，也教学生如何做人，特别强调合作的重要性，经常告诫我们在与人合作的时候要舍得吃亏，自己先往后退一步，别去争那些蝇头小利，这样才能做成大事。君子和而不同，小人同而不和。闵老师是一位有着巨大人格魅力的学者，他所取得的成就与他的人格魅力密不可分。

1998年美国摩托罗拉公司找到闵老师，与南大固体微结构实验室课

## 摘要

铁电薄膜是一类重要的功能材料，在微电子学和光电子学领域有着广泛的应用，其中重要的应用之一是铁电存储器。它具有非挥发、快速存取、抗辐射等优点，成为当今存储器发展的新方向之一。近年来的研究表明：铁电薄膜的电极是影响铁电薄膜疲劳特性的重要因素，金属氧化物电极对改善疲劳现象有明显的作用（疲劳寿命从 $10^8$ 提高到 $10^{10}$）。

本论文首次采用金属有机物分解法（MOD），选择异辛酸盐作为有机前体，成功地制备了金属钙钛矿的 LaNiO₃（LNO）电极，并通过多种分析测试手段系统地研究了热处理工艺、衬底等对 LNO 晶化、微结构、表面形貌、取向以及导电性能的影响。

以 MOD 法制备的 LNO 薄膜作为底电极，通过溶胶−凝胶法（sol-gel）分别沉积了 PbTiO₃（PTO）、（PbLa）TiO₃（PLT）、BaTiO₃（BTO）/LNO 异质结构，对多层膜的结构、形貌和电学性能进行了研究。

使用 sol-gel 方法在 Si、NaCl、LaAlO₃ 单晶衬底和石英晶片、熔石英、不锈钢衬底上沉积 PTO、PLT 薄膜；利用 X 光衍射、扫描和透射电镜，特别是喇曼散射技术，研究了前体溶液、衬底、热处理温度对薄膜微结构、取向、表面形貌的影响。

本论文的主要结论如下：

第一方面：新型导电氧化物 LaNiO₃ 的制备研究

首次采用异辛酸盐法，成功地制备了 LNO 薄膜，这种方法不仅合成温度低（~530℃），而且获得的 LNO 薄膜金属导电性优异，硅片上

> 1996 年，闵老师用铅笔修改我的博士学位论文

题组开始了在铁电存储器和高 k 栅介质材料领域跨度长达五六年的合作研究，因为要研究的钽酸锶铋铁电薄膜是用金属有机物分解法制备的，正是我读博期间用到的方法，因此闵老师点名让我进入了该项目组。与国际知名公司摩托罗拉的合作，不仅是我工作后做的第一个大项目，让我顺利地开启了自己的研究工作，课题给予项目组成员的研究补贴，也让当时还是"青椒"的我解了工资颇低的燃眉之急。铁电存储器项目告一段落后，摩托罗拉与南大准备合作研究当时很热的金属-氧化物-半导体场效应晶体管（MOSFET）用高介电常数栅介质材料，并出资要在南大建设一台专门用于生长金属栅氧化物的金属有机化学气相沉积（MOCVD）设备，也是考虑到我较强的化学背景，决定由我负责该系统的搭建工作。做了一系列调研后，国内有两个单位的团队可以来做这件事：一家做了 3 台 MOCVD，为外单位做的一台刚通过验收；一家做了八九台类似设备，正面负面反馈都有。到底选择哪个单位哪个组来做 MOCVD，我陷入了两难之中，毕竟是 100 多万元的系统。

我专门到闵老师家汇报此事，说出了抉择的困难。他认真倾听我的叙述，没有直接给我答案，而是对我说：对做 MOCVD 的人来说，经验教训都同样重要。选择哪家来做 MOCVD 设备，你更要关注的是他们最好的水平是怎样的，创造条件让他们做出最高水平的设备。我感觉自己一下豁然开朗，知道该怎么选了。

后来设计制造该 MOCVD 系统的长春物理所元金山研究员课题组，先后遭遇各种波折，2001 年 4 月中美发生南海撞机事件，导致进口的 MKS 压力计系统耽误十个月才到货，反应室初始沉积薄膜均匀性不理想，元金山研究员又重新改进了反应室的设计，最终通过双方的协作努力，该系统前后历时近两年终于成功通过验收。并制备出了等价氧化物厚度小于 1 纳米且没有界面层的铝酸镧超薄膜。由于建立 MOCVD 系统并证明其高 k 薄

> 1999 年，闵老师推荐给我看的两篇重要参考文献

膜沉积能力的出色工作，我于 2002 年获得了摩托罗拉中国研究院颁发的摩托罗拉成就奖。

也是在设备通过验收后，元金山研究员才对我说，他跟闵老师 20 世纪 80 年代曾经一起在美国盐湖城犹他大学做访问学者，算是老朋友了。他非常感谢闵老师对他的信任，任务完成后的那个下午他带着一瓶好酒去了闵老师家，两人开怀畅饮，把酒叙旧，一醉方休。

回想与闵老师相处的点点滴滴，最令我感动的是他对学生无声的好。

> 2013年，闵乃本星命名仪式暨材料科学与工程系建系20周年庆典合影

1995年初放寒假前，闵老师嘱咐给组里面的研究生发笔奖励。那时候，我才将化学实验室建好，相关实验还在摸索中，没有什么像样的数据和结果，更谈不上成果。可是我记得很清楚，当时我拿到了1000元的奖励。这对那时候的我而言，近乎是笔巨款，让我很是感动。

  闵老师曾经说过，有一次他在晶体生长实验室，无意中看到我顶着烈日在外面裁剪铺实验桌用的黑胶皮，就想这是一个特别不怕吃苦的学生。也许是自己身上的这股劲，打动了闵老师，1996年刚过五一，闵老师就让材料系年轻的系主任陈延锋老师来问我，是否愿意提前毕业留在材料系做老师，材料系的首届学生马上就要大三，需要开设专业课。我很庆幸，在南大材料系还是一个小小的嫩芽时候，就有幸加入了这个和谐的团队，并在材料系中一步一个脚印，从一个讲师成长为拥有自己研究方向和实验室的教授学者：作为第二完成人因"几种铁电薄膜及配套的氧化物电极材料研究"获得了国家自然科学二等奖，其中就包含我读博期间的工作；以第一作者和通讯作者发表了200多篇学术期刊论文，获得了30多项中国发明专利；在科学出版社出版了两本中文专著，也参与了四部英文书章节的撰写；至今培养的硕士（博士）、指导的博士后加一起已经超过50人。没有闵老师作为引路人的指引和帮助，我是不可能走到今天，成为现在的我，我对此深怀感恩。

闵老师是南大材料系创立者，也是材料系的首任系主任，他对材料系有着极深的感情。"闵乃本星"命名仪式，他特意选择和材料系建系二十周年庆典放在一起。我也没辜负闵老师的希望，为材料系的学科建设和发展、研究生教育与改革，勤勉工作近二十年。从一级、二级博士点和硕士点的申请，国家重点学科的申报，到985工程、211工程、江苏省优势学科的建设与验收，从研究生培养方案与规章制度的制定，到博士生"四三三"、硕士生"二三三"研究生改革方案的出台，做出了自己实实在在的贡献。2011年由我牵头组织的南京大学材料科学与工程系列丛书，在科学出版社至今已经出版教材与专著10部，2018年学院因在"综合性大学新型工程学科研究生培养模式的创新与实践"所取得的成绩，获得了江苏省研究生教育改革成果一等奖。九泉之下，闵老师知道南大材料系的发展与进步，特别是在最近第五轮材料学科评估中取得的好成绩，也应该会感到欣慰的。

回想起三十年前与闵老师的初相识，那个五月的下午鼓楼校区的梧桐树枝繁叶茂，在风中摇曳生姿，我三生有幸碰到了闵老师，从此程门立雪，走上了我喜欢的人生之路。如今我也快60岁了，人近黄昏，回首过去，感谢命运的馈赠。抬头仰望浩瀚星空中的"闵乃本星"，默默道一声——闵老师，谢谢您！此生足矣。

2023年6月写于仙林南京大学和园

# 纪念我的导师闵乃本先生

## 吴迪

三月中旬我接到师母的电话，她嘱咐我写一段文字，附在闵先生的传记后面。我丝毫没有犹豫就答应了，觉得是理所当然的事情。然而，真正要动笔，才发现这不是一项容易的任务。先生是有重要国际影响的物理学家和材料学家，不仅自身学术成就斐然，作为战略科学家参与国家科技规划、参政议政，也做出了公认的重要贡献。我对着电脑坐了很久，回忆铺天盖地而来，一时竟然想不清楚从什么角度来纪念先生才最有意义，无论是对先生，还是对我自己。

我与先生的缘分始于1995年秋天。那时我在南京大学物理学院读大学四年级，已经确定了保研，经人介绍加入了先生的团队。当时，先生的团队已经在准相位匹配物理和材料方面做出了一系列成果，是物理学院最抢手的课题组。我原本以为先生会让我去做这方面的工作，毕竟徒弟都想学师傅最拿手的本事，不承想先生安排我在师母指导下做铁电薄膜。我当时懵懵懂懂，不知道铁电薄膜为何物，只知道和先生的主流研究方向相差很远，不免沮丧。几年以后，我才理解先生早已经敏锐地认识到多功能性的氧化物薄膜对后摩尔时代高速、低功耗器件的重要性。我后来能够做出一点成绩，也是因为较早地进入了这个新兴的领域。

我的博士论文工作围绕一类层状结构铁电薄膜的制备和性能优化。这个课题由美国摩托罗拉公司资助，课题的来由颇为有趣。一次闵先生坐飞机出差，邻座恰好是摩托罗拉公司在得克萨斯州奥斯汀一个研究中心的主管，两人聊天就聊到了铁电薄膜的前沿和最新进展。应先生的邀请，这位卡伦（Karen）女士访问了南京大学固体微结构物理国家重点实验室，在了解我们的研究能力和进展后，敲定了这个课题，由摩托罗拉公司每年资助10万美元，一共持续两年。这笔钱对于摩托罗拉这样的跨国公司来说不算什么，但对于我们已经是很大一笔经费了，当时一个基金面上项目也才只有几万元的资助。我们这个课题最后完成得很好，摩托罗拉公司非常满意，并且将课题延伸到高介电常数栅氧化物的研发上。卡伦女士说这个课题是一个偶然。当时在美国，公司给学校做这样前瞻的课题是常态，但是她对中国大学和中国大学的科研活动是陌生的。这个课题放在中国做固然有经济上的考虑，在美国找一个同等研究实力的课题组，要多花好几倍的钱，但更重要的是交流中闵先生对学术前沿充分的了解和对科学问题深邃的思考给她留下了深刻的印象，让她对中国大学的教授和科研能力有了信心。先生就是有这样的人格魅力，我听师兄说当年"克立"奖教金也是类似的机缘，先生在火车上偶遇了一位企业家，他感佩于先生为青年教师解除后顾之忧的情怀，后来专门在南京大学设立了这一奖教金。

  2000年春，我的课题工作已经基本做完，我约了先生在他的书房里聊我毕业的安排。当时正值"出国热"，先生听说我打算留校工作，颇为惊讶。我不好意思当着他的面直说，这几年在先生的团队里特别有成就感，不想离开，只能说我喜欢微结构实验室的研究氛围。我至今还记得，先生连声说"想不到你这么沉得住气"，然后就给我讲他当年有很好的机会留在美国发展，但是，"在美国，我只能给别人打工，在这里，我可以做我自己的事业"。那一天聊了很多，我印象最深的还是先生说"一个人一辈子，要给这个世界留下一点东西"。先生就是用这样朴实的话语，教我们这些后辈什么是知识分子该有的眼界、责任和担当。我后来多次在开学典礼、毕业典礼致辞的场合引用这句话，就是希望触动我的这句话能够影响更多后生晚辈，这也是对先生的一种纪念。

从 2001 年开始，我一直在南京大学工作，起初在材料科学与工程系，后来在现代工程与应用科学学院。我常常因为工作上的问题向先生请教，先生总是有独到的视角和见解，帮助我不断进步。他用"时势造英雄"鼓励我承担重要的研究项目；他教我不要只看到自己的辛苦，要"把合作者的贡献算得大一些"。2016 年中的一段时间，是我人生的至暗时刻，连续几个项目申请的失败对我的打击很大。那时先生已经动过一次手术，虽然恢复得还算不错，但身体已经很虚弱，上一层楼中间也要休息一次。我不好意思去麻烦先生，一度就想这样"躺平"算了。有一天下午，我突然接到先生的电话，原来我的状态还是传到了他那里，他不放心我，来问问情况。先生说了好几个他自己努力了很久最后也没有做成的事情，宽慰我做事情要"天时地利人和"，要"水到渠成"。我们心目中无往不胜的人物原来也有做不成的事情，但是他从没有抱怨，更没有气馁。先生的关心让我感动，更多的是羞愧，只有向先生保证，会继续信心满满地投入工作。

时光飞逝，一转眼先生离开我们已经五年。斯人已逝，但先生的风范长存，谨以此文纪念我的导师闵乃本先生。我一定努力走好先生期望的路。

# 鼓楼听物雨　明目鉴微观

刘俊明（南京大学物理学院）

### 前 记

承蒙闵乃本先生恩准，俊明成为南京大学物理学博士后流动站接收的第一位博士后（余是东博士报到时间却比我早一个月）。从1989年底进入流动站，到1992年4月出站后留在南京大学物理系任教至今，逾三十年。作为闵先生的弟子和学生辈同事，在三十余年相处的岁月中，俊明一直都得到恩师指点、提携、包容与亲近。特别是这"包容"一词，充盈着长辈对晚辈的容忍、爱护和远远欣赏并不时加以鼓励的内涵。这是令人倍感温暖而毕生难忘的触觉、感怀和记忆。

2018年9月16日闵先生仙逝而入天堂，到今天已有五年时光。今年3月16日，师母葛传珍教授（亦是我的老师）留言于我，希望我能够将过去几年关于闵先生的文字整理一二，放到准备出版的闵乃本先生的传记中。俊明何德何能，得师母之令有幸可放笔下的几行酸涩文字入文，乃感无上荣幸，却也更添对闵先生的怀念之情。

此文标题"鼓楼听物雨、明目鉴微观"乃俊明写的一首诗中的两句，虽远不能显示闵先生的成就与风范，但也属其中的一幅印象截面。

## 一、参加闵乃本先生寿诞

### 五言律

2018年8月12日

季夏乐金陵，师生聚晚亭
侑尊山寿酒，奉祝孟秋令
吾辈情怀奉，先生勉力行
犹听朝杖近，夕照伴晖声

后记：闵乃本先生的几位学生，于2018年8月12日夕阳高挂之时，在南京与先生、师母聚于江苏省人民医院，庆祝先生八十四岁（虚岁）寿诞。

（1）季夏：夏末时节。（2）侑尊：助兴、劝饮，尊即酒器。（3）山寿：高寿。（4）奉祝：祝贺、恭贺。（5）孟秋：秋天第一个月、农历七月。（6）朝杖：九十岁。（7）晖声：光彩动人与声望卓著的仪态，是先生耄耋之年，却依然光彩照人，声透时空的状态。

## 二、闻听闵乃本先生仙逝

### 五言律

2018年9月16日

长夜难毫落，千思作寡言
窗前听雨点，暮下望孤传
去月添浊酒，工橱理旧笺
心高无灿日，目滞没苍山

后记：当日俊明出差盐城，回程一路发烧、头疼欲裂。到了南京郊区时，收到闵先生仙逝消息，明白这是先生在呼唤我们弟子前去送别。

### 三、怀念先生之小情小节

#### 临江仙·小情小节

2018 年 9 月 20 日

犹记那年伤关月，茫茫未敢贪欢

先生邀我下江南

鼓楼听物雨，明目鉴微观

只是负了秦淮夜，三十春夏堪怜

先生别我去钧天

几回尽会酒？几度吐云烟

后记：一阕小词，依贺铸格。不念大道理、不计大是非，只是记忆师生之礼的小情小节。先生一生践行了诸多大公大义，我这里给他说点轻松的小事小情吧。

（1）那年：1989 年秋天，其时临近毕业，工作无望。先生修长书命我加盟其麾下，至今三十年。（2）钧天：天的中央，神话中天帝神仙住处。（3）几回尽会酒？几度吐云烟：先生好烟酒，特别是烟。我等常喝先生酒、抽先生烟，天地神侃。

### 四、悼闵先生挽联两幅

2018 年 9 月 22 日

先生不朽

酒过三巡 云烟指绕 清声金陵地 戛然而止

书无再版 缺陷齐喑 人工晶体中 依旧不息

吴越高贤 雕刻周期 成就光声量子

神州名士 鞠躬科苑 教泽格物鸿生

## 五、悼陈创天先生挽联一副

2018 年 10 月 31 日

陈创天先生千古

先生笔下 拆解阴极基团 晶光力透 荣辱不惊 心血沥尽

兄弟驭乘 义结金兰三苑 大业铭功 祸福与共 凤愿首丘

后记：2018 年 10 月 31 日，陈创天先生在北京仙逝。当天俊明也写过一副悼念挽联。将此联收入此文，乃是因为陈先生与闵先生、蒋民华先生一起，合称中国人工晶体三驾马车。他们三人似桃园结义一般，有毕生情谊，更对中国人工晶体研发事业做出了巨大贡献。陈先生发展的阴极基团理论，对设计深紫外非线性光学晶体起到了关键作用。由此，诸如 LBO、KBBF 等一批中国独有的人工晶体被制造出来。

## 六、小词纪念闵先生

### 青玉案·南大边缘

2022 年 5 月 20 日

先生带我行吴楚

半位错、螺旋步

自此蹉跎南大府

物言千表、理怀初悟

> 磁电无穷度
> 守恒北塔知今古
> 反演唐楼忘甘苦
> 五二零中何可诉
> 那时青玉、一烟遐慕
> 都是平常路

后记：这是写于南京大学百廿周年校庆。我没有在南大求学过，虽然做过一站博士后并留校工作至今已三十余年。半世陪伴之，所谓远亲不如近邻，也写几句，成为一阕《青玉案》并以"南大边缘"为副题。《青玉案》词牌出自汉代张衡诗"何以报之青玉案"，此句很是令人感佩。我也因此很喜欢这一词牌。填词遵从词林之贺铸格，入壬寅怀念集。

（1）先生：指闵乃本先生。（2）吴楚：江南乃吴楚之地，亦泛指华夏大地。（3）位错、螺旋：闵先生带我做的第一个课题便是位错缺陷处的晶体螺旋生长动力学。半位错，表述部分位错和先生让我观测的层错生长动力学；也表述半错位，即囫囵吞枣地吸收知识。螺旋步，表述位错露头处的螺旋生长台阶形态，也表述科研工作的螺旋式提升与进步。（4）物言千表、理怀初悟：物言表达物理的语言，是对自然的观测与记录。物之道，虽历经多年，但可能依旧是初初感悟。（5）磁电：在南大做的研究课题最长的便是磁电多铁性了，凡二十余年。（6）北塔、唐楼：南大鼓楼校园的北大楼和唐仲英大楼。（7）守恒北塔：能量、物质、规律的守恒律！北塔是南大的表征，总在那里，是心中的标识，不会衰退。（8）反演唐楼：时间反演对称破缺！唐楼是每日工作之所。多少时光从那里流逝，难以回头，只能反演回忆！（9）青玉：可作青涩、璞玉，是那些学生和年轻老师。

# 回忆追随闵先生的岁月

## 陈延峰（南京大学）

从 1990 年 7 月到南大做博士后起，直到 2018 年 9 月 16 日先生去世，我一直追随先生做学问共 28 年。常常回忆起跟随闵老师学习的岁月，先生的音容笑貌，他的和蔼可亲、他的谈笑风生依然是那么栩栩如生地浮现在我的眼前，仿佛先生从来就没有离开过我。

### 入门

1990 年 7 月我到南京大学报到，正式成为闵老师的学生、南大物理系的博士后。能到南大事出偶然。我在西北工业大学铸造专业完成了本科、硕士和博士的学习。铸造专业是西工大材料科学与工程的五个专业之一，是这所军工名校中最强的专业之一。铸造专业的研究生有一门必修课是"金属凝固原理"，而我的博士导师周尧和是凝固理论专家，他非常重视凝固理论及其在铸造工程中的应用，1987 年我上博士时，周老师给我的博士论文选题是金属的熔化过程。因为学习凝固理论课程和研究课题的需要，那时我一直在研究和攻读闵老师的专著《晶体生长的物理基础》，这是我们专业课程中最主要的一本参考书，而且书中有一节专门讲述"组分过热"（第五章第 4 节）。闵老师讲述晶体生长的基本物理过程和规律的方式逻辑性强，物理概念清晰，综合了晶体生长的热力学、动力学，特别是界面稳定性，我被这一独特的方式所吸引，非常仰慕闵老师。1987年暑假期间，我和师兄黄卫东到南京大学调研，闵老师在二号新村的家中接待了黄卫东和我。炎热夏日中，闵老师穿着汗衫和大短裤在家里和我们交流。这次在南京大学的调研让我萌生了到南大学习的念头。但一想到南大是理科学校，南京大学物理系大名鼎鼎，我一个学工程技术专业的学生到这里未必有合适的机会，所以这个念头一闪而过。直到1988年一个偶然的机会认识了南京大学孙义燧老师，他当时到西工大参加博士研究生程崇庆的论文答辩，住在西工大招待所，正好与我的父亲住在同一个房间。我跟孙老师聊到我的专业和论文工作，怯生生地向孙老师表达了我想去南大学习和工作的梦想，没想到，孙老师一口答应帮助我实现这个愿望。原来，孙老师当时是南大研究生院副院长，主管博士后工作。闵老师当时就在谋划招收有工程学习背景的学生到南大，孙老师非常了解和支持闵老师的设想。因此，孙老师当场就答应将我的情况和愿望转告闵老师，并让我在取得博士学位之际联系南大研究生院。闵老师也很快回音，表示愿意接收我为博士后。我于1990年5月获得博士学位后，到南大成为闵老师的学生。那时候，中国的博士后制度刚刚建立（1985年），南大是第一批博士后流动站单位，南大抓住时机吸引了一大批博士后到南大工作，我成为最早期的博士后之一。闵老师接收我作为博士后和学生，开启了我的学术生涯。

## 起步

初到南京大学，闵老师在科研楼四楼办公室给我上了第一课。他详细讲述了光学超晶格和声学超晶格的概念，最后，给了我博士后选题：利用MOCVD生长声学超晶格。我当时一头雾水，一脸茫然，因为我完全不懂超晶格的概念、对光学和声学也很陌生，根本不知道MOCVD。闵老师看出我的心思，他当时就交给我一本影印的书：美国犹他大学的斯特林费洛（Stringfellow）教授所著的 *Organometallic Vapor-Phase Epitaxy* 和一批复印的 MOCVD 的文献让我学习和研究。随后，他亲自带我到西南楼查看学校给刚成立的南大材料科学研究所分配的一间教室和一个办公室，指导我如何改造和建设实验室。接着，他从固体微结构物理国家重点实验室的运行经费中拨出 20 万元作为建立 MOCVD 装置的经费。进一步，他从化学系毕业的博士生中选留了陈剑协作为组员，负责合成 MOCVD 的有机金属源。

从此，我从零开始，在闵老师的指导下开始了研制 MOCVD 设备、制备铁电薄膜和声学超晶格的工作。为了帮助我尽快熟悉 MOCVD 技术，闵老师联系物理系的陈坤基老师，让我调研 CVD 沉积非晶硅技术，联系物理系郑有炓老师了解 CVD 生长 SiGe 超晶格技术，联系上海技术物理研究所了解 MOCVD 沉积 HgGeTe 薄膜技术，联系山东大学蒋民华老师了解 MOCVD 生长 GaAs/AlGaAs 超晶格技术。我从调研设备开始，同时阅读文献，研究 MOCVD 装置的技术细节，逐步进入这一领域，最终，我与上海冶金所（现为中国科学院微系统研究所）共同合作，研制出国内第一台用于制备铁电薄膜和多层膜的 MOCVD 装置。

在这个过程中，我才理解到闵老师的初衷。MOCVD 技术是从 CVD（化学气相沉积）发展而来的，它的关键是通过 MO 源（有机金属源）的设计，改变了传统 CVD 使用卤化物和各种烷基化合物源，从而能够控制前驱体的分解温度，匹配薄膜结构沉积条件，成功地制备出半导体量子晶超晶格。它是实现原子级界面控制的两大关键技术之一（另一技术是分子束外延 MBE）。闵老师从晶体生长动力学的研究出发，深刻地理解这一技术的重要性，敏锐地觉察到这一关键技术的核心是设计和制备合适的 MO 源，其突出的优势是能够以原子级界面控制的精度，生长制备单晶薄膜超晶格。利用这些优势，将能够制备出铁电薄膜和超晶格，从而能够利用声学超晶格实现超高频 GHz 超声波的激发，继续拓展声学超晶格的理论和实验。

要实现这一设想，装置是关键。商业化的 MOCVD 设备主要用于生长化合物半导体超晶格，且非常昂贵，以南大当时的财力无法拥有这类设备，且在国际上鲜有用于制备氧化物的 MOCVD 技术。闵老师从学术、实验室建设、资金各方面创造条件，支持和鼓励我研制氧化物 MOCVD 技术。这一技术的难点是氧化物的有机金属源通常熔点较高，因此，MOCVD 设备的管道、平衡气阀、混合室就需要高温保温。我和冶金所工程师一起想办法，花了近 3 年，用资 19.8 万元人民币设计完成了这一设备。调试阶段非常顺利，第一次制备出单晶 $PbTiO_3$ 铁电薄膜。这是国内第一台用于氧化物生长的 MOCVD 系统，且是自行设计制造的，因此，闵老师非常高兴，亲自设宴款待我和冶金所工程师。我初步品尝到研究创造的乐趣和成就感。

### 成长

由于 MOCVD 设备的建立，使得我们能够制备高质量的铁电薄膜和多层膜超晶格，这一先进技术使得我们有实验条件开展高技术新材料的研发。刚刚启动的 863 高技术计划专家组论证并批准资助这一研究项目，这是当时南大少有的重大研究项目之一。1993 年我博士后出站，闵老师在我留校和晋升副教授职称的评聘委员会上，指出我在发展 MOCVD 技术方面的工作是开创性和承担 863 计划任务的重要性，说服评聘委员，不应该以发表论文数量多少论英雄。最终大多数委员被说服了，同意我留校并担任副教授职称，我成为刚刚成立的南大材料系（1993 年）的第一批教师。回想起来，闵老师在 30 年前对年轻人的看法和评价就像现在倡导的那样，

"破五唯"、论贡献。他老人家的远见卓识，令我倾倒。

刚走上科研道路就承担863计划课题任务，对我是新的考验。除了完成项目指标任务以外，每年度要接受863专家组的考察和考评。第一次课题汇报是1993年在华中理工大学。我和先生乘夜班火车从南京到武汉，在车厢里，闵老师听我讲述汇报稿，那时是用记号笔写在透明片上。闵老师一边批评我的汇报概念不清，思路不对，一边帮我一字一句地修改，直到我理解并能够复述出来，让他觉得满意才过关。第二天，我根据闵老师的教导进行汇报，获得了专家组的好评。从此，我学到闵老师作报告的态度和工作方式，这让我受益终身。

1993年，闵老师作为首席科学家承担了第一批启动的攀登计划项目，指定我担任攀登计划项目秘书，这使得我了解和熟悉了大项目管理、运行、中期考核、结题验收的过程。刚开始做这项工作，连会议通知都不会写。闵老师教我写通知的基本要点：报到时间、会议时间、散会时间、会议内容等。现在看到一些通知还常常发现我当时犯的错误。非常庆幸一开始就受到闵老师的严格调教，少犯了错误、少走了弯路。更为重要的是，通过攀登计划，我认识了晶体界的前辈科学家，包括号称晶体界"三驾马车"的蒋民华院士、陈创天院士（还有一位是闵老师）。通过项目秘书的工作，不断地接触和学习晶体界科学家的学术思想和创业精神，对"中国牌"的晶体如数家珍，对陈创天院士的"非线性光学晶体的阴离子基团理论"、蒋民华院士的"有机无机杂化非线性光学晶体"以及闵老师的"介电体超晶格理论"耳熟能详。秘书工作开阔了我的眼界，提高了我的鉴赏力，让我感觉到自己也是"晶体人"（其实差得还很远）。

1998年，闵老师为了我的成长，安排我到香港科技大学沈平教授课题组做访问学者。沈平教授是著名的华人物理学家，在凝聚态物理界享有崇高的声誉。在沈平教授小组的学习研究使我开阔了眼界，让我对固体能带、声子晶体和光子晶体理论和实验有了深入的了解，促使我努力钻研这门学问，为我以后的发展打下了基础。闵老师与沈平教授的学术志趣相投，做学问和做人有许多共同点，他们都很强调物理的深刻，同时，他们也很关注物理效应的应用，强调实验物理和联系实际。我从他们身上体会到如何才能做一流的物理学问、如何成为杰出的物理学家。闵老师让我到香港科技大学的安排决定了我后来的发展。

2000年，南大校友余纪忠先生捐资成立华英文教基金会资助年轻教师出国进修，增长才能和见识。闵老师推荐我获得首批资助，前往麻省理工学院进修。麻省理工学院是工程学科名校，材料科学与工程学科更是顶尖学科，材料学科的几门最早的教材和专著都出自那里，例如杰克逊（Jackson）的《凝固原理》，金格瑞（Kingery）的《陶瓷导论》（Introduction to Ceramics）。能到那里学习是大多数材料学子梦寐以求的愿望，我也如此。有这样的机会，得益于南大华英基金的资助、华英基金遴选委员会陈懿、孙义燧、吴培亨等院士的支持，还有麻省理工数学系郑洪教授的推荐和麻省理工材料系姜教授（Yet-Ming Jiang）的热情接收。为了让我完成进修计划，闵老师顶住了巨大的压力。那几年高校人才流失非常严重，我们年轻的材料系更是如此，2000年南大材料系仅剩6位教师，按理说这么紧张的情况下，不应该让我出国。为了保证材料系的教学，闵老师多方努力，请刘治国教授代理材料系主任，同时让自己的博士生吴迪提前毕业，火线留校，为我实现这个愿望创造条件。我在MIT一年的访学，上了"固体物理Ⅱ""材料的物理性质""材料的热力学"三门课程，其中"固体物理Ⅱ"的主讲老师，正是光子晶体领域大名鼎鼎的乔安诺普洛斯（Joannopoulos）教授，他上第一堂课就给我极大的震撼。上课时，他让每一位同学介绍自己的姓名和国家，这个很正常。意外的是，等大家都介绍完以后，他在讲台上来回踱步，一个一个地指认学生的名字，一共有40来位学生，这一幕真是令人震惊，同学们一起报以热烈鼓掌。看来确实就是有天才！我在姜教授组里参加组会，学习到很多新的知识和学问，其中包括$LiFePO_4$的研究，这个工作2002年发表于《自然材料》（Nature Materials）的第一卷第123页，标志着$LiFePO_4$走近了实用化。姜教授成立了A123系统公司，推动了动力Li电池的发展，后来这个公司被Tasla收购。姜教授祖籍江苏常州，他本人出生在中国台湾，是金格瑞（Kingery）教授的博士生，毕业于1981年。我在那里访学一年受到姜教授的悉心指导和关照，令我感受到麻省理工的创新文化，受益匪浅。

## 发展

两次境外访学之后，我投入到声子晶体的研究中。2002年复旦大学资剑教授作为首席科学家申请国家973计划项目，我负责其中一个课题。经过项目的磨炼和闵老师的指导，我的科研取得了长足的进步。2006年我们发现了声子晶体中的回波负折射效应，成果发表在《物理评论快报》上。2007年，我们发现了声子晶体中的双负折射现象，成果发表于《自然材料》上，该成果获得当年的"中国基础研究十大新闻"并在北京接受了解思深院士的颁奖。

通过十多年的工作，我们积累了声子晶体中的负折射、声二极管和声亚波长透射增强等成果，准备申报国家自然科学二等奖。当我向闵老师汇报成果完成人的名单时，闵老师表示不能作为其中之一，我展示了项目申报的代表性成果中都有他作为合作者，他才同意。这项成果于2015年获得国家自然科学二等奖。这项成果体现了闵老师关注声子晶体作为凝聚态物理和材料物理的新发展和介电体超晶格体系的延伸的远见卓识，能够在这个方向上做出一些创新性的研究工作并获得奖励，算是我交给闵老师悉心培养教育我的一份答卷。

2012年，在闵老师、祝世宁和资剑的支持和帮助下，我作为首席科学家申请获批国家973计划项目。项目执行期间，我们关注到国际科学前沿的拓扑物理在光子晶体和声子晶体等人工带隙材料中的拓展，首次发现了声拓扑绝缘体及其对应的对称性保护机制，2016年发表在《自然物理学》(Nature Physics)和《美国国家科学院院刊》(PNAS)上。最近一些年，国际上兴起了拓扑声子学和自旋声学新方向，我们小组在这一领域做出了许多工作。

2018年年初，由卢明辉教授（国家自然科学二等奖第2获奖人）团结一批同仁在南京成立了新型研发机构"南京大学光声超构材料研究院"，努力将我们在自然科学二等奖中的科学发现转化成产品和商品。经过五年的努力，研究院发展出一系列低频、宽带和轻薄的吸隔声材料，并成功地应用于超高压变电站、瓦斯发电厂和公共建筑中。正在推进其在新一代高铁、国产大飞机和舰船等国之重器中的应用。闵老师对这一工作非常肯定和支持，只是他老人家过早辞世，没有亲眼看到这些微结构物理推向应用的成果，留下了遗憾。

## 南大材料学科建设

南大是百年名校，以文理科见长，1990年我到南大的时候，还没有材料系。20世纪80年代末90年代初，闵老师招收了一批工科背景的学生，包括陆亚林、刘俊明、孟祥康、朱兴华、李爱东等，就在为材料系的建立做准备。1993年5月20日南大校庆日，闵老师从当时的南大校长曲钦岳手中接过"南京大学材料科学与工程系"的匾牌，标志着南大材料系正式成立，闵老师成为创系主任，同时任命刘治国、孙祥祯任材料系副主任。同年，我博士后出站留校任教，成为第一批材料系员工，当时材料系的教师人很少，有韩民、王志恒等。后来陆续有陆亚林、雷新亚、陆延青、薛辰辰、陈剑协、孟祥康、李爱东、吴迪等。1994年材料系招收了第一届本科生共20名，在闵老师、刘老师和孙老师的领导下，在物理系、化学系的支持下，开始了学科建设。

1995年春季开学以后，校组织部长打电话给我，要我考虑做材料系主任。事情突然，我没有答应，转头就给闵老师打电话，说明我的理由：一是我太年轻没有经验；二是我的科研刚有起色，还需要集中精力在学术上。我恳请闵老师给组织部打电话放弃我，找更合适的人。几天过后，任命下来了。我到闵老师家里找他，又谈了我的想法，表达了畏难情绪。闵老师半开玩笑地问我：你多大了？我回答32岁。他又问：你是不是共产党员？我回答是，1984年入党。闵老师说：你已经不年轻了，必须服从组织安排！接着，他语重心长地对我说：你不能妄自菲薄，也不能妄自尊大。要勇挑重担，承担起在南大建设和发展材料学科的使命。我请教闵老师，怎么搞材料系？他说，我交给你三条：一是我们的材料系要搞功能材料，特别是光电功能材料，因为国内以结构材料为主的高校很多，而且是主流，我们没有基础，没有机会。但是，信息社会的发展迫切需要功能材料，我们有强大的物理和化学学科支撑，发展功能材料大有可为。二是新学科的发展，需要年轻人，因为年轻人思想活跃、可塑性强，因此，要吸引优秀的年轻人加盟，不要超过45岁。队伍要少而精，要向国际一流的学科如加州理工、麻省理工看齐。三是紧紧地依靠物理系党委，不能搞得机构臃肿、人浮于事。这三条，当时虽然不是很理解，但是材料系以后的学科建设，包括科研方向、队伍建设、组织建设都是按照这三条执行的。对于我们材料系一起创业的年轻人来说，对搞学科建设完全没有概念，更没有经验，这三条指导了材料系的建设和发展。后来的实践证明，这三条对南大材料学科的发展是纲领性的、决定性的。

1995年，教育部成立了《1995—2000教育部理科材料科学与工程教学指导委员会》，闵老师任主任委员，副主任委员是复旦大学宗祥福、委员包括北京大学林建华、南开大学刘双喜、兰州大学王天民、吉林大学陈岗、中山大学麦振洪、中国科大张其锦等。2000年，教育部进行理工科融合的改革，成立了《2000—2005教育部材料科学与工程教学指导委员会》，将1995—2000的理科和工科材料科学与工程教学指导委员会合并为一个委员会，闵老师任主任委员，副主任是北京科技大学孙祖庆、四川大学顾宜、武汉理工大学张联盟，他们还分别兼任材料物理与化学、金属材料、高分子材料、无机非金属材料四个分委员会主任，我担任两届委员会的秘书。通过10年的教学指导委员会的秘书工作，我了解到，20世纪90年代，国内的理科高校纷纷成立了材料科学与工程学科，典型的有复旦大学、南京大学、四川大学、中国科大、吉林大学、兰州大学等。与工科材料科学与工程教学不同，理科主要发展材料物理与化学学科。当时，刚刚成立的理科材料科学的教学面临着很大的挑战，一方面工科材料科学与工程的课程以金属、陶瓷为主，课程体系非常完整，物理课程化学课程也非常完整，分别以四大力学、四大化学为主干，要想将现有工科和物理、化学的基础课程融为一体是非常困难的。闵老师做教学指导委员会主任委员的第一次会上就提出，材料科学课程体系的建设要"发展特色、追求统一"的观点，深受委员们的支持和理解。在担任教学指导委员会主任委员的10年中，他与委员们一起研究材料科学与工程的教学规律，逐步形成了强化物理、化学基础教学并具有操作性的材料科学与工程的课程体系和教学内容，顺应了社会发展对材料人才需求的趋势，为全国的材料科学与工程系的教学改革做出了重要的贡献。针对南大材料系的具体情况，建立了强化物理基础，注重材料物理效应、关注薄膜超晶格外延和单晶生长等材料制备技术的新本科课程体系。闵老师提出了"以理为基础、以工为目标，理工融合，发展材料学科"的建系方针。老一辈材料学家柯俊、师昌绪、严东生，对南大理科材料科学建设的非常重视，先后到南大材料系进行调研考察。柯俊先生应闵老师的邀请，两次到南大材料系进行调研。柯先生深入了解南大材料系本科教学大纲和课程体系、教学内容，对南大材料学科在本科教育中，加强物理化学基础课程建设的实践给予高度评价。1997年10月，柯俊先生给南大材料系题词：南大材料系新秀崭集、思想新颖、刻苦敬业、前途无量、定执牛耳、可喜可贺。这24字的题词给在困难中发展的南大材料系以极大的鼓励和鞭策，激发了材料系师生艰苦创业的热情。

南大材料系经过三十年的努力，学科建设和人才培养都取得了长足的进步。2000年获得材料物理与化学博士点、2003年获批材料学博士点并获材料科学与工程一级学科博士点授予权。在2007年的第二轮学科评估中"材料物理与化学"被评为国家重点学科，在2017年的第四轮学科评估中被评为B+学科，在2022年第五轮学科评估中进一步得到提高。南大材料学科的发展体现了闵老师的远见卓识和高度智慧，凝聚了闵老师聪明才智和辛勤汗水。当然，也是材料系包括多位闵老师的学生在内的全体员工齐心协力、艰苦奋斗、敢为人先、努力拼搏的结果，也是南大物理学院、化学学院在各方面大力支持和学科交叉融合的结果。2009年，校领导接受闵老师的建议，在材料科学与工程学科的基础上，南京大学成立了现代工程与应用科学学院（现工院），下设材料、光学工程、清洁能源、生物医学工程四个系科，我被任命为常务副院长。学校成立了以祝世宁为组长的现工院咨询委员会，现工院开启了以新工科和国际化为目标的新长征。

### 人才培养和队伍建设

闵老师一直关注年轻人的成长和队伍建设。20世纪90年代末，国家处在发展的转折点，国门大开，教师队伍人才流失十分严重，1999年，材料系教师最少的时候只有6位教职工，基本上留下来2位，就有1位出国。面对这种情况，闵老师采取的多种措施，充分利用国家和学校的政策，引进人才、留住人才、培育人才。

90年代，他利用博士后政策，引进了一批博士后，包括刘俊明、孟祥康、朱兴华、马国兵等。2000年前后，教育部实施长江学者奖励计划，闵老师努力引进了王慧田、邹志刚等长江学者。2010年后，国家实施另一项人才计划，他竭力推动现工院和物理学院抓住这次机遇引进人才。人才这些对材料系、物理系和重点实验室的持续发展做出了重要的贡献。

为了稳定队伍，闵老师竭尽全力改善年轻人的待遇。1995年，一个偶然机会，闵老师在火车上认识了克立公司总裁吴思伟，在两人的谈话中，闵老师对高校教师待遇太低导致人才严重流失的状态忧心忡忡，受到触动的吴思伟当即答应捐资助教，在南大成立克立奖教金。我是第一批受到资助的青年教师，每个月1000元，共一年。那个时候闵老师的工资不到1000元，从中可以看到闵老师的博大胸怀。为了稳定队伍，闵老师利用自己的学术地位和影响，积极主动联系境外学者，派出青年教师到境外交流学习，目的是帮助他们提高学术水平，同时改善待遇，学成归国后就稳定了。我于1998年到中国香港，2000年到美国，就是闵老师这一策略的受益者。

为了培养人才，闵老师授人以渔，让我们勇挑重担，争取项目，自己从不干预具体的研究工作。他常说，我对学生的管理是目标管理，谁承担任务谁就管理和使用经费，对经费使用负责。他放手使用年轻人，"用人不疑、疑人不用"，在实践中培养造就了一批年轻人才，成为物理系、材料系和实验室的骨干。

### 加入固体微结构国家重点实验室

我从做博士后开始，就在南大固体微结构物理国家重点实验工作，成为其中的一员。由于闵老师的指导，我从实验得到资助得以建立了MOCVD装置，这是我成长的起点。实际上，实验室作为平台支撑了材料学科的科学研究。因为在材料系成立的初期，南大处于非常困难的时期，材料系一没有房子、二没有经费。材料系是借助于实验室的条件，在闵老师带领下的团队，从科技部和基金委一点一点争取经费，逐步发展的。2000年，第一期985工程启动，学校支持材料学科200万元建设经费，闵老师和我商量，将这笔经费与物理系的学科建设经费合力，购置了当时最先进的FEI场发射电镜、FIB、扫描电镜，成立了纳米加工和分析中心，选址在物理楼一楼。闵老师一直称物理、材料和重点实验室为"两系一室"，是一家，在一个党委的领导下，共享物理和重点实验室的资源、共享发展的成果。正是由于闵老师的行政智慧，使得材料学科的发展非常顺利，与物理学科的发展相得益彰、互相促进、硕果累累。

2014年，经闵老师、邢定钰院士和祝世宁院士提名并通过学校组织部考察，任命我为第五任固体微结构物理国家重点实验室主任。固体微结构物理国家重点实验室于1984年开始建设，经过三十年几代人的努力，重点实验室取得了巨大的成就，具有崇高的学术地位和影响。担任实验室主任，特别是面临着来年2015年实验室评估的大考，时间紧，任务重，其压力可想而知。我带着压力和担忧去请教闵老师，他面授机宜，对我说，要做好实验室的工作，一定要做到三条：一要依靠实验室的集体智慧，依靠大家的力量，群策群力；二要全身心地投入实验室主任的工作，要研究学科发展的趋势，与时俱进；三要做到胸怀全局，要谦虚谨慎，要学会吃亏。2015年，在实验室各位学术领导和骨干的共同努力下，我们实验室顺利通过了五年一度的实验室评估并取得优秀的成绩。邢定钰院士和祝世宁院士亲自陪我到北京进行答辩，其情其景令我感动至今。

2018年起，科技部启动了国家重点实验室的重组工作，实验室发展面临着新的挑战和发展机遇。我和实验室的同事又面临着新的、更大的考验。在这个关键时刻，我更加怀念闵老师。如果闵老师健在，那该多好啊！

总结起来，我本人是"文化大革命"期间在煤矿长大的孩子，人生本来的轨迹是成为一名煤矿工人或下乡知青，因为赶上了改革开放的伟大时代，上了大学。上大学以后，本来的轨迹是成为一名航空材料工程师。读研究生以后，又因为命运之神的眷顾，让我有幸成为闵老师的学生、同事和朋友。因为跟随闵老师，我有机会认识了他的众多的朋友、结识了他的才华横溢的学生，从他们那里我学到了许多聪明智慧和思想方法。跟随闵老师28年，我做的最聪明和最正确的事就是听从了闵老师的批评、建议和指导，并在实践中实事求是地加以落实、完善和创造，做到了"理解了要执行，不理解也要执行"。我从一个懵懂青年成长到今天，闵老师对我有再造之恩、教导之情、提携之谊。没有闵老师的教导，就没有我的今天。没有闵老师的培养、提携、信任和宽容，我不可能从事我力所能及和由衷热爱的教学科研工作。我深深地感激他老人家，永远怀念他老人家！

2023年8月14日

# 追忆恩师闵乃本院士

## 祝名伟

不知不觉闵老师仙逝近 5 年了。这些年里，每每想起与闵老师的过往与交集，闵老师的音容笑貌，经常不经意地浮现在眼前，不断鞭策和鼓舞着我。

我和闵老师的结缘起因于南京大学物理学院的王振林老师。2001 年，国家自然科学基金委在杭州组织了一次会议，会议中在我的导师钱国栋老师的引见下，我认识了早闻大名的王老师。他和章维益老师在 PRL 上发表了一篇理论文章，预测了光子晶体的一些重要性质。而我的博士导师王民权老师和钱国栋老师希望我能以此理论为基础，开展光子晶体的制备工作，在实验上实现这些性质。这次会议认识王老师后，一些理论上的问题我经常请教王振林老师。时值 2004 年，我博士即将毕业的时候，两位导师问我对未来有什么打算，我表达了希望到南京工作的想法，因为我爱人在国防科大读博士，考虑到南京的部队单位多，我们在南京定居的概率更高一些。于是两位导师把我推荐给王振林老师，去南京大学物理系做博士后研究。王振林老师推荐闵老师作为我的博士后导师。就这样，我稀里糊涂地成为了闵老师的挂名学生。

说来非常惭愧，成为闵老师的博士后之前，我对闵老师几乎一无所知。到南大以后，我才意识到闵老师在学术界是高山仰止的学问大家。读博士后期间，跟闵老师的接触不是很多，基本就是开会的时候和到闵老师家里汇报工作的时候，但听了闵老师很多的报告我慢慢意识到，闵老师在大方向上的高屋建瓴的指导，正是我们年轻一代科研工作者特别需要的，也使得我在后面的研究中受益良多。博士后出站后，我去找材料系的主任陈延峰老师写工作推荐信，陈老师是第二届系主任，而闵老师是材料系的第一届系主任。陈老师觉得我比较适合材料系，就收留我进入了南京大学材料系工作。

　　工作后跟闵老师的联系更多了，但主要的接触场合还是各种各样的会议。特别是陈延峰老师的973项目，每次会议闵老师都会参加，我经常作为会议的组织者和参与者在会场聆听闵老师的报告，也经常听闵老师跟专家们讨论，从中收获颇多。印象最深的是，有一次申报973项目，闵老师跟陈老师讲，最好是双赢，如果不能双赢，就让对方赢，我们不抢别人的饭碗，我们重要的是做好我们自己的研究工作。这件事情给我印象极为深刻，展现了闵老师"让人三尺天地宽"的智慧和格局。

　　我跟闵老师交流最多的是他生病期间。陈延峰老师等叮嘱我作为年轻人和闵老师的学生要经常去看看闵老师，特别从生活上关心闵老师与他的爱人葛老师。开始去看望闵老师，聊得最多的话题就是吃饭、健康什么的，渐渐地，学术的东西多起来。其间，很多政府和院校领导、好友等来看望闵老师，络绎不绝。闲暇时间闵老师经常跟我讲各种道理，提及一些学校和学科、个人的跌宕起伏的发展史等，从中我也了解到他帮助了很多的学校、学科和个人，也了解了大家来看望闵老师，是对他的敬重和感激。

　　我出国做访问学者一年半后回来，研究方向调整到可持续发展材料的研究。得益于跟祝世宁老师近水楼台先得月，我利用祝老师超构材料的研究思想跟其他学科进行远距离交叉，特别是与天然植物材料相结合，发展了一系列颠覆性的生态新材料。陈延峰老师带我跟闵老师简单汇报，闵老师非常高兴，聊了好长时间，闵老师甚至聊到他对现代工程与应用科学学院的长远布局、期望以及我以后的重点科研发展方向。

后面的日子里，我有空就去看望闵老师，期间，闵老师的身体恢复挺好，我很乐观。闵老师想出去走走，我还想着带闵老师去玄武湖边上坐坐，但终究没能如愿。2017年春节，我和我爱人带着孩子去给闵老师一家拜年，当时我的孩子才两岁多，一直念叨说爷爷的病很快就好了。闵老师和葛老师听到这么吉利的话特别高兴，至今我还清楚地记得他们开心的笑容。时间就这么一点一滴地过去了，后来我每每去看望闵老师，待的时间越来越短，因为闵老师总是会谈到一些学术问题，总是在思考，这极大地消耗了他的精力，使他疲惫不堪，我心里特别不安，只能通过缩短探望时间来让闵老师休息。

2018年9月15日，是个晴朗的周末。我在南大鼓楼校区唐仲英楼加班，见到祝世宁老师往外走，我说祝老师周末了应该多休息，祝老师说他要去看望闵老师，问我要不要一起去。我本来还有些事情要处理，但潜意识里突然觉得我应该马上去看闵老师。见到闵老师，看到他躺在病床上，说话声音特别低，显得有点有气无力的。这是我最后一次聆听闵老师的教诲。他跟我说，人类不能消化纤维素，但纤维素是世界上储量最大的有机物，把纤维素转化为人类能吸收的营养物质很重要，这样一旦我们国家被封锁，或者由于战争等原因粮食短缺的时候，可以救我国人民的命。第二天，闵老师就与世长辞了。我这么多年来一直在想，闵老师在生命的最后，在被病痛折磨的时候，心系的依然是国家和人民，像闵老师这样的老一辈的科学家，居安思危为我们的国家和人们殚精竭虑呕心沥血，这是我们的荣幸。当时中美关系尚可，大家丰衣足食，我也没觉得我国的粮食问题多么迫切。仅仅五年过去了，现在再回顾闵老师说的话和他的忧虑，就觉得是摆在我们国家面前的非常现实的问题了。

闵老师一生节俭，待人和蔼，这么多年没有对我们发过脾气，从来都是和颜悦色地对待身边的每一个人，包括医院里的医生和护士们。记得他在医院里住院的时候，有个杯子不小心摔碎了，他特别叮嘱我和顾正彬老师在网上买个一模一样的，因为这个杯子是护士长送的，他怕护士长发现杯子碎了会心里不舒服。他就是这样为别人着想。可惜直到闵老师去世，杯子还在快递的路上。

花开花落，雁归雁去，时光就在不知不觉中匆匆流逝了。回顾过往，恍若昨天。闵老师虽然仙去了，但他对我的教诲将始终伴随着我砥砺前行。闵老师是我一生的楷模。每每想起我与闵老师的过往，总是心存感激。闵老师对我的科研工作给予了非常重要的指导。造福一方，恩泽草木，前人栽树，后人乘凉，郁郁华盖，师恩难忘！

谨以此文献给敬爱的闵老师。

# 我的回忆

葛传珍

## 一、前言

闵乃本离去已快五年了，他生前看到许多先辈、同辈先后出了自传，他也是有写"传"的想法和打算的，但上天没有给他时间完成这个心愿，在他病前，南大信息管理学院的朱庆华教授从中国科协申请到一笔二十余万元经费，着手收集他方方面面的资料和信息，终于在闵乃本去世后一年多（2019年底），完成了中国科协的任务，而我则是自他走后，先忙于开刀取出胆结石，再后是忙于校正闵乃本所著《晶体生长的物理基础》再版的样稿，到2019年下半年书正式由南京大学出版社出版为止，离他去世一年有余了，我要去美国儿女处散散心，释放一下身心，于是在2019年11月先飞到华盛顿附近的女儿家（弗吉利亚州的赫恩登），后又去儿子家（加州的圣荷西）。原定的回程票是2020年3月底，未曾想到，全球发生疫情，飞机回程票被取消（原来是华盛顿→北京→南京，2020年3月底后只有洛杉矶→天津的航班），而想要回国真是一票难求，黑市机票炒到十几万元，还不一定能抢到，直到2020年8月份，闵泰从旧金山到了上海，须隔离14天，他闲来无事，天天上网看机票（他是东航"金卡"持有者，可上东航网站查信息），终于有一天告诉我，东航从纽约到上海在十二月初，还有三张公务舱的票，我当即说"帮我买下来"，"钱不够啊"（他卡上仅5000元左右，而票价6.6万元多），我马上说借钱，向复旦朋友借或者向南大的吴迪借，总算不错，在上班前吴迪的钱汇到，抢到机票了，（应该说这6.6万元还是正常价，相当于旺季的价，淡季是来回2.2万元），票有了，但是12月初的票，还要等4个月。当然登机前的核酸检测，以及中国大使馆批准的"绿码"，也顺利完成，终于可以回国了。到了上海浦东机场首要之事是核酸取样，出关后先在上海隔离了3天再在南京隔离11天，终于回到了家，已是12月下旬了。

接下来的2021年和2022年，在家整理闵乃本遗留下来的大量科技界、政界的资料，没有白忙，理出了他写书的手稿，他第一次出国（1982年），再从美国去西德参加第七次国际晶体生长会（ICCG-7），第一次参加国际会议，会后由刘治国陪他游览了名胜，亲自写下一万多字的游览、访问手稿，详细记录了参会前后及顺访康斯坦茨大学等的情况（见附录五）。

以及物理学院前书记张序余和九三学社纵光的一篇文章（介绍闵乃本的工作）。到了今年二月份，我向朱庆华教授要了他写的总结（"结晶人生——闵乃本传"），看完后觉得框架不错，但内容上似乎缺了点什么，要解决这个问题，一个人力量有限，遂萌生了请他生前的朋友，过去的学生现在的朋友，以及家人，从自己的角度写点文字，让读者能从不同角度去了解他的一生。

海森堡，李木菲尔德，都是我们熟悉的名字，因而我们在公差中流连，完全充满了朝圣的敬意。

## ×、联邦德国

9月16日，我和A. Feist接触，并了解了他们的工作后，我才决定到康斯坦茨一行，Feist是在属A. Räuber的研究组内工作的；他本身是对LiNbO₃的铁电大量工作的，虽然Räuber已经离开了，但他们仍有密切的联系。Feist的关于LiNbO₃畴区多畴的工作，是完全模仿我们的工作，他们使用了交流间用电流的方法，得出畴是多畴的，他们得到了三十μ的周期结构，在压电增强效应方面也经达到了我们在APL上发表的水平。现在的问题是，如果我们现在不和Konstanz大学合作，他们也将会和Konstanz合作。

9月18日晚我从哥廷根回到斯图加特，次日上午大理为我电话Konstanz大学Dransfeld教授，通知他次日（20日）上午10时半我到达Konstanz去拜访他，他表示欢迎，因为他在21日将离开康斯坦茨，去参加一个会议。

9.20日上午10时我乘火车到达康斯坦茨，出站时，一位中国人迎面走来，原来他是北京声学所的孙晋铭，施仲坚是他们的室主任，他是Dransfeld教授的研究生，Dransfeld教授派来接我的，我们一见如故。我们10时半到达Dransfeld办公室，Dransfeld的女秘书为我泡茶，我没吃什么不错，也觉得很高兴，因为咖啡是现成的。我们谈话了三十时，他问起我工作的进展，我介绍了我在J. Mater. Sci上发表的内容（此文他未见到），以及商荣华和洪静萍最近的工作，我向了他的设想以及对畴性多畴晶体的要求，他笑了得到0.1μ到1μ的紧光多畴部件，以产生5gHz—10gHz的超声，因为他有一台很好的布里渊散射仪。他还提到马克斯·普朗克研究所Bauser的工作，他是用液相外延制备周期结构的GaAs—Ga_xAl_{1-x}As晶体；看来他们亦有联系。12时半我们结束了谈话，他要用汽车陪我游Konstanz的市容，我谢了他，我觉有补资体息同已经足够了。

孙、普朗和我到Union请我吃了一顿饭，此后我们参观了Konstanz大学。康斯坦茨大学是非常美丽的学校，吃此波极湖，从Union上眺望去，山光水色，十分美丽。学校建筑依山临水，这筑的设计利用了山水的奇趣；我们去观看了他们的实验室，看了布里渊行射仪。接着我们还见美丽的Konstanz了，Konstanz是在瑞士、德国、奥地利的交界处，在波极湖畔，如果说莱茵河是一条美丽的项链，而波极湖是这条项链上的最大最美的明珠。我们首先到了波极湖中的伯玛庵岛，玛庵岛之美在于一年四季，鲜花葵蔓，用鲜花组成的各色各样的动物，尤为可爱，玛庵岛是古代皇族的封地，据说它今仍为私人所有，但对任何人都是开放的。玛庵岛上游人不多，小桥流水，绿树鲜花，美丽普灵的宫殿，佐外美丽动人，

> 图1 1983年开会前后游记手稿

## 二、闵乃本的求学之路

### （一）家庭背景

2002年3月3日九届五次全国政协开幕式上，坐在闵乃本右侧的是中国道教协会会长闵智亭，他告之"闵家祖先在山东，是春秋鲁闵公、孔子七十二弟子'孝哉闵子骞'的后人，后来分成三支，一支留在当地、一支去了安徽歙县，清朝时期又到了江苏石庄，还有一支宋朝时期去了朝鲜，成为骊兴闵氏"（在朝鲜/韩国的闵氏人不少，还出过三个皇太后/皇后）。闵乃本和闵泰在美国期间，常有人将他们当作韩国人。他的父亲1949年后赋闲在家，靠哥、姐以及过去积蓄支撑家用。

闵乃大与闵乃本同为一个祖父（名不详），闵乃大父亲为老二（闵仲良），其子闵维航；闵乃本父亲为老四（闵之道、字季庸），其子闵泰。他俩的祖父与闵开三（承泰公）是兄弟，闵开三曾被清朝授予不担任官职的"钦家四品闲"，承泰公二子闵仲辉（闵之实）是芝加哥大学硕士，新中国成立初期曾任南通市副市长，南通市政协常委。

闵乃大（数学家、计算机网络专家），1911年出生于江苏如皋市石庄镇，2002年逝世于德国斯图加特，享年91岁。闵乃大抗战前不久由清华大学毕业，考取出国留学奖学金，由于在德国学习期间，二战爆发，他作为亚裔非日耳曼民族的学生，受到歧视，生活困难，后来他导师的女儿给他许多帮助（后来成为他的夫人，名：闵安娜），才得以完成学业。二战结束，先到了美国，1948年回到中国，在清华大学电机系任教。1952年中国科学院数学所建立我国第一个电子计算机科研小组，闵乃大任组长，参与我国计算机研制的奠基工作。1956年闵乃大为团长带领中国计算机代表团访问苏联。1957年中苏签订了

《中苏共同进行和苏联帮助中国进行重大科学技术研究的协定》。由于他的德国夫人适应不了中国的生活方式，闵乃大去了东柏林，后转到联邦德国的斯图加特大学任教。

闵乃本，1935年8月生于江苏如皋石庄镇。2018年9月16日逝世于南京，享年83岁。凝聚态物理学家和材料科学家。中国科学院院士，第三世界科学院院士。南京大学教授、固体微结构国家重点实验室学术委员会主任。国家重点基础研究计划（973计划）专家顾问组"材料领域"召集人。国家重大科学研究计划"量子调控"专家组组长。

1959年毕业于南京大学物理系。曾任第二届中国晶体学会理事长；第三、四届教育部科技委副主任；2001—2005年教育部材料科学与工程教学指导委员会主任。

1998年获何梁何利科学与技术进步奖，1999年获第三世界科学院基础科学奖（物理奖），2000年获美国科学信息研究所（ISI）经典引文奖，2006年获国家自然科学一等奖，1982年、2005年、2007年、2015年，分别四次获得国家自然科学二等奖。1995年获"全国优秀教师"称号及奖章，2001年获"全国模范教师"称号及奖章，2007年8月31日作为全国优秀教师代表于中南海受到胡锦涛总书记等的亲切接见。

闵乃本是全国政协第九、十、十一届常委，江苏省政协第八、九届副主席，九三学社第十、十一届中央副主席。九三学社江苏省第四、五届主委。

2013年12月20日紫金山天文台将中国科学院国际编号"199953"号小行星命名为闵乃本星（2007年4月18日发现），举行命名仪式并颁发证书。

## （二）求学之路

闵家从安徽迁来石庄之后，以经商为主，读书人也不少，抗日战争期间，石庄是敌占区，长辈们不希望下一代人受奴化教育，就办了一个新式私塾，只教小学语文、数学、常识。闵乃本在这里读了三四年，1945年在石庄国民中心小学又读了五六年级，1948年考入南通市敬孺中学（现在的南通二中）读初中，在小学读书时他还是很爱玩的，有一次在院子中间转圈圈，一不小心摔倒在地，额头碰在花坛的石牙上，左眉中间的疤痕伴随了他终生，到了初中他学习努力，善于思考，也有领导才能，曾有一次带领全班同学去南通狼牙山玩，住在附近的小学里，急得班主任连夜赶去寻找。初中毕业后，曾有两所学校想录取他，一所上海中学，一所是中技校（上海高级机械制造学校，现已被并入上海理工大学），全是较难考的学校，但后者免学费（他家因哥嫂已在上海工作，故全家迁至上海，依靠哥嫂生活）。根据家庭经济状况，选了后者，因为是中等技术学校，除了高中的数、理、化、政治课外，加强了动手能力的训练（车工、钳工、铣工、刨工）。在实验课中左手大拇指和食指往往被打青或打出血（因为在加工零件时，钻子只能对准物件，眼睛也只能看物件不能看手，右手用锤子打左手握住的钻子，一锤锤地向下打，许多次打不准而打到左手上）。学校有着严格的校风、教风、学风，师生相处和睦友爱，同学间建立了深

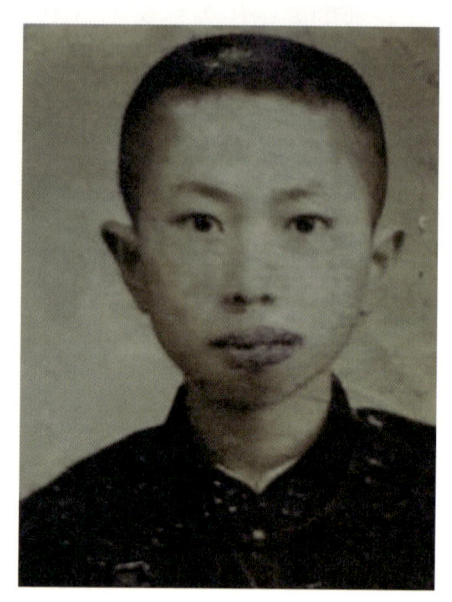

> 图 2 闵乃本初中毕业照

厚友谊，三年很快过去，1954年毕业，他被分配到上海锅炉厂当实习技术员，在工作中感到知识不足，基础不够，碰到问题得不到解决，特别是有关锅炉中的热力学方面的知识不够，要解决难题只能通过学习，所以他决定，如果有机会上大学，一定选物理。机会来了，1955年上半年，正值国家第一个五年计划实施，教育部决定扩大招生，6月9日《文汇报》登了全国高等学校招生决定，同时《人民日报》也有文章报道，在职人员可以报考，当时闵乃本非常兴奋和厂里管理人事的人讲了自己想考大学的事，人事处长不仅支持他报考大学，还给了一个月的复习时间（当时考试时间是7月7日到9日，近几年才提前到6月初，天气不太热）。有了过去长时间对知识的积累再加上一个月的复习，他终于考上了南京大学物理系（与他同级同校毕业的我校天文系苏定强院士，也是在工作岗位上工作一年后考上大学的，这是上海国立高机的骄傲，54届毕业生中有两位数理学部的院士）。

他虽然考取了南京大学，但他哥哥反对他上大学，要求他一起供养父、母、弟、妹，但是他的中专好友极力支持他深造 [朱湧在他上大学期间，每月寄生活费（部分）给他，从不间

> 图3 中技校门口（后排中为闵乃本）

> 图4（a）1959届物理系X光金属物理专门化毕业纪念（后排左6为闵乃本）

> 图4（b）闵乃本毕业证书

断，另一好友查赉忠则寄钱让他寒暑假回家，以及在江浙一带景点旅游]。

他在南大物理系选的是 X 光金属物理专门化，于 1959 年顺利毕业并留校任教。

### 三、我们的恋爱和成家经历

#### （一）我的经历

我生于 1935 年 10 月 26 日，安徽合肥人，祖父是典型的封建地主，重男轻女（我的堂姐、小姑均送到农村当童养媳），也不做什么事，只帮妹夫卫立煌管理田产[卫立煌幼时家境贫苦，能从小兵升至上将全靠自己的聪明才智和英勇善战，他一生有四任妻子，我爸这位姑妈，常年多病，带着孩子住在娘家，她与卫后来的第二任妻子田氏，均是封建式家庭主妇，也均有两子，后来的夫人朱韵珩（中学校长）、韩权华（北大校花）均是留美人士，属于当时妇女的先进代表]。

1937 年七七事变后，祖父带领全家十口人向大后方逃难（闵家是逃至敌占区的乡下），从合肥→三河→武汉→长沙→贵州省贵阳市，经见了武汉空战，长沙大火，在长沙期间叔叔得伤寒去世，出生不久的小姑（继祖母生）送至乡下，1939 年 2 月 4 日日本轰炸了贵阳，躲完防空警报回到住处，家已被大火烧光，只能去安徽同乡会暂时住下来，我父考取了西迁至贵阳市青岩镇的浙江大学，学费全免，吃、住全包，但祖父不同意父亲上浙大，若要上学，必须将老婆、孩子全带走，因当时祖父添了一个小儿子，他怕钱用光，决定返回汪伪区的安徽小天市，父母和我留下在贵阳（老爸为了养家糊口，在贵州省邮局找了工作），直到 1945 年抗日战争胜利，父亲申请从贵阳调回安徽，终于在 1947 年全家六口（弟妹全在贵阳出生）回到合肥，我接着读小学六年级，1948 年考取省女中（初中），1951 年考上合肥一中（与杨振宁也算是校友），1954年夏考取南京大学物理系。

### （二）我们的相识

1958年上半年（即大四下半年），大约二月份，教研室派了班上十名同学去中国科学院物理所做毕业论文，我与洪静芬、姜彦岛分在晶体结构分析室做毕业论文，到七月返校，正值学校停课闹革命，大炼钢铁之际，我们的毕业分配暂缓，被留下来，参与到教研室原有的各项任务中，我与同班同学吴祖垠被教研室负责人王业宁老师分配去安装一台X光机的控制线路，由于吴祖垠的电路功底好，不到半个月就完成了任务，这时王业宁先生将吴调至另一个组去搞线路的工作，而将我分配至三年级刚进教研室的闵乃本组（其实也仅两人，另一为他的同班同学吴玉书）加强炼钛的工作，他们班同学也有好多组，例如：过海州组是专门将四氯化钛转为海绵钛的工作，而闵乃本组是将海绵钛用电弧法炼成金属钛，设备很简单，一个罩子（大约是铁制的）压住带"+"极的坩埚平台上，罩子上面是可移动的"-"极，旁边还有一观测孔，必须抽真空方可熔炼，我到该组设备基本完成，电源是用的直流电，教研组内有好几个大的蓄电池，必须串联起来，电压才够用，我与闵乃本经常是趴在地上连接电池的正负极，这个工作还好完成，难的是真空抽不上去，老漏气，只得用土法（也只有此法，用熔化的蜡来堵漏），天天忙忙碌碌，大约有一个月了，终于有一天真空抽上去了，电弧成功将海绵钛熔成了金属"钛"（锭大约$2cm \times 1cm \times 0.5cm$），任务完成了，我们毕业班分配方案也出来了，洪静芬、许自然留校，我和何青、姜彦岛分配到中国科学院物理所四室及六室（这时四室已由晶体结构室改为晶体生长室），我分配至范海福组（后评为院士）做Ⅲ—Ⅴ族砷化镓单晶体生长工作，后来是许振嘉研究员、再后来是梁敬魁院士，闵乃本他们开始上大四专业课。

### （三）我们的相恋

科学院物理所的设备和加工条件比学校高了几个量级，我首先看到的是同样的真空罩，不是开有观察孔的金属产品，而是玻璃罩不需观察孔，便于观察实验动态又可抽真空，当即写信告诉闵乃本，他后来做的电子束浮区区熔仪用的就是玻璃罩了。从此我们有了书信往来，谈工作，谈理想，到了寒假他来北京看我，我们正式确定了恋爱关系，他给我定情的物件是他母亲1957年临终前留给他的一只纯金的锁片，是他儿时佩戴的，一面刻有"长命百岁"四个字，另一面是个老寿星，一手扶寿杖，一手托寿桃，大约12克，也算老古董了，吩咐他将来送给定情之人，也可算是我们家唯一的传家宝了。孙子出生时，我转送给了他，一百天时还拍了照，可惜前两年儿子家被人偷了，连保险柜一起偷走了。（注：今年7月儿媳张点帆回国探亲告之，锁片未放入保险柜内，谢天谢地，总算没有遗憾了）。

> 图 5 我与孙子（佩戴锁片）100 天时的合影

### （四）定居南京

1959年他们的毕业分配方案中有一个物理所的名额，物理所理应是他的去向，可冯端先生要留下他做助教（物理所就将名额取消了）。他留校后的最初两年是忙于建立电子束浮区区熔仪设备的事，因为教研室做位错研究，首先得有研究用样品。到了1961年11月我们结婚了，就考虑调动之事，物理所领导意见，只要闵乃本来，所里少要一个大学生分配名额或者有人进行交换即可（当时有好几个人愿意交换），可是冯先生仍不放闵乃本走，答应将我调来南大，

> 图6 1961年，我与闵乃本在合肥逍遥津公园

1962年8月我在南京生下闵泰（泰是"钛"的谐音，表示我们爱情的结晶），到了1963年5月教研组有三个留人名额，蒋树声留校（63届毕业生），我和罗美珠（核子组林世宁先生爱人），均是照顾家庭关系而占据了另外两个名额，这样我们的家在南京安定下来，一住已是一甲子了，南京成为我们的第二故乡，孩子们的出生地。

## 四、艰苦的生活

我们两人均有家庭负担，他要负担父亲的生活，我是家中老大，弟妹在上大学，也要承担一定的家庭负担，有了闵泰后生活上更不宽裕，但精神上是愉快的，除了工作，该玩就玩，与朋友同事出去秋游拍照，但我们生活上是省吃俭用的，每天两稀一干，早上是咸菜稀饭，中午是正餐，晚上是稀饭馒头咸菜，故每年冬天我们必须腌一大缸咸菜，闵泰与我们一起

> 图7 1965年，与邻居东郊秋游（左起：赵苡、葛传珍、杨苡、闵乃本、赵孺霽、邱第荣，前左是闵泰，右是邱第荣的小儿子）

过着这种生活直到他上大学离家，家里的分工是，我管家里的内务，闵乃本只管炒菜，闵泰小学三年级开始，大约十岁刚过就天天早上去菜场排队买菜，时常被人欺负，排到他时后面的人觉得菜品较好就挤上来先买，有时买菜的钱被人偷走，从1972年开始到1977年恢复高考前这五年，他早上先买菜后上学（鼓楼小学，初一也是鼓小上的），初二才到十中（现在的金陵中学），开始用功学习，于1980年高考，获南京市理科状元（我们对他一直顺其自然，系里半导体组的刘湘娜去查他女儿高考成绩，顺便查到第一名是闵泰，回校告诉我们的，闵乃本只让记者采访他一次（电台的宣传劝阻了），上科大或北大，是他自己定的。

闵乃本对儿女的要求不同。对儿子要求太高，太严格，恢复高考后，每天天刚亮就让闵泰起来学英语,我们的同事李象晋说,"经常看到闵泰早上在路灯下读书",他认为儿子的基础、外语比自己好,应该做出比自己更好的成绩,所以他反对闵泰回国来办公司,应该成为学者、科学家。对女儿要求不那么严了,但对作业,必须在规定时间内完成,将来有份工作立足社会即可。

　　他本人完成电子束浮区区熔仪以后,即与冯先生,李齐开始体心立方晶体中位错的研究,到1966年前共发表了十篇论文,在当时应算是高产了。1966年初,全校师生要去南通如皋参加"四清"运动,在1965年夏才满三岁的闵泰,刚从外婆家回来不到半年,在年底又将他送到合肥外婆家,我们两人忙着去"四清"的事,到了临行前(1966年1月下旬),得到通知闵乃本、李齐、冯先生不去如皋,留校赶工作,因为他们做的系列工作,在1965年曾入选"1965年度教育部高校科技成果展览",他们将于1966年在北京召开的"亚洲与太平洋地区物理讨论会"(北京科学讨论会——暑期物理讲习会)的国际会议做口头报告,要为这个会议赶做新的工作,2月我与其他师生则去了南通市如皋县雪岩公社四清,与贫下中农同吃、同住、同劳动,白天在田间劳动,晚上开社员大会或小队社员会议,不到三个月,大约是1966年5月下旬"文化大革命"在南大全面展开,我们提前回到学校,校内的科研工作也停止了,这一停将近十年,于1973年开始招工农兵大学生,1977年恢复高考,教研室从金属物理专业改成晶体物理专业。这段时期的回忆基本完成。

　　下面改革开放四十年的事(包括政界、学界)太多,头绪也多,我能力有限,幸运的是在整理闵乃本的材料中,发现物理学院前书记张序余和九三学社纵光有一篇文章《晶体世界的攀越者——闵乃本教授》,他们总结了闵乃本等人得一等奖前的事迹比较全面、准确,而有关一等奖前后的事情经过,由闵乃本亲自写的一文——《把知识献给祖国与人民》进行介绍他自己的亲身体会。我可以偷懒了，将这两篇文章加上我的回忆文稿，这样可以将他这一生经历的大大小小的事，基本有个清楚的描述。

国际会议部分，王牧花了大量时间（2023年2月至3月中旬，近一个半月时间），在美国上网查询过去几十年的会议资料，闵泰、陈延峰也做了部分补充，终将这一方面资料尽量完善（见附录四）。

下面我接着写改革开放后近四十年生活中一些值得回忆的事（尽我所能，不能求全了）。

## 五、改革开放年代中的一些回忆

### （一）书的出版

到了1973年，复课了，招了三届工、农、兵大学生，教研室的研究方向从金属物理改成晶体物理，组内分三个方向：闵乃本负责晶体生长、冯端负责晶体结构与缺陷、王业宁负责晶体物理性能，每个组除了实验室建设，还需开设一门专业课，边学边干，他们生长的晶体不如上海玻璃纤维搪瓷研究所，便去学习他们的经验，初到别人的实验室，上海人有某种固有的瞧不起外地人的习惯，对他们（闵乃本与孙政民、杨永顺三人）的到来不冷不热，但当闵乃本利用自己的理论知识解释了一些他们工作中出现的不能理解的现象时，实验室对他们的来访变成欢迎，友善了。为了写生长讲义，闵乃本访问了国内多家生长晶体的单位，去了四川的成都和绵阳，还有景德镇、上海、合肥、济南、福州、扬州等地，收集他们工作中遇到的问题、图片，充实了他讲义的内容，为了写好这本讲义，从1976年开始，无论酷暑还是寒冬均未间断，记得1976到1978年我们住在汉口路15号，住在二楼朝西的房子，那时不但没有空调连电风扇也没有，又是地板房，室内温度可想而知，他坐的藤椅两只扶手流满了他的汗水，最后都变白了。到了1979年冬天，我们已搬到北京西路二号新村新建的 4 栋 202 室，水泥地凉飕飕的，只得脚下放一块木板来阻挡点寒气，因为有了讲义的基础，正式写书时，他早已胸有成竹，想好了写下去，不再改了（我们是先写草稿，多次修改后再定稿，他是在脑中仔细琢磨，不轻易下笔，当开始下笔了，就不再改了），这样一章章写下去，花了一年多时间，终于完成了 41 万字的《晶体生长的物理基础》。该书于 1982 年由上海科技出版社出版。

### （二）不比洋人差

1982 年 9 月赴美国犹他大学做访问副教授一年，走之前，他的书已经出版，他带上新出版的书，见到了罗森伯格，他也出版了一本《晶体生长基础》，分三册，当时出版了上册。在学生课堂上，罗森伯格向学生介绍了闵，手上拿着两本书说，"晶体生长的书，目前世界上只有两本，一

> 图 8 1982 年，闵乃本与蒋民华在犹他大学校门口

> 图9 1987年，我与闵乃本在实验室观察试样，前者为塚本教授

本是中国的闵写的，一本是我写的，现在两国的作者走到一起来了"（大意），他第一次到美国，开始还有点自卑，毕竟罗森伯格长他两岁，长期在西方求学、工作，经交流后发现，自己不比他差，凡是罗森伯格读过的文献，自己都读过了，而自己读过的，罗森伯格有的尚未读过。故对来美后需要做的工作更有信心了。

因为在第七届国际晶体生长会上（ICCG-7）认识了日本东北大学的砂川教授，砂川在会后邀请他访日，1984年回国后不久应日本学术振兴会的邀请，于1986年10月到1987年6月作为访问教授访问日本东北大学。同时来到砂川实验室访问的学者，除了闵乃本外，还有苏联的切尔

罗夫教授、荷兰的柏莱马教授，以及一位法国教授，大家讨论问题很是热闹，法国教授不相信层错机制，闵乃本为了说服他，用钢球做模型演示，终于让他信服了。

### （三）繁忙的国际交流和会议

进入20世纪90年代，他除了招收博士生建立了自己的团队以外，每年至少两到三次出国访问或参加国际会议（还要准备会上的报告），例如：1997年7月参加了在日本召开的CLEO会议，在会上做了报告。8月，去中国台湾参加第二届华人物理大会暨马大猷教授90华诞。9月出席中国香港的MRS成立大会。10月又去新加坡参加IS-LNOM会议并作了邀请报告。

再如1998年3月先去美国洛杉矶参加美国物理学会年会，并作了报告，4月7日到6月8日在香港科技大学有两个月学术交流，期间5月2日至5月9日在美国旧金山有个CLEO/IQEC会议，只能从中国香港到美国来回了，香港工作结束后回到南京，到了10月又要到美国巴尔的摩开光学会议。10月7日闵乃本去注册（只注册了一天，因下面紧接着要去北京开会），11：00注册完下电梯至底楼时，碰到王海文（他与导师也是来开会的），师生在异国他乡碰见十分高兴，王海文在海边的自助餐厅请我俩吃了中餐，这次会议是王海文的导师邀请闵乃本做邀请报告的。闵要王海文转达他对其导师的邀请（访问中国南京、西安、北京），下午3：30闵乃本第一个作报告，25分钟讲完有五分钟提问，两个人提问后他做了回答，就离开会场，忙着向机场赶晚上回旧金山的飞机，大约夜里一点到了闵泰家，稍事休息，于早上乘地铁去何崇藩家（原上海硅酸盐研究所研究员），准备在他家中餐后去旧金山机场返回上海，可是在何家吹牛到十点半打电话给闵华说出事了，回家行李忘在闵泰车子后备箱中（闵泰送他至地铁站就回头上班去了），而他自己下车去乘地铁去何家，竟然忘了拿行李），我立即联系闵泰及同公司的熟人，均无人接，好不容易与张燕联系上了，她告诉爱人肖荣福，肖在公司内再找到闵泰，父子俩才约好下午 2:30 在 U.A 航空公司办理手续处碰面，行李问题解决了，终于在第二天 9 日晚上飞到上海再至南京，第三天（10 日）上午到北京，正好赶上会议，许祖彦泡上一杯浓浓的咖啡给他提神，

> 图 10 1999 年，王牧与闵乃本在西班牙的弗朗西斯科·马西亚（Francesc Macia）的纪念碑前

他感到太累，太忙，一天到晚飞来飞去，只想到赶时间，其他事全忘了。

### （四）欧洲六国行及巴黎受骗

1999 年 7 月至 8 月这个夏季，正好在欧洲有好几处国际交流以及英国有个国际会议，遂由王牧统筹策划安排（包括法国、英国签证，住宿等事宜）。终于在 7 月 21 日由上海直飞巴黎，到达后当晚即转机去西班牙的巴塞罗那，第二天闵和王去巴塞罗那大学进行学术交流，王牧做了学术报告，随后游览了奥运村，观赏教堂建筑，去地中海边散步，再飞回巴黎，住闵泰中学同学贾小平家，小平一家次日即将去法国南部波多黎各旅

> 图 11 卢浮宫前的玻璃金字塔入口（贝聿铭设计）

游，他们的家交给我们了，正好王牧有访问活动需要去法国南部一个大学，我们就在贾小平家多住了两天，顺便游览下巴黎市的名胜古迹，去了卢浮宫、凡尔赛宫、塞纳河边的巴黎圣母院、圣心教堂等地，因住小平家，打算去商场给他儿子买个玩具，顺便看看凯旋门，我俩沿着塞纳河左岸走到协和广场附近，刚至一座桥边，我正在桥边看说明，乃本则被一个女游客请至桥下，要求帮她拍照，乃本毫不犹豫就帮她拍照（用她的相机），可快门按不下去，拍不了了，她就走来看相机，这时从旁边走来了两个穿制服的警察说要查护照，又说女的贩毒（海洛因），就先查女的钱包，再查我们的，拿出乃本的钱包（我没有钱包），从中抽出唯一的一

张 100 美元，说看看是不是假钞，又查乃本裤子口袋，又问有没有美式的钱袋？（即装钱的腰带），说有海洛因，乃本身上什么都没有，又回过头来再查钱包，将 100 美元和 200 法郎两张纸币抽出一起放入一堆零钱纸币（小额法郎）的旁边，再一起放回钱包中，意思是在

> 图 12 闵乃本专心看雕塑

保护我们，怕那个女的骗钱，他们走后，女的也走了，我对闵乃本说不对劲，你数一下钱，这时才发现 100 美元和两百法郎纸币不见了，我们遇到了骗子（三个人是一伙的），幸好我们带的钱不多，但玩具买不成了，更无玩凯旋门的心情了，此事乃本一直不让我说出来。

　　7 月 28 日乘火车，经过布鲁塞尔，到达德法边境的亚琛（Achen），这是第二次世界大战时联军从法国进入德国的第一个城市，卡拉佩（Kallaper）教授接到我们后，马上就去实验室，介绍他的实验室工作（在亚琛结晶研究所内），在岩石展厅观看到各类漂亮的，罕见的天然晶体（针状、片状、球状、块状），各种彩色晶体的共生，又带我们参观具有八百年历史的教堂——双塔，莱茵河大桥，第二天去波恩（Bonn）参观

> 图 13 亚琛天然晶体展厅

原政府大厦，会议厅。在波恩大学，先介绍了同步辐射的工作，11时闵乃本作报告"缺陷的生长机制和形态"，讲到位错、层错、孪晶的生长机制与二维成核进行比较，并进行了热烈的讨论。

然后我们到了康斯坦茨（Konstanz），韦其和陪我们乘船游了博登湖（德国与奥地利、瑞士之间的湖面），到达不远处的奥地利的布雷根茨（Bregenz），上岸后，我们去了迈瑙岛（Mainau island，又称花岛），登高可看到博登湖全景，再去康斯坦茨大学。

到了8月2日去荷兰之前，经过斯图加特，我们去拜访闵乃大一家，王牧去了卡塞尔大学（University of Kassel），大嫂闵安娜与他们的儿子闵

> 图 14 科隆双塔教堂前与卡拉佩教授

> 图 15 博登湖上（闵乃本、葛传珍）

> 图 16 1983 年，闵乃本在闵乃大家中（左起：闵乃本、闵安娜、闵维航、闵乃大）

维航为我们准备的是德式中餐，我们在他家住了一夜，大嫂已八十多岁了，第二天一大早起来就忙早餐，开洗衣机，到处找我们换下的衣服（我早已藏起来了），与乃大一家在中餐馆聚了一次，闵安娜与闵维航只会一点点中文，真正的交流全是闵乃大在翻译。

8月3日到达荷兰的奈梅亨（Nijmegen），住在奈梅亨大学附近，下面两天（4号、5号）Bennemma 教授与闵乃本、王牧在实验室内讨论工作，我则由早先在福建物构所工作的王耀水先生陪我游览，去了阿姆斯特丹、鹿特丹、海牙。在阿姆斯特丹，还特地去了红灯区，海牙国际法庭则未赶上开庭，只能在沙滩附近休息，这样大西洋东西两岸的城市总算都来过了（东海岸是美国的大西洋城，西海岸则是荷兰的海牙市）。

我开心地在荷兰的城市玩了两天，了解一些风土人情，而闵乃本、王牧在 Bennemma 实验室内讨论他们多年积累的在卤化银类晶体（大多为

> 图 17 荷兰奈梅亨车站前

片状晶体）中碰到的许多问题，用闵乃本的亚台阶理论均可解释。

行程已过大半，走访了四国（西班牙、法国、德国、荷兰），还路过了比利时，遥望了瑞士，在奥地利登了花岛，又回到巴黎（欧洲中转站），于8月7日乘小飞机去英国的格拉斯哥（Glasgow）参加 XVIII IUCE Congress & General Assembly(会议已于9月4日开始了，13日结束)，他们赶快注册，会场外碰到不少中外来参会的朋友。9号下午乃本主持了一个分会的会议，而9号是他的生日（一连8年，他都不能在南京与家人和朋友过一个生日，虽然时间上是暑假，但不是这里就是那里，忙个不停）。晚上六时，王牧、张振宇、胡正伟在当地中餐馆龙凤酒家请客（意即帮乃本过64岁生日），在异国他乡过生日又是一番情趣，9号中午还见到了日食（在格拉斯哥是日偏食，而在斯图加特则可以见到日全食）。

> 图18 在英国格拉斯哥中餐馆内为闵乃本过64岁生日
左起：王牧、张振宇、闵乃本、葛传珍、胡正伟

8月11日到了伦敦，在伦敦的三天，看了五个博物馆，首先，参观了著名的大英博物馆，我们自然先看中国厅，再看印度、埃及、罗马、希腊的展厅，厚重的文化，精湛的艺术，让我们来不及细看、品味，走马灯似的一个个厅看过去，从12：40到16：50，4个小时过去了，却只看了一半内容，大英博物馆名气很大，但厅内大多展品是从世界各地抢来的其他文明古国的珍宝，其中包括我们中国的古董，故不收门票。另外，我们还参观了自然历史博物馆（各类化石）、科学技术馆、美术馆、城堡展览。

8月15日又回到巴黎，最后一站——意大利，晚上飞到意大利的威尼斯（Venice），再乘火车到达当时于渌负责的国际理论计算中心（ICTP），ICTP位于意大利的里雅斯特（Trieste）城（意大利地图的鞋须处的港口，面对亚德里亚海，山顶是与南斯拉夫的分界线），到达ICTP主楼找到了于渌，他介绍了中心情况，就让秘书带我们去办手续，住下后，进行学术交流。

离开欧洲前的最后三天，在米兰的秦亦强赶来，陪我们玩了威尼斯和罗马，具有世界水上城市之称的威尼斯，城里没有汽车、摩托，只有水上巴士、快艇、游艇，我们乘水上巴士到市中心广场（即圣马可广场），上城堡的人太多，我们没有去排队，而去了莎士比亚描写的"威尼斯商人"的古桥。沿城里的小道，在许多小桥附近穿行。

去罗马要坐火车，穿过中部的亚平宁山脉，穿过长短不等的三十多个山洞，到了意大利的中南部，这里比北部穷，小偷也多。

我们先参观圣彼得堡教堂，内外雕刻都十分壮观，雄伟。再去梵蒂冈博物馆（意大利的博物馆真多），展厅内展品丰富多彩，特别在绘画、雕塑方面。一天之内看不完，也无休息之处，看的腿酸肚饥，又饿又累。既然来了，还是舍不得离开，但是看多了，也忘得多，印象深刻的是：去独

> 图 19 意大利威尼斯圣马可广场

立纪念台、老宫,看到许多古罗马遗留下来的石柱、石雕、石墩等,还看到土拉"真"圆形石柱(高40米,直径2米,雕刻、绘画,顺着石柱由下至上盘旋而上,呈螺旋形的画面),又去了西班牙广场、人民广场。

最后去了古今中外有名的古罗马斗兽场,椭圆形大型广场高达数十米(占地面积2万平方米左右,长轴约188米,短轴约为156米,围墙高57米)。我们兜了一圈,又去参观了太阳不死不灭方碑,球形大殿顶部中央有一大圆孔是照明、通风、计时之用(有排水通道)。离开罗马前,再返回至梵蒂冈博物馆广场前,再验证一下透视性——广场上四排大圆柱从视觉上在一定的位置上看过去变成了一排了。

意大利的小偷也是有名的,在我们离开这个美丽的古老的城市时,留

> 图 20 罗马斗兽场

> 图 21 梵蒂冈博物馆前石柱

下的印象是小偷的偷窃本领。欧洲之行圆满结束，收获颇多，获益匪浅。

## （五）阿拉斯加之旅

2005年我们满七十岁，闵泰、张点帆策划给我们做寿的方案（能让我们彻底放松，享受天伦之乐），张点帆经过研究提出全家去阿拉斯加度假，前期的准备工作及时间、地点、交通工具、住宿等均是儿媳妇在策划，根据乃本的日程安排，只七月份才有时间，终于在暑假开始不久，我们都到了加州儿子家，加上女儿家三人，一共九人，从旧金山乘飞机（UA789航班）至安克雷奇，它是阿拉斯加州最大的城市。我们租了两部车，相当于自驾游，其实到阿拉斯加（Alaska）主要是看冰川和北极光，我们虽然到了北极圈内，由于还不够北，未能见到北极光。主要就是看冰川和自然景色，去看冰川要乘专门的游轮，向冰山靠近，因为已经是夏天了，可以看到冰川崩塌的动态过程以及伴着的轰鸣声，大家抢着拍照录像，冰川的颜色是深浅不同的蓝色，与雪山不一样，雪山是一片白色，

> 图22 阿拉斯加州的波蒂奇冰川（Portage Glacier）

冰川则是诱人的"蓝",像宝石一样晶莹剔透,十分壮观。

在返回机场前(回旧金山),我们还走进冰川中,即在冰川上行走,近距离地看到了蓝色的冰并用手触摸蓝色的冰晶,我用矿泉水的塑料瓶分别取了冰川的水和雪山的水(雪山流下的水是清澈的,冰川下来的水是浑浊的),我还将它们带回了南京。我们脚踏的冰川名为马塔努斯卡冰川(Matanuska Glacier),这叫"脚踏万年冰,遥望去岁雪"。

回到加州后,我们去了"优胜美地",金门大桥,赫氏古堡,沿太平洋一号公路,特别是十七海里这段海岸线,沿途观赏点都下车来欣赏风景,甚至在洋边的海滩上玩耍,跟着海浪跑,弄湿鞋子、裤子也在所不惜,享受"巨浪拍岸,如雪浪花"的大自然美景,闵乃本还从来未这么放松过。

我们还去了俄勒冈州(Orgen),观看火山爆发后留下的天池,绕天池一周是48千米,我们在每个观景点均下车,爬上天池边缘,从每个观测点看到的风景都不一样,游客帮我们拍了全家福。(2005年凯瑞尚未出

> 图23 美国西海岸1号公路之十七海里线上的海浪

> 图 24 俄勒冈州火山口边的全家福

世呢），归途中去了红杉国家公园，看最高、最大的树，1991 年倒下的树是 370ft（113.4 米），这曾是世界上第一高树（1600 年测）。现在活着的第一高树为 112.6 米（2002 年测的），次高的一棵为 112 米。继续南行，仍有许多 100 多米高的大树，树不仅高，有的还很粗，粗大的树洞能让一辆汽车通过，我们也乘车穿过树洞，满足了好奇心。

在一号公路上还游览了赫氏古堡，通过介绍得知赫氏以淘金发家，儿子是报业主，曾经竞选过总统，吸收欧洲教堂建筑风格建成的古堡，隐藏在深山群中（现在归国有了）。

离开加州前一天，尚在加州大学伯克利分校工作的张翔邀我们去他及沈元壤教授的实验室参观，中餐时他约了刘军，孙诚也来了。

晚上加州大学伯克利分校沈元壤教授在湾区的香港东海岸海鲜馆宴请我和乃本，闵华一家以及张翔夫妇，并于餐后去伯克利校内山上沈先生家

> 图 25（a）车未过树洞　　　　　　　　　　　> 图 25（b）车过了树洞

> 图 26 刘军、闵乃本、葛传珍、张翔

> 图 27 葛传珍、雷明德、闵乃本、沈元壤、沈元壤夫人

做客（可见到大海，景色优美），琮琮特别喜欢他家的两只狗。

## 六、胡锦涛总书记的四次接见

（1）2007年2月27日：上午党和国家领导人给2006年度科学技术获奖人员颁奖，（胡总书记给闵乃本颁奖，温家宝总理给支志明颁奖）在人民大会堂，党和国家领导人接见2006年度国家科学技术奖大会代表。

（2）2007年3月4日，胡锦涛总书记参加了"农工""九三"组的会，闵乃本作了题为"培养科学人才，弘扬团队精神"的发言，讲到团队精神、甘于寂寞，不能急功近利，最后总书记讲话，总书记在他的讲话中对闵的发言表示赞赏，三次提到闵的发言内容，并建议他进一步总结团队

的学科交叉，集成创新的经验。

（3）2007年8月31日，于北京中南海，胡锦涛总书记等中央领导同志与全国优秀教师代表合影。会上五位代表发言，分别代表高教、中教、小教、特教以及边远少数民族地区的老师，闵乃本首先作了"肩负使命，培养拔尖创新人才"的发言，并提出三点建议。2008年1月6日温总理主持的国务院常务会议上三点建议（即加强重点学科建设；培养拔尖创新人才；加强公共服务设施建设）都得到落实。

（4）2011年3月4日，胡总书记至"九三""农工"组座谈，闵乃本第一个发言，见面时，总书记双手紧握闵乃本的手，闵说"我是南京大学闵乃本"，总书记说"我知道"，又说你是"如皋人"，"你在研究下一代工业革命的事"。到了5月13日陈骏校长到人民医院看望闵乃本，讲到人大期间胡总书记到了江苏组，走到陈面前，陈讲"我是南京大学的"，胡总书记马上讲"前两天在政协组，你校的闵教授对培养人才的发言很好，是今后的方向"，所以他一回校，即向闵要大会发言稿。

## 七、精神补药

忙忙碌碌一生值得欣慰的是总算为大家做了点有益的事，特别是973项目、量子调控项目，为物理学界的科学教育工作者争取到一个申请研究经费的通道，发展了事业。

他这一生一共生了五次病，一次比一次严重，第一次是刚毕业不久（1960年左右）得了肺结核，第二次是写生长讲义及出书的那年（1975年左右），由于营养不良，胃下垂九厘米（没油水了），第三次是2003年在香港中文大学，后背化脓（在脊椎处有个大脓包，医生将脓挤出，说要开刀，因要回南京了，就未做），第四次（即2011年5月）在左腰侧发现了"黏液性脂肪肉瘤"，因有"肉"字，是恶性的，但仍属轻或中度的，进行了开刀切除，

> 图 28 2010 年春，在武夷山中休息（于涛拍摄）

顺便也将脊椎处留下的旧案一起解决了，并进行了放疗（60Gy，分 30 次做，最后决定每次 1.8 Gy，每周只能做五次），这样一时也回不了家，每天小外孙女从幼儿园放学后，即去医院陪阿公，直至晚上八九点回家。来医院看望老闵的吴培亨院士说："有个小外孙女在你眼前跑来跑去，比什么都开心，这是精神补药。"闵华怕小女儿影响老爸休息，决定马上带回美国，我说，"现在不行了，她是阿公的精神补药，你带不走了"，这样凯瑞在我们家又多待了两年，至 2013 年幼儿园上完，才回美国上小学的。

这最后一次，即是 2017 年 7 月下旬发现的肺癌（且是腺鳞癌），来势很凶，发展也快，医生判了八个月的存活期，而我只能白天装无事，晚上查资料，与他的弟子们开会协商相关事宜，在多方努力下，闯过了这八个月，但毕竟是重病，他又无靶点，没有靶向药可治，人在一天天消瘦下去，大家心里有数，都不明说，到了2018年7月15日至8月16日，闵华和凯瑞陪他度过了他生命中最后的一段时光，过了83岁生日。凯瑞在医院陪他的这一个月，他常有笑脸，有时还开开玩笑，与凯瑞一起点外卖，凯瑞走后病情加重，于9月16日离世。

安息吧！乃本！

## 八、闵乃本遗憾的两件事

他生前两件事放不下，一是书的再版，最早是决定他七十岁时再版，由于种种原因（他自己也做了修改），未能如愿，但心中还是放不下，祝世宁院士终于了了他这个心愿，于2019年9月书再版，完成遗愿。另一件事，加装电梯之事，在2011年开刀后，身体其实已大不如前，我家住在三、四楼，他已爬不动楼梯，每次回家上楼都要停两次方可，故早在2016年就申请安装电梯，政协和省级机关管理处协商多次，但在他生前没能实现，他去世后，电梯才安装好，院子里其他各户也均跟着完成了安装，院子内活着的人还常想念着他为这事做的努力，也算完成了他的心愿。

最后感谢吕鹏同志帮助输入文字及图片，使该文得以完成。

这里特别感谢我们的邻居，乃本的好友，冯健亲先生（南京艺术学院前院长，著名油画家）为老闵亲自作了油画让本书的出版增加了光彩。（油画完成时间正好为本书初校时段[①]）

2023年6月

---

[①] 本书初校时段为2023年11月。

## 篇外照片（按时间排序）

> 1989 年，闵乃本、蒋民华、陈创天三人的合影照片（ICCG-9 会议，日本仙台）

> 1990 年，闵乃本在美国亨茨维尔市航天展馆"挑战者号"航天飞机前

> 1993年，材料系创始人合影（左起：孙祥祯、刘治国、闵乃本、杨明生）

> 1993年，国家攀登计划——光电功能材料"八·五"成果展览（左起：闵乃本（首席科学家），郑厚植、苏肇冰、陈创天）

> 1996年，原子探针与场离子显微实验室，闵乃本与刘俊明（右）

> 1997年11月4日，新加坡，国际激光与非线性光学晶体学术会议
（左起：闵乃本、蒋民华、陈创天、佐佐木（日本大阪大学）、吴以成）

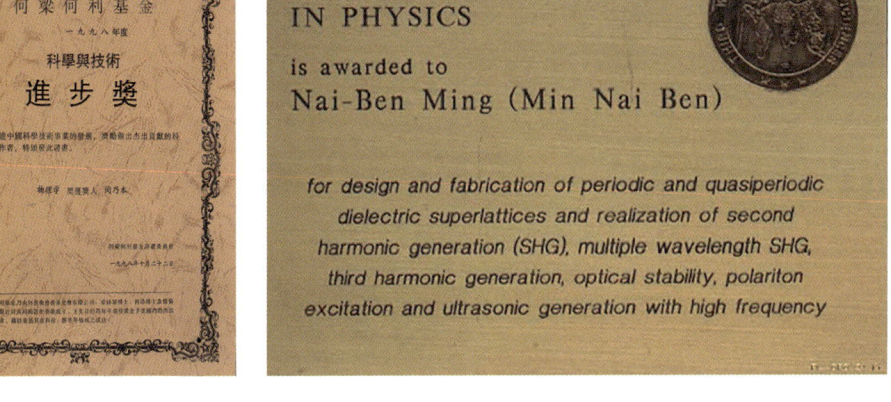

> 1998年，何梁何利奖照片

> 1999年，第三世界科学院基础科学奖（物理奖）

> 1999年，去伊朗领第三世界科学院基础科学奖（物理奖）（左起：伊朗总统卡塔米、第三世界科学院院长奥巴西、闵乃本）

> 1999 年 10 月 20 日，伊朗，德黑兰，立国 2500 年纪念塔——自由之塔
（左起：王牧、路甬祥、闵乃本）

> 2000 年 4 月，陪同杨振宁参观固体微结构物理国家实验室

> 2002年，973顾问组游福州鼓山（右起：陈佳洱、汪成为、闵乃本）

> 2004年1月，第三届973计划专家顾问组成立大会
（前排左起：霍裕平、马俊如、朱作言、林泉、周光召、闵乃本、孙鸿烈、汪成为、林其谁）

> 获 2006 年度国家自然科学奖一等奖后合影
（左起：祝世宁、朱永元、闵乃本、陆亚林）

> 国家 973 计划实施 10 周年表彰大会

> 2010 年 8 月 9 日，北京，ICCG-16
（左起：A.A. 切尔诺夫（ICCG 主席）、闵乃本、吴以成）

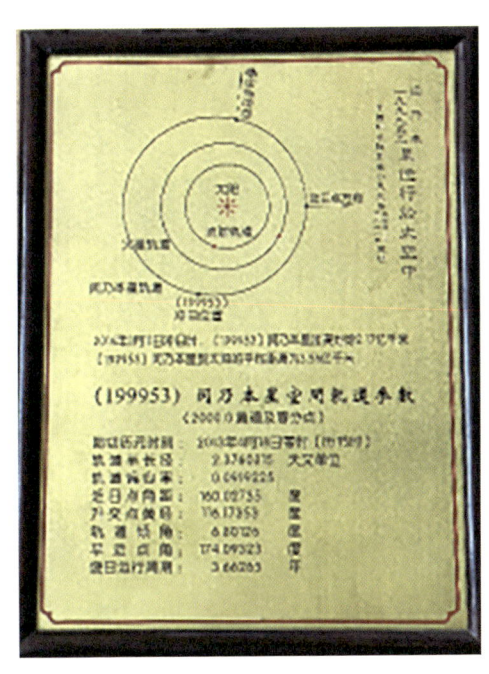

闵乃本星证书正面（a）　　　　闵乃本星证书反面（b）

> 2013年中国科学院紫金山天文台颁发证书，将紫台于2007年4月18日发现的"199953"号小行星命名为"闵乃本星"的证书颁发给他

> 2015年8月28日，闵乃本与现代工学院老师合影，江宁

> 2015年11月11日，参观量子材料微结构研究中心后合影
（左起：陈延峰、潘晓晴、闵乃本、臧文成、秦亦强）

> 2017年5月20日，闵乃本与顾秉林，南京6号公馆

# "八十功名尘与土"
## ——记父亲的二三事

闵泰

父亲去世已近 5 年了，在过去的 1700 多个日子里，与父亲相处的历历往事，经常日牵夜绕，深夜里、空闲时不自觉地在脑海里回放。父母与子女的关联，是人类乃至自然界得以延续最重要的枢纽，铸造了每个人的个性及情感世界。而人生短短几十年，相对于生物界的 38 亿年的历史长河，恰如桑田之于沧海，芳华刹那，遂有"树欲静而风不止、子欲养而亲不待"之亘古悲恸，始终是每个人，不论贤愚贵贱，都逃脱不掉的宿命……

记得我懵懂初开的时候，南京的冬天总是那么的寒冷，让我手上经常满是冻疮；夏天又是那么的炎热，让我经常在嘶鸣的蝉声中汗流浃背、昏昏欲睡。三十多岁的父母那时都是南京大学最底层的助教，父亲是 1959 年毕业留校当助教，因为没能赶上"文革"前提升工资的末班车，工资一直定格于助教最低级别的 53 元 4 角，还得赡养没有工作在家的爷爷。我们家和当年大多数知识分子家庭一样，生活相当的清贫：家里所有的床、桌、椅、凳大小家具，都是从南大租赁的，打着"南大后勤"的大大印记。当时家里是没有电风扇和取暖炉的，记忆中父亲总是在炎热的夏天里拿着一把破旧的芭蕉扇，点着廉价的绿蚊香，光着上身，穿着母亲做的简易大裤衩,大汗淋漓地在一张有两个抽屉的简易课桌上读着写着什么;冬天则是穿着肥大的棉袄,有时腿上还加裹着一床小棉被,在书桌前抖着腿专心致志地研究着他的科学文献。而且每天都是早上5点起身一直忙碌到深夜12点,中午会睡上半小时,每周7天都是如此。除了教学、做饭、睡觉,剩余的时间全部花在阅读文献与科研工作上,这样工作强度的记忆是从我懂事开始,一直延续到我18岁考上大学离家。我童年的那个时代,歌曲音乐是非常单调的,而父亲在他的书桌前读书研究的时候,会经常不自觉地哼唱一个当时我很不熟悉的曲调,歌词中依稀可以分辨出"……三十功名尘与土,八千里路云和月。莫等闲,白了少年头,空悲切……"。直到改革开放后,我才查出了那原来是岳飞的《满江红·写怀》。我其实一直不能理解是什么精神力量支持着父亲在如此艰苦的生活条件中一直坚持这样"5-12-7"的科学研究节奏的,或许这无意中的歌声,折射出他的动力源泉吧。父亲是有点中国传统士大夫"文以载道"的精神,在我15岁开始对科学事物感兴趣的时候,就努力把"修身、齐家、致知、格物"的思想灌输给我,每天早上五点半逼我起床学习英文,冬天也会把我暖和的被子掀去,经常让我非常郁闷。他总是用"陶侃运甓"的道理来鼓励我持之以恒,因为科学领域浩瀚精深,必须有这种不安悠闲、奋发图强的精神才有登堂入室的可能。可惜这个五点半起床的习惯我没能坚持下去,在中国科技大学求学的第一年还能五点半起床,第二年就推迟到六点半,第三年是七点半上课踩点,第四年已经是没课睡到自然醒了。好在感谢父亲当年的培训,让我在以后繁忙工作需要时依然能够做到"闻鸡起舞"的勤勉勠力。

科研生活是单调与枯燥的,那时的物质生活也很贫乏,父亲在家里的分工是做饭,记忆里经常有他炒几下菜,慌慌张张回到书桌前写点什么,再急急忙忙跑回炉子前继续炒菜的片段。当时我们家的伙食是比较清淡的，每顿饭猪肉或鸡蛋是有严格配比的，让正在长身体的我非常非常地馋猪肉和鸡蛋，父亲会经常在我的米饭下多埋下一块肉或者一个荷包蛋，总是非常开心地享受着我发现更多蛋肉时的惊喜。有时他出差北京中国科学院物理所，回家时会带回一些北京特产：各色蜜饯与茯苓饼。这在当时对我和我妹妹来说已经是人间最美味的甜食了。每天晚上八点半，他会在昏暗的台灯下分给我们每人两块蜜饯、半个茯苓饼，看着妹妹和我幸福地小心品尝着甜食而开心不已，这是我们一家人难得的天伦之乐，他称之为"各式各样时光"。那时的父亲从不去公园休闲，记忆中唯一的一次是母亲去合肥外公家办事，他一个人照顾妹妹和我，第二天是个星期日，就带着我们去玄武湖公园游玩，很惬意地看着我们荡秋千、打水漂、爬假山，玩得开心，母亲回来后他专门详细描述了我们的快乐时光。这样天伦之乐的记忆实在屈指可数，因此更显得稀罕珍贵，难道这就是科学工作者的父爱表现吗？可惜当年不知情似海，奈何知时已两别……

我中科大毕业后去美国学习生活，博士毕业后没有按照父亲的意愿去学校从事科研工作，而在高科技公司里研发新型产品赚取高额工资，与父亲的科研领域渐行渐远，本以为自此和父亲的交往只会定格于天伦之乐了。其间，父亲也的确享受着我在国外工作生活的水涨船高：享受我们在丹佛的第一个新房，第一次享受了6喷头的按摩浴缸，一泡就是2~3小时；还很喜欢那个有1000平方米的院子，第一次看见他和母亲在我们后院菜园里种下各类蔬菜，他们种下的菠菜、矮脚黄被丹佛冬天的雪埋霜打了很多次，是我们平生吃到最甜的菠菜与青菜。他也分享他的事业步步高升：从当了19年的助教升成了讲师，提前完成小时候一直听他说讲师是他这辈子的终极职位，很快又提升为副教授。被破格授予"博导"资格、正教授、中国科学院院士、国家首批十位首席科学家、国家首批十位专家委员会成员……1997年还很兴奋地告诉我他在《科学》发表了南大第一篇CNS

（《细胞》（Cell）、《自然》（Nature）、《科学》（Science））文章，当时在高科技公司工作的我对 CNS 杂志并不熟悉，去专门查阅了一下，当时的感觉是个类似"国家地理"半科普的高档杂志，而如今《科学》杂志已经是国际公认的顶级科学杂志了。

父亲对物质生活的需求是淡漠的，总是教育我，"全家够用就是富有"，"再多的钱也只是银行里多个0而已"。人生在世，天生我才，是应该"士志于道"，他的"道"是国家科学技术跻身世界和中华民族伟大崛起。当 2000 年听说我们可以财务自由后，明里暗示总是鼓励我该用余生做点对社会有用的事。我一直以为他只是个优秀的科学家，对我从事的高技术产业不关注也不了解。当我 2002 年决定去开发一种非常高风险的自旋存储芯片技术时，才发现他居然熟悉半导体行业里权威的 ITRS（国际半导体技术蓝图）与比利时的微电子研究中心（IMEC），完全了解半导体芯片技术是复杂度越来越高的系统工程，也清楚他从事的科学研究终极目标必须是为人类社会发展而服务的。当听我说我们研究的自旋存储技术已经可以产品化了，就鼓励我能不能在中国二次创造出这个技术。父亲对后摩尔时代的信息技术一直很关注，认为矢量（铁电、自旋）调控存储信息可能是替代半导体标量（电荷）调控存储信息的下一代技术路线。当我入选国家人才计划，当我对海外生活 30 年后还能不能再次适应国内的科研环境而犹豫是不是回国工作的时候，他的一句话让我下定了决心："小泰啊，一个人如果掌握一项技术是国家需要的，这是他的福气啊"。

当 2003 年温家宝总理宣布开展"国家中长期科学与技术发展规划"，父亲有幸辅助周光召先生制定具体规划。因为这个模式和日本当年曾经红极一时的"日本模式"（The Japan Model）、"长程规划"很相似，80 年代末在美国被很多人推崇为未来高科技发展的模式，但在 90 年代被证明是条失败之路，让日本陷入了"失去的 30 年"，从此以后在高科技产业不再有 80 年代的风光与势头，半导体、电子产品更是全面失去了领头羊地位。其核心原因为颠覆性技术的出现与成功是专家们无法根据已知的知识预期与设计的。著名的案例如 1945 年诺贝尔物理学奖获得者泡利就曾经批判过半导体："人们不应该从事半导体工作，那是一团烂；谁知道它们是否真的存在！" 1970 年诺贝尔物理学奖获得者奈尔在诺奖演讲中描述他因之获奖的反铁磁材料有趣但无用；创建美国著名计算机公司 DEC 的先驱肯·奥尔森（Ken Olsen）曾经反对个人计算机而宣称过："任何人都没有任何理由在家里拥有一台电脑。"有次回国度假，和父亲提及日本的"长程规划"模式的挑战，很惊讶地发现父亲对这个模式是有过非常系统深刻的思考，仔细研究过"亚洲四小龙"和日本是如何从劳工密集型产业转型成高科技经济，也知道中国的 GDP 在 2035 年超过美国时也需要这种产业转型的成功。他专门关注了日本的"长程规划"高科技发展成败的具体案例：日本政治组织的专家组正确地判断出未来社会是信息社会，按照当时日本领先的高科技领域，选择了超级计算机、HD 电视、人工智能、信息存储等攻关领域，国家投资引导并组织了日本最成功的企业如东芝、索尼、富士通、夏普、松下、NEC 等联合攻关。超级计算机瞄准了当时美国领先的 Cray 公司，并经过多年的努力，富士通的超级计算机算力超越了 Cray，但是美国后来开发出了并行计算技术，让单机超级计算机无用武之地；HD 电视日本一直沿着日本已经领先的传统 Analog 电视技术发展，数字 HD 电视技术的发明淘汰了 Analog HD 电视技术，又让日本在这方面的投资血本无归；人工智能技术全世界发展困难，很难超越人类 3 岁的智力而一直未能找到大规模商业应用场景，只做出了索尼的智能狗 Aibo 玩具；信息存储技术日本专注发展的垂直磁记录，一直未能超过传统的水平磁记录而实现产业化，直到 2005 年因为其他因素而重新被美国公司成功的产业化。这些研发方向决策失败浪费了日本大量的科研资源与时间，使日本高科技产品开始在国际上失去了领先地位和话语权，所以我们决策专家组一定不能按照我们现在的知识体系去精准设计未来的科技发展方向，颠覆性发明创造是不会被任何人设计的，但需要特别关注新兴的科技萌芽方向：如量子技术。他很自豪地说他有幸领导这个量子技术专项，起名为"量子调控"。我当时还是第一次听说这个词，居然找不到它相应的英文翻译，而现在英文 Quantum Manipulation 已经不是陌生的词了。父亲还说，新兴项目现阶段不能向国家要很多的经费，需要大力支持一些有潜力的青年科学家与已经有建树的资深科学家共同研究这个方向。如果几年后证明这的确是未来的技术走向，国际国内都会滚雪球般的发展，会吸引更多的资金与科学工作者，我们现在规划这个专项可以为国家的量子技术领先奠定基础，如此这个项目也就成功了。在家的这几天，我又再次注意到父亲为了这个中长期计划具体方案而工作到半夜 12 点，就请他注意劳逸结合，毕竟到了古稀之年了，不应该再这样高强度地工作了。他笑着说这个计划的成功关系着中国量子科技能否跻身世界，他有机会规划这个方向的布局，当然应该"老牛自知夕阳晚，不用扬鞭自奋蹄"啊。几年后，他很有成就感地告诉我，量子调控专项发展顺利，我国在量子技术这个新兴领域发展非常的好，看到如今国内量子技术的一片形势大好，父亲啊，您一生孜孜以求的"道"正在赋流形、照颜色……您真的可以安息了！

"……莫等闲，白了少年头……"！

# 我记忆中的父亲

闵华

在众人眼中，我的父亲是一位严谨的学者，也是备受学生爱戴的老师。然而，在我眼中，他首先是一位慈祥的父亲。在我小时候，家里经济负担很重，父母不但要养我们一家四口，赡养双方的老人，还要省下钱来买喜爱的书，一分钱恨不得掰成两半。虽然不富有，但为了满足大家的口腹之欲，他不时亲自下厨，根据菜谱，把简单平凡的食材变成一道美食。那时的我最喜欢跟在父亲身边，一起下厨，我读菜谱，父亲负责把文字变成美食。我就是父亲的试吃员，开心地第一个品尝父亲的成果。

父亲给我最深的印象是他总是手不释卷，阅读书籍，撰写文章，进行研究是他每天的日常。清晨我醒来，晚上睡觉前，所见到的都是父亲书桌上那盏台灯所散发的温暖光芒，它陪伴着我一路成长。多年后，我在美国遇到了儿时的邻居张小曼（南京大学前副校长高济宇的外孙女）。她告诉我她外公曾经说过，当他看到父亲在做饭时，手里还拿着一本书看的时候，就预言父亲必定会有大出息。听到这番话后，我深感触动。老一辈的教育家在观察人和事上都具备独特的洞察力。正是因为父亲平时的大量阅读，当他写书时，所有的资料都已牢记于脑海之中，下笔如有神，一次成稿，毋需修改。丰富的知识也体现在他的跨学科的研究方向，从早期的晶体生长，到凝聚态、材料科学和生物工程，都有涉足。父亲热爱阅读和写作。他的兴趣爱好广泛，不仅涵盖专业书籍，还包括各种科普自然杂志和武侠小说。在他的影响下，我也看了金庸的武侠小说全套。我还记得以前为了尽早购买金庸全集，我与父亲一起上街去书摊淘书。用父亲的审稿费购买喜欢的杂书。

父亲热衷旅游、摄影和美食。他每到一个地方都喜欢拍摄留念，并尝试当地的美食。父亲拥有较好的摄影技术和完善的相机设备。他经常向我解释摄影原理，怎样用光和取景。尽管那时我还年幼，无法完全理解，但这并不妨碍我对父亲的崇拜之情。而我就是父亲镜头里的模特，一张张的照片记录了我们一家快乐的美好时光。父亲访问游学时，每到一个地方，还喜欢撰写游记，记录当地的名胜、他的所思所想。那时，我喜欢阅读父亲的来信，厚厚一沓信纸，虽未亲身出行，但感觉仿佛也与他一同领略各地的风土人情。这也让我产生了要出去看看的念头，成为我出国留学的动力之一。

父亲还非常喜欢和学生朋友一起讨论问题，一起天南地北地侃大山。我记得以前家里常常人来人往，热闹非凡。父亲住院后，他的病房也总是亲朋好友络绎不绝，充满了欢声笑语。大家都喜欢和他探讨学术和人生的问题。当我们遇到难以解决的问题时，他的人生经历和睿智总能让你获得满意的答案，让人眼前一亮，恍然大悟，原来还可以这么理解和解决问题。回想当年我高考填志愿，我在两个专业之间左右为难，茶饭不思，父亲看到后，找我谈了一次话，在仔细地分析了两个学科的研究方向，就业前景和各自的优缺点后，语重心长地和我说："我和你分析了这么多，希望能帮到你，却不能帮你选择。因为这是你人生的第一次选择，你的人生得自己做决定。可不论你怎么选择，爸爸妈妈永远在你身后支持你。"从那时起，每当我做出选择时，我都会想起我的第一次选择。爸爸妈妈也说到做到，对我的事业大力支持。我的两个女儿幼时都是跟着外公外婆生活的，在我最困难的时候帮我解决了后顾之忧。同时，在父母的熏陶下，姐妹俩也同我一样，拥有一段难忘且快乐的童年生活。直至今日，我两个女儿最喜欢去的地方仍然是外公外婆的家。父亲对第三代的教育是开放式的，希望她们能有自己的爱好。他只是对我们反复强调一点，从小培养中文的重要性，增加对中国的了解和感情。在家一定要说中文，给小朋友提供一个良好的中文环境。这是他从老一辈留学生处得来的教训。双语教育不仅能让小朋友不忘根，更能给她们提供更多更好的视野和就业机会。

父亲的工作越来越忙，我每次打电话回家，总是母亲在家。父亲不是在开会，就是在开会的途中。最忙时一年只有不到三分之一的时间在家里。在父亲的身后，总是母亲坚强而沉默的身影。家里的琐事，柴米油盐，都是母亲一手抓，让父亲能专心搞科研。我从小学到高中的功课都是母亲管的。父亲以前总是喜欢自己动手，帮家里完成了一台土制放大机和台灯，还常常修理相机，换灯泡和保险丝，修补家里的桌椅板凳。可是后来越来越忙，到家就只想休息了。这些事情慢慢地都变成母亲的事了。几次搬家，都是母亲带着他的所有学生一起整理和一车车搬的。以至于搬家后，父亲有时会抱怨，说他的重要资料找不到了。虽然父亲非常忙碌，仍然非常重视我的教育。他和其他家长一样，和妈妈一起亲自送我去中考。我记得当年中考的地点是南京四中。他和妈妈一早就陪我坐着公交车到达考场。午饭都是在附近的清凉山吃的素斋，让我倍感温暖。

直到父亲生了重病，最后一年住院期间，他才稍稍空闲下来。2018年7月15日到8月16日，我和小女儿回来探望父亲，在这一个月里，我和他又有了机会闲聊往事。父亲一生中最开心的事就是他建立了一个很强的团队，老中青结合。他为人处世的原则是，严于律己、宽以待人，对于学生和朋友的困难无私地帮助，不求回报。正是因为这样，他交到了许多可以称为忘年之交的朋友。最让我羡慕的一件事就是他的学生直到今天还常常来看望和关心母亲。住院期间虽然不能出门，父亲仍然爱好生活。我们一起学用网络去寻找各种美食。化疗严重影响了他的胃口，可他喜欢和我们一起点餐、用餐，尤其爱看我和女儿吃饭，平时还常同我们开开玩笑，和我女儿一起偷偷分食冰激凌和奶茶。看起来一点都不像重病的人。不知不觉中，父亲已经离开我们快五年了。那个和他在病房里度过的最后一个暑假和生日还常常出现在我脑海里。多么希望时光能够永远停留在这一刻。我们一家人仍能和以前一样快乐地生活在一起。

2023 年 7 月

# 回忆我的外公

周琮洁

这是一篇纪念我生活在南京时与阿公的点点滴滴的文章。

许多人已经写了他在科学和政治方面的成就。我并不这样纪念他。直到 2018 年他去世后,他的朋友和学生创建了一个维基百科(wikipedia)网页,总结了他的职业生涯。我才更加了解他在发展中国物理学方面发挥的作用。在这个总体项目的框架下,我将自己对阿公与工作、家庭以及维基百科页面上的故事所讲述的他和学生之间关系的记忆融入其中。

如今,如果有人叫我描述最值得回忆的童年经历,我就会想起在南京龙江小区碧树园 41 号的生活点滴。

外公家有座两层楼的房子,这是省政府分配给他的住所(建筑面积在 220 平方米左右,没有产权,仅有居住权)。楼下是客厅、餐厅和厨房,楼上是外公的书房和卧室,大小凉台共 4 个。这样的居住条件已经达到国际水平了。

## 书房

阿公书房是他用来思考、处理重要事件或工作的场所(大约 14 平方米),室内有一面墙被高大的一排书架占据,里面放着各类书籍(如论文专著、辞典、古典名著、武侠小说,与他专业有关的中、外常用的书)。

另外一面墙上挂着老友——北京大学中文系金开诚教授专门为他写的《老子》"上善若水"的一段书法。

> 金开诚教授为闵乃本书写的《老子》中的一节

中间有两张书桌，一张桌上放着台式计算机和打印机，另一张大点的桌子，除了笔记本电脑还有好几个笔筒，里面有各式各样的铅笔、签字笔、橡皮擦、玻璃尺等小工具，这里是他的主要工作场所，也是我和妹妹喜欢的地方。当我做数学题或阅读一本好书时，阿公会将他的主位让给我，在他午睡时，我和妹妹会在他的书房消磨时间，玩他电脑中存着的游戏，欣赏他的收藏，偶尔（非常偶尔地）浏览他书架上的书籍。

我和妹妹也在书房中犯过错误。有一次，我和妹妹把送给学前班老师的礼物——一套五颜六色的键盘贴纸弄乱了，把它们贴到了打字的键盘上。

"这些方块字是什么？这些键盘贴纸对你们来说可能很有趣。"阿公生气地说。

"它们看起来像 Broadway Boogie Woogie!"我无意地插了一句。

"但你们有没有想过，我现在的视力这么差，该怎么看键盘？我不像你们俩那样是在 QWERTY 键盘上长大的，即使没有这层额外的障碍，我也不容易认出罗马字。"

直到我把键盘贴纸撕去，阿公才恢复了平静。而我则感到非常的内疚。

## 客厅

客厅比书房的面积大了近一倍，是阿公接待客人的宝地。东面墙挂着一幅很大的工笔画，这是一位知名画家（钟开天）的作品，画的是西双版纳的风景：有人物、孔雀、飞鸟、树林、河流。西面墙则是一个大厅柜，柜子中间是电视机，两边柜内放着阿公的奖状、奖章、国际会议上的纪念品，还有部分人工晶体和天然矿石。柜子顶部有两幅大的照片，一幅是他和他的团队获得了自然科学一等奖后，党和国家领导人接见 2006 年度国家科学技术奖励大会代表的照片，另一幅是 2007 年 8 月 31 日于北京中南海胡锦涛总书记等中央领导与全国优秀教师代表的合影。

北墙则是著名书法家尉天池的 8 个大字"肝胆相照荣辱与共"，是中共江苏省统战部请他书写的，用作祝贺阿公及其团队获得自然科学一等奖。

中间的空间则为一对单人沙发、茶几、三人沙发以及长茶几。

在这里，阿公接受了各级领导的慰访，以及中外各地的学者、朋友、学生们的专访，所谈内容涉及古今中外，天南海北。

我和妹妹无事时也常在客厅门外偷听。

## 天伦之乐

餐厅和厨房是我们一家人生活的所在地。

餐厅内有一张椭圆形餐桌和六张椅子，还有一个酒柜。里面存放着阿公收藏的各地名酒，另一面墙上挂着一幅大型的苏绣"松龄鹤寿"图，是他80岁生日时，朋友送给他的礼物。

　　阿公喜爱美食，也爱烟、酒、茶，尤以抽烟为最，这是在学生时代养成的（怕影响深夜的实验，用来提神的），几十年来不减反增，要抽烟就必须用到烟灰缸。平时他只用简易的（木制的或玻璃的），但他喜爱收藏世界各地的烟灰缸（受到禁烟影响，烟灰缸还不易买到呢）。特别喜欢有地方特色的烟灰缸，如在云南腾冲旅行时，就买了一只翡翠的，上面雕有鱼、桃、古钱币。还有一个如贝壳化石形成螺旋形图案的烟灰缸，是他的老伴（我的阿婆）在美国首都华盛顿自然历史博物馆中的小卖部买的。（见下图）除此之外，还有许多中、外各地的烟灰缸。

> 木制烟灰缸

> 玻璃烟灰缸

> 翡翠烟灰缸

> 贝壳式烟灰缸

这其中有些是我们在旅游途中买的，还有一些难得的，是王铭阿姨，在她涉足世界名胜时特地为他购买的，这大大丰富了他的收藏。

说到与阿公最美好的回忆，往往想起夏日午后，凉台或厨房，是他抽烟时"流放"的地点。闲来无事，我就坐在他对面，看着银色的烟雾飘起又飘走。阿公劝阻我在烟雾缭绕的地方逗留。但如果我坚持的话，他就会让我留下来，甚至还会耍一些小把戏来逗我开心。我最喜欢的是他仰起头，嘴巴张成一个大大的"O"形，用扁平的舌背把烟圈往前推。当烟雾离开他的嘴唇时，我数着：一、二、三、四……一口气，阿公吐出了七八个错落有致的椭圆。之后，阿公会灵巧地扭动手腕，把烟掐灭在烟灰缸

> 我和妹妹（4岁）

里，然后继续干别的事。

我钦佩他的从容和幽默。我也很欣赏他那纤细修长的手指，他的手指可以平衡香烟，也常在桌子上敲击。这是我们共同的身体特征，当我的钢琴和舞蹈老师称赞我的手指纤细优雅时，我总是感到莫名的自豪。

阿公和人谈话时习惯跷二郎腿。他边跷二郎腿，边握着双手搁在膝盖上。这样，他就可以随着演讲的节奏而来回摇摆身体。有一次客人来了，我和妹妹无聊地在厨房、客厅之间晃来晃去。我们注意到阿公的姿势，就坐在他旁边模仿他。阿婆以为我和妹妹在捣乱，让我们坐到楼梯口去，离客人远一点。这时我和妹妹就找个手机或一本书，坐在空调下的楼梯口看书和玩游戏。阿公聊完天，出来看我和妹妹，我们就再次模仿他跷二郎腿的姿势。阿公觉得我们很好玩，就跟我们一起在楼梯口摆出同样的姿势。过了一会儿，妈妈发现了我们三个人，叫外婆过来拍一张照。阿公这时却害羞跑了，最后拍的照片里只有我和妹妹跷着二郎腿，脸上的表情既快乐又得意。这幅照片现在还摆在阿公阿婆的餐厅里，让我们的恶作剧成了家庭历史的一部分。

阿公的爱好广泛，不拘一格，除了烟灰缸，他还喜欢美食、人物、文化。他经常鼓励我和妹妹凯瑞尝试新的食物，并鼓励我们广泛旅行。他经常表扬我妈妈在家坚持说中文，这种中文能让他的孙子们与他自己、与阿婆、与中国历史和文化的许多层面联系起来，否则，他们将无法解读这些层面。他是第一个鼓励我对外语感兴趣的人。当我在中学开始学法语时，阿公"大肆吹嘘"我将如何了解世界的另一面。即使我没有达到流利的程度，但兴趣和追求让一切都变得不同。

阿公喜欢交朋友，谈天说地，不论是他的长辈，平辈还是他的学生，都可成为他的忘年之交。

朋友的事，他是以"帮"为主，为乐。在他的朋友中也有些性格独特的人，他能发现他们的优点、共同兴趣之处，故交往较密。例如日本东北大学的塚本胜男先生，由于人过于骄傲，得罪不少人，故每次提职，得不到需要的票数，一直升不上教授。但当1986年阿公去他们研究室与砂川一郎教授进行合作研究时，塚本先生不论在工作上和生活上都大力支持。

在我七八岁时，有一次塚本教授来阿公家做客，当阿公把塚本教授介绍给我，讲述他们在日本合作的故事时，我兴奋地请塚本教授用日语发言。我会模仿着叽里咕噜地说上几句。十多年后，我才真正学会了日语。直到现在，我还会回想起那些与阿公和塚本教授并肩作战的午后时光，在竹亭间徜徉，欣赏着当地盛开的花朵，偷听他们谈论晶体学的最新发展和研究经费状况，这些都是他们共同感兴趣的话题。

阿公从不反对他的学生出国深造。有一些他的博士生，研究工作做得很好，阿公希望他们毕业后能留下来工作，以壮大南大的队伍，但他们在毕业前夕去了美国，阿公知道后并未生气，而是另外寻找接班人。

学生从国外回来看望他，阿公尤为高兴，倾听他们诉说在国外学到的新知识和技能，以及一些动人的故事。

### 在病房

2017年下半年，阿公得了肺癌，住在省人民医院，家人平时生活的方方面面都带到了阿公的病房，就像自然而然地被阿公的喜好所吸引。我和妹妹凯瑞唱歌跳舞，大吵大闹，就像在家里一样，不过这次的目的很明确，就是让阿公高兴起来。我们会点外卖，评论"垃圾食品"的独特味道、香气和口感，逗得阿公乐不可支。午后，当阿公午睡时，我会拿出高中物理课本，为即将到来的期中考试疯狂复习。那是2017年冬天，他去世前我最后一次来南京。临走前，阿公给了我一个U盘，里面有BBC的生物纪录片。他预计我会在有生之年看到生物科学的巨大进步，于是想和我分享一些他觉得有趣的生物纪录片。我不记得细节了，但当我伸手去拿这个闪存盘时，我们开始使劲握手——上上下下，上上下下——"你的期中考试一定会考得很好！"阿公肯定地告诉我。"你准备得很充分。你会在大学入学考试中取得好成绩的。我告诉过你的父母，不要给你太大的压力，也不要给你太多的怀疑。"我在回家的路上，一直强忍着泪水。

可惜的是，阿公未能知道，在他去世两个月后，我提前被普林斯顿大学录取，这也可以算是实现了他生前对我的期待与希望。

### 结束语

阿公的一生是勤勤恳恳、认认真真的，当工作时间不够用时，挤压的是平时的喜好的时间，如摄影、运动，以致身体日趋瘦弱。

但无论在科学研究或参政议政的事上，他都认真对待，从不马虎，所以在他一生所走过的路上，均留下可以引以为豪的业绩。

阿公啊！你离开我们已5年多了，我目前已完成了大学的学业，在即将毕业之际，再次想起你对我的指导和期望！

去年3月开始，阿婆和你的朋友、学生们正在为你写一本"传"，我也写了一篇忆文（今年作了修改）。大家用文字表达了对你的怀念！

谨以此文作为对你的纪念！

2024 年 5 月

# 我的阿公

周凯瑞

## My Grandpa

Every year, during the hot and humid summer, I would return to Nanjing. To grandma and grandpa. I remember the afternoons spent watching "Pleasant Goat and Big Big Wolf" with the volume on 4 or 5 outside grandpa's room. I would be enthralled by the TV, but I still had to make sure not to wake grandpa up from his afternoon nap. To me, grandpa was just a normal grandpa — I ate, talked, and played with him. He would get angry when I woke him from his afternoon naps, laugh when grandma or I said something funny, and watch war TV shows with gruesome scenes that I couldn't bear to watch as a child. When he didn't smoke near the ventilator in the kitchen as grandma ruled, I would threaten him by saying I won't give him my stickers. He would correct his mistake immediately. Whenever he had time, he would pick me up from kindergarten with grandma. When I saw them through the classroom windows, I would be elated，quickly jumping out of my seat when the teacher released us.

During his hospitalization, I continued to eat, talk, and play with him. 阿公 was still the wise grandpa I had known, giving advice and insight that often flew over my head. Notably, He always said to try everything at least once (though that mostly applied to food). I remember ordering takeout with him to and letting him try the milk tea I would choose for the day. We would eat on a small square table with whatever someone, or the takeout app, had recommended spread on top. Even during those times, he engaged in casual conversations on random topics and enjoyed his usual afternoon naps. During his naps, my mom and I would squeeze on the hospital couch to rest. Before dinner, I would help wash jujube（红枣）, red wolfberries（红枸杞）, ginseng slices（人参片）, barley rice（薏仁米）, and, most importantly, caterpillar fungus（冬虫夏草）to make his morning soup（补汤）. The part between the caterpillar and the fungus would be particularly dirty, and I had to make sure to clean it thoroughly. I remember often scraping some of the fungi off while being praised for cleaning it thoroughly. I decided not to tell anyone as I felt quilty at the time and thought I would get yelled at.

I never remembered grandpa for anything physics-related. My last memory with him is watching a jellyfish documentary on his laptop in the hospital. (Dr. Wei Qihe and Dr. Lu Yanqing helped created this USB) Only after his passing did I learn about his remarkable achievements. In my heart, grandpa remains just grandpa: a grandpa who loved me.

## 我的阿公

我每年假期都是回中国和阿公阿婆度过。我是看《喜羊羊》长大的。我记得每天下午在阿公卧房外的小客厅看我最喜欢的《喜羊羊》时，会一直把音量开到中挡（4—5）。我会被电视迷住，但我还是会注意不要吵醒阿公的午觉。对我来说，阿公只是一个普通的外公，我和他一起吃饭、说话、玩耍。当我把他从午觉中吵醒时，他会生气；当我和阿婆说一些有趣的话时，他会笑。他看恐怖的战争电视节目时，我会在旁边假装在跟他一起看。当他没有按照阿婆的规定在厨房的抽油烟机风口下抽烟时，我就会威胁他说我不会把小红花贴纸奖给他，阿公马上就会改正。只要一有时间，他就会跟阿婆一起去幼儿园接我。当看见阿公和阿婆一起出现在教室门口时，我就特别高兴。

在他住院期间，我去医院陪他吃饭、说话、玩耍。阿公仍然是我认识的那个睿智的外公，他的见解和给我的建议一直还在我脑海里浮现。他总是会说什么东西都至少要试一次（尽管这主要是说美食）。记得我经常和阿公一起点外卖，一起吃，并让他尝尝我当天买的奶茶。我们会在一张小方桌上吃饭，把别人或网上推荐的菜摆在上面。即使在他生病住院的那些时候，他也会和我就各种话题进行交谈，并享受平常的午睡。我就和妈妈挤在医院的沙发上休息。每到傍晚，我会帮他洗红枣、红枸杞、人参片、薏仁米，还有最重要的冬虫夏草，这是中医建议他早上喝的补汤。冬虫夏草的草和虫连接的部分会特别脏，我必须彻底清洁它。我记得我经常刮掉一部分冬虫夏草，同时因清洗得很干净而受到表扬。我决定不把我洗掉部分虫草的事告诉任何人，因为当时我觉得我干错了，并且认为我会被骂。

我不知道阿公任何与物理相关的事情。我能记住的回忆是和他最后在医院用他的笔记本电脑观看一部水母纪录片。（这是由韦齐和和陆延青两位叔叔为阿公整理好的 U 盘）在他去世后我才了解到他的成就。在我心里，阿公依然是阿公：一位永远爱我的阿公。

2023 年 7 月

附录

# 附录一

## 闵乃本代表性论著[①]

### 一、论文

1. 利用电子束浮区熔法制备钼单晶体；闵乃本，范崇祎，李齐，徐有尚，冯端；物理学报 19, 160 (1963)；

2. 电子称重法生长 LiNbO$_3$ 单晶体的直径自动控制；孙政民，洪静芬，杨永顺，闵乃本；压电与声光 4, 1 (1979)；

3. Enhancement of second-harmonic generation in LiNbO$_3$ crystals with periodic laminar ferroelectric domains; D. Feng, N. B. Ming, J. F. Hong, Y. S. Yang, J. S. Zhu, Z. Yang, Y. N. Wang; Appl. Phys. Lett. 37, 607 (1980)；

4. The growth striations and ferroelectric domain structures in Czochralski-grown LiNbO$_3$ single crystals; N. B. Ming, J. F. Hong, D. Feng; J. Materials Science 17, 1663 (1982)；

5. Surface roughening as a precursor to the polymorphic transition in CBr$_4$; N. B. Ming, F. Rosenberger, J. S. Chen; J. Crystal Growth 69, 631 (1984)；

6. A study of screw dislocations in gadolinium gallium garnet and

---

[①] 祝世宁从 630 多篇论文中排选出来的代表文献。

yttrium aluminum garnet crystals by birefringence topography; C. Z. Ge, N. B. Ming, D. Feng; Phil. Mag. A 53, 285 (1986);

7.Twin lamellae as possible self-perpetuating step sources; N. B. Ming, I. Sunagawa; J. Crystal Growth 87, 13 (1988);

8.Acoustic superlattice of LiNbO$_3$ crystals and its applications to bulk wave transducers for ultrasonic generation and detection up to 800 MHz; Y. Y. Zhu, N. B. Ming, W. H. Jiang, Y. A. Shui; Appl. Phys. Lett. 53, 138 (1988);

9.Monte Carlo simulation of FCC crystal growth: with an anisotropic variable bond model; J. Liu, J. M. Jin, N. B. Ming, C. K. Ong; Solid State Commun. 70, 763 (1989);

10.Harmonic generations in an optical Fibonacci superlattice; J. Feng, Y. Y. Zhu, and N. B. Ming; Phys. Rev. B 41, 5578 (1990);

11.Second-harmonic generation of blue light in LiNbO$_3$ with periodic ferroelectric domain structures; Y. L. Lu, L. Mao, S. D. Chen, N. B. Ming, Y. T. Lu; Appl. Phys. Letts. 59, 516 (1991);

12.High frequency resonance in acoustic superlattice of barium sodium niobate crystals; H. P. Xu, G. Z. Jiang, L. Mao, Y. Y. Zhu, M. Qi, N. B. Ming, Y. H. Yin, Y. A. Shui; J. Appl. Phys. 71, 2480 (1992);

13.Alternating morphology transitions in electrochemical deposition; M. Wang and N.B. Ming; Phys. Rev. Lett. 71, 113 (1993);

14.Optical bi-stability in two-dimensional nonlinear superlattice; B. Xu and N. B. Ming; Phys. Rev. Lett. 71, 1003 (1993);

15.In-situ studies of colloidal aggregation induced by alternating electric fields; Q. H. Wei, S. H. Liu, C. H. Zhou, N. B. Ming; Phys.

Rev. E 48, 2786 (1993);

16. Formation of a mesh-like electrodeposition induced by electroconvection; M. Wang, W. J. P. van Enckevort, N. B. Ming, P. Bennema; Nature 367, 438 (1994);

17. Epitaxial growth of optical $Ba_2NaNb_5O_{15}$ waveguide film by pulsed laser deposition; J. M. Liu, F. Zhang, Z. G. Liu, S. N. Zhu, N. B. Ming; Appl. Phys. Lett. 65, 1995 (1994);

18. Epitaxial growth of $RbTiOPO_4$ film on $KTiOPO_4$ substrates by laser ablation technique; Z. G. Liu, J. M. Liu, N. B. Ming, J. Y. Wang, Y. G. Liu, M. H. Jiang; J. Appl. Phys. 76, 8215 (1994);

19. $LiTaO_3$ crystal periodically poled by applying an external pulsed field; S. N. Zhu, Y. Y. Zhu, Z. Y. Zhang, H. Shu, H. W. Wang, J. F. Hong, C. Z. Ge, N. B. Ming; J. Appl. Phys. 77, 5481 (1995);

20. Single-crystalline, single-domain epitaxy of $PbTiO_3$ thin films by metalorganic chemical vapor deposition; Y. F. Chen, L. Sun, T. Yu, J. X. Chen, N. B. Ming, D. S. Ding, L. W. Wang; Appl. Phys. Lett. 67, 3503 (1995);

21. Optical bi-stability in two-dimensional nonlinear optical superlattice with two incident wave; X. F. Chen, Y. L. Lu, Z. L. Wang, N. B. Ming, Appl. Phys. Lett. 67, 3538 (1995);

22. Gap shift and bi-stability in two-dimensional nonlinear optical superlattices; Z. L. Wang, Y. Y. Zhu, Z. J. Yang, N. B. Ming; Phys. Rev. B 53, 6984 (1996);

23. Preparation of perovskite conductive $LaNiO_3$ films by metalorganic decomposition; A. D. Li, C. Z. Ge, P. Lü, N. B. Ming;

Appl. Phys. Lett. 69, 161 (1996);

24.Kinetic crossover of rough surface growth in a colloidal system; X. Y. Lei, P. Wan, Q. H. Wei, C. H. Zhou, N. B. Ming; Phys. Rev. E 54, 5298 (1996);

25.Femtosecond violet light generation by quasi-phase matched frequency doubling in optical superlattice $LiNbO_3$; Y. Q. Lu, Y. L. Lu, C. C. Xue, J. J. Zheng, X. F. Chen, G. P. Luo, N. B. Ming, B. H. Feng, X. L. Zhang; Appl. Phys. Lett. 69, 3155 (1996);

26.Nondestructive imaging of dielectric constant profiles and ferroelectric domains with a scanning-tip microwave near-field microscope; Y. L. Lu, T. Wei, F. Duewer, Y. Q. Lu, N. B. Ming, P. G. Schultz, X. D. Xiang; Science 276, 2004 (1997);

27.Pulsed laser deposition of (110) oriented semiconductive $SrFeO_{3-x}$ thin films; T. Yu, Y. F. Chen, Z. G. Liu, L. Sun, S. B. Xiong, N. B. Ming, Z. M. Ji, J. Zhou; Appl. Phys. A 64, 69 (1997);

28.Experimental realization of second harmonic generation in Fibonacci optical superlattice of $LiTaO_3$; S. N. Zhu, Y. Y. Zhu, Y. Q. Qin, H. F. Wang, C. Z. Ge, N. B. Ming; Phys. Rev. Lett. 78, 2752 (1997);

29.Quasi-phase-matched third-harmonic generation in a quasi-periodic optical superlattice; S. N. Zhu, Y. Y. Zhu, N. B. Ming; Science 278, 843 (1997);

30.Optical properties of an ionic-type phononic crystal; Y. Q. Lu, Y. Y. Zhu, Y. F. Chen, S. N. Zhu, N. B. Ming, Y. J. Feng; Science 284, 1822 (1999);

31.Ferroelectric properties of $Bi_{3.25}La_{0.75}Ti_3O_{12}$ thin films prepared by chemical solution deposition; D. Wu, A. D. Li, T. Zhu, Z. G. Liu, N. B. Ming; J. Appl. Phys. 88, 5941 (2000);

32.Simultaneous cw red, yellow, and green light generation, "traffic signal lights", by frequency doubling and sum-frequency mixing in an aperiodically poled LiTaO$_3$; J. L. He, J. Liao, H. Liu, J. Du, F. Xu, H. T. Wang, S. N. Zhu, Y. Y. Zhu,N. B. Ming; Appl. Phys. Lett. 83, 228 (2003);

33.Conical second harmonic generation in a two-dimensional $\chi$(2) photonic crystal: A hexagonally poled LiTaO$_3$ Crystal; P. Xu, S. H. Ji, S. N. Zhu, X. Q. Yu, J. Sun, H. T. Wang, J. L. He, Y. Y. Zhu,N. B. Ming; Phys. Rev. Lett. 93, 133904 (2004);

34.Acoustic backward-wave negative refractions in the second band of a sonic crystal; L. Feng, X. P. Liu, M. H. Lu, Y. B. Chen, Y. F. Chen, Y. W. Mao, J. Zi, Y. Y. Zhu, S. N. Zhu, N.B. Ming; Phys. Rev. Lett. 96, 014301 (2006);

35.Negative birefraction of acoustic waves in a sonic crystal; M. H. Lu, C. Zhang, L. Feng, J. Zhao, Y. F. Chen, Y. W. Mao, J. Zi, Y. Y. Zhu, S. N. Zhu, N. B. Ming; Nat. Mater. 6, 744 (2007);

36.Extraordinary acoustic transmission through acoustic gratings with very narrow apertures; M. H. Lu, X. K. Liu, L. Feng, J. Li, C. P. Huang, Y. F. Chen, Y. Y. Zhu, S. N. Zhu,N. B. Ming; Phys. Rev. Lett. 99, 174301 (2007);

37.Nonlinear Cerenkov radiation in nonlinear photonic crystal waveguides; Y. Zhang, Z. D. Gao, Z. Qi, S. N. Zhu,N. B. Ming; Phys. Rev. Lett. 100, 163904 (2008);

38.Transforming spatial entanglement using a domain-engineering technique; X. Q. Yu, P. Xu, Z. D. Xie, J. F. Wang, H. Y. Leng, J. S. Zhao, S. N. Zhu,N. B. Ming, Phys. Rev. Lett. 101, 233601 (2008);

39.Acoustic surface evanescent wave and its dominant contribution to extraordinary acoustic transmission and collimation of sound; Y. Zhou, M. H. Lu, L. Feng, X. Ni, Y. F. Chen, Y. Y. Zhu, S. N. Zhu, N. B. Ming; Phys. Rev. Lett. 104, 164301 (2010);

40.Ferroelectric-field-effect enhanced electro-resistance in metal/ferroelectric/semiconductor tunnel junctions; Z. Wen, C. Li, D. Wu, A. D. Li ,N. B. Ming, Nat. Mater. 12, 617 (2013).

二、著作

1.闵乃本.晶体生长的物理基础.上海：上海科学技术出版社，1982.

2.甘子钊、闵乃本、曾庆存、冯康、黄晶、叶笃正、谷超豪、洪国藩、叶叔华、黄品合著.中国十大基础科学研究——攀登计划首批项目.上海：上海科学技术出版社，1995.

3.闵乃本，王继扬.探索新晶体：光电功能材料的结构，性能，分子设计及制备过程的研究.湖南：湖南科学技术出版社，1998.

4.闵乃本.晶体生长的物理基础.南京：南京大学出版社，2019.

# 附录二

## 闵乃本发明专利[①]

1. 一种无腔型的三元色激光器；许祖彦、徐瑶、刘嵘、孔羽飞、张恒利、何京良、房晓俊、陈毓川、朱永元、陆延青、祝世宁；实用新型授权公告号：CN2330087U；授权公告日：1999-07-21

2. 室温制备具有周期电畴的LT、掺杂LN晶体的极化方法；祝世宁、朱永元、闵乃本；发明专利授权公告号：CN1045639C；授权公告日：1999-10-13

3. 制备稀土离子掺杂LN、LT光学超晶格材料及其应用；陆延青、郑建军、闵乃本；发明专利授权公告号：CN1045639B；授权公告日：1999-10-13

4. 一种采用低电场诱导控制湿化学法制备的薄膜取向的方法；李爱东、吴迪、凌惠琴、刘治国、闵乃本；发明专利授权公告号：CN1120250B；授权公告日：2003-09-03

5. 一种同时输出红、绿、蓝三元色的激光器；许祖彦、徐瑶、刘嵘、孔羽飞、张恒利、何京良、房晓俊、陈毓川、朱永元、陆延青、祝世宁、闵乃本；发明专利授权公告号：CN2362212U；授权公告日：2000-02-02

6. 一种同时输出红、绿、蓝三元色的激光器；许祖彦、徐瑶、刘嵘、

---

[①] 本条目由祝世宁查找和核实。

孔羽飞、张恒利、何京良、房晓俊、陈毓川、朱永元、陆延青、祝世宁、闵乃本；发明专利授权公告号：CN1123104B；授权公告日：2003-10-01

7. 以超晶格为变频晶体的全固态红、蓝双色激光器；祝世宁、何京良、朱永元、王惠田、罗国珍、闵乃本；发明专利授权公告号：CN1306326A；授权公告日：2004-01-07

8. 准周期结构的介电体超晶格材料及制备方法；朱永元、祝世宁、秦亦强、张超、陈延彬、王惠田、何京良、闵乃本；发明专利授权公告号：CN1144331B；授权公告日：2004-03-31

9. 外加电场控制胶体粒子自组装及三维光子晶体的制备；唐月锋、李爱东、吴迪、陈延峰、闵乃本；发明专利授权公告号：CN1204292B；授权公告日：2005-06-01

10. 表面等离子体诱导光子共振隧穿型一维光子带隙结构的设置方法及装置；袁长胜、汤亮、陈延峰、祝世宁、闵乃本；发明专利授权公告号：CN1215353B；授权公告日：2005-08-17

11. 连续渐变周期全介质宽带全向反射器的设置方法及装置；袁长胜、汤亮、陈延峰、祝世宁、闵乃本；发明专利授权公告号：CN1215353B；授权公告日：2005-08-17

12. 毛细吸引下的胶体微球自组装备二维、三维胶体晶体的方法；王振林、陈卓、詹鹏、章建辉、章维益、王慧田、闵乃本；发明专利授权公告号：CN1216678B；授权公告日：2005-08-31

13. 双周期结构的超晶格及其在激光变频中的应用；朱永元、祝世宁、秦亦强、刘照伟、刘辉、王惠田、何京良、闵乃本；发明专利授权公告号：CN1218448B；授权公告日：2005-09-07

14. 超晶格全固态红、黄、绿三色激光器的设置方法；祝世宁、何京良、廖军、刘辉、朱永元、王慧田、闵乃本；发明专利授权公告号：

CN1219345B；授权公告日：2005-09-14

15.具有三维光子带隙的周期金属/介电结构光子晶体及制备方法；王振林、章维益、闵乃本；发明专利授权公告号：CN1219222B；授权公告日：2005-09-14

16.以多通道倍频周期超晶格为变频晶体的固体蓝光激光器；祝世宁、胡晓朋、李红霞、徐平、王惠田、何京良、朱永元、闵乃本；发明专利授权公告号：CN1219343B；授权公告日：2005-09-14

17.超晶格全固态红、黄、绿、蓝四色激光器的设置方法；何京良、廖军、刘辉、祝世宁、朱永元、王慧田、闵乃本；发明专利授权公告号：CN1219343B；授权公告日：2005-11-09

18.构筑二维有序分布硅量子点图形化纳米结构的方法；陈坤基、黄信凡、闵乃本、骆桂蓬、王明湘；发明专利授权公告号：CN1242454B；授权公告日：2006-02-15

19.二维、三维胶体晶体的制备方法；王振林、董晗、陈卓、詹鹏、董雯、刘俊兵、闵乃本；发明专利授权公告号：CN1289180B；授权公告日：2006-12-13

20.空心介质球构成的金刚石结构光子晶体及制备方法；王振林、赵晨辉、章维益、闵乃本；发明专利授权公告号：CN1300051B；授权公告日：2007-04-25

21.制备稳定的稀土氧化物栅介电薄膜的方法；李爱东、邵起越、程进波、吴迪、刘治国、闵乃本；发明专利授权公告号：CN1312738B；授权公告日：2007-04-25

22.淬火法制备单 Bifeo* 相陶瓷的方法；张善涛、卢明辉、陈延峰、闵乃本；发明专利授权公告号：CN1316700B；授权公告日：2007-05-16

23.$SiO_2$ 衬底上 Nd：$YVO_4$ 光波导薄膜器件及制备；李锟、祝世宁、王

飞燕、朱永元、闵乃本；发明专利授权公告号：CN100357092B；授权公告日：2007-05-16

24. 稳定的水溶性的铌或钽前体的制备方法及应用；李爱东、吴迪、闵乃本；发明专利授权公告号：CN1315733B；授权公告日：2007-05-16

25. 聚合物的表面亚微米二维布拉维点阵和链阵列制备方法；发明专利授权公告号：CN100357092B；授权公告日：2007-05-16

26. 由空心金属球构成的二维、三维有序纳米结构金属材料及制备方法；王振林、陈卓、詹鹏、章维益、闵乃本；发明专利授权公告号：CN100359030B；授权公告日：2008-01-02

27. 高比表面的钽酸盐或铌酸盐光催化剂的制备方法；李爱东、程进波、吴迪、闵乃本；发明专利授权公告号：CN100358626B；授权公告日：2008-01-02

28. 全固态分体式拉曼激光器；樊亚仙、刘源、王琴、侯玉娥、陈璟、丁剑平、王慧田、闵乃本；发明专利授权公告号：CN100365887B；授权公告日：2008-01-30

29. 一种亚微米或微米非密堆金属空心球壳有序网络结构材料及其制法；王振林、董雯、董晗、詹鹏、闵乃本；发明专利授权公告号：CN100391825B；授权公告日：2008-06-04

30. 以级联超晶格为变频晶体的全固态准白光激光器的设置方法；祝世宁、李红霞、王慧田、徐平、何京良、朱永元、吕鹏、闵乃本；发明专利授权公告号：CN100394652B；授权公告日：2008-06-11

31. 控制胶体微球自组装及制备二维、三维光子晶体的方法；李爱东、高远、黄甦、吴迪、闵乃本；发明专利授权公告号：CN100400717B；授权公告日：2008-07-09

32. 锆、铪及与钛复合无水硝酸盐的金属复合无机源及其合成方法；邵起越、李爱东、吴迪、刘治国、闵乃本；发明专利授权公告号：CN100417744B；授权公告日：2008-09-10

33. 一种氧化锌纳微别针的合成方法；李爱东、孔继周、吴迪、闵乃本；发明专利授权公告号：CN100420632B；授权公告日：2008-09-24

34. 单分散三角纳米银片的制备方法；章建辉、刘淮涌、王振林、闵乃本；发明专利授权公告号：CN100431752B；授权公告日：2008-11-12

35. 三角纳米钯片的制备方法；章建辉、刘淮涌、王振林、闵乃本；发明专利授权公告号：CN100463747B；授权公告日：2008-11-12

36. 多种高纯度各向异性的金纳米粒子的制备方法；章建辉、刘淮涌、王振林、闵乃本；发明专利授权公告号：CN100463747B；授权公告日：2009-02-25

37. 一种表面等离激元晶体及其制备方法；王振林；詹鹏、董晗、孙洁、王慧田、闵乃本；发明专利授权公告号：CN100465345B；授权公告日：2009-03-04

38. 聚合物表面的亚微米和微米微透镜阵列的制备方法；王振林、祝名伟；闵乃本；发明专利授权公告号：CN100494045B；授权公告日：2009-06-03

39. 微米/亚微米金属环和开口金属环的制备方法；孟涛、祝名伟、潘剑、唐超军、詹鹏、王振林、闵乃本；发明专利授权公告号：CN100494045B；授权公告日：2009-06-03

40. 外加直流电场自组装制备可调等尺寸三角孔无机膜；唐月锋、李爱东、吴迪、陈延峰、闵乃本；发明专利授权公告号：CN100496681B；授权公告日：2009-06-10

41. 含铁电纳米晶的电光极化聚合物及其制备方法；李爱东、刘文超、谭静、吴迪、闵乃本；发明专利授权公告号：CN1273540B；授权公告日：

2006-09-06

42. 一种制备超薄 $HfO_2$ 或 $ZrO_2$ 栅介质薄膜的软化学法；龚佑品、李爱东、钱旭、吴迪、闵乃本；发明专利授权公告号：CN100543941B；授权公告日：2009-09-23

43. 二氧化硅包裹氧化铁的方法；章建辉、刘淮涌、王振林、闵乃本；发明专利授权公告号：CN100545218B；授权公告日：2009-09-30

44. 微米和亚微米针阵列的制备方法；祝名伟、唐月锋、陈延峰、闵乃本；发明专利授权公告号：CN101143705B；授权公告日：2010-08-11

45. 一种钛酸锌光催化剂、其制备方法及应用；孔继周、李爱东、吴迪、闵乃本；发明专利授权公告号：CN101337182B；授权公告日：2010-09-08

46. 可调均匀孔聚苯乙烯单层膜的制备方法；唐月锋、陈晓琳、陈延峰、闵乃本；发明专利授权公告号：CN101270197B；授权公告日：2011-03-16

47. 一种钽掺杂氧化锌纳米粉末光催化剂，其制备方法及应用；唐月锋、陈晓琳、陈延峰、闵乃本；发明专利授权公告号：CN101433833B；授权公告日：2011-06-15

48. 一种基于介电体超晶格产生高频超声波的方法；尹若成、何程、陈延峰、卢明辉、陆延青、祝世宁、朱永元、闵乃本；发明专利授权公告号：CN101521007B；授权公告日：2011-10-19

49. 一种大面积二维超构材料的制备方法；曹志申、潘剑、詹鹏、陈卓、孙洁、闵乃本、王振林；发明专利授权公告号：CN101928914B；授权公告日：2011-12-21

# 附录三

## 闵乃本获奖目录

| 奖项名称 | 奖项级别 | 获奖时间 | 获奖项目名称 | 获奖者 |
| --- | --- | --- | --- | --- |
| 国家计委、国家经委与国家科委"工业新产品"二等奖 | 部级 | 1964 | 电子束浮区区熔仪 | 闵乃本、冯端 |
| 江苏省科学技术工作中作出显著贡献者 | 省级 | 1978 | 位错及晶体缺陷的研究 | 闵乃本等 |
| 江苏省科学技术工作中作出显著贡献者 | 省级 | 1978 | 直拉法激光晶体生长的研究 | 闵乃本、洪静芬、杨永顺等 |
| 国家自然科学奖二等奖 | 国家级 | 1982 | 晶体缺陷的研究 | 冯端、王业宁、闵乃本、李齐等 |
| 江苏省物理学会1981年度优秀学术论文 | 学会 | 1982 | 聚片多畴 $LiNbO_3$ 晶体的倍频增强效应 | 薛英华、闵乃本、朱劲松、冯端 |

续表

| 奖项名称 | 奖项级别 | 获奖时间 | 获奖项目名称 | 获奖者 |
| --- | --- | --- | --- | --- |
| 犹他大学"大力神"奖 | | 1983 | For his contribution to the understanding of thermal roughening of crystal surfaces. His introduction of surface relaxation into the atomistic modeling of interfaces represent a novel approach. For the first time, good agreement is obtained between model calculations and the observed anisotropic surface melting of metal single crystals. | 闵乃本 |
| 全国优秀科技图书一等奖 | 国家级 | 1983 | 晶体生长的物理基础 | 闵乃本 |
| 江苏省劳动模范 | 省级 | 1985 | | 闵乃本 |
| 国家教育委员会科学技术进步奖二等奖 | 部级 | 1986 | 聚片多畴 $LiNbO_3$ 晶体的制备形成机制及其倍频增强效应 | 闵乃本、洪静芬、杨永顺等 |
| 国家教育委员会教学成果二等奖 | 部级 | 1995 | 晶体生长与聚集过程的机制与动力学研究 | 闵乃本（第1完成人）等 |
| 全国优秀教师 | 国家级 | 1995 | | 闵乃本 |

续表

| 奖项名称 | 奖项级别 | 获奖时间 | 获奖项目名称 | 获奖者 |
| --- | --- | --- | --- | --- |
| 国家教育委员会教学成果一等奖 | 部级 | 1997 | 凝聚态物理学高层次人才培养研究与实践 | 冯端、龚昌德、闵乃本、王业宁、李正中 |
| 何梁何利基金科学与技术进步奖 | 社会组织 | 1998 | | 闵乃本 |
| 江苏省科学技术进步奖二等奖 | 省级 | 1998 | 铁电相变和晶格振动研究 | 闵乃本等 |
| 第三世界科学院（TWAS）基础科学奖（物理奖） | | 1999 | design and fabrication of periodic and quasi-periodic dielectric superlattices and realization of second harmonic generation（SHG）multiple wavelength SHG | 闵乃本 |
| 全国优秀博士学位论文指导教师 | 国家级 | 1999 | 祝世宁学位论文 | 闵乃本 |
| 美国科学信息研究所（ISI）"经典引文奖" | | 2000 | THE GROWTH STRIATIONS AND FERROELECTRIC DOMAIN STRUCTURES IN CZOCHRALSKI-GROWN LiNbO$_3$ SINGLE CRYSTALS | 闵乃本、洪静芬、冯端 |

续表

| 奖项名称 | 奖项级别 | 获奖时间 | 获奖项目名称 | 获奖者 |
| --- | --- | --- | --- | --- |
| 全国模范教师 | 国家级 | 2001 |  | 闵乃本 |
| 中国分析测试协会科学技术奖（CAIA奖）一等奖 | 学会 | 2002 | X射线衍射在集成铁电学（铁电薄膜）研究中的应用 | 李爱东、朱育平、吴迪、叶宇达、麦炽良、刘治国、闵乃本 |
| 2002年度"学习十六大"征文活动先进个人 | 省级 | 2003 |  | 闵乃本 |
| 教育部提名国家自然科学一等奖 | 部级 | 2003 | 存储器用铁电薄膜及电极材料的研究 | 刘治国、李爱东、朱信华、于涛、闵乃本、吴迪、殷江、刘晓华、葛传珍、朱建民 |
| 国家重点实验室计划先进个人 | 部级 | 2004 |  | 闵乃本 |
| 国家自然科学奖二等奖 | 国家级 | 2005 | 几种铁电薄膜及其配套氧化物电极材料的研究 | 刘治国、李爱东、吴迪、朱信华、闵乃本 |
| 亚洲晶体生长与晶体技术学会杰出成就奖 | 国际学会 | 2005 |  | 闵乃本 |
| 国家自然科学奖一等奖 | 国家级 | 2006 | 介电体超晶格材料的设计、制备、性能和应用 | 闵乃本、朱永元、祝世宁、陆亚林、陆延青 |

续表

| 奖项名称 | 奖项级别 | 获奖时间 | 获奖项目名称 | 获奖者 |
| --- | --- | --- | --- | --- |
| 教育部科技进步一等奖 | 省级 | 2006 | 介电体超晶格材料的设计、制备、性能和应用 | 闵乃本、朱永元、祝世宁、陆亚林、陆延青 |
| 国家自然科学奖二等奖 | 国家级 | 2007 | 晶体生长机制与动力学若干问题的研究 | 王牧、闵乃本 |
| 全国优秀博士学位论文指导教师 | 国家级 | 2007 | 詹鹏学位论文 | 闵乃本 |
| 改革开放30年"中国教育风云人物" | 部级 | 2008 | | 闵乃本 |
| 新中国成立以来江苏省十大杰出科技人物 | 省级 | 2009 | | 闵乃本 |
| 新中国成立以来感动江苏人物 | 省级 | 2009 | | 闵乃本 |
| 新中国60年江苏教育最有影响人物 | 省级 | 2009 | | 闵乃本 |
| 全国优秀科技工作者 | 国家级 | 2010 | | 闵乃本 |
| 教育部自然科学奖一等奖 | 部级 | 2014 | 声子晶体等人工带隙材料的设计、制备和若干新效应的研究 | 陈延峰、卢明辉、张善涛、冯亮、闵乃本 |

续表

| 奖项名称 | 奖项级别 | 获奖时间 | 获奖项目名称 | 获奖者 |
| --- | --- | --- | --- | --- |
| 国家自然科学奖二等奖 | 国家级 | 2015 | 声子晶体等人工带隙材料的设计、制备和若干新效应的研究 | 陈延峰、卢明辉、张善涛、冯亮、闵乃本 |
| 江苏高教30年重要影响人物 | 省级 | 2015 | | 闵乃本 |
| 为江苏改革开放作出突出贡献的先进个人 | 省级 | 2018 | | 闵乃本 |
| 中国电介质物理终身成就奖 | 学会 | 2018 | | 闵乃本 |

# 附录四

## 国际学术交流目录[1]

1. 1982 年 9 月—1984 年 5 月 以访问副教授身份在犹他大学物理系进行合作研究（与罗森伯格教授合作）

2. 1983 年 9 月 12 日—16 日 参加 ICCG-7 会议
The 7th International Conference on Crystal Growth
Stuttgart, Fed. Rep. of Germany, September 12-16，1983
闵乃本在会上做了口头报告

3. 1986 年 10 月—1987 年 6 月 应日本学术振兴会邀请，以访问教授身份去日本东北大学学术访问，完成了实际晶体中的生长动力学理论

4. 1988 年 4 月 与余绍裔副校长、钱乘旦、李乾亨访问英国，商谈校际交流合作事宜

5. 1989 年 8 月 22 日—25 日 参加 ICCG-9 会议
The 9th International Conference on Crystal Growth

---

[1] 此条目由王牧完成了主要检索工作，闵泰、陈延峰做了部分补充，葛传珍提供线索、整理。

Sendai, Japan, August 22-25,1989

邀请报告："Direct observation of defects in transparent crystals by optical microscopy", Ming Nai-Ben and Ge Chuan-Zhen

6. 1990年2月—5月 美国阿拉巴马大学访问教授，指导博士生（仍与 F. Rosenberger 教授合作，F. Rosenberger 已从犹他大学调至该校任微重力与材料研究中心主任）

7. 1991年2月—5月 美国阿拉巴马大学访问教授

期间做特约报告："薄膜中的结晶"

（阿拉巴马大学位于该州亨茨维尔市，是美国太空火箭中心所在地）

8. 1991年7月14日—17日 参加 ICVGE-7 会议

The 7th International Conference on Vapor Growth and Epitaxy

Nagoya, Japan, July 14 - 17, 1991

9. 1992年5月 陪同曲钦岳校长、赵曙明访问欧洲（德国、荷兰），与南大友好的大学商谈合作交流事宜

10. 1992年8月16日—21日 参加 ICCG-10 会议

The 10th International Conference on Crystal Growth, August 16-21, 1992

Sheraton Harbor Island Hotel, San Diego, California, USA

邀请报告："The Defect Mechanism of Crystal Growth and Its Kinetics",

Nai-ben Ming

邀请报告："Growth and Dissolution Kinetics of Lysozyme Crystals", R. Rosenberger, L.A. Monaco, and Nai-ben Ming

口头报告："Experimental Studies on the Pattern Formation in Aqueous Solution Film System", Mu Wang and Nai-ben Ming

11. 1992年10月4日—9日 应Laurent Lewis教授邀请（金健民协助接待），访问加拿大蒙特利尔大学，讨论相关学术问题；并访问麦吉尔大学的郭宏教授

12. 1993年1月12日—3月27日 到香港中文大学电子工程系交流，与许中奇教授开展合作研究

13. 1993年8月8日—13日 参加第八届铁电国际会议
The 8th International Meeting on Ferroelectricity
Gaithersburg, Maryland, U.S.A, August 8-13, 1993
（中国组团去的共13人，闵乃本为团长）

14. 1994年8月7日—10日 参加ISAF'94会议
International Symposium (9th) on Applications of Ferroelectrics
Penn State Scanticon Conference Center, Pennsylvania State University, Pennsylvania, USA, August 7-10, 1994

15. 1995年4月22日—6月19日 到香港中文大学EE系与许中奇教授开展合作研究

16、1995 年 7 月 10 日—14 日 参加 CLEO/Pacific Rim 会议

Pacific Rim Conference on Lasers and Electro-Optics

Chiba, Japan,July 10-14 , 1995

邀请报告："Nonlinear Optical Effects in Dielectric Superlattices"

17. 1996 年 8 月 8 日—17 日 赴美参加国际学术会议

The 17th Congress and General Assembly of the International Union of Crystallography, Seattle, USA, August 8-17, 1996

邀请报告："New Data on Defect Assisted Growth Mechanism"

18. 1996 年 9 月 17 日 参加 CNOM 会议

在斯坦福大学由 Robert Byer 教授主持召开的 Conference of Nonlinear Optical Materials 会上，闵乃本作了报告

19. 1996 年 9 月 22 日—29 日 作为国家教委、科技委代表团成员，到香港科大、港大、中大、城大交流调研

20. 1997 年 7 月 14 日—18 日 参加 CLEO 会议

Pacific Rim Conference on Lasers and Electro-Optics (CLEO/Pacific Rim)

Nippon Convention Center, Makuhari Messe, Chiba,Japan, July，14-18 1997

口头报告："$LiNbO_3$ Grating Couplers Fabricated By One Excimer Laser Pulse Through A Diffractive Optical Element"，Gui-peng Luo; Mu Wang; Shi-ning Zhu; Zhi-guo Liu; Yan-qing Lu; Xiao-yuan

Chen; Chuan-zhen Ge; Nai-ben Ming; Haiming Wu; Zhu-hong Lu

21. 1997年8月8日—25日 在台湾省台北市参加第二届国际华人物理大会暨马大猷教授90年华诞
The Second International Chinese Physics Conference and Ma Dayou's Birthday

22. 1997年9月21日—25日 参加香港科技大学召开的Materials Research Society（MRS）成立大会

23. 1997年10月31日—11月7日 参加IS-LNOM会议
International Symposium on Lasers and Nonlinear Optical Material
Singapore, Oct.31-Nov.7, 1997
邀请报告："Bulk Crystals with QPM Structures"

24. 1998年3月16日—18日 参加APS March Meeting
APS March Meeting
Los Angeles, CA, March 16-18, 1998
报告："Microstructures and Superlattices in Dielectrics"

25. 1998年4月7日—6月8日 在香港科技大学做合作交流

26. 1998年5月3日—5月8日 参加CLEO/IQEC会议（从香港赴美后又回到香港）

International Quantum Electronics Conference
San Francisco, California, USA, May 3-8, 1998
报告："SHG and THG in a Fibonacci Superlattice"

27. 1999年5月23日—26日 参加美国光学学会CLEO会议
Conference on Lasers and Electro-Optics (CLEO)
Baltimore, Maryland, United States, May 23 - 26, 1999
报告："Nonlinear Optical Characterization of a Generalized Fibonacci Optical Superlattice"

28. 1999年6月21日—25日 参加ETOPIM5会议
Proceeding of the Fifth International Conference on Electrical Transport and Optical Properties of Inhomogeneous Media (ETOPIM5)
Hong Kong, June 21-25, 1999
邀请报告："Light Transmission and Excitation in Periodic and Quasi-periodic Dielectric Superlattices"

29. 1999年8月4日—13日 赴英国参加学术会议，并担任分会主席
The 18th Congress of the International Union of Crystallography
Glasgow, Scotland, UK, August 4-13, 1999
担任 Chair of Microsymposia Session FF: Growth of Mesoscopic Crystals

30. 1999年8月30日—9月3日 参加CLEO/Pacific Rim会议
Pacific Rim Conference on Lasers and Electro-Optics

Seoul, Korea, August 30 – September 3, 1999

报告："The physical fundamentals of QPM materials and photonic crystals"

31. 2000 年 3 月 15 日—28 日 在香港中文大学 EE 系交流

32. 2000 年 5 月 15 日—20 日 在上海参加 CCCG-XII 和 CCCD-VIII 会议

The 12th Chinese Conference on Crysal Growth (CCCG-XII) and 8th Chinese Conference on Crystal Defects (CCCD-VIII)

Shanghai, May 15-20, 2000

邀请报告："Sub-step Mechanism of Crystal Growth"

33. 2000 年 8 月 29 日—9 月 1 日 参加 CGCT-1 会议

The 1st Asian Conference on Crystal Growth and Crystal Technology（CGCT-1）

Sendai, Japan, August 29 –September 1, 2000

34. 2000 年 10 月 21 日—26 日 闵乃本当选第三世界科学院院士，去伊朗接受证书（TWAS）并参加会议

The 12th General Meeting of the Third World Academy of Sciences (TWAS)

Tehran, Iran, October 21-26, 2000

35. 2001 年 6 月 10 日—13 日 赴西班牙参加学术会议

International Workshop on Periodically Micro-structured Nonlinear Optical Materials

Madrid, Spain, June 10-13, 2001

邀请报告:"Dielectric Superlattice-engineered Ferroelectric Domain Structures"

36. 2001年7月15日—19日 参加 CLEO/Pacific Rim 会议

The 4th Pacific Rim Conference on Lasers and Electro-Optics

Nippon Convention, Makuhari Messe, Chiba, Japan, July15-19, 2001

37. 2001年10月14日—11月11日 参加美国光学学会年会与17届激光科学交叉学科会议,并做学术访问

OSA Annual Meeting, The 17th Interdisciplinary Laser Science Conference

Long Beach, California, USA, October 14-18, 2001

行程:10月14日-18日开会;10月19日-26日去加利福尼亚大学洛杉矶分校访问、讲学;10月26-11月9日去密西根大学访问、讲学;11月11日回国

38. 2002年6月10日—14日 在西安参加 IUMRS-ICEM 会议

The 8th IUMRS International Conference on Electronic Materials (IUMRS-ICEM 2002)

Xian, China, June 10-14, 2002

大会报告:"Dielectric Superlattices – A New Type of Optoelectronic

Materials"

39. 2005年7月29日 访问加利福尼亚大学伯克利分校，参观、访问张翔实验室，再去沈元壤教授实验室学术讨论

40. 2005年10月16日—19日 在北京参加CGCT-3会议
The 3rd Asian Conference on Crystal Growth and Crystal Technology (CGCT-3)
Beijing, China, October 10-19, 2005

41. 2009年7月12日—8月16日 在香港中文大学物理系交流（系主任林海青接待）

42. 2010年8月8日—13日 在北京参加ICCG-16和ICVGE-14
The 16th International Conference on Crystal Growth/The 14th International Conference on Vapor Growth and Epitaxy
Beijing, China, August 8-13, 2010
蒋明华与陈创天两位院士任大会主席，闵乃本院士任国际顾问委员会主席

## 附录五

# 闵乃本游记

## （1983 年）

下面我将为您详细叙述生平最为壮观的旅行了。

### 一、好事多磨

罗森伯格（Rosenberger）教授在六月初通知我，美国宇航局已经批准资助我 1600 美元作为我去西德[①]斯图加特（Stuttgart）参加第七届国际晶体生长会议的经费，于是我着手办理旅欧的一切手续。首先是我的 IAP-66 将在 9 月 1 日到期，必须办理新的，我去学校有关部门两次，他们说将在七月初统一办理，最后还是 Rosenberger 亲自出面，他们才立刻为我办理，待收到新的 IAP-66 时，已是七月初了。与此同时，我告知 Rosenberger 我的最佳旅行计划是盐湖城→华盛顿→法兰克福→斯图加特→巴黎→纽约→盐湖城。他欣然同意，并说他的夫人在旅行社工作，

---

[①] 西德即联邦德国。

愿为我安排航班和办理去西德和法国的签证，我表示了谢意。三天后，Rosenberger焦急地告诉我：西德驻旧金山领事馆说，根据与中华人民共和国对等原则，办理去德签证必须两个月，最快也得六周，那时离我预定的出发时间只有四周了，他说他已打电话给西德驻华盛顿大使馆，但大使馆表示无能为力，似乎整个计划即将告吹。但我坚持说，中国去德签证需两个月，美国去德无需签证，根据外交对等原则，都是合理的；但是我是从美国去，不是从中国去，故完全不需要两个月，也不影响外交对等原则，Rosenberger听了大叫合理，于是立即给旧金山西德领事馆打电话，并说是美国宇航局批准我去大会做特别报告的，这样旧金山领事馆爽快地同意了，并且Rosenberger又给美国国务院打电话，要求最先批准我再进入美国，并电报通知美国驻西德领事馆，立即给我回美国的签证，国务院也同意了。这样问题总算解决，但我不得不放弃去法国领事馆申请去巴黎的签证，即放弃去巴黎游览。同时，Rosenberger夫人根据我的最后安排已为我购得了飞机票，最后的行程是：9月7日上午8：30盐湖城（时差1小时）→9月7日上午9：30芝加哥（时差3小时）→9月7日下午1：30华盛顿（浏览数日）；9月10日华盛顿（下午4点10分，时差6小时）→9月11日上午8：25法兰克福→9月11日上午10：10斯图加特。9月22日上午8点斯图加特→9月22日上午9：30法兰克福→9月22日下午1：10纽约。9月25日下午6时纽约（时差7小时）→9月25日下午8：55盐湖城。

为了旅行顺利，我立即写信给马里兰大学袁建扬、纽约大学王主、哥廷根大学刘治国，虽然已经放弃巴黎之游，但仍存在一线希望，即到西德后再办巴黎签证，于是我写信给乃大哥及巴黎大学孙政民。所有回信都在8月底前接到，他们一致表示欢迎，并将热情接待，特别是孙政民，还为我安排了游览计划；乃大哥给我寄来一张照片，并向我要了两张照片，以便在机场相认，他说他离开故乡时，我尚是怀中的婴儿，大概两岁，他说他已电话和德国驻斯图加特领事馆联系，他们也说中国人申请签证仍要两个月，于是巴黎之行只能放弃。

9月1日，在一切安排妥当的情况下，Rosenberger夫妇启程去欧，我在9月3日收到旧金山西德领事馆寄来的护照。但是将I-94（在美国的居住证）丢了，于是我叫秘书电话西德领馆，回答是无法找到，于是秘书又替我与国务院联系，国务院说没关系，只要系主任Loh给我写证明就行了。至此万事俱备。

9月6日我去银行提款，准备带一千美元上路，意想不到的是所存的银行的计算机系统坏了，无法取钱，我当时很急，后来请化学系的研究生项志强到别的银行取出，才算解决了问题，为此花了一个上午。正在精疲力竭之际，朱晓荣来了，他开车送我回家，并帮我收拾整理了东西。

我心里有点不高兴，事情如此不顺利是否预兆我此次旅行将出问题，当然别人安慰我说：这是"好事多磨"。现在我愉快地告诉你这确实是"好事多磨"。

当时还曾经闪过一种念头：此行Rosenberger为我保险了五万美金，如果真有问题，将五万美金存入银行，则每月的利息也比一级教授的工资高，……真是想入非非。我深知，你只要我平安，决不喜欢这五万美金的。

## 二、访问华盛顿

9月7日杜文虎教授（西北大学）驱车送我到机场，我开始了这次最为壮观的旅行。飞机是波音727，我坐窗口位置，我准备了相机，拍下了俯瞰大盐湖的景色。到达芝加哥，我匆忙转机到华盛顿，来不及浏览芝加哥，但我还是拍了很规则的高速公路网和勾划得十分整齐的田野。飞机准时到达华盛顿，袁建扬已在机场等候，由于浏览区距离大使馆很近，而马里兰大学到风景区需要五十分钟（汽车），我叫小袁驱车送我到使馆，由于使馆教育处负责人姚宗立同志的热情接待，我很快住进了招待所，而且是一人一间，当时天气奇热，我立即打开了冷气。姚宗立同志说，他收到了我给他的工作汇报，并说犹他大学校长对我做了很高的评价。使馆每日收房金 10 元，供应三餐，中餐不吃要登记，且每次可以退 1.8 元，是很便宜的。在使馆意外地碰到了南大天文系的一位教授，他说他刚到现要去找金以丰，于是我跟他访问了金以丰。异国相逢当然是很高兴的。

次日清晨我找到一位即将回国的学者路望舒，他也是到华盛顿游览的，于是我们俩结伴出游，我们先到白宫，拍了几张照片，后排队等候参观，我们参观了美国总统起居、工作的部分房间，于是匆匆忙忙地去国会大厦，参观了美国国会议员（参、众两院）开会的地方，拍了几张照片，然后到国会图书馆，据说这是美国最大的也是世界最大的图书馆，确实，图书目录就那么多，排成同心的半圆形，从楼上看去，十分好看。然后就是美国高等法院，法院倒也庄严，并不豪华；白宫、国会大厦、高等法院，是美国三权分立的地方，据说这是托马斯·杰弗逊为美国政治设计的模式，三权分立，相互约束，避免个人专权。已是中午了，我们吃了午饭，参观了自然历史博物馆，看了史前的巨大动物恐龙的完整的骨骼，我拍了照片，由于未带广角镜，不能将其他史前的动物尽收到照片上。然后是国家艺术博物馆，其中收藏了大量文艺复兴时代的名画、雕像，我虽不懂艺术，但画中人神态自若，逼真，充满美感，第一次体会到欣赏艺术确实是一种美的享受。左边是现代艺术馆，中有地道相连，我们登上水平的传送带到达了彼端，突然洒下一束阳光，水帘低垂，伴随着潺潺水声，疑为瀑布，这是贝聿铭的巧妙设计，地面上一束喷泉，顺着三角锥形的坑流下，加上阳光的照耀十分有趣。过了地道到达现代艺术馆，美术、雕像多为现代抽象派，实在看不懂。为了回使馆晚餐，我们乘地铁回去，华盛顿地铁，从售票、检票以及出站时查票全为自动控制，我们在进站买票时找钱，即出站查票时被计算机发现票上的金额不足而发生困难，在其他旅客的帮助下解决了，地铁的火车全为电气列车，只有司机，并无列车员。到达近使馆的出口站后，我们乘阶梯式电梯升到地面，据说这个电梯是世界第二长，最长的是在苏联。

到达使馆已经5：30，赶忙在使馆前的五星红旗下拍照留念，身在异国到了使馆倍感亲切。9月9日清晨送别旅伴路望舒，我依然乘地铁去华盛顿纪念碑，纪念碑似一利剑直插云霄，蔚为壮观。纪念碑四周点缀着穿着华盛顿时代服饰的士兵，肩荷当时的毛瑟枪，在四周巡逻，向游客致敬，可惜当天电梯坏了，不能登高。于是我参观了闻名世界的空间博物馆、阿波罗登月飞船、太空实验室、美苏空间对接，这些都是我青年时代所景仰的科学成就，我登上了太空实验室的生活舱，参观了在失重环境下远离人间的先驱者的生活。空间博物馆中从原始的双翼飞机，到先进的喷气飞机，各种发动机、飞行器的工作原理都通过声电光形象化地表现出来，还看了一个电影 *flyer*，荧幕巨大，利用了完全的视角，音响效果极佳，飞机俯冲时，自己真有一种失重和紧张的感觉。接着再度浏览了国家艺术馆的名画，再到机械历史博物馆，从历史的体力机械、蒸汽机、皮带车床到先进的机器设备，可惜时间不够，对我这个青年时代学过机械制造的人来说，有一种特殊的感情。

午饭后，下午三点回到使馆，袁建扬来接我，我们两个驱车到杰弗逊纪念堂，瞻仰了这位缔造美国政治模式的一代伟人；从这里拍摄华盛顿纪念碑是最好的了，深插云霄的华盛顿纪念碑在清碧宁静的湖面映染下，格外美丽。然后我们去肯尼迪艺术中心，并看了邻近的水门旅馆，这里曾演出一幕"水门事件"的闹剧。

最后，我们去林肯纪念堂，这位解放奴隶的伟人，在历史上与托马斯·杰弗逊齐名，纪念堂的设计类似于我国的主席纪念堂。在纪念堂的平台上眺望，华盛顿的核心尽收眼底，纪念堂、华盛顿纪念碑、国会大厦三点成一线，其间还有宽阔的河面，十分美丽和谐。

于是我们结束了华盛顿之游，回到马里兰大学袁建扬的住所，去超级市场和中国店，买了食品和饮料，晚上我做了红烧鲳鳊鱼，实在具有南京风味。次日参观了马里兰大学，校园不及犹他大学美丽，马里兰大学以乌龟为标志，我们在铜龟前摄影留念，其次是可旋转讲台的阶梯教室，颇为先进。

下午三点袁建扬送别我于华盛顿机场，于是我告别了华盛顿。

## 三、飞越大西洋

乘环球航空公司的波音727，约一小时到达纽约，匆忙换机，虽为同一航空公司的飞机，由国内航线换为国际航线，颇为周折，在该公司的支援帮助下，终于登上了作远距离飞行的波音747。在机舱坐定后，我突然想起，似乎未通过我们中国人视为极端麻烦的海关，与邻位交谈后，方才明白，美国离境无需检查。飞机推迟了一小时起飞，这让我十分焦急，因为我将在法兰克福转西德汉莎航空公司的飞机，期间只有1小时的余量，但事已如此，急也无用，只有听从老天安排。反而定下心来，想看看大西洋，很幸运，我又占了窗口位置，但可惜的是一直是一望无际的云海，真是不见大西洋真面目，只缘身在洋高空。飞机持续飞行了八小时，由于有六小时时差，于9月11日上午10时许到达法兰克福。飞机迟到35分钟，因而我转机及过海关只有25分钟，靠空中小姐的帮助，我第一个走出飞机，通过海关时仅是盖了一个签章，未有任何检查，靠着严格的指路牌，很快上了我到斯图加特的飞机，于是心安理得地等待起飞了，至此首途一切顺利。

下周周末再为你写下去，还有"在斯图加特""到哥廷根朝圣""美丽的康斯坦茨""在纽约""归途"。可能还要写四页到八页。不知你有否兴趣，如有兴趣我决定写完。可惜6月份的度假，因当时情绪不佳，未能写。

写这种回忆是很花时间的，不过为了和你们分享旅行的乐趣，我要坚持下去，把这篇旅行游记写完。

请将确切的春节日期告知，是否是84年2月3日？我在84年1月21日回来是否确当，春节客运紧张，行李能及时运回南京吗？下周末我将考虑预订机票和香港订货事宜。

售票处的东西已于昨晚拿到了，包括信一封、书二册、西厢记名片一张、剪纸一册，染发剂没有带来，胶卷已被曝光了，不知这胶卷是为谁拍的，如果我们家的也就算了，如果为别人拍的，请你补拍一下。

乃本 10.2 日

## 四、到达斯图加特

经45分钟飞行，准时于10月10日到达斯图加特，在出口处乃大哥接到了我，于是我们先乘公共汽车，再转火车，到达了他居住的小镇科恩塔尔－明兴根，然后叫了出租汽车，回到了家；大嫂和侄儿都在家中等我，他们不能讲中文，我只能有时用英语，有时通过乃大翻译来交谈，虽然如此，大家都感到十分亲切。乃大说，他离开家乡时，我才是抱在怀中的婴儿，但现在已是两鬓斑白了，何曾不是，我已经48岁了，他也72岁，不过看来也很健康。他很想知道家乡的琐事，于是谈话将我带回到童年时代和青年时代，谈话漫无目的，但是饶有兴趣。我们都似乎第一次回味往事。我们的思乡情绪被唤醒了,特别是他。下午五时许,乃大和侄儿陪我到会议地点——法尔巴赫(Fallbach),注册、取会议资料,侄儿为我买了一张为期五天的市内交通票,因而在会议期间,我可以乘任何公共交通工具:公共汽车、火车、地铁等。一路上他们两个人十分仔细地告诉我,从他家到会场如何乘车,如何转车;回家时让我带领他们走,经过这次实践,使我懂得在斯图加特如何乘车。

会议五天期内,我早出晚归,大嫂每天为我准备一只汉堡包作为午餐。这几天过的是典型的德国人的生活,早餐是每人一个煮鸡蛋,牛油(白脱)、果酱或蜂蜜加面包,以及一壶咖啡;中午是汉堡包和可口可乐(或橘子水),晚上是一正餐,除了面包(白脱),还有烤肉、酱肉、香肠,蔬菜是烧闷了的花菜或小的包心菜,或是生的菜加一点汁,饮料仍然是咖啡。有时大嫂还进城到中国餐馆买三个中国菜带回来,还请我到中国餐馆吃了两餐。我因为在美国已一年了,外国的东西也吃惯了,否则真有点不知所措呢!

乃大哥还陪我逛了一天商店,为了给传珍买表,最后跑遍所有的商店,只找到几块机械表,价值在200美元以上,式样又难看,而各式各样的石英表却很多,长三针的,有日历,但最多的还是目前最时髦的女式装饰表,只有两针,但很漂亮,是石英的。我想为传珍买只石英表(长三针有日历的),但不知她是否喜欢,故最后未买。逛完商场匆匆地赶到中国餐馆,嫂嫂已在那里等了,于是我们饱餐后回家。

19日,乃大哥陪我逛斯图加特,我们进城后,上了游览车,人们说走马看花,我们是走车看花,对乃大来说,只能如此,我发现乃大对斯图加特的名胜古迹所知不多。我们从火车站出发,先看了华国锋访问斯图加特时住过的旅馆,然后到了一个享有封地的王族的皇宫,王族可以骑马登上四楼,因我对罗马帝国以后的欧洲史所知无几,所以也弄不清这个王族在历史上的地位和政治上的成就，接着看了斯图加特的电视塔，该塔建筑在山上，据说很有特色，于是我买了一张明信片寄给我的女儿，每当我十分愉快的时刻，我总是自发地想念她们。奔驰汽车工厂，也是旅游车的停留点，在国内时，对奔驰轿车我已久闻大名，据说已有一百多年的历史了，我们无时间参观该厂的陈列馆，虽然这是我饶有兴味的。最后我们到了郊区的小镇，这里到处是葡萄园，酿造的葡萄酒闻名于世，我品尝了美味的葡萄酒，所谓美味，这来自公认，实际上是酸溜溜的，其味不美，乃大是滴酒不沾，只是饮一点葡萄汁。

回到家中，大嫂和侄儿在等我，在家中我们拍了不少照片留念，侄儿原拟去非洲游览，因我来了，他推迟到我走后起程。

## 五、国际会议

十二号到达了会议厅，碰到了蒋明华、张英侠、蔡起善、张乐惠等人，国内同行在国外相见，分外亲切，蒋明华告诉我，Rosenberger 在到处打听我是否到达。他将传珍托他带来的送给 Rosenberger 的画给了我。

中午，我碰到了 Rosenberger，我们激动地拥抱了，他说再找不到我就要给犹他大学打电话了，他担心我旅途不顺利。

我和 Rosenberger 一起访问了日本砂川教授（Sanagawa）的助手，询问了如何用电视机显示生长过程中运动的台阶，以及保加利亚的 Nenow，他用显微镜研究界面粗糙化是颇有成果的。会上见到了斯坦福大学材料研究中心副主任 Elwell，我们第一次见面是在 6 月中旬我访问斯坦福时，他热情地为我介绍了 H.J.Scheel 教授，Scheel 教授已经离开瑞士到了巴西圣保罗大学。同行相见，其气氛总是十分热烈的。会上，我除了听一些报告，就是和这些知名人士交流了。

15 日下午，在开会前 10 分钟，Rosenberger 帮助我熟悉会场的一切，包括如何使用投影仪等。原来他要我按13分钟准备的，但是他当时和我说，我要利用我的20分钟时间（其中5分钟是讨论），即使主席催我，我也不要慌，镇定自若地讲完。我用15分钟时间，精确地讲完了我要讲的一切，自己觉得也很满意。在讨论时，他协助我回答了一个问题。分会主席H.米勒-克伦巴尔（H.Mülle-Krumbhear）说我的工作很有创造性，并且时间掌握得很精准，我还接受了Elwell、砂川的祝贺，特别是砂川，他说我首先将键饱和和表面松弛的概念引入了界面模型，解释了表面熔化现象，为今后理解气相生长中复杂的形态学问题提供了理论基础，并和Rosenberger说："祝贺你找到了一个优秀的合作者"，他还邀请我回国途中访问他的研究所。Rosenberger也很高兴，说我讲得太好了，比他估计的好得多了，还说，希望我在犹他大学多工作一段时间，只延期六个月太少了。我当然无法回答。

次日碰到Rosenberger及夫人，夫人叫我好好放松，好好休息。

张乐惠带来了传珍的两封信，从中我得知系里同意邀请Loh教授后，我放心了，我确实要好好放松。

我将给传珍、小妹、小泰的东西交给了张英侠，并给他60美元以备交税，他十分高兴，因为他可以买些东西带回。

## 六、到哥廷根朝圣

按预定计划，9月17日前往哥廷根，说来很巧，当天正是德国铁路局大减价，原来斯图加特到哥庭根往返票为180马克，现在只要110马克，我想传珍命好，这次的好运大概是托她的福吧！近七小时的行车，于下午5:00到达哥廷根，刘治国已在车站接我，他想和我乘巴士回家，但我坚持走回去，我想呼吸哥廷根的新鲜空气，我更想看看这个举世闻名的大学城。确实这个城是和大学交织在一起的，人们无法找到大学的边界。

我们步行了二十多分钟，到达他的宿舍，在我到达之前，他已做好馄饨等候我，吃了馄饨后，就去游览了。在地学系大楼前，看到了恐龙足迹的化石，据说是从非洲海滨找来的，在远古时代，恐龙从海滨走过后，由于熔岩的覆盖而留下的化石。我们到高斯和韦伯铜像前拍照留念。距此不远，就是有机化学的奠基人，尿素合成者的铜像。我们漫步到市中心，在一个铜的亭子中有一个牧鹅少女的铜像，神态是那么逼真，满脸稚气，天真可爱。刘治国告诉我所有在哥廷根大学获得博士学位的人都由同事们推着彩车（过去是马车），掮着扶梯，簇拥着到高斯铜像前（女性），或是到牧鹅少女前（男性），爬上扶梯与铜像接吻。这是多么有趣的传统。

我们瞻仰了朱德总司令的住所，四五十年前朱德曾在柏林学军事，在哥廷根大学学政治，目前大学还保留着他的注册登记表。而今河山依旧，人物全非了，原住所现在是一个牙科医生的诊所。德国的啤酒闻名于世，哥廷根也多酒吧，我们参观了一个在地下室的酒吧，店名为高斯诰，数学伟人高斯经常在这里喝啤酒，边喝边用手指蘸了啤酒推演他的数学理论。

一直到八点多，天黑了我们才回去，刘治国做了几个菜招待我，我们喝啤酒时，我说其味很像青岛啤酒，刘治国告诉我，原来青岛啤酒就是由德国人兴办的。9月18日次日上午，我们再游哥廷根，在残缺的城墙边有一所不显眼的小房子，这是统一德国的铁血宰相俾斯麦当年的住所，传说青年的俾斯麦在哥廷根大学学习时，不拘小节经常光着屁股游泳，这就触犯了习俗，市政府决议不准他住在城里，于是他只能住在城墙外的小房子里。不过后来俾斯麦统一了德国，他的事业使他赢得了德国人的尊敬。

我们到了一个普通的公墓，瞻仰了马克思·普朗克、冯·劳厄，奥特·汉的墓碑，这些都是物理界的奠基人，他们的事业是这几块平凡的墓碑不可比拟的，我们怀着崇敬的心情摄影留念，一位德国老人特意向我们表示感谢，他说不少德国青年尚不知这些教授的事业呢。哥廷根大学在过去曾培养了28个诺贝尔奖的获得者，如马克思·波恩、海森堡、索末菲尔德，都是我们熟悉的名字，因而我们在公墓中流连，完全充满了朝圣的敬意。

## 七、月是故乡明

9月16日，我和A.Feiss接触并了解了他们的工作后，才决定到康斯坦茨一行，Feiss是在原A.Räuber领导的研究组内工作的，而后者是对$LiNbO_3$晶体做了大量工作的，虽然Räuber已经离开了，但他们仍有密切的联系。Feiss的关于$LiNbO_3$聚变多畴的工作，是完全模仿我们的工作，但他们使用了交变周期电流的方法诱发聚变多畴的，他们得到了二十片的周期结构，在倍频增加效应方面已达到了我们在APL发表的水平。现在问题是，如果我们再不和康斯坦茨大学合作，他们当然会和康斯坦茨合作。

9月18日晚从哥廷根回到斯图加特，次日上午大嫂为我电话康斯坦茨大学Dransfeld教授，通知他次日（20日）上午10点半我到达康斯坦茨并拜访他，他表示欢迎，虽然他在21日将离开康斯坦茨，去参加另一个会议。

9月20日上午10点我乘火车到达康斯坦茨，出站时，一位中国人迎面而来，原来他是北京声学所的孙曾铭，施仲坚是他们的室主任，他是Dransfeld教授的研究生，Dransfeld教授派他来接我，我们一见如故。我们10点半到达Dransfeld办公室，Dransfeld叫女秘书为我泡茶，我说咖啡也不错，女秘书很高兴，因为咖啡是现成的。我们讨论了两小时，他问起我工作的进展，我介绍了我在J.Mater.Sci上发表的内容（此文他未见到），以及薛英华和洪静芬最近的工作，我问了他的设想以及对聚变多畴晶体的要求，他想得到$0.1\mu m$到$1\mu m$的聚变多畴晶体，以产生5GHz~10GHz的特超声，因为他有一台很好的布里渊散射仪。他还提到马克斯·普朗克研究所 E.Bauser 的工作，他是用液相外延制备周期结构的 $Ga_x As$-$Ga_x Al_{1-x}$ 晶体，看来他们也有联系。12 时半我们结束了谈话，他要用汽车陪我看看康斯坦茨的市容，我谢了他，我说有孙曾铭陪同已经是足够了。

孙曾铭陪我到 Union 请我吃了一餐饭，然后我们参观了康斯坦茨大学，康斯坦茨大学是非常美丽的学校，临近博登湖，从 Union 餐厅望去，山光水色，十分美丽。学校建筑依山临水，建筑的设计利用了山水的奇趣；我们还参观了他们的实验室，看了布里渊衍射仪。接着我们游览了美丽的康斯坦茨，康斯坦茨是在瑞士、西德、奥地利的交界处，在博登湖畔，如果说莱茵河是一条美丽的项链，而博登湖是这条项链上的最大最美的明珠。我们首先到了博登湖上的迈瑙岛（Mainau island），迈瑙岛之美在于一年四季鲜花盛开，用鲜花组成的各色各样的动物，尤为可爱，迈瑙岛是古代皇族的封地，据说迄今仍为私人所有，但对任何人都是开放的。迈瑙岛上游人不多，小桥流水，绿树鲜花，点缀着巍峨的宫殿，格外美丽动人。我们从迈瑙岛乘游船，横穿博登湖，宽阔的湖面上，微风轻拂，掀起的涟漪，经斜阳反照，水光涟漪，情趣盎然。我仿佛记起，我曾多次地沉醉在这种大自然的琼液中，是在昆明湖，还是在西子湖？登上对岸，我们在半山的古堡上流连，夕阳反照在博登湖上，这是逆光照相的不可多得的镜头，我们摄影留念。

我们在湖滨喝了可口可乐，吃了我们从美国带来的巧克力后，乘船回到康斯坦茨。我们漫步在莱茵大桥上，此时月亮已经缓缓升起，清澈的月光映射在微波荡漾的湖面上，犹如一条曲折蜿蜒通向天际的光合小道。夜是那样的宁静，空气是那样的甜美，这唤起了我的回忆，年轻时代，我多次独自伫立在玄武湖畔，整个精神融化在山水之中，尽情地感受大自然的静美。可是 20 多年来劳碌的生活，夺去了我的这种美的享受……明天就是中秋了，孙曾铭提醒我，是啊，"月是故乡明"，我无限地感慨着。

我们回到了孙的宿舍，已是10点了，孙还为我做了三个中国菜。次日9时才起身，孙又忙了四样菜，并拿出了德国啤酒和中国茅台，我们在异乡过中秋了，我感谢孙的情谊，但是内心深处总不时地留恋我一家团聚的天伦之乐。饭后，我们游览了俾斯麦纪念碑并逛了商店。

当我回到斯图加特乃大家时已经傍晚了，大嫂准备了一桌丰盛的典型的德国晚餐为我送行，侄儿也特地回来了，可是他们都忘却了今天是中秋呀！主要的一道菜是汉堡包，据说这才是真正的汉堡包，是牛肉和猪肉做成的，确实与美国流行的汉堡包完全不同。我们边吃边谈，我谈到康斯坦茨之游，原来乃大还未去过康斯坦茨呢。

谈话充满了离别气氛，但是并不伤感，仍然是愉快的。

　　传珍：不能再写了，否则要超重，我写这封游记花了很多很多的时间，谢谢你，带给我的香烟，可惜小妹没有想起带给我一点小东西。

乃本 10.11

## 八、告别西德

9月22日，大哥大嫂起得很早，当我6：30起身时，早饭已准备就绪，早饭后，我告别了大嫂，大哥送我去机场，在候机大厅前，大哥为我拍了几张照片留念。7：45检票开始，我告别了大哥，心中充满了异样的感觉，此一别，大概今生见不到了。飞机准时于8：20起飞，9：05到达法兰克福。于是办理签票及通过海关，其实只是在办理登机手续时看了看我的护照，这就是通过海关的全部手续。

通过候机室窗口我看到了即将载我飞越大西洋的波音747，我照了一张照片作为纪念。

我默默地等候上机，我想传珍一定在关心我旅途的安全，我要在一回到盐湖城时立即写信，向她报平安。这次我的德国旅行，让我看到了德国和美国的差异，从物质上说，西德虽然富甲欧洲，但还是没有美国富裕，这可从食品和生活用品与美国的差价推知一二。但是西德的社会福利较好，任何人如果没有工作，可以享受救济，救济金大概为每月300~500美元；如果无饭吃了，可以找警察，警察将带你去饭馆让你饱餐一顿。而美国却是竞争激烈的，低能者、懒汉生活是很不妙的。当然在西德由于社会福利较好，也造成了另一类问题，出现了一些游民，他们不工作，从一个城市游荡到另一个城市，他们只是享受社会救济。据说西德正在讨论如何消除这种现象。

这次在德国逗留使我认识到所谓"普鲁士"精神，德国人十分严格、认真、负责和准时，每一公共汽车站和电车站都有该站的时刻表，而公共车辆是严格准时到达的；又如每当我到其他城市旅游时，大嫂都会给我进行严格规划和详细资料，几乎只要按照她的规划行程就能准确无误，我曾对乃大说，大嫂如此细心耐心，乃大说，这是一种传统，人们称之为"普鲁士"精神。孙曾铭也曾对我说：曾见到非正式的比赛进球，而比分大家忘了，于是他们停下来共同回忆，直到回忆出的结果双方都无异议为止，孙说，如果是我们就不这样做了，只要重新计分就行了。这次我将墨镜（太阳眼镜）忘了带走，墨镜价格为1.5美元，可是大嫂用5马克寄还给我。德国人的穿着比美国人认真多了，教授一定要穿西装打领带的，而美国教授经常穿汗衫牛仔裤上课。这次旅行，我穿了一件旧西装，乃大说我不够正式，因而在拜访Dransfeld教授时他将他的新西装借给我穿，可是当我到达纽约时，王主说我穿得太正式，因而要我不要穿那件旧西装。其实我们在美国西装只有三个用处，一是拍照，二是出门旅行，三是在厨房烧菜时也是用旧西装做工作服。

开始上飞机了，纷乱的思绪才被打断。

## 九、在纽约

飞机于上午10：50离开，经8小时20分钟的飞行，于下午1：10准时到达纽约肯尼迪机场，进海关手续很简单，只客气地问了一句："你是教授吗？"我说："是的"，于是就进入了美国。王主迟到了十几分钟，但终于接到了我。

我和王主乘巴士再乘地铁回王主住所，当我进入地铁时，感到很紧张，这和华盛顿地铁、斯图加特地铁相差太远，车厢内被涂画得一塌糊涂。各色人种、各色服装、各种表情的乘客烘托着这种又闹又乱又脏又闷的气氛。王主告诉我，白天是安全的，并指着月台上黄色的方块区域（大概5平方米），对我说，晚上九点以后等车，应该在该区域内，因那里装有监视设备，如有暴力行为，警察在一分钟内赶到。我们到达王主住所，稍事休息，并喝了点饮料，就去唐人街的一家中国餐馆晚餐，要了三个菜，多为海鲜，如什么杏仁炒虾仁、炒鱿鱼等，数量质量都佳，价近20美元，当然应由我请客，在归途中，我们还买了些鱼虾蔬菜。

次日上午，我们到达纽约大学，王主参加口试，而我在他办公室等他，一小时后，他顺利通过。于是我们去参观自由女神像，自由女神像建立在一个小岛上，我们登舟前往，当游船离岸后，回望高楼大厦觉得更为好看，船近小岛时绕岛一周，于是我们抢着拍照，据说因女神像过于高大，在岛上是无法拍好的。自由女神是一位中年妇女，态度庄严，神色和祥，高举自由火炬，似乎要人们都能得到自由，据说是一位法国雕像家根据他母亲的原型创作的，原来拟作为美国独立100周年纪念，不过后来迟了几年。

登岸后，我拍了一张自由女神像的背影，原来铜像是空心的，只是用铜皮做成，像的巨大底座是一个博物馆，表现出美国人民是怎样艰苦创业的，我看到了华工为修建横贯美国的大铁路而做出的贡献，也提及了美籍华人在近代科学中所做出的贡献，不过只列举了贝聿铭一个人的名字，足见他在建筑学上的成就之大，超过了物理学界的诺贝尔奖得主李、杨。

从博物馆的顶层拾级而上，爬了18层楼梯，到达女神像的皇冠内，从皇冠下用于装饰的小孔极目远眺，纽约城市尽在眼底。当时天气转凉，温度适中，据王主说，再早半月，奇热难当。这是可以想象的，在骄阳下，灼热的铜像内既无冷气又无通风怎能不热呢！

跟着游船回到纽约，我们登上110层楼的国际贸易中心的楼顶，俯瞰全市，汽车变成小虫，行人似乎看不见了（未戴眼镜）。远望高高耸立的帝国大厦，过去曾是高冠全球，可是现在退居第三位了，纽约人感到遗憾的是，世界上最高的楼不在纽约了，不再是纽约的国际贸易中心，而是在芝加哥，是芝加哥公司的大楼。尽管如此，从110层上面俯瞰全城也是十分有趣的，横跨纽约河的大桥，据说是世界上高度最大的桥，跨度最大的桥，现在也缩小得很像盆景中的小桥。我匆忙地在各个方向拍了照片。下楼后，我就去参观股票交易市场，据说这是美国典型的一角，卷入做股票生意的人们，每个神经细胞都处于极端紧张状态，从人们的眼神中可以看出人们成功的兴奋和失败的忧伤，可惜我们迟了，已经关门了，当然我对此也无兴趣，因为我尚不了解其中的奥秘。于是我们游览著名的华尔街和百老汇大街，此时正是下班的时刻，衣履整齐、神态端庄的商业人士（Business man）从办公大楼下来，会合到人行道上，本来华尔街不算太狭，但在两旁七八十层大楼的映射下，越发显得路狭人多拥挤不堪了，从人们匆忙的脚步声中，我感受到典型的紧张、单调的美国城市的生活气息。

次日上午，我们先去联合国参观，向导先向我们介绍了联合国的组织机构，再带领我们参观，我们参观了联合国大会、安理会，以及各种专业会议的会议大厅，每个座位上都有耳机，联合国使用五种语言，英文、俄文、西班牙文、中文、法文，听者可以任意选择。我们还参观了各国送给联合国的礼品，我国送给联合国一个巨大的象牙雕刻，雕刻十分精细，工作量十分巨大，这可从参观者惊异和钦佩的目光中感觉出来，可是在总体布局和主题思想上，尚不能将我们五千年的文化传统和艰苦卓绝的奋斗精神表现出来，"雕刻"描写的是黔桂铁路的建成，这个成就在中华民族光辉灿烂的历史上是太小了。最后，我们用6美元买了一枚联合国纪念币（硬币），这是给小女儿买的。

  接着我们游览了中央公园，这里没有什么特殊的景色，但是橡树、溪水，以及悠闲的游人，似乎将那紧张、喧闹，令人烦躁的现代化城市的气息隔绝在公园之外，还有人坐在18世纪的马车上，车夫也是那个时代的装束，沿着环园马路行走，这些都反映了人们对现代化城市生活的厌倦。十几架喷气飞机从公园上空飞过，它们按规律喷出能促使水滴成河的催化剂，顷刻之间天空出现了向游客问好的大幅标语"HI, FROM SKYTYPER"，我赶紧用相机拍照可惜未带广角镜头，不能完整地拍下来。穿过公园，我们到达了纽约大都会艺术博物馆，据说这是世界最大的博物馆，陈列了人类发展史上的重要文物，有希腊人的、罗马人的、印第安人的、印度人的、中国人的，以及较为近代的文物：十七八世纪法国人的雕刻，文艺复兴时期的名画，康熙、乾隆时代的大花瓶……这些珍贵文物，都标明某某先生何时赠送，其中一些都是抢来的，或是盗来的，或是"买"来的。

  回家的路上，我们经过富人集居的大街，的确，每幢大楼都有着穿制服的守门人，据说纽约人能从你的住地看到你的身份，人们都以能进这条大街为荣，当然房价是十分昂贵的。十几栋七八十层的大楼组成的建筑群据说是属于洛克菲勒财团的，附近还有一所剧院，是表演传统的大腿舞的地方，大腿舞已经跳了一百多年了，卖座率仍然不衰，据说是一种纽约的传统的文化艺术，我们无时间光临，如果说中东肚皮舞是一种民族艺术，那么纽约的大腿舞又是什么呢？这里我不敢妄加评论了。

为了看看美国社会的一角，我们匆匆地路过42街，这里电影院林立，从醒目的广告可以看出，全是黄色电影，大多是"三X"级的。杂乱抛弃的果皮、纸屑、刺激神经的音响，以及少数青年男女在人行道上放肆的舞蹈，使我们东方人感到紧张，我们几乎是匆匆地，目不斜视地走过，据说晚上还有漂亮的年轻女人来纠缠，为了减少麻烦，我们匆忙而过。

## 十、平安归来

9月25日下午6时，我将乘West airline的班机回盐湖城，我将告别纽约了。最后一天我告诉王主，主要目的是找一只漂亮的女表及两条项链。早饭后，我去唐人街，我们去了各种表店，我的第一目标是机械表，有日历的，长三针的，牌子是欧米茄或浪琴的；满足上述要求的欧米茄表在北美华侨店找到了，但是太厚，太难看，简直像一个小月饼。至此我综合在西德的经验得到的结论是，机械表已经淘汰，能找到的品种太少了，准备买石英表，其他的要求不变；最后我选中了欧米茄女表石英表，价值243美元，我虽然口袋中有钱，也舍得花这笔钱，但是我犹豫了。一、石英表尚未取得传珍的同意，二、电池可用两到三年，但是换电池在国内可能引起麻烦。因而我叫王主记住这种型号，待我和传珍联系后再决定。

后来我又了解到精工牌的表在国内北京、福建、广州、哈尔滨都有分店，故换电池是不成问题的。最近我在盐湖城也找到了一种精工牌也是石英表式样十分美观，价值一百美元，到底买纽约的欧米茄还是买这里的精工，这要请传珍最后做决定了。关键是我无法得知欧米茄表在中国有无经销和修理店，如有，那么我就用不着传珍决定，我是决心买欧米茄的（望来信决策！）。

我这个人太笨了，简直是愚不可及，加之又优柔寡断，在斯图加特、纽约和盐湖城花了这么多的时间去寻找合适的女表，都毫无结果。

当我们回到王主住所，已经下午三点了，于是我们喝点可口可乐，立即去肯尼迪机场，先地铁，后巴士，到机场已是5：15，我们休息了一刻钟，我告别王主，踏上归程。经过4小时55分钟的飞行于晚上8：55到达盐湖城。飞机着陆的刹那，我深深地叹了一口气，总算平安归来，必须立刻写信回家，报告平安。

小李和小陈到机场接我，并告诉我：张洁为我接风请客，小朱（晓荣）在烧饭不能来。当我到达小朱住所，厨房中飘出的饭香，小朱和小张忙得满头大汗，杨正举帮不了忙，意外地见到老施，我原以为见不到他的，他预计9月24日回国，可是飞机推迟了。虽然，我在机上已经饱餐了，但我并没有讲，仍然高兴地品尝小张、小朱做得不太高明的菜，而且不住地叫好。老施说：闵老师，你真幸运，来了一年，不仅玩了美国的西部（加利福尼亚）和东部（纽约和华盛顿），而且游览了西德，在我们盐湖城的访问学者中是首屈一指的了。我知道他来了两年，未能去洛杉矶是深为遗憾的。

## 附录六

## 闵乃本英文简历[①]

**PERSONAL**

Min Naiben, (Nai-Ben Min, Nai-Ben Ming, N B Ming)

Born: Aug. 9,1935, Jiangsu, P.R.China, Wife: Chuanzhen Ge

Business Address:

The State Key Laboratory of Solid State Microstructures, Nanjing University, 22 Hankou Road, Nanjing 210093, China

Phone: +86 -25- 83592756(O), Fax: +86 -25 -83595535, Email: mnb@nju.edu.cn

Home Address:

NO. 41, BISHU YUAN, LONGJIANG XIAO QU, NANJING, 210036, CHINA

Phone: +86 -25- 86206577

**EDUCATION**

| | |
|---|---|
| 1959 | Diploma, Physics, Nanjing University, China |
| 1987 | Doctor of Science, Tohoku University, Japan |

---

① 闵乃本自己整理的英文传记只到 2002 年,他后面太忙就没来得及整理。

## POSITIONS

1959-78      Teaching assistant, Dept. of Phys., Nanjing University

1978-81      Lecturer, Dept. of Phys., Nanjing University

1981-84      Associate Professor of Physics, Nanjing University

1982-84      Visiting Associate Professor, Dept. of Phys., University of Utah, USA

1984-      Professor of Physics, Nanjing University

1986-87      Visiting Professor, Tohoku University, Japan (through JSPS Fellowship Programs)

1989-92      Chairman of Physics Division, The National Natural Science Foundation Committee of China

1992-94      Chairperson of Physics Division, The Science and Technology Commission of The State Education Commission of China

1987-94      Deputy Director, The State Key Laboratory of Solid State Microstructures, Nanjing University

1987-93      Chairman, the Department of Material Science and Engineering, Nanjing University

1989-      Director, Institute of Materials Science, Nanjing University

1990-93      Director, The National Center for Research and Development of Synthetic Crystals, The State Science and Technology Commission of China

Feb.-Jun. 1990,      Visiting Professor, Center for Micro-gravity and Materials Research, The University of Alabama in Huntsville, USA

Feb.-Jun. 1991,      Visiting Professor, Center for Micro-gravity and

Materials Research, The University of Alabama in Huntsville, USA

1991-     Member of The Chinese Academy of Sciences

1994-99   Director, The State Key Laboratory of Solid State Microstructures, Nanjing University

1994-2002 Vice Director, The Science and Technology Commission of The State Education Ministry of China

1995-     Director, The Center of Advanced Studies for Science and Technology for Microstructures, The State Education Commission of China, Nanjing

1995-     Director, Institute of Solid State Physics, Nanjing University

1997-     Chairman, The Natural Science Foundation Committee of Jiangsu Province

1997-     Chairman of Jiangsu Committee of Jiu San Society

1997-2005 Vice Chairman of Center Committee of Jiu San Society

1998-2003 Chairman of Chinese Union of Crystallography (CUCr)

1998-     Vice Chairman of Jiangsu Committee of CPPCC

1998-     Member of Standing Committee of CPPCC

1999-     Director, Academic Committee of the State Key Laboratory of Solid State Microstructures, Nanjing University

2002-     Member of the Third World Academy of Sciences

**SOCIETIES**

Chinese Physical Society,              American Physical Society

Chinese Crystallographic Society       Chinese Silicate Society,

Chinese Space Science Society

**HONORS**

Member of the Chinese Academy of Sciences, 1991-;

Member of the Third World Academy of Sciences, 2002-;

**PRIZE AND AWARDS RECEIVED FOR MAJOR ACHIEVEMENTS**

Second Degree Award from The State Planning Commission of China(SPCC) and The State Science and Technology Commission of China (SSTCC) in 1964- An Apparatus of Electron beam Floating Zone Melting for Crystal Growth of Refractory Metals

Second Degree Award of National Natural Science in 1982- The Study of Crystal Defects

Hercules Award from Univ. of Utah and Hercules Inc., USA in 1983- The Thermal Roughening of Crystal Surface

First Degree Award of the Chinese Scientific Publications in 1983- The Physical Fundamentals of Crystal Growth, Shanghai Science and Technology press, 1982

Second Degree Award of Science Progress from The State Education Commission, China, in 1986 - The Crystal Growth and Enhancement of Second Harmonic Generation of $LiNbO_3$ Crystals with Periodic Laminar

Ferroelectric Domains

Second Degree Award of Science Progress from The State Education Commission of China, in 1994 - Mechanism and Kinetics of Crystal Growth and Aggregation Process

First Degree Award of Outstanding Teaching from the State Education Commission of China, in 1997

Physics Prize, Science and Technology Progress Award of HO LEUNG HO LEE FOUNDATION, in 1998

1999 Award in Physics, Awards of the Third World Academy of Sciences in Basic Sciences, 24 September, 1999, Trieste, Italy

Citation Classic Award from Institute of Scientific Information, USA, 25 September, 2000- The Growth Striations and Ferroelectric Domain Structures in Czochralski-grown $LiNbO_3$ Single Crystals

Second Degree Award of National Natural Science in 2005- The Study of Ferroelectric Thin Films and Oxide Materials Matched withThem

First Degree Award of National Natural Science in 2006- The Study of Dielectric Superlattices,Design, Preparation, Properties and Application

**SERVICE TO THE SCIENTIFIC COMMUNITY**

Member of Executive Commission of Chinese Crystallographic Society, 1994-1998.

Member of Executive Commission of Chinese Silicate Society ,1992-2000.

Member of Executive Commission of Chinese Space Science Society, 1988-1996.

Vice Chairman of Executive Committee on Crystal Growth and Materials, Chinese Silicate Society ,1990-1996.

Chairman of Commission on Crystal Growth and Characterization of Materials, Chinese Union of Crystallography (CUCr), 1994-1998.

Member of General Assembly, International Organization of Crystal Growth (IOCG), 1989-1992.

Member of Commission on Crystal Growth and Characterization of Materials, International Union of Crystallography (IUCr), 1994-2003.

Member of Chinese Committee for International Union of Materials Research Society, 1991-.

Chairman, Chinese Union of Crystallography (CUCr), 1998-2003.

Member of International Advisory Board, the Ninth International Conference on Crystal Growth (ICCG-9), August, 20-25, 1989, Sendai, Japan. Invited talk: Direct Observation of Defects in Transparent Crystals by Optical Microscopy.

Member of International Advisory Board of 7th International Conference on Vapor Growth and Epitaxy (ICVGE-7), Nagoya, Japan, July 14-17,1991.

Member of International Advisory Committee of 10th International Conference on Crystal Growth (ICCG-10)and 8th International Summer School on Crystal Growth (ISSCG-8) San Diego, USA, August ,16-21,1992. Invited talk: Defect Mechanisms of Crystal Growth and Their Kinetics.

Member of International Advisory Committee of 11th International Conference on Crystal Growth (ICCG-11), Hague, Netherlands, June 18-23,1995.

Vice-Chair of Session of Optical Materials and Fabrication Techniques, The Pacific Rim Conference on Lasers and Electro-Optics (CLEO/Pacific Rim'95), Makuhari, Messe Convention Center, Chiba, Japan, July 10-14, 1995. Invited talk: Nonlinear Optical Effects in Dielectric Superlattices.

Chair of session of Nonlinear optical crystals, SPIE'S International symposium on Laser, Optoelectronics & Microphotonics, November 3-7, 1996, Beijing .

Co-Chairman of Microsymposia on Crystal Growth, XVII Congress and General Assembly of International Union of Crystallography (IUCr), Seattle, Washington, USA, August 8-17, 1996. Invited talk: Crystal Growth Mechanisms Assisted by Defects.

Chairman, Sino-American Workshop on Microstructured Crystals for Nonlinear Optics and Related Fields, Nanjing, China, April 2-5,1996.

Member of International Advisory Committee, The International Symposium on Laser and Nonlinear Optical Materials' 97, November 3-6, 1997, Pann Pacific Hotel, Singapore. Invited talk: Bulk Crystals with QPM Structures.

Member of Technical Program Committee, The Pacific Rim Conference on Lasers and Electro-Optics, Makuhari, Messe Convention Center, Chiba, Japan, July 14-18, 1997.

Member of International Advisory Committee, 1997 Topical Meeting on Photorefractive Materials, Effects and Devices, June 11-13,1997, Nipon Aerobics Center, Chiba, Japan.

Member of CLEO' 97 Program Committee, Conference on Lasers and

Electro-Optics/Quantum Electronics and Lasers Science Conference, CLEO/QELS'97, May 18-23, 1997, Baltimore Convention Center, Baltimore, Maryland, USA.

Member of International Advisory Board, Second Asian Meeting on Ferroelectrics, December 8-11,1998, Imperial Hotel, Singapore. Invited talk: Micro-structured Ferroelectric Crystals.

The 1998 Optical Society of America/ILS Annual Meeting, October 4-9, 1998, Baltimore, USA. Invited talk: The multi-wavelength SHG and a Coupled Optical Parametric Process in a Quasi-periodic Optical Superlattice.

The 1998 International Quantum Electronics Conference (IQEC'98), May 3-8, 1998, Moscone Center, San Francisco, California, USA. Invited talk: SHG and THG in a Fibonacci Optical Superlattice.

The March Meeting of the American Physics Society, March 16-20, 1998, Los Angeles, California, USA. Invited talk in Physics without Borders Session: Microsturctures and Superlattices in Dielectrics.

The Fifth International Conference on the Electrical Transport and Optical Properties of Inhomogeneous Media, June 21-24, 1999, Hong Kong. Invited talk: Light Transmission and Excitation in Periodic and Quasi-periodic Dielectric Superlattices.

Member of CLEO/Pacific Rim' 99 Technical Program Committee, Chair of NLO MaterialsII,

The Pacific Rim Conference on Lasers and Electro-Optics, August 31-September 3, 1999, Convention & Exhibition Center, Seoul, Korea.

Invited talk: The Physical Fundamentals of QPM Materials and Photonic Crystals.

Chair of microsymposia on growth of mesoscopic crystals, XVIII International Union of Crystallography (IUCr) Congress, August 4-13, 1999, Glasgow, UK.

Member of Technical Program Committee, Chair of Keynote Session,

The Xiangshan Science Conference' 99—127th Symposium, Photonics and Nonlinear Optical Crystals,November 1-4 1999, Xiansghan Hotel, Beijing, China.

Invited talk: The Physical Fundamentals of QPM Materials and Artificial Band Gap Materials.

Plenary Invited talk: Sub-step Mechanism of Crystal Growth,

The 12th Chinese Conference on Crystal Growth (CCCG-XII) and 8th Chinese Conference on Crystal Defects (CCCD-VIII), Shanghai, China, May 15-20, 2000.

Member of International Advisory Committee,

Chair of Session: QPM crystals,

Invited talk: Growth and Fabrications of QPM Materials and Photonic Crystals.

The 1st Asian Conference on Crystal Growth and Crystal Technology (CGCT-1), August 29-September 1, 2000; Sendai Kokusai Hotel, Sendai, Japan.

Invited talk: Long-wavelength Optical Properties in An Ionic Phononic Crystal.

The 4th Pacific Rim Conference on Lasers and Electro-optics, CLEO/Pacific Rim 2001.

Nippon Convention Center, Makuhari Messe, Chiba, Japan, 15-19 July, 2001.

Invited talk: Dielectric Superlattice –engineered Ferroelectric Domain Structures.

International Workshop on Periodic Micro-structured Nonlinear Optical Materials, Madrid, Spain, June 10-13, 2001.

Invited talk: Dielectric superlattice –A New Type of Photoelectronic Materials.

International Forum on Materials Science, Beijing, China, May 24-25, 2001.

The 8th IUMRS International Conference on Electronic Materials

(IUMRS-ICEM 2002), June 10-14, 2002, Xi,an, China.

Keynote Lecture in Plenary Session: Dielectric Superlattice –A New Type of Photoelectronic Materials.

## Brief biography

Surname: Min (Ming)     Name: Naiben (Nai-Ben)

Wife: Chuanzhen Ge

### Born and Educated Where and When:

Born: Aug. 9,1935; Jiangsu, P.R.China

1959        Diploma, Physics, Nanjing University, China

1987        Doctor of Science, Tohoku University, Japan

### Present Professional Positions:

Professor of Physics, Nanjing University,

Director, Institute of Solid State Physics, Nanjing University,

Director, Academic Committee of the State Key Laboratory of Solid State Microstructures, Nanjing University,

Vice Chairman of Jiangsu Committee of CPPCC,

Member of Standing Committee of CPPCC,

Chairman of Jiangsu Committee of Jiu San Society,

Vice Chairman of Center Committee of Jiu San Society.

### Past Professional Positions:

Director, the State Key Laboratory of Solid State Microstructures, Nanjing University,

Chairman, the Department of Material Science and Engineering, Nanjing University,

Director, The National Center for Research and Development of Synthetic Crystals,

Vice Director, The Science and Technology Commission of The State Education Ministry of China.

**Membership in Major Scientific Academies:**

Member of the Chinese Academy of Sciences, 1991-,

Member of the Third World Academy of Sciences, 2002-,

Member of Commission on Crystal Growth and Characterization of Materials, International Union of Crystallography (IUCr), 1994-,

Chairman, Chinese Union of Crystallography (CUCr), 1998-2003.

**Prize and Awards Received for Major Scientific Achievements:**

Second Degree Award of National Natural Science of China in 1982- The Study of Crystal Defects,

First Degree Award of the Chinese Scientific Publications in 1983- The Physical Fundamentals of Crystal Growth, Shanghai Science and Technology press,1982,

First Degree Award of Outstanding Teaching from the State Education Commission of China, in 1997; Science and Technology Progress Award of HO LEUNG HO LEE FOUNDATION, in 1998,

Awards of the Third World Academy of Sciences in Basic Sciences, September 24 ,1999, Trieste, Italy,

Citation Classic Award from Institute of Scientific Information, USA, September 25, 2000- The Growth Striations and Ferroelectric Domain Structures in Czochralski-grown $LiNbO_3$ Single Crystals[J Mater Sci 17 (1982)1663].

**Current Research Areas:**

All solid state three-fundamental-colors Laser constructed by optical superlattices,

Artificial band gap materials,

Defect-initiated crystallization mechanism and kinetics.

**Business Address:**

Prof. Nai-ben Ming

The State Key Laboratory of Solid State Microstructures, Nanjing University, 22 Hankou Road, Nanjing 210093, China

Phone: +86 -25- 83592756(O), Fax: +86 -25 -83595535, Email: mnb@nju.edu.cn

**Home Address:**

Prof. Nai-ben Ming

NO. 41, BISHU YUAN, LONGJIANG XIAO QU, NANJING, 210036, CHINA

Phone: +86 -25- 86206577

# 闵乃本年表

**1935 年**
8月9日，出生于江苏省南通市如皋石庄镇一个书香世家。

**1940 年**
于"伯新学塾"接受启蒙教育。

**1945 年**
9月，进入石庄中心国民小学就读五年级和六年级。

**1947 年**
7月，失学在家。

**1948 年**
9月，考入江苏省南通市敬孺中学（今南通二中）读初中。

**1951 年**
9月，从敬孺中学毕业，考入上海国立高级机械学校。

### 1954 年
8 月，入上海锅炉厂，任见习技术员。

### 1955 年
9 月，考入南京大学物理系。

### 1959 年
9 月，从南京大学毕业，并留校任助教。

### 1961 年
11 月 7 日，与葛传珍女士于南京市结婚。

### 1962 年
研制成功中国第一台电子束浮区区熔仪，成功地制备了体心立方难熔金属钼、钨单晶体。

### 1964 年
5 月，因研制成功中国第一台电子束浮区区熔仪，获国家计委、经委、科委"工业新产品"二等奖。

### 1966 年
夏，与冯端、李齐等为在北京召开的"亚洲与太平洋地区物理研讨会"（北京科学讨论会——暑期物理讲习会）做准备。

### 1969 年
10 月 20 日，溧阳农场劳动。

### 1970 年
夏，在溧阳农场劳动。

### 1973 年
南京大学晶体物理教研室成立，负责晶体生长方向，包括相关的教材编写、讲课、实验室建设与科研。

### 1978 年
被江苏省革命委员会表彰为"在我省科技工作中作出显著贡献者"，获奖项目：电子称重法晶体等径生长的自动控制。

因"位错及晶体缺陷的研究"获江苏省革命委员会颁发的奖状。

### 1980 年
5 月，与洪静芬、杨永顺等合作的"直拉法激光晶体生长的研究"获江苏省人民政府颁发的奖状。

### 1981 年
5 月，晋升为副教授。

### 1982 年
5 月，所著《晶体生长的物理基础》由上海科技出版社出版。

7 月，与冯端、王业宁、李齐等合作完成的项目"晶体缺陷的研究"

获国家自然科学二等奖。

9月，以访问副教授身份赴美国犹他大学进行合作研究。

### 1983年

晋升为博导。

5月27日，获美国犹他大学颁发的"大力神"奖。

6月，所著《晶体生长的物理基础》获得全国优秀科技图书一等奖。

9月，赴德国参加第七届国际晶体生长会议。

### 1984年

5月，从美国犹他大学完成合作研究后回国。

8月27日，被国务院学位委员会特批为教授。

10月，成为中国科协自然科学专门协会会员。

### 1985年

3月，被江苏省人民政府授予"江苏省劳动模范"奖章。

8月25日—31日，赴日本参加晶体生长形态和生长单元国际讨论会。

### 1986年

和朱永元将准周期结构引入介电体超晶格，构成一维准晶。

5月，与洪静芬、杨永顺等因"聚片多畴 $LiNbO_3$ 晶体的制备形成机制及其敛光倍频增强效应"这一科技成果获得国家教育委员会科学技术进步奖二等奖。

当选中青年有突出贡献专家。

10月，受日本学术振兴会邀请赴日本东北大学学术访问（8个月）。

### 1987 年

6 月 10 日，被任命为南京大学固体微结构国家重点实验室副主任。

### 1988 年

4 月，同余绍裔、钱乘旦、李乾亨赴联邦德国、英国访问及商谈校际交流合作。

5 月 20 日，被国家自然科学基金委员会聘请担任国家自然科学基金委员会第二届学科评审组成员。

### 1989 年

4 月 4 日，被国家高技术新材料领域专家委员会聘为新型非线性光学材料和激光材料专题负责人，聘期至 1990 年 12 月。

5 月，被国家科学技术委员会聘为人工晶体专家组组长，聘期至 1991 年 5 月。

8 月 20 日，参加国际晶体生长会议第 9 次会议。

9 月 10 日，从事教育工作满三十年，南京大学为其颁发荣誉证书。

12 月，被江苏省科学技术协会聘请担任江苏省物理学科专家组成员。

### 1990 年

和朱永元、冯京建立了"多重准相位匹配理论"。

任南京大学材料科学研究所所长（第一届）。

2 月—5 月，赴美国阿拉巴马大学开展合作科研（3 个月）。

5 月 18 日，被国家自然科学基金委员会聘请担任国家自然科学基金委员会物理学科评审组成员。

## 1991年

2月—5月，赴美国阿拉巴马大学开展合作科研（3个月）。

7月14日—27日，赴日本名古屋参加第七届国际气相生长与外延会议，并顺访东京大学。

8月，被国家教育委员会聘请担任国家基础研究与应用基础研究重大关键项目专家委员会委员。

8月31日，被国家科学技术委员会聘为"光电功能材料的结构、性能分子设计及制备过程的研究"首席科学家。

10月1日，因对高等教育事业做出的特殊贡献，国务院向其发放政府特殊津贴。

11月，当选中国科学院学部委员（院士）。

## 1992年

4月26日，被国家自然科学基金委员会聘请担任国家自然科学基金委员会物理学科评审组成员并颁发聘书。

5月24日—6月10日，与曲钦岳、赵曙明赴德国、荷兰考察访问。

8月14日—10月9日，赴美国圣地亚哥出席第十届国际晶体生长会议，国际铁电应用会议并顺访加拿大蒙特利尔大学。

11月10日，被江苏省人民政府聘请担任江苏省自然科学基金委员会首届委员。

12月，被选举为中国硅酸盐学会第五届理事会理事。

## 1993年

1月4日—3月20日，赴香港中文大学交流。

4月7日，任中国人民政治协商会议江苏省第七届委员会委员、常委。

5月，被中国大百科全书出版社聘请担任《中国材料科学技术百科全书》编辑委员会委员、材料科学基础编写组副主编。

5月24日，南京大学材料系建系，任首位系主任。

8月7日—19日，赴美国出席第八届国际铁电体会议。

10月13日—25日，赴日本东京出席日中晶体生长讨论会会议，顺访东京大学。

### 1994年

5月14日，被聘为国家教委科学技术委员会第三届委员、副主任。

5月25日，被聘为国家高技术新材料领域人工晶体专题负责人，聘期两年。

8月7日，赴美国宾州州立大学帕克校区出席ISAF'94会议。

12月，被中国晶体学会聘为第一届理事会常务理事、晶体生长与材料表征委员会主任委员。

### 1995年

4月，访问香港中文大学。

5月，主持项目"晶体生长与聚集过程的机制与动力学研究"获国家教育委员会科技二等奖。

7月10日，赴日本千叶参加环太平洋激光与光电子（CLEO/Pacific Rim'95）会议。

9月，被评为全国优秀教师，并被授予全国优秀教师奖章。

9月30日，被国家教育委员会聘为第一届高等学校理科材料科学教学指导委员会主任委员，任期5年。

10月19日，任南京大学材料科学研究所所长（第二届）。

任南京大学固体物理研究所所长。

### 1996 年

4月2日—5日，出席第一届中美微结构非线性光学晶体及相关领域研讨会。

6月1日，被聘为国家重大科学工程咨询专家组成员。

8月8日—17日赴美参加国际晶体学联合会大会。

9月17日，赴斯坦福大学参加 CNOM'96 会议。

9月22日—29日，作为国家教委、科技委代表团成员，到香港科大、港大、中大、城大交流调研。

10月，获南京大学优秀教学成果一等奖。

11月，参加九三学社第九届中央委员会第五次全委会，任第九届中央委员会委员、常委。

12月11日，参加九三学社江苏省第三届委员会第五次全委会，任第三届省委会委员、常委、副主委。

### 1997 年

4月4日，被聘为第二届江苏省自然科学基金委员会主任委员。

5月，参加九三学社江苏省第四次社员代表大会，任第四届省委会委员、常委、主委。

5月5日，主持项目"光电功能材料"研究（我国"八五"首批十个攀登项目之一）通过结题验收。

7月14日—18日，赴日本参加环太平洋激光与光电子国际会议。

8月8日—25日，参加第二届国际华人物理大会暨马大猷教授90华诞。

9月21日—25日，参加香港科技大学召开的材料研究学会成立大会。

10月24日，与冯端、龚昌德、王业宁、李正中合作项目"凝聚态物理学高层次人才培养研究与实践"获普通高等学校国家级教学成果奖一等奖。

11月3日，赴新加坡出席国际激光、闪烁与非线性光学材料会议（IS-LNOM'97）。

11月6日，参加九三学社第七次全国代表大会，任第十届中央委员会委员、常委、副主席。

12月20日，被聘为国家教委科学技术委员会第四届副主任委员。

### 1998年

2月8日，参加中国人民政治协商会议江苏省第八届委员会，任委员、常委、副主席。

3月16日，参加中国人民政治协商会议第九届全国委员会，任常委。

4月—6月，在香港科技大学开展合作交流。

5月3日，赴美国旧金山出席激光器与电光学和国际量子电子学会议（CLEO/IQEC'98）。

10月22日，获何梁何利基金科学与技术进步奖。

12月23日，因铁电相变和晶格震动研究项目获江苏省科学技术进步奖二等奖。

### 1999年

被教育部国务院学位委员会评为全国优秀博士学位论文指导教师（祝世宁学位论文）。

4月，被科技部聘为《国家重点基础研究发展规划》"光电功能材料的结构、性能分子设计及制备过程的研究"项目首席科学家。

5月23日—26日，赴美国参加激光与光电子会议。

8月1日，被聘为中国晶体学会第二届理事会常务理事、理事长（1999—2003年）。

8月30日，赴韩国首尔出席环太平洋激光与光电子会议（CLEO/Pacific Rim'99）。

10月23日，获第三世界科学院基础科学奖（物理奖）。

任南京大学固体物理研究所所长（第五届）。

### 2000年

1月18日，获1999年度中国基础科学研究十大新闻奖。

3月，到香港中文大学交流。

5月12日—20日，在上海参加第十二届全国晶体生长会议和第八届全国晶体缺陷会议。

8月29日，赴日本仙台出席首届亚洲晶体生长与晶体技术会议。

10月，与冯端、洪静芬合作的论文"The growth striations and ferroelectric domain structures in Czochralski – grown $LiNbO_3$ single crystals"获美国科学信息研究所（ISI）"经典引文奖"。

10月23日，赴伊朗出席第三世界科学院颁奖仪式，获得1999年度第三世界科学院基础科学奖（物理奖）。

任南京大学材料科学研究所所长（第三届）。

### 2001年

2月，被聘为国家重点基础研究发展规划第二届专家顾问组成员，任期三年。

3月30日，被聘为第三届江苏省自然科学基金委员会主任委员。

4月30日，被教育部聘为2001—2005年高等学校材料科学与工程教学指导委员会主任委员、材料物理与材料化学专业教学指导委员会主任委员。

5月，被中国空间科学学会聘请担任中国空间科学学会第六届理事会理事。

5月24日，出席材料科学国际论坛。

6月10日—13日，赴西班牙参加微结构非线性光学国际研讨会。

7月15日—19日，赴日本参加第四届环太平洋激光与光电子国际会议。

9月，被评为全国模范教师。

10月14日—11月11日，参加美国光学学会年会与激光科学交叉学科会议。

当选第三世界科学院院士。

## 2002年

3月21日，获2001年中国高等学校十大科技进展奖。

5月29日，参加九三学社江苏省第五次社员代表大会，任第五届省委会委员、常委、主委。

6月10日—14日，在西安参加第八届国际电子材料会议。

7月22日，与李爱东、朱育平、吴迪、叶宇达、麦炽良、刘治国合作项目"X射线衍射在集成铁电学（铁电薄膜）研究中的应用"获中国分析测试协会科学技术奖（CAIA奖）一等奖。

12月，参加九三学社第八次全国代表大会，任第十一届中央委员会委员、常委、副主席、中央顾问。

## 2003 年

2月16日，参加中国人民政治协商会议江苏省第九届委员会，任委员、常委、副主席。

3月13日，参加中国人民政治协商会议第十届全国委员会，任常委。

7月7日，被中国科学院物理研究所聘请担任中国科学院物理研究所第九届学术委员会委员、常委。

## 2004 年

1月，被聘为国家重点基础研究发展计划（973计划）第三届专家顾问组成员，任期三年。

1月16日，在国家重点基础研究发展计划做出了重要贡献，获科技部颁发的证书。

2月10日，与刘治国、李爱东、吴迪、朱信华合作项目"存储器用铁电薄膜及电极材料的研究"获教育部提名国家自然科学奖一等奖。

7月，在国家中长期发展规划战略研究工作中做出重要贡献，接受表彰。

11月，出席国家重点实验室计划20周年和973计划5周年纪念大会，被科技部表彰为国家重点实验室计划先进个人（金牛奖）。

## 2005 年

4月5日，被中国微米纳米技术学会聘请担任中国微米纳米技术学会第一届理事会理事。

7月29日，访问加利福尼亚大学伯克利分校。

9月，被科技部聘为《"十一五"全国基础研究规划》专家顾问组成员。

10月16日—19日，在北京参加第三届亚洲晶体生长与晶体技术会议。

11月20日，与刘治国、李爱东、吴迪、朱信华合作的研究成果"几种铁电薄膜及配套氧化物电极材料的研究"获2005年度国家自然科学二等奖。

12月22日，被聘为第四届江苏省自然科学基金委员会主任委员。

被亚洲晶体生长与晶体技术学会授予杰出成就奖。

## 2006年

4月5日，出席南京大学"十一五"规划编制工作汇报会，并作题为《中长期科技规划战略研究的心得与体会》的报告。

6月1日，被中国科学院综合计划局聘请担任沈阳材料科学国家（联合）实验室理事会理事。

8月，被中国空间科学学会聘请担任中国空间科学学会第七届理事会理事。

9月，被聘为"量子调控研究"重大科学研究计划专家组召集人。

## 2007年

2月11日，与朱永元、祝世宁、陆亚林、陆延青合作完成的《介电体超晶格材料的设计、制备、性能和应用》获得2006年度国家自然科学一等奖。

3月18日，出席江苏省委、省政府为表彰南京大学闵乃本院士及其团队荣获2006年度国家自然科学奖一等奖的庆功会。

4月17日，出席闵乃本院士及其团队先进事迹报告会，并以"把知识献给祖国与人民"为题作报告。

5月，获南京大学杰出贡献奖。

6月1日，入选科技部973计划第四届专家顾问组，科技部为其颁发聘书。

9月，参加全国优秀教师代表座谈会并发言。

9月1日，陪同科技部党组书记、副部长李学勇一行调研南京大学并作汇报。

9月18日，出席中国物理学会2007年秋季学术会议（CPS2007）并作大会邀请报告。

10月8日，出席南京微结构国家实验室（筹）"唐仲英楼"落成典礼并剪彩。

11月2日，被教育部国务院学位委员会评为全国优秀博士学位论文指导教师（詹鹏学位论文）。

11月16日，陪同科技部部长万钢一行调研南京大学，出席汇报会并发言。

12月11日，与王牧合作获得国家自然科学奖二等奖（晶体生长机制与动力学若干问题的研究）。

## 2008年

3月，参加中国人民政治协商会议第十一届全国委员会，任委员、常委。

6月14日，出席南京微结构国家实验室（筹）第一次课题组首席研究员（PI）会议并发表讲话。

8月29日，作为973计划重要贡献者受到科技部表彰。

12月，被授予改革开放30年"中国教育风云人物"称号，并获授奖牌。

## 2009 年

2月14日，陪同中共中央政治局委员、国务委员刘延东同志一行视察南京大学。

3月，陈骏校长委托闵乃本院士就南京大学工科的建设和发展进行顶层设计。

7月12日—8月16日，到香港中文大学物理系交流。

8月18日，出席江苏发展高层论坛第26次会议，发表新一轮产业革命讲话。

9月2日，被评为"新中国成立以来江苏省十大杰出科技人物"，获授"荣誉证书"及纪念杯(琉璃质)。

9月27日，被评选为"新中国60年江苏教育最有影响人物"，获颁"荣誉证书"及"新中国60年江苏教育最有影响人物纪念品(水晶质)"。

9月27日，被评选为"新中国成立以来感动江苏人物"，获颁"荣誉证书"及"双五十评选活动纪念章"。

## 2010 年

1月8日，被聘为第五届江苏省自然科学基金委员会主任委员。

8月8日—13日，在北京参加第十六届国际晶体生长会议和第十四届气相生长与外延国际会议。

12月14日，获"全国优秀科技工作者"称号。

## 2011 年

1月，被聘为"量子调控研究"重大科学研究计划第二届专家组召集人，任期三年。

3月3日，出席中国人民政治协商会议第十一届全国委员会开幕式并与胡锦涛总书记合影留念。

11月20日，被评为"十一五"期间各民主党派工商联无党派人士"为全面建设小康社会作贡献先进个人"。

### 2012 年

5月20日，获南京大学110年校庆"南京大学卓越贡献者"奖状。

### 2013 年

3月22日，被九三学社中央办公厅发文任命为九三学社中央院士工作委员会顾问。

12月20日，参加"闵乃本星"命名仪式暨材料科学与工程系建系20周年庆典。

### 2014 年

1月，与陈延峰、卢明辉、张善涛、冯亮合作项目"声子晶体等人工带隙材料的设计、制备和若干新效应的研究"获教育部自然科学一等奖。

### 2015 年

12月12日，被江苏省高等教育学会授予"江苏高教30年重要影响人物"荣誉称号。

12月16日，与陈延峰、卢明辉、张善涛、冯亮合作项目"声子晶体等人工带隙材料的设计、制备和若干新效应的研究"获国家自然科学奖二等奖。

## 2017 年

7—8 月，体检查出肺腺鳞癌。

## 2018 年

9 月 16 日，因病去世，享年 83 岁（周岁）。

9 月 22 日，南京大学举办闵乃本院士追思会。

11 月，获中国电介质物理终身成就奖，中国物理学会、电介质物理专业委员会为其颁发证书。

12 月 18 日，被江苏省委省政府授予"为江苏改革开放做出突出贡献的先进个人"称号并颁发证书。

# 后记

春风又吹桃花开，经过一年多的努力，本书编撰工作终于告一段落。

闵乃本先生身为国际著名的晶体物理学家、社会活动家，梳理其学术成长经历经验，总结其卓越成就的原因规律，剖析其多姿多彩的人生体验，对于科学家精神的传承、责任的担当，以及青年科技工作者的成长都具有重要的参考价值和现实意义。

本传记起名《结晶人生——闵乃本传》，是因为闵先生一生都致力于晶体生长和晶体物理的研究，跟晶体打了一辈子交道。晶体规则有序的结构特征深深影响了闵先生从事科学研究的精神，影响了先生待人接物的态度。从最初探索电子束浮区生长晶体，到建立介电体超晶格材料体系，呈现的是先生的智慧与心血，在这个过程中闵先生也达到了"人晶合一"的境界。

晶体是坚韧以恒的。年少时的环境动荡，生活奔波，是对闵先生幼小心灵的磨炼。在这样的环境中，他懂得了责任、独立与坚持。闵先生曾说："真正的科学家要耐得住寂寞，10年、20年静下心来，不能急，不能以功利为目的，成功是水到渠成的事。"无论是花了近10年时间完成著作《晶体生长的物理基础》，还是率团队经历近20年磨砺建立介电体超晶格体系，其中体现的都是先生倡导的"咬定青山不放松、不畏艰难、坚持到底"的科学精神。

晶体是晶莹通透的。闵先生一生清正廉洁、胸怀坦荡、生活自律，如

## 后记

同一块透明的晶体。他看问题敏锐，高瞻远瞩，很少跟风，他的研究有很强的原创性。他尊敬师长、提携晚辈，与很多人建立了亦师亦友的关系。生活上他家庭和睦，与妻子举案齐眉，与子女平等相处，美满的家庭生活保证了他将所有精力都投入工作中。工作上受教于他的同行、学生、后进不计其数，这正是他的好友蒋民华院士所说的"成晶与做人何其相似，育晶和育人相辅相成"的崇高境界。

晶体是炫目华彩的。闵乃本先生从事晶体生长、晶体缺陷与晶体物性研究四十多年，曾获得国家自然科学一等奖、二等奖，第三世界科学院基础科学奖，何梁何利科技进步奖等诸多奖项，他的研究产生了重要的国际影响。闵先生还是一位杰出的社会活动家、民主党派的优秀代表。他曾任九三学社第九届中央委员会常委，第十、十一届中央委员会副主席，全国政协第九、十、十一届常委，九三学社江苏省主委、省政协副主席。组织的信任既是对闵先生取得辉煌成就的充分肯定，也使他的家国情怀得以发扬光大，使他在国家政治活动中享有相当的社会声誉。这也是闵先生追求"人晶合一"的奋斗目标。

我们希望这本传记通过对闵先生一生的回顾，折射出他在多个层面所产生的学术和社会影响，因而赋予这本书一定的社会价值、学术价值和历史价值。

《结晶人生——闵乃本传》一书分成上编、中编、下编和附录四个部分，许多人参与了文章的撰写，也有许多人在组织与撰写过程中给予很多帮助，编委会在此表达对他们的感谢。

首先要感谢的是在"传记篇"撰写时得到中国科协"老科学家学术成长资料采集工程"项目的大力支持；组织资料采集和研究报告写作的是南京大学信息管理学院朱庆华老师，参与的研究生有杜晴、顾璇、郭雨辰、张颖、杨康、杨帆、吴瑾，还有南京大学档案馆吴玫、王洁、陈丹丹、唐慧雯等老师；接受访谈的有李爱东、陈延峰、陆亚林、何京良、资剑、闵泰、闵华、周保如等；南京大学档案馆、南京大学物理学院、南京大学人力资源处、江苏省科协、上海理工大学档案馆、南通市档案馆等都提供了宝贵支持和无私帮助。最令人感动的是闵乃本先生本人，他病中坚持与采集小组人员沟通交流，为传记编写提供了详实、准确的数据和资料。

"述怀篇"编撰时，张序余、祝世宁、朱永元同意将各自撰写的有关文章收录进本书；"追思篇"要感谢提供回忆文章的沈学础、邹广田、董锦明、邢定钰、祝世宁、邹志刚、刘治国、孙政民、王继扬、资剑、何京良、刘冰冰、王慧田、朱永元、王牧、陆亚林、蒋国忠、杭寓、秦亦强、韦齐和、王振林、陈向飞、陆延青、李爱东、吴迪、刘俊明、陈延峰、祝名伟、葛传珍、闵泰、闵华、周琮洁、周凯瑞，他们用心用情描绘与闵先生相处的珍贵时光，定格了闵先生生动的工作和生活情境。

"附录"中收录了闵先生代表性论著目录、已授权的发明专利目录、获奖目录、主要的国际学术交流活动目录，以及闵先生以家书形式写的访问游记和他自己整理的英文简历。由于闵先生发表的论文数量众多，涉及领域很宽，时间跨度也很大，为了便于读者了解，由祝世宁从600多篇检索出的论文中精选出40篇作为代表性论文。虽然这40篇论文的挑选考虑了各个方面的因素，但也很难避免偏颇，读者如需检索闵先生的相关资料，建议通过网络和数据库进行查询。

闵先生50多年职业生涯的时间跨度也为国际交流、国际会议信息的整理和收集带来许多困难。王牧查阅并完善了大量资料，彭茹雯又进行了仔细的核对。李爱东仔细地阅读了本书全文，并对获奖目录进行了校正。章晴辉精读全书初稿，提出了不少宝贵意见。吴迪对"传记篇""述怀篇"两篇中的文稿进行了仔细阅读，对某些表述提出了建议。吕鹏对部分章节进行了文字和图片的输入。还要特别鸣谢南京艺术学院前院长冯健亲先生，他为这本传记出版专门为先生画了幅油画像，该画像已被收录于本书中。

由于各种因素，闵先生的一些好友、学生和亲属未能参与到传记文章写作和样稿的审阅过程，在此编委会深表歉意。

最后要感谢的是南京大学出版社的各位领导，他们是王文军、石磊、祁林、吴鹏程，以及本书责任编辑王南雁和吴汀，他们为本书的出版付出了辛勤的劳动和汗水。

在本书撰写过程中，我们尽量基于史实，忠于原始资料，但由于水平有限，能力不够，对于闵乃本先生丰富的学术思想和科研经历的认识还显粗浅不全，肯定还存在这样那样的错误，恳请各位专家和读者批评指正，以保证原汁原味地还原闵乃本先生艰苦奋斗、孜孜以求的精彩一生，以激励后人奋发进取，再创佳绩。

闵乃本传编委会
2024 年 3 月 18 日